Al Imam Ibn Al Jawzi

TALBISU IBLIS

Die Täuschungen des Satan

(gekürzte Fassung)

GRANADA VERLAG

ISBN: 978-3-944062-06-8

Autor: Al Imam Ibn Al Jawzi
Übersetzung: Ilhan Ökcesiz
1.Lektorat: Umm Meriem Sidi Moussa,
2.Lektorat: Sara Madani
2. Auflage, Wuppertal 1438 n.H./ 2017 n.Chr.,
Granada Verlag
Design: iceberg.freehostia.com

www.granada-verlag.eu

Vertrieb: Cordoba Buch
www.cordoba-buch.de / info@cordoba-buch.de
Telefon: 0202 2413 8989
Telefax: 0202 2413 8786
Mobile: 0178 2304 885

KAPITEL VII

KAPITEL VIII

KAPITEL IX

KAPITEL X

KAPITEL XI

KAPITEL I

Soll er sich verstecken ohne Allahs Schleier!

Abu Bakr ibn Habib berichtete uns von einer auf Muhammed ibn Ahmad an-Najjar zurückgehende Überlieferung, der zufolge Letzterer sagte:

„Ali ibn Babawayhi gehörte zu den Sufis. Eines Tages kaufte er ein Stück Fleisch, welches er nach Hause tragen wollte[1]; doch da er sich vor den Leuten auf der Straße schämte, hängte er es um seinen Hals und trug es auf diese Weise."

Dazu möchte ich Folgendes anmerken: Es lässt sich schon zu Recht über Menschen staunen, die an sich selbst den Anspruch stellen, ihre naturgemäßen Eigenschaften abzulegen; dies ist etwas, was weder möglich ist, noch von der Scharia gefordert wird. Es gehört nun einmal zur natürlichen Veranlagung des Menschen, nicht anders als in anständig gekleideter Weise gesehen werden zu wollen und sich zu schämen, wenn man nackt oder der Kopf unbedeckt ist. Und dieses Gefühl wird in der Scharia nicht missbilligt. Das Vorgehen dieses Mannes, sich vor den Augen der Menschen zu erniedrigen, wird weder von der Scharia, noch vom Verstand gebilligt. Es handelt sich nicht um eine Tat der Selbstdisziplinierung, sondern vielmehr um den Verlust der Selbstachtung, fast so wie, wenn man seine Schuhe auf dem Kopf tragen würde. In einer (schwachen) Überlieferung heißt es:

„Auf dem Markt zu essen, ist Niederträchtigkeit/Geringwertigkeit."[2]

Denn in Wirklichkeit hat Allah den Menschen Ehre verliehen und viele von ihnen mit Bediensteten begnadet. Sich in der Öffentlichkeit zu erniedrigen, stellt kein religiöses Verhalten dar.

Bestimmte Sufis gaben sich den Namen *Malamatiyyah* (die Schuldhaften) und begingen (öffentlich) Sünden, wobei sie behaupteten, dass sie damit bezweckten, sich vor den Augen der Menschen zu erniedrigen, um so den Gefahren von Stolz und Heuchelei zu entfliehen.

---

[1] Soll anscheinend bedeuten: „...er wollte es von einem Sklaven nach Hause tragen lassen."

[2] Erwähnt in: Tabarani, *Majma' az-Zawaid*, Kairo, 1353, Band 24. Laut al-Hatyhami ein schwacher *Hadith*.

Ihr Zustand gleicht dem eines Mannes, der Unzucht mit einer Frau beging, welche daraufhin schwanger wurde; als er dann gefragt wurde, warum er denn kein Verhütungsmittel benutzt habe, sagte er, er habe gehört, dass es nicht erlaubt sei, dies zu tun. Da fragte man ihn: „Und dass Unzucht (*Zina*) verboten ist, wurde dir nicht gesagt?“

Diese Unwissenden haben ihre gottgegebene Ehre zunichte gemacht und vergessen, dass die Muslime Allahs Zeugen auf Erden sind.

Ibn Habib berichtete uns von einer Überlieferung, welche auf Abdullah ibn Khafif zurückgeht, der zufolge er Folgendes gesagt haben soll:

„Ich hörte Abu'l Hasan al-Madani sagen: ‚Eines Tages verließ ich Bagdad und ging zu einem der Dörfer in der Nähe des *Yasiriyyah*-Kanals. Dort wohnte ein Mann, der eine gute Beziehung zu unseren Freunden pflegte. Während ich am Ufer des Kanals entlang lief, sah ich plötzlich auf dem Boden einen Mantel voller Flicken zusammen mit einem Paar Sandalen und einem Stück Kleidung liegen. Ich hob sie auf und dachte mir, dass sie wohl einem Derwisch gehören mussten. Als ich ein wenig weiterlief, hörte ich ein Gemurmel und ein Plätschern im Wasser. Ich schaute und sah Abu'l Hasan an-Nuri, der sich selbst in das schlammige Wasser geworfen hatte, dort eintauchte und sich unermesslichen Schaden zufügte. Als ich ihn sah, war ich mir sicher, dass die Kleidung ihm gehören musste; und so ging ich zu ihm herunter. Da schaute er mich an und sprach: ‚Abu'l Hasan, siehst du nicht, was mir angetan wird? Mannigfache Tode haben mich befallen.‘ Er fügte hinzu: ‚Das Einzige, was du über mich weißt, ist das Gerücht, von dem jedermann gehört hat.‘ Daraufhin fing er an zu schluchzen und sagte: ‚Du siehst, was mir angetan wird.‘ Ich versuchte, ihn zu beruhigen, wusch den Schlamm von seinem Leib, zog ihm seinen geflickten Mantel an und trug ihn zum Hause des Mannes, den ich erwähnte. Dort blieben wir bis zum Nachmittag und gingen anschließend hinaus zur Moschee. Als dann die Zeit für das Abendgebet (*Salatu'l Maghrib*) eingetreten war, sah ich , wie Menschen rannten, ihre Haustüren verschlossen und auf das Dach kletterten. Als wir nach der Ursache fragten, sagten sie zu uns, dass nachts für gewöhnlich Löwen ins Dorf kamen. Das Dorf war umgeben von einem weitgehenden Dickicht aus abgeschnittenem Schilfrohr. Die übriggebliebenen Stümpfe standen dort wie Messerspitzen. Als Nuri hörte, was erzählt wurde, stand er auf, stürmte in das Dickicht der Stümpfe des abgeschnittenen Schilfrohres und schrie mit lauter Stimme: ‚Löwe, wo bist du?‘ Wir waren uns sicher, dass er entweder von einem Löwen in Stücke gerissen worden sein musste oder sich selbst auf den Schilfrohrstümpfen aufgespießt hatte. Kurz vor Anbruch des Morgens kam er zurück und warf sich auf den Boden, wobei sich seine Füße in einem fürchterlichen Zustand befanden. Mit Pinzetten zogen wir so viele Splitter heraus, wie wir konnten, dennoch konnte er seinen Fuß vierzig Tage lang nicht gebrauchen. Ich fragte ihn, was sein Verhalten zu bedeuten hatte. Er antwortete: ‚Als man von dem Löwen erzählte, spürte ich Angst in mir. So sagte ich zu mir selbst: *Ich werde dich dem aussetzen, was du fürchtest.*'"

Meiner Meinung nach wird es jedem vernünftigen Menschen klarsein, dass dieser Mann gezappelt hat, bevor er in das Wasser und den Schlamm gefallen ist.[3] Welcher Mensch besitzt das Recht, sich in Wasser und Schlamm zu werfen? Kann derjenige, der dies tut, etwas anderes sein als ein Verrückter? „Du siehst, was mir angetan wird." Wo bitte enthält seine Klage Frömmigkeit und Ehrfurcht? Wie kann solch primitives Gerede gerechtfertigt werden, wo doch Pietät die Zunge zügeln müsste? Was suchte er außerdem anderes als Ruhm? Hinzu kommt, dass er, als er hinausging, um sich mit dem Löwen zu konfrontieren und auf den Stümpfen von Schilfrohr umherlief, die Grenzen der Scharia überschritt. Hat irgendein Mensch gemäß Scharia das Recht, sich einem Löwen auszusetzen? Meinst du, er beabsichtigte, die ihm von Gott gegebenen Eigenschaften seiner Seele (*Nafs*) zu verändern, wobei doch die Angst vor wilden Tieren eine Veranlagung darstellt? Weder wäre seine Seele (*Nafs*) in der Lage dazu, noch fordert es die Scharia von ihr. Einer von an-Nuris Gefährten hörte ihn einst etwas Ähnliches sagen und gab ihm eine exzellente Antwort. Muhammed ibn Abdullah ibn Habib überlieferte uns von Abu Ahmad al-Maghazili[4], dass dieser Folgendes gesagt habe:

„Ich sah an-Nuri, wie er mit dem Kopf nach unten und den Füßen nach oben stand und sprach: ‚Du hast mich meiner Menschlichkeit entfremdet und mich meiner Selbst, meines Reichtums und meiner weltlichen Güter beraubt! Mit dir bleibt weder

---

[3] Soll wahrscheinlich heißen, dass er aufgrund seiner gottgegebenen natürlichen Veranlagung Bedenken hatte, bevor er sich in den Schlamm warf und somit erniedrigte. Durch sein Verhalten hat er also seiner normalen Veranlagung zuwidergehandelt.

[4] Im berühmten Sufi-Werk *Luma* werden drei Personen erwähnt, die diese Abstammungsbezeichnung (*Nisbah*) tragen. Zwei davon werden mit unterschiedlichen Beinamen erwähnt, und der Dritte namens Ishaq hingegen wird ohne Beiname erwähnt. An dieser Textstelle heißt es (im arabischen Original) al-Mughazi, was jedoch wahrscheinlich nicht korrekt ist. Vermutlich handelt sich bei dieser Person um Abu Ahmad al-Maghazili, der im Kitab Bughdad (XIV, S.421) erwähnt wird.

verlässliches Wissen noch Ruf.' Ich sagte zu ihm: ‚Wenn du zufrieden bist, genügt es wohl! Wenn nicht, dann schlag deinen Kopf gegen die Wand!'"

Muhammed ibn Abi'l Qasim überlieferte uns von Abdullah ibn Ali as-Sarraj[5], dass dieser Folgendes gesagt habe: „Ich hörte Ibn Alwan erzählen: ‚Man brachte dreihundert *Dinar* zu Abu Hasan an-Nuri; es war der Preis für ein Wohngebäude, welches er verkauft hatte. Da setzte er sich auf eine Brücke und begann, eine Münze nach der anderen ins Wasser zu werfen. Dabei sagte er: *Mein Herr*[6]*, du willst mich mit dieser Art von Dingen verleiten, so dass ich mich von Dir entferne!* [7]'" As-Sarraj erzählte weiter[8]: „Einige der Leute sagten: ‚Es wäre besser gewesen, wenn er das Geld auf Allahs Weg gespendet hätte.' Ich (Ibn Alwan) erwiderte: ‚Wenn es so war, dass diese *Dinar* ihn sofort von Allah (swt) ablenkten, hätte er sie alle auf einmal ins Wasser schleudern sollen, um ihrer Verführung noch schneller zu entfliehen. So wie Allah sagt: *Da begann er, ihnen die Beine und den Hals zu zerhauen.*'"[9]

Ich denke, dass diese Leute nichts anderes tun, als ihr Unwissen über die Scharia und ihr Bedürfnis nach Intelligenz offenzulegen. Wir haben eben erst dargelegt, dass die Scharia vorschreibt, Eigentum zu schützen und es nur an Menschen zu übergeben, die imstande sind, damit umzugehen. Aus Sicht der Scharia soll es den Menschen zum Unterhalt dienen und der Verstand bezeugt, dass es nur zum Wohle der Menschen erschaffen wurde. Wenn ein Mensch es wegwirft, zerstört er dadurch, was seinem Wohle dienen soll und ignoriert die Weisheit seines Schöpfers. Die angebliche Entschuldigung, die as-Sarraj erwähnt, ist noch schlimmer als an-Nuris Verhalten. Denn wenn dieser Mann befürchtete, von diesem Geld verführt werden zu können, hätte er sich absichern sollen, indem er es einem armen Mann zugeworfen hätte. Wie sie den Qur'aan gemäß ihrer abnormen Auffassungen interpretieren, stellt außerdem ein Musterbeispiel für die Unwissenheit dieser Leute dar. Er behauptete, dass er (Salomon) begann, „*ihnen die Beine und den Hals zu zerhauen*" und meinte, dies legitimiere, das eigene Hab und Gut zu zerstören. Doch

---

[5] Die Geschichte ist in *Luma* (S.193) zu finden.

[6] Verwendet wurde hier der Wortlaut des *Luma* anstelle des uns vorliegenden, der da lautet: „Du (*Anti*, also die Femininform) bist gekommen [...]"

[7] Die wortwörtliche Übersetzung lautet: „*Mein Herr, du würdest mich gerne mit dieser Art von Dingen [...]*" (Übers.)

[8] Das Folgende ist in *Luma* nicht enthalten.

[9] Dies bezieht sich darauf, wie Salomon ﷺ einige der Pferde behandelte, die er bewunderte. (siehe Sura Sad [38]/33)

die Scharia billigt so etwas nicht; denn Salomon *streichelte* lediglich die Beine und Hälse (und *„zerhaute“ sie nicht*) und sprach: „Ihr seid dem Dienste Allahs gewidmet.“ Dies wurde weiter oben erklärt.[10]

Abu Nasr as-Sarraj hielt in seinem (berühmetn Sufi-Werk) *Luma*[11] fest, dass Abu Ja'far Folgendes sagte: „Eines Tages, als mein Meister hinausging, um sich zu reinigen, nahm ich seine Geldbörse und begutachtete sie; da fand ich darin Silber im Werte von vier *Dirham*. Zu jener Zeit hatten wir nichts zu essen. Als er zurückkam, sagte ich daher: ‚Wir hungern, während sich so viele *Dirhams* in deiner Geldbörse befinden.‘ Er erwiderte: ‚Wie bitte? Hast du sie etwa genommen? Gib sie wieder her!‘

Nun wies er mich an, ich solle sie nehmen, um etwas zu kaufen. Ich sagte zu ihm: ‚Bei Dem, Dem du dienst (Allah), bitte erzähle mir die Geschichte dieser Geldstücke!‘ Er antwortete: ‚Dies ist alles, was Allah mir an irdischen Gütern zuteilwerden ließ; und ich wollte in meinem Testament die Anweisung geben, dass sie zusammen mit mir begraben werden mögen, auf dass ich am Tage der Auferstehung zu Allah zurückkehren und sagen kann: *Hier sind die weltlichen Besitztümer, die Du mir gabst.*‘“

Man berichtete uns von einer Überlieferung, die auf Abu Abdullah al-Husri zurückgeht. Diese besagt, er habe Folgendes erzählt:

„Abu Ja'far al-Haddad (ein Schmied) arbeitete zwanzig Jahre lang für einen *Dinar* pro Tag. Diesen spendete er für die Armen, während er selbst fastete. In der Dämmerung pflegte er, hinauszugehen und an den Türpforten um ein wenig Essen zu betteln.[12]

Ich denke, dass dieser Mensch nicht auf die beschriebene Art und Weise gehandelt hätte, wenn er sich bewusst gewesen wäre, dass einer Person, die in der Lage ist, Einkommen zu erwerben, das Betteln untersagt ist. Und selbst wenn wir annehmen würden, es sei legitim – wie lassen sich Selbstachtung und die Erniedrigung des Bettelns miteinander vereinbaren?

---

[10] Es ist nicht ersichtlich, auf welche Erklärung hier Bezug genommen wird.

[11] Seite 194.

[12] Eine weitere Geschichte über das Fasten dieses Menschen wird in *Luma* (S.332) erzählt.

Hibatullah ibn Muhammad berichtete uns von einer Überlieferung, welche über Ahmad ibn Hanbal auf Abdullah ibn Umar zurückführt, der zufolge Letzterer sagte:

„Der Prophet ﷺ sagte: ‚Das Betteln wird niemanden von euch verlassen, bis er Allah antrifft, wobei er (der Bettler) kein Stück Fleisch im Gesicht hat.'"[13]

Ahmad führte eine weitere Überlieferung auf, welche auf Zubayr ibn al-Awwam zurückgeht, der zufolge der Prophet ﷺ gesagt habe:

„Es wäre besser für einen Mann (oder: Menschen ?), er würde eine Kordel nehmen und Brennholz sammeln, es daraufhin auf den Markt bringen, es verkaufen und sich somit unabhängig (von anderen Menschen) machen, indem er den Gewinn für sich selbst ausgibt, als dass er Leute anbettelt, wobei sie entweder geben oder ablehnen (zu geben)."

Ich weise darauf hin, dass al-Bukhari nur die letztere Überlieferung beinhaltet, wobei sich beide (al-Bukhari und Ahmad) bezüglich der ersten einig waren.[14]

Des Weiteren wird in der von Abdullah ibn Amr festgehaltenen Überlieferung berichtet, dass der Prophet ﷺ Folgendes gesagt habe:

„Die Almosen dürfen einer reichen Person oder einer, die sich in gesundem Zustand und im Besitz von *Mirrah*[15] befindet, nicht gegeben werden."

Asch-Schafi'i sagte: „Almosen dürfen keiner Person gegeben werden, die genügend Kraft besitzt, um Einkommen zu erwerben."

Abdurrahman ibn Muhammad al-Qazzaz berichtete uns von einer Überlieferung, die auf Yunus, den Sohn des Abu Bakr asch-Schibli, zurückgeht, der zufolge er gesagt haben soll:[16]

---

[13] Die Formulierung, die Ahmad ibn Hanbal in seinem Bericht (*Musnad* I, S.338) verwendete, lautet etwas anders. Die Übersetzung basiert auf der englischen Übersetzung des Hadith'. Leider konnten wir den arabischen Original-Wortlaut nicht ausfindig machen. Daher kann nicht garantiert werden, dass die deutsche Übersetzung den Sinn genau getroffen hat. Außerdem ist auch keine Angabe zum Authentizitätsgrad des Hadith' vorhanden. (Übers.)

[14] Al-Bukhari (Edition Krehl, II, 10) enthält sie, doch im *Musnad* wurde sie mehrfach zitiert.

[15] *Mirrah*: Verwendet im Sinne von „Stärke". Abgeleitet wurde es vom „Aufwickeln der Stränge eines Seils". In dieser Überlieferung bezieht es sich auf einen stark gebauten und gesunden Körper, durch den der Mensch befähigt ist, Mühe und Ermüdung zu ertragen.

„In einer Nacht erhob sich mein Vater (bzw. stieg mein Vater auf) und setzte einen Fuß auf das Dach und den anderen auf das Strohdach. Und ich hörte, wie er sagte: ‚Solltest du deine Augen schließen, werfe ich dich hinunter in den Hof.' In dieser Position verharrte er bis zum Morgen. Daraufhin sagte er zu mir: ‚Mein Sohn, ich habe in dieser Nacht niemanden gehört, der Allahs gedachte, außer einem Hahn im Wert von zwei *Danaq*.'"

Ich stelle fest, dass dieser Mann zwei verbotene Taten zugleich beging. Erstens, er gefährdete sein Leben; denn wäre er eingeschlafen und hinuntergefallen, hätte er an seinem eigenen Ruin mitgewirkt. Und hätte er sich selbst hinuntergeworfen, hätte er zweifelsfrei eine ernsthafte Sünde begangen. Sich der Gefahr des Hinunterfallens auszusetzen, stellt bereits an und für sich einen Verstoß dar.

Zweitens, verwehrte er seinen Augen ihr Anrecht auf Schlaf. Der Prophet ﷺ sagte nämlich:

„[...] Dein Auge hat ein Recht, und dein *Nafs* hat ein Recht, und deine Familie hat ein Recht [...]"

Außerdem sagte er ﷺ:

„Sollte sich einer von euch müde fühlen, so soll er schlafen."[17]

Als er ﷺ an einem Strick vorbeikam, welcher von Zaynab aufgehangen worden war, damit sie sich daran festhalten konnte, wenn sie sich schwach fühlte, befahl er ﷺ, ihn zu lösen.

Außerdem sagte er ﷺ:

„Ihr sollt (wörtl.: *Jemand von euch soll*) beten, solange ihr (wörtl.: *er*) aktiv seid, und wenn ihr (wörtl.: *er*) müde werdet, sollt ihr (wörtl: *er*) schlafen."[18]

Diese Überlieferung wurde bereits weiter oben zitiert.[19]

---

[16] Die Geschichte stammt aus Kitab Baghdad XIV, S.354, anhand dessen der Wortlaut korrigiert wurde.

[17] Al-Bukhari, Edition Krehl, Band I, 65. Hier findet sich der Zusatz „[...] während er betet".

[18] Muslim, Band 1, S.217. Hier wird die Geschichte mit Zaynab erzählt.

[19] Es ist nicht ganz klar, worauf sich diese Aussage bezieht. (Übers.)

Muhammed ibn Nasir berichtete uns von einer auf Abu'l Abbas al-Baghdadi[20] zurückgehende Überlieferung, der zufolge Letzterersagte:

„In unserer Jugend waren wir mit Abu'l Hasan, dem Sohn des Abu Bakr asch-Schibli, befreundet. Eines Nachts lud er uns als Gäste zu sich ein. Wir stellten allerdings die Bedingung, dass er seinen Vater nicht mit in unsere Gesellschaft bringen solle. Er versprach, dies nicht zu tun. So gingen wir in sein Haus und nachdem wir gegessen hatten, trat (der Vater) asch-Schibli ein. Zwischen jedem Fingerpaar trug er eine Kerze, also insgesamt acht. Er setzte sich in unsere Mitte. Seine Anwesenheit erfüllte uns mit Furcht und Respekt. „Meine Herren, betrachtet mich als euren Kronleuchter", sagte er. Danach fragte er, wo Abu'l Abbas, sein Bediensteter, sei. Als ich vortrat, sagte er zu mir: „Singe das Lied, das du zu singen pflegtest:

‚Als mein Kameltreiber *al-Hirah* erreichte, wusste er nicht, was er sagen sollte. Ich bat ihn, dort meinen Sattel zu lösen, obgleich andere ihren Weg fortsetzten.'

So sang ich das Lied; da verfärbte sich sein Gesicht und er verließ den Raum.

Ibn Nasir berichtete uns von einer Überlieferung, die auf Husayn ibn Ahmad ibn Abdirrahman as-Saffar zurückgeht. Ihr zufolge sagte Letzterer:

„An einem Fastentag trat asch-Schibli mit rasierten Augenwimpern und Augenbrauen sowie einem Band um seinen Kopf hervor. Dabei rezitierte er folgende Strophen:

‚Andere frühstücken und schließen Ehen,

nur allein ich bin alleine.'"

Aburrahman ibn Muhammed überlieferte uns von Abu'l Hasan Ali ibn Muhammed ibn Abi Sabir ad-Dallal Folgendes:

„In der *Kuppel der Richter* in der Moschee al-Mansurs stellte ich mich in die Nähe asch-Schiblis, um den sich die Menschen versammelt hatten. Unter ihnen befand

---

[20] Im Kitabu'l Baghdad (XIV, S.419) wird eine Person mit diesem Namen erwähnt. Es handelt sich um einen Gefährten des Bischr al-Hafi, welcher im Jahre 227 n.H. verstarb. Asch-Schibli wurde im Jahre 247 n.H. geboren und starb im Jahre 334 n.H. Bei dem Überlieferer der im Text erwähnten Geschichte kann es sich kaum um die gleiche Person handeln.

sich ein gut aussehender junger Mann namens Ibn Muslim. Zu jener Zeit war seine Schönheit in Bagdad unübertroffen. Asch-Schibli sagte zu ihm: ‚Geh weg!' Doch er wollte sich nicht rühren. Wieder sagte Asch-Schibli zu ihm: ‚Geh weg von uns, du Satan!" Doch der junge Mann rührte sich nicht. Daraufhin sprach asch-Schibli ein drittes Mal zu ihm: ‚Verschwinde, ansonsten werde ich alles, was du an dir trägst, in Stücke reißen!' Es war so, dass der Jüngling exquisite Obergewänder trug, die viel Wert waren. Daher verließ der junge Mann den Ort, woraufhin asch-Schibli Folgendes rezitierte:

Auf Adens zwei Gipfeln warf man

den Falken Fleisch zu, doch dann

begannen sie, die Falken zu schelten.

Doch warum, lass ich die Frage gelten,

hat man die Leinen, die sie hielten, gelöst?

Hätten die Menschen uns Gutes gewollt,

nimmer hätten sie dieses schöne Gesicht entblößt.

Ibn Uqail merkte an, dass ein Mann, der so etwas sagt, vom Weg der Scharia abgekommen ist. Denn, was er meint ist, dass Allah diese Person lediglich erschaffen habe, um uns in Versuchung zu führen. Doch dem ist nicht so. Der Sinn solch einer Schöpfung ist, uns dazu zu bringen nachzudenken und eingehend zu forschen, so wie die Sonne erschaffen wurde, um Licht zu spenden und nicht, um angebetet zu werden.

Es existiert eine Überlieferung, die auf Ahmad ibn Muhammad al-Nahawandi zurückgeht, nach der dieser Folgendes sagte:

„Als einer von asch-Schiblis Enkeln starb, rasierte sich dessen Mutter seinetwegen ihre Haare. Asch-Schibli hatte einen langen Bart; er gab die Anweisung, ihn abzurasieren. Als man ihn nach dem Grund fragte, antwortete er: ‚Sie rasierte sich die Haare für jemanden ab, der verloren wurde; warum sollte ich mir nicht meinen Bart für jemanden abrasieren, der gefunden wurde.'"[21]

Daneben liegt noch eine Überlieferung vor, die auf Abdullah ibn Ali as-Sarraj zurückführt. Diese besagt, Letzterer habe Folgendes gesagt:[22]

„Einst trug asch-Schibli teure Kleidung. Später zog er sie aus und warf sie ins Feuer.

Man erzählte auch, dass er einst ein Stück Ambra nahm, um damit den Schwanz eines Esels räuchern.

Ein anderer erzählte, er habe asch-Schibli besucht und gesehen, wie er den vor ihm befindlichen Zucker und Mandeln im Feuer verbrannte."

As-Sarraj behauptete, jener habe diese Dinge nur verbrannt, weil sie ihn vom Gedenken an Allah ablenkten. (Dazu möchte ich anmerken, dass as-Sarrajs Rechtfertigung noch außergewöhnlicher ist als die Tat selbst.) Dann fährt er fort, indem er erzählt, asch-Schibli habe ein Wohngebäude verkauft und den Gewinn daraufhin verteilt, ohne seiner eigenen Familie davon etwas abzugeben. Des Weiteren[23] habe ein Qur'aan-Rezitator einst (folgende *Aayah*) gelesen (in ungef. Bedeutung): *„Er sagt: ‚Seid darin verstoßen und sprecht nicht mit Mir.'"* Als er dies hörte, habe er (also asch-Schibli) gesagt: „Wäre ich doch bloß einer von ihnen!"[24]

Ich stelle fest, der Mann ging davon aus, dass derjenige, der ihn ansprach, Allah gewesen sei; doch Allah wird sie (Leute dieser Art) nicht ansprechen. [25] Und selbst wenn Er sie auf verachtungsvolle Art anspreche, warum sollte sich jemand so etwas wünschen? Asch-Schibli fährt mit seinen Aufzeichnungen fort, indem er erzählt, dass asch-Schibli eines Tages während einer Diskussion Folgendes sagte:

---

[21] Damit wollte er ausdrücken, er habe Allah gefunden. Erhaben ist Allah üebr das, was diese irregangenen Sufis behaupteten. (Übers.)

[22] Aus *Luma'*, S.400.

[23] Luma', S.406.

[24] e.g.; D.h. „...einer von den Verdammten."

[25] Der Autor bezieht sich scheinbar auf Sura 3/71, wo es heißt (in ungef. Bedeutung): „Diejenigen, die ihren Bund mit Allah und ihre Eide für einen geringen Preis verkaufen, haben am Jenseits keinen Anteil. Und Allah wird am Tag der Auferstehung weder zu ihnen sprechen noch sie anschauen noch sie läutern. Für sie wird es schmerzhafte Strafe geben."

„Allah hat Diener, die das Höllenfeuer auslöschen könnten, indem sie darauf spucken."

Meiner Meinung nach ähnelt dies dem, was wir von Abu Yazid überlieferten. Sie gehören beide zur gleichen Kategorie.

Desweiteren existiert eine auf Abu Ali ad-Daqqaq zurückgehende Überlieferung, nach der er Folgendes gesagt haben soll:

„Ich wurde informiert, dass asch-Schibli seine Augen mit einer bestimmten Menge Salz einzureiben pflegte, um das Nachtwachen zu praktizieren, ohne einzuschlafen."

Meiner Meinung nach stellt dies eine üble Praxis dar. Kein Muslim besitzt das Recht, sich selbst Schmerzen zuzufügen. Außerdem könnte dies bis zur Erblindung führen. Des Weiteren ist anhaltende Schlaflosigkeit ebenfalls untersagt, denn dadurch wird die eigene Person (*Nafs*) eines Rechtes beraubt. Es ist offensichtlich, dass esanhaltende Schaflosigkeit und unzureichende Nahrung waren, die zu dieser Art von Zuständen und Verhaltensweisen führten.

Laut einer vorliegenden Überlieferung, die auf Abu Abdullah ar-Razi zurückgeht, sagte dieser:

„Jemand hatte mir ein Gewand aus Wolle gegeben. Als ich auf asch-Schiblis Kopf eine Kutte sah, die zu diesem Wollkleid gepasst hätte, spürte ich den Wunsch, sie zu besitzen. Als asch-Schibli sich erhob, um seinen Unterrichtsraum zu verlassen, wandte er sich mir zu, so wie er es zu tun pflegte, wenn er wollte, dass ich ihm folgte. So folgte ich ihm. Nachdem er sein Haus betreten hatte, befahl er mir, das Wollkleid auszuziehen, was ich dann tat. Dann fuhr er fort, faltete das Kleid und warf schließlich die Kutte darauf. Er befahl, man solle Feuer herbeibringen und verbrannte beides."

Ich stelle fest, dass Abu Hamid al-Ghazzali[26] erzählte, wie asch-Schibli fünfzig Dinar nahm und sie in den Tigris schleuderte. Dabei sagte er: „Niemand hat dich je geehrt, ohne dass er von Allah erniedrigt wurde."[27]

---

[26] Dies scheint sich auf Band III (Seite 49) zu beziehen. Doch asch-Schibli wird hier nicht erwähnt.

[27] Im *Ihya* (Band III, S.275) wird dies als Aussage al-Hasans zitiert.

Dadurch, dass er dies als Lobesrede anstelle einer Missbilligung angeführt hat, erstaunt mich Abu Hamid mehr als asch-Schibli. Wo bitte ist hier auch nur ein einziges Anzeichen von *Fiqh* zu erkennen?

Es gibt eine Überlieferung, zurückführend auf Husain ibn Abdullah al-Qazwini, die besagt, er habe Folgendes erzählt:

„Ein Mann, der sich häufig in der Gesellschaft Bunans[28] befand, erzählte mir, dass Letzterer Folgendes gesagt habe: ‚Eines Tages besaß ich nichts, was mir zum Lebensunterhalt hätte reichen können und ich befand mich in großer Drangsal. Als ich ein Stück Gold auf der Straße liegen sah, wollte ich es nehmen, doch dann ließ ich es liegen, da ich mir selbst sagte, dass es sich um einen „Fund“[29] handelte. Dann erinnerte ich mich aber an folgende (nicht authentische) Überlieferung: ‚Wenn die ganze Welt dickflüssiges (wie frisch vergossenes) Blut wäre, so könnte der Muslim auf legitime Weise davon nehmen.‘[30] So hob ich es (das Goldstück) auf und legte es in meinen Mund. Als ich dann ein kurzes Stück gegangen war, fand ich mich in einer Gruppe von jungen Burschen wieder. Einer von ihnen sprach zu ihnen. Jemand aus ihren Reihen stellte diesem eine Frage: ‚Wann erlebt eine Person die Essenz der Aufrichtigkeit?‘ Da antwortete jener: ‚Wenn er das Stückchen ausspuckt.‘ Da nahm ich das Stück Gold aus meinem Mund heraus und warf es weg.‘“

Ich möchte darauf hinweisen, dass sich alle *Fuqaha* einig darüber sind, dass dieses Wegwerfen nicht der Scharia entspricht. Und es ist erstaunlich, dass er dies als Reaktion auf eine Aussage gemacht haben soll, die von einem jungen Burschen getroffen wurde, welcher nicht wusste, was er sprach.

Abu Hamid al-Ghazzali erzählt, wie Schaqiq al-Balkhi[31] zu einem Asketen namens Abu'l Qasim[32] kam, wobei er etwas in sein Gewand [...] eingewickelt hatte. Als er

---

[28] Abu'l Hasan ibn Muhammed ibn Hamdan, gestorben im Jahre 316 n.H. Erwähnt wird er in Kitab Baghdad, Band VII, S.100, Zeile 2.

[29] Ein Fund von verlorenem Eigentum muss für ein Jahr annonciert werden, bevor er in Besitz genommen werden kann.

[30] Dieser *Hadith* ist laut den Hadithgelehrten nicht authentisch und kann nicht als Beweis verwendet werden.

[31] Verstorben im Jahre 135 n.H. Erwähnt wird er in *Schajarat al-Dhahab* (Band I, S.341) und ausführlich in *Tadhkiratu'l Awliya* (Band I, S.196-202).

gefragt wurde, was dies denn sei, antwortete er: „Es sind einige Nüsse, die mir gegeben wurden, auf dass ich mein Fasten damit brechen möge." Daraufhin sagte Abu'l Qasim zu ihm: „Wie bitte, Schaqiq, gehst du davon aus, dass du bis heute Nacht leben wirst? Ich werde nie wieder mit dir sprechen." Er ging hinein, verschloss die Tür und ließ ihn draußen stehen.

Dazu möchte ich anmerken: Betrachtet euch einmal diesen islamrechtlichen „Scharfsinn"[33]. Ein Mann wird für eine Tat geschmäht, die nicht nur zulässig, sondern sogar lobenswert war. Denn man ist dazu aufgefordert, sich Essen zuzubereiten, um das Fasten zu brechen. Und frühzeitige Vorbereitungen zeugen von Klugheit. So sagt Allah:

وَأَعِدُّوا لَهُم مَّا ٱسْتَطَعْتُم مِّن قُوَّةٍ وَمِن رِّبَاطِ ٱلْخَيْلِ ...

„*Und haltet für sie bereit, was ihr an Kraft und an kampfbereiten Pferden (haben) könnt [...]*"[34]

Der Prophet ﷺ lagerte einst einen Jahresvorrat für seine Frauen ein. Umar ﵁ brachte die Hälfte seines Besitzes (als Spende) und hortete den Rest, ohne dass er dafür getadelt wurde. Unwissen war es, das diesen Asketen irreführte.

Es existiert eine Überlieferung, die auf Ahmad ibn Ishaq al-Umani zurückgeht. Diese besagt, er habe erzählt:

„In Indien sah ich einen Shaykh, welcher als „der Geduldige" bekannt war. Er war einhundert Jahre alt und eines seiner Augen war geschlossen. Ich sagte zu ihm: ‚Du Geduldiger, wie weit hat deine Geduld bereits gereicht?' Da erwiderte er: ‚Ich verspürte den Wunsch, den Glanz der Welt zu betrachten. Doch wollte ich mich nicht daran sättigen. So ließ ich ein Auge seit achtzig Jahren verschlossen.' Jemand anderes erzählte uns, dass er eines seiner Augen zugeteert habe, weil er meinte, dass es einen Exzess darstelle, sich die Welt mit zwei Augen zu betrachten."

---

[32] *Ihya*, Band IV, S.356, Zeile 22: An dieser Stelle wird der Asket als Abu Haschim ar-Rummani bezeichnet, dessen Name laut Sam'ani (S.258) Yahya ibn Dinar war.

[33] Satirisch ausgedrückt soll dies bedeuten, dass es Unsinn und unislamisch war, was dieser Mann sagte. (Übers.)

[34] Ausschnitt aus: Sure *al-Anfaal* (8/60) samt ungef. Bed.

Ich stelle fest: Offensichtlich war es seine Absicht, die Welt mit einem einzigen Auge zu betrachten.

Wir bitten Allah, dass Er unseren gesunden Verstand bewahre!

Yusuf ibn Ayyub al-Hamadhani[35] erzählte, wie sein Lehrer, Abdullah al-Jawni, Folgendes zu sagen pflegte:

„Ich habe dieses Imperium nicht aus einer Moschee heraus erworben, sondern aus einer Toilette heraus. Einst hielt ich sie (die Toilette) als ein Bediensteter sauber; und eines Tages, als ich dabei war sie zu fegen und zu reinigen, sprach mein *Nafs* zu mir: ‚Ist es dies, womit du dein Leben verbringst?' Da erwiderte ich: ‚Verschmähst du etwa die Dienstleistung für die Knechte Allahs?' So vergrößerte ich den Eingang der Grube, sprang hinein und begann, mir den Kot in den Mund zu stopfen. Daraufhin kamen Leute, zogen mich heraus und wuschen mich."

Dazu möchte ich Folgendes bemerken: Schau, wie der armselige Kerl seine Anhänger, die sich um ihn scharten, als „Imperium" betrachtete und glaubte, er habe diese „Imperium" aufgebaut, indem er in den Kot sprang und diesen in seinen Mund stopfte. So, dachte er, habe er eine Tugend erlangt, für die er mit einer Schar von Anhängern belohnt worden sei. Doch stellte seine Tat eine Sünde dar, die der Bestrafung würdig ist. Generell können wir sagen, dass diese Menschen aufgrund ihres Mangels an Wissen in die Irre gingen.

Es liegt eine Überlieferung vor, die auf Muhammed ibn Ali al-Kattani [36] zurückgeht,in welcher er wie folgt erzählte:

„Zu Beginn seiner Laufbahn kam Al-Husain ibn Mansur[37] nach Mekka; und wir zeigten großen Eifer, um seinen Mantel anzufassen. As Susi[38] sagte: ‚Wir kommen von einem verlausten Menschen (gemeint ist der Asket), der einen halben *Danaq* wiegt; so streng war er in seiner Askese.'"

[35] Asket und Prediger (S.440-535). Erwähnt wird er stellenweise in Ibn Khallikan (Band IV, S.412) und Schajarat adh-Dhahab (Band IV, S.110-111).

[36] Verstorben im Jahre 332 n.H. Er wird in Kitab Baghdad (Band III, S.74-76) erwähnt.

[37] Allgemein bekannt als al-Hallaj.

[38] Yusuf ibn Hamdan; erwähnt wird er an einer Stelle in *Nafahatu'l Uns* (S.144), ohne Datumsangaben.

Dazu möchte ich Folgendes sagen: Schaut euch an, wie dieser Mensch der durch die Scharia angeordneten Reinheit unkundig war. Sie erlaubt dem Pilger, dem eigentlich das Rasieren des Kopfes untersagt ist, dies zu tun, wenn er von Läusen befallen ist; und als Wiedergutmachung für das Brechen der Regel bietet er eine Sühnetat (*Kaffaara*).[39] Doch noch unwissender war derjenige, der dies als eine asketische Disziplin bewertete.

Laut einer Überlieferung, zurückgehend auf Abu Abdillah ibn Muflih, sagte dieser:

„Es gab da in unserer Moschee einen armen Sufi. Eines Tages, als er hungerte, sagte er: ‚O Allah, gib mir entweder etwas zu essen oder lass eine der Spitzen der Moschee auf mich fallen!' Daraufhin kam ein Rabe, der sich auf den Spitzen niederließ. Da fiel ein Ziegel, der sich unter dessen Füßen befand, auf den Mann, woraufhin dieser zu bluten begann. Während er das Blut wegwischte, sagte er: ‚Was kümmert es dich schon, selbst wenn die ganze Welt zu Tode geritten wird?' Meiner Meinung war die Dreistigkeit dieses Menschen der Grund, warum Allah ihn sterben und nicht weiter leben ließ.[40] Warum hatte er sich nicht aufgemacht, um zu arbeiten oder zu betteln?

Unter den Sufis gibt es Leute, die als *Malamatiyyah* (die „Schuldhaften") bezeichnet werden. Sie begehen Verbrechen bzw. Sünden und behaupten dabei, ihre Absicht sei es, sich in den Augen der Menschen zu erniedrigen, um sich dadurch vor Stolz zu schützen. In Wirklichkeit haben sie ihren Rang bei Allah zunichte gemacht, indem sie der Scharia zuwiderhandelten. Er, al-Ghazzali[41], fügte hinzu, dass sie sogar ein gewisses Verhalten vorspielen, was noch schlimmer ist, als es wirklich zu tun, und dass sie ihre „besten" Paralogien verbergen.[42] Leute, die irgendeine von diesen abscheulichen Taten begehen, sind äußerst tadelnswert; denn der Prophet ﷺ sagte (angeblich):

---

[39] So wie das Fasten oder Spenden; Bukhari, Edit. Krahl (Band I, S.453).

[40] Der Text wurde überarbeitet.

[41] Abu Hamid al-Ghazzali, aus dessen *Ihya* (Band III, S.217, Zeile 8) die vorangegangenen Sätze entnommen wurden.

[42] Eines der Beispiele, das Abu Hamid al-Ghazzali anführt, handelt von einem Mann, der ein erlaubtes Getränk aus einem Gefäß trinkt, welches den Anschein erweckt, als handele es sich bei dem Getränk um Wein.

„Er soll sich mit Allahs Schleier verstecken!“[43]

Und bezüglich Mu’izz sagte er: „Mein Freund, warum hast du es nicht mit deinem Gewand bedeckt?“[44]

Einer der Gefährten des Propheten ﷺ ging an ihm vorbei, als er mit seiner Frau Safiyya sprach. Da sagte der Prophet ﷺ zu ihm: „Es ist Safiyya.“

Und tatsächlich wissen die Menschen, wie sehr eine Tat, die suspekt erscheint, verabscheut wird; denn die Gläubigen sind die Zeugen Allahs auf Erden.

Als sich Hudhayfa ؓ einst auf dem Weg zum Freitagsgebet befand, sah er Leute, die gerade davon zurückkehrten. So versteckte er sich, weil er befürchtete, die Leute könnten falsch über ihn denken. Beispiele solcher Art wurden bereits angeführt. Als ein Mann Abu Bakr erzählte, dass er eine Frau umarmt und geküsst hatte, sagte dieser zu ihm: „Wende dich Allah reumütig zu und erzähle niemandem davon!“

Ein Mann kam (laut einer Überlieferung) zum Propheten ﷺ und erzählte, dass er eine der Unzucht nahekommende Beziehung zu einer fremden Frau habe. Der Prophet sagte (angeblich): „Hast du nicht mit uns gebetet?“ „Doch, o Gesandter Allahs“, antwortete der Mann. Da sagte der Prophet ﷺ: „Wusstest du nicht, dass zwei (aufeinanderfolgende) Gebete eine Sühne für alles darstellen, was zwischen ihnen war?“[45]

Ein Mann sagte zu einem der Prophetengefährten: „Wahrlich, ich habe diese und jene Sünde begangen.‘ Da sagte der Gefährte: „Wahrlich, Allah hat sie für dich versteckt, wenn bloß auch du sie für dich verstecken würdest.“

---

[43] Überliefert in al-Qastalanis Kommentar zu al-Bukhari (IX, 50). Er zitiert dort aus al-Hakim. In den sechs Büchern scheint die Überlieferung nicht vorzukommen. Leider konnten wir den arabischen original Wortlaut nicht ausfindig machen. Daher können wir nicht garantieren, dass die deutsche Übersetzung den Sinn genau getroffen hat. Außerdem ist auch keine Angabe zum Authentizitätsgrad des *Hadith’* vorhanden. (Übers.)

[44] Mu’izz ibn Malik wurde auf Befehl des Propheten [S] aufgrund von Unzucht gesteinigt, nachdem er nachdrücklich darauf hinwies, dass er die Sünde begangen hatte.

[45] Diese Lehre wird ausführlich in einer Überlieferung beschrieben und in *Majma’ az-Zawaid* (I, 297) zitiert.

Doch die Sufis handeln der Scharia zuwider und wünschen sich, das auszulöschen, was zur angeborenen Veranlagung des *Nafs* gehört.

Außerdem haben sich einige Antinomisten in die Gemeinde der Sufis eingeschlichen und ahmten sie nach, um ihr Leben zu schützen. Und diese lassen sich in drei Kategorien aufteilen:

Bei der ersten Kategorie handelt es sich um Ungläubige. Einige von ihnen glauben nicht, dass Allah existiert, andere wiederum glauben an Seine Existenz und leugnen „lediglich“ das Prophetentum. Sie bezeichnen die Aussagen der Propheten als absurd. Um ihre Begierden zu erfüllen und gleichzeitig ihr Leben zu schützen, erschien ihnen kein Weg geeigneter, als sich bedeckt zu halten und ihre Begierden im System der Sufis zu stillen. Daher nehmen sie scheinbar daran teil, während sie jedoch im Verborgenen Ungläubige sind. Für solche Schurken gibt es (laut Autor diesseitige Strafe) nichts anderes als das Schwert.

Bei der zweiten Kategorie handelt es sich um Leute, die an den Islam glauben. Eine davon besteht aus Leuten, die ihre Shaykhs in deren Verhalten nachahmen, ohne irgendeinem Beweis oder einer Paralogie zu folgen. Sie tun einfach das, was ihre Shaykhs ihnen sagen und was sie jene tun sehen.

Bei der dritten Kategorie handelt es sich um Personen, denen einige Paralogien eingefallen sind, gemäß deren Bedeutungten sie zu handeln pflegen. Die Quelle, aus der diese Paralogien entsprangen, war ihre Beschäftigung mit dem Studium religiöser Systeme. Dies führte dazu, dass sie vom Satan getäuscht wurden und schließlich glaubten, dass man mittels Paralogien (authentischen) Argumenten bzw. Beweisen widersprechen könne. [Leicht gekürzt] So heißt es bei ihnen, dass das zu untersuchende Objekt zu erhaben sei, als dass es durch Wissen erfasst werden könnte und dass dessen Erfassung bei der Geburt beschert werde und nicht mittels Studium zu erwerben sei.

Somit verschloss ihnen Satan den Weg zum Heil, welcher aus dem Streben nach Wissen besteht; und so verabscheuten sie das Wissen genauso stark wie ein Rafidi Abu Bakr oder Umar verabscheut. Wissen, sagen sie, sei ein Schirm, und derjenige, der es besitzt, sei dadurch vom realen Objekt abgeschirmt. Wenn ein wissender Mann Einwände dagegen erhob, erzählten sie ihren Anhängern, dass dieser Mann ihnen insgeheim zustimme und dass er nur der schwachsinnigen Bevölkerung gegenüber so tue, als widerspräche er ihrer Doktrin. Wenn er dann darauf beharrt, ihnen zu widersprechen, behaupten sie, er sei dumm, gefesselt durch Richtlinien der Scharia und abgeschirmt von der wahren Essenz. Dann fahren sie fort, gemäß den Paralogien zu handeln, die sich in ihrem Verstand eingenistet haben. Doch hätten sie es verstanden, hätten sie gewusst, dass ihr Handeln gemäß den Paralogien ebenfalls einen Fall von Wissen darstellt. [46] Daher ist ihre Missbilligung von Wissen sinnlos. Und nun werde ich, so Allah es will, ihre Paralogien niederschreiben und aufdecken.

Es sind sechs an der Zahl:

Paralogie 1: Wenn die Dinge vorherbestimmt sind und manche Personen zur Glückseligkeit und andere zur Verdammung bestimmt sind, so dass weder die Ersteren verdammt, noch die Letzteren errettet werden und zudem Taten nicht um ihrer selbst willen benötigt werden, sondern um Glückseligkeit zu erlangen und die Verdammung zu vermeiden, wobei unsere Taten schon vor unserer Existenz feststanden, warum sollten wir uns dann um Taten bemühen? So lasst uns nicht gehemmt sein, Dinge zu tun, die Vergnügen bereiten, wo wir doch sehen, dass das, was vorherbestimmt ist, auf jeden Fall eintreffen wird.

Als Antwort auf diese Paralogie sei ihnen gesagt, dass dies eine Verleugnung aller göttlichen Gesetzeskodexe (Scharia) und aller Anweisungen der (von Allah offenbarten) Bücher darstellt, so wie eine Zurückweisung der Botschaft aller Propheten. Denn, wenn derjenige, der im Qur'an spricht (d.h. Allah) sagt *„[...] verrichtet das Gebet [...]“*, so könnte manch einer fragen: „Warum? Wenn mir die Glückseligkeit doch vorherbestimmt ist, dann werde ich Glückseligkeit finden und wenn ich für die Verdammnis bestimmt bin, dann wird mich die Verdammnis treffen. Was habe ich davon, wenn ich das Gebet einhalte?“ Ähnliches gilt, wenn der Sprecher (Allah) befiehlt, man solle sich der Unzucht (Zina) nicht nähern. Dann wird jemand sagen: „Warum solle ich mir einen Genuss vorenthalten, wenn doch Glückseligkeit und Verdammnis vorherbestimmt sind?“ Dies hätte der Pharao zu Moses ﷺ sagen können, als dieser zu ihm sagen sollte: *„[...] Hast du (nicht) den Wunsch, dich zu läutern?”* Zudem wird jemand, der so zu denken pflegt, sich gegen

[46] Es müsste lauten: Jede Handlung, die nicht instinktiv erfolgt, sondern auf Überlegungen basiert, setzt den Besitz von Wissen voraus.

seinen Schöpfer richten und fragen: „Was ist der Sinn Deiner Entsendung von Propheten, wenn doch das, was Du vorherbestimmtest, eintreten wird?"

Doch jeder Gedankengang, der zur Ablehnung der (offenbarten) Bücher und zur Veralberung der Propheten führt, ist schierer Unsinn. Und es wurde vom Propheten ﷺ entkräftet, als ein Gefährte ihn fragte *„Sollen wir nicht vertrauen?"* und er ﷺ daraufhin erwiderte: „[...] Handelt, denn jedem wird das leicht gemacht, wofür er erschaffen wurde [...]"[47]

Man sollte wissen, dass der Mensch die Fähigkeit besitzt, zu „erwerben" bzw. zu „wählen". Und seine Wahl führt entweder zu Belohnung oder zu Bestrafung. Wenn jemand ungehorsam ist, so ist zwar klar, dass Allah (swt) diesen Ungehorsam vorherbestimmte, doch Seine Strafe verdient der Mann aufgrund seines Ungehorsams, nicht aufgrund der Vorherbestimmung.[48]

Daher wird ein Mörder getötet, denn die Vorherbestimmung wird dabei nicht als Entschuldigung akzeptiert. Der Prophet ﷺ richtete ihre Aufmerksamkeit weg vom Nachdenken über die Vorherbestimmung hin zu den Taten. Denn nur Taten sind klar ersichtlich und offenkundig, wohingegen die Vorherbestimmung verborgen ist. Und es obliegt uns nicht, die Verordnungen, die uns bekannt sind, aufgrund einer uns unbekannten Vorherbestimmung zu missachten. „[...] Handelt, denn jedem wird das leicht gemacht, wofür er erschaffen wurde [...]"[49] Es folgt die Interpretation des Autors: Diese Worte des Propheten ﷺ beziehen sich auf die Bestimmung (*Qadar*). Wenn es bestimmt wurde, dass ein Mensch wissend sein solle, dann wird ihm die Suche nach und die Liebe zum Wissen sowie es zu verstehen, leicht gemacht werden. Sollte es vorherbestimmt worden sein, dass er unwissend sein solle, dann wird seinem Herzen die Liebe zum Wissen entzogen werden. Ähnliches gilt, wenn

---

[47] Der authentisch überlieferte *Hadith*, in dem der obige Ausschnitt vorkommt, befindet sich in verschiedenen Werken, wobei der Ausdruck „wofür er erschaffen wurde" in manchen Versionen fehlt. Stattdessen lautet es dann: „Handelt, denn jedem wird es leicht gemacht". (Übers.)

[48] Vorherbestimmung (*Qadar, Taqdir*) ist nicht im Sinne von Zwingen (*Jabr*) gemeint. Allah (swt) hat mit Seinem allumfassenden Wissen, Seinen Namen und Eigenschaften entsprechend bestimmt, was passieren wird, was Er zulassen wird und was nicht etc. Dies steht nicht im Widerspruch dazu, dass die Menschen in ihrem laufenden Leben für ihre Taten verantwortlich sind, da ihnen die Möglichkeit der Wahl zwischen Wahrheit und Unwahrheit bzw. Sünde und Ungehorsam gegeben wird. Und Allah weiß es am besten. (Übers.)

[49] Siehe obige Fußnote zum gleichen *Hadith*. (Übers.)

einem Mann Kinder bestimmt sind. In solch einem Fall wird ihm die Heirat erleichtert werden, aber nicht, wenn ihm bestimmt ist, kinderlos zu sein.

Paralogie 2: Sie behaupten, dass wir uns nicht unnötigerweise abmühen müssen, weil Allah unabhängig von unseren Taten ist und nicht durch sie beeinflusst wird, ganz gleich, ob es Taten des Gehorsams oder des Ungehorsams sind.

Dem entgegnen wir in erster Linie mit unserer vorherigen Antwort, nämlich dass es sich um eine Ablehnung der Gesetze und der Scharia handelt. Es ist, als sagte man zum Gesandten und Seinem Entsender (Allah): „Das, was ihr uns befehlt, ist wertlos."

Des Weiteren möchten wir der Paralogie Folgendes entgegensetzen: Wer auch immer sich einbildet, dass Allah, der Allmächtige, von einer Tat des Gehorsams profitiere oder unter einer Tat des Ungehorsams leide oder dadurch irgendetwas erwerbe, der besitzt keine Kenntnis über Allah, Der hoch erhaben ist über Akzidenzien und Objekte sowie über Gewinn und Verlust. Der Nutzen unserer Taten wirkt sich auf uns selbst aus; so wie Allah sagte:

وَمَن جَـٰهَدَ فَإِنَّمَا يُجَـٰهِدُ لِنَفْسِهِۦٓ ...[50]

„Und wer sich abmüht, der müht sich nur zu seinem eigenen Vorteil ab [...]"

وَمَن تَزَكَّىٰ فَإِنَّمَا يَتَزَكَّىٰ لِنَفْسِهِۦ ...[51]

„[...] Und wer sich läutert, läutert sich nur zu seinem eigenen Vorteil [...]"

Wenn der Arzt einem Patienten eine Diät verschreibt, dann tut er dies zu dessen Wohl, nicht zu seinem eigenen. Und so wie der Körper aus Nahrungsmitteln Nutzen ziehen und Schaden erleiden kann, so gibt es auch Dinge, die der Seele nutzen und Dinge, die sie verletzen. Dazu gehören Wissen, Unwissen, Glaube und Taten. Die Scharia ist wie der Arzt, der die Medizin, die er verschreibt, am besten kennt.[52]

[50] Sure 9/26.

[51] Sure 35/18.

[52] Eine komprimierte Auswahl der Seiten 399-397 des arabischen Originaltextes.

Dies ist die Doktrin derjenigen, die den Taten Allahs einen Zweck zuschreiben. Doch die meisten Gelehrten waren der Ansicht, dass ihnen kein Zweck unterliegt.

Eine weitere Antwort lautet, dass Allah zwar unabhängig von unseren Taten ist, doch ist Er auch unabhängig davon, dass wir Ihn kennen. Dennoch hat Er uns auferlegt, Ihn zu kennen. Und das gilt genauso für den Ihm gegenüber zu leistenden Gehorsam. Daher müssen wir Seinen Befehl betrachten, nicht den Zweck Seines Befehls.

Paralogie 3: Ihre Behauptung besteht aus der Aussage, dass die unermessliche Weite von Allahs Barmherzigkeit feststeht und auch uns umfasst, und daher kein Grund bestehe, uns selbst das zu verwehren, was wir begehren.

Die Antwort darauf ähnelt der ersten Antwort. Diese Behauptung beinhaltet nämlich eine Ablehnung der Strafandrohungen, die von den Propheten Allahs übermittelt wurden und eine Verharmlosung dessen, wovor sie so ernsthaft gewarnt haben, nämlich der Bestrafung, die so wirkungsvoll beschrieben wird.

Die hier vorliegende Täuschung kann dadurch behoben werden, dass man darüber reflektiert, dass Allah Sich Selbst zwar als barmherzig beschreibt, Sich jedoch ebenso als streng im Strafen bezeichnet. Außerdem kennen wir Gottesfreunde und Propheten, die mit Krankheiten und Hunger geprüft und für Fehltritte zurechtgewiesen wurden. Damit ist es noch nicht getan! Er wird selbst von denjenigen gefürchtet, deren Heil gesichert ist. *Al-Khalil* (Ibrahim) wird am Tage der Auferstehung sagen: „Meine Seele, meine Seele! (*Nafsi, nafsi!*)“ Und *al-Kalim* (Musa) wird sagen „*Nafsi!*“. Umar ﷺ sagte: „Wehe, wenn Umar nicht vergeben wird!“

Du solltest wissen, dass sich jemand, der auf Barmherzigkeit hofft, um die Mittel bemühen muss, durch die sie erlangt wird, so wie derjenige, der auf Ernte hofft, sähen muss. Hierzu gehört auch die Reue bei Fehltritten. Allah sagt:

إِنَّ ٱلَّذِينَ ءَامَنُواْ وَٱلَّذِينَ هَاجَرُواْ وَجَٰهَدُواْ فِي سَبِيلِ ٱللَّهِ أُوْلَٰٓئِكَ يَرۡجُونَ
رَحۡمَتَ ٱللَّهِۚ وَٱللَّهُ غَفُورٞ رَّحِيمٞ ٢١٨

„Diejenigen (aber), die glauben, und diejenigen, die auswandern und sich auf Allahs Weg abmühen, sie hoffen auf Allahs Erbarmen. Allah ist Allvergebend und Barmherzig."

Das heißt, dass deren Hoffnung angebracht ist, wohingegen die Hoffnung derjenigen, die auf sündhaftem Verhalten beharren und dabei auf Erbarmen hoffen, wahrscheinlich nicht erfüllt werden wird.

Der Prophet ﷺ sagte: „Klug ist derjenige, der sich selbst zur Rechenschaft zog und für das arbeitete, was nach dem Tod kommen wird. Und der Unfähige ist der, dessen *Ego* den eigenen Launen folgte und der dabei auf Allah hoffte."[53]

Ma'ruf al-Karkhi sagte: „Dass du auf jemandes Erbarmen hoffst, dem du nicht gehorsam bist, ist eine Heimsuchung und Torheit."

Man sollte wissen, dass die Handlungen Allahs nichts beinhalten, was jemanden berechtigen würde, sich sicher vor der Bestrafung zu fühlen. Was sie beinhalten verhindert lediglich, dass man die Hoffnung auf Sein Erbarmen verliert. Und so wie Hoffnungslosigkeit eine unangemessene Reaktion auf die Güte darstellt, die Er in Seiner Schöpfung sichtbar werden lässt, so ist die Anmaßung (man sei sicher vor der Bestrafung) eine unangemessene Reaktion auf Seinen Zorn und Seine Rache, auf die sie (die Schöpfung) hinweist. In Anbetracht der Tatsache, dass Er für das Stehlen eines Viertel Dinars die Amputation des kostbarsten Körperglieds anordnet, hat man keine Garantie, dass Seine Bestrafung im Jenseits nicht nach einer ähnlichen Skala erfolgen wird.

Paralogie 4: Einige von ihnen hatten den Einfall, das Ziel sei die Disziplinierung des Egos, wodurch es von Schandflecken befreit werden solle. Nachdem sie sich dann eine Weile diszipliniert haben und merken, dass eine (absolute) Purifikation unmöglich ist, sagen sie dann: „Warum sollte man sich um eine Sache bemühen, die von der Menschheit nicht erreicht werden kann?" Und so geben sie auf, sich zu bemühen. Dieser Täuschung lässt sich ein Ende setzen, indem man sich vergegenwärtigt, dass sie glauben, es sei das Ziel der Scharia, bestimmte veranlagte Eigenschaften des Menschen, wie zum Beispiel Lust, Zorn etc., zu unterdrücken. Doch weder ist dies der Zweck der Scharia noch ist die Auslöschung natürlicher

[53] Dieser Hadith wurde von al-Tirmidhi überliefert und als *hasan* eingestuft. Ibn Adiyy erwähnte einen der Überlieferer und sagte, dass man seinen Überlieferungen nicht vertraut. (Übers.)

Neigungen vorstellbar. Nein, vielmehr wurden diese Neigungen zu einem bestimmten Zweck erschaffen. Gäbe es kein Verlangen nach Essen, würde der Mensch sterben, gäbe es keinen Wunsch zu heiraten, würde das Menschengeschlecht sein Ende finden und gäbe es keinen Zorn, würde kein Mensch Belästigungen abwehren. Ebenso wurde die Liebe zu Besitztum als natürliche Veranlagung bestimmt, um zu gewährleisten, dass jene Bedürfnisse gestillt werden. Disziplinierung bedeutet, die Seele von Dingen fernzuhalten, die schädlich (verboten) sind und sie stattdessen zur Mäßigung anzuhalten. Allah lobt denjenigen, „der den Stand seines Herrn gefürchtet und seiner Seele die (bösen) Neigungen untersagt hat."[54]

Es (das Ego) kann aber nur von etwas zurückgehalten werden, wonach es strebt. Und Allah sagt (in der ungef. Bedeutung): „*Die da spenden in Freud und Leid und den Groll unterdrücken [...]*" Er sagt nicht „Diejenigen, die frei von jeglichem Zorn sind." Das Wort, das für „unterdrücken" steht, bedeutet genaugenommen „zurücksenden". Es bezeichnet den Vorgang bei einem Tier, das wiedergekäutes Futter wieder in den Rachen weiterleitet. Allah lobt hier denjenigen, der sich selbst davor zurückhält, seinem Ausbruch von Wut entsprechende Taten folgen zu lassen. Dass jemand behauptet, Disziplinierung stelle eine Veränderung der natürlichen Veranlagung dar, stellt eine absurde Anmaßung dar. Das Ziel einer Disziplinierung ist, die Vehemenz der Lust oder des Zorns, die das Ego verspürt, zu mäßigen und nicht deren Auslöschung. Der disziplinierte Mensch ist wie ein kluger Arzt, der sich von der Nahrung, die ihm angeboten wird, das nimmt, was gut für ihn ist und das meidet, was schädlich für ihn ist. Der Undisziplinierte ist wie ein dummer Junge, der isst, was ihm gefällt, ohne sich dabei Gedanken über die Folgen zu machen.

Paralogie 5: Nachdem sie einige Zeit die Disziplinierung durchgeführt haben, meinen einige von diesen Leuten, sie seien gefestigt und sagen: „Von nun an brauchen wir uns nicht mehr darum zu kümmern, was wir tun. Gebote und Verbote sind Formalitäten für das gemeine Volk, von denen es auch befreit werden würde, wenn es gefestigt wäre. Die Behauptung des Prophetentums ist reduzierbar auf Weisheit und Wohlfahrt, und sein Ziel ist es, das gemeine Volk zu bändigen. Doch wir gehören nicht zum gemeinen Volk, daher gelten die Anweisungen für uns nicht; denn wir sind gefestigt und besitzen nun Weisheit.

---

[54] Quran (79/40).

Aus Sicht dieser Leute gehört es zu den Resultaten ihrer Festigung, dass sie frei sind von Eifersucht, so dass ihrer Meinung nach die Stufe der Perfektion nur derjenige erreicht habe, der keinen Schrecken bekommt, wenn er seine Frau bei einem Fremden sieht. Wenn er einen Schrecken bekommt, so sei er auf seinen persönlichen Anteil aus und daher noch nicht vollkommen. Wäre er vollkommen, so müsste sein niederes Selbst bereits gestorben sein. „Niederes Selbst" ist der Ausdruck, mit dem sie Eifersucht bezeichnen und mit „Vollkommenheit des Glaubens" meinen sie die Gelassenheit (hier in Sachen Eifersucht), was der Charakter von Impotenten ist. Ibn Jarir verzeichnete in seinem *Tarikh*[55], wie die Rawandis Verbotenes für erlaubt zu erklären pflegten. Dabei lud einer von ihnen eine bestimmte Menge (von Leuten) zu sich nach Hause ein, bewirtete sie und ließ sie seiner Ehefrau beischlafen.

Diese Täuschung (in Paralogie „5") wird durch die Feststellung beendet, dass man, solange Menschen existieren, die offenkundigen Formen des Gehorsams gegenüber dem göttlichen Willen nicht ablegen kann, da sie zum Wohle der Menschheit bestimmt wurden. Es mag sein, dass die Reinheit des Herzens von Zeit zu Zeit die Laster des Egos überwindet; aber solcher Schmutz, der sich auf dem Boden absetzt, bleibt nur so lange unbemerkt, solange das Gute andauert. Doch schon die kleinste Sache, kann es aufwirbeln, gleich einem Klumpen, der in ein Gewässer fällt, auf dessen Boden sich Tonerde befindet.

Jemand, der sich anmaßt zu sagen, seine natürliche Veranlagung verändere sich, lügt. Und eine Person, die behauptet, sie könne eine Schönheit betrachten, ohne dass Leidenschaft erweckt wird, spricht ebenso wenig die Wahrheit.

Und in der Tat ärgern sich diese Leute schon, wenn ihnen nur ein Häppchen fehlt oder wenn jemand schlecht über sie redet. Worauf bitte wirkt denn der Auslöser (ihres Zorns), wenn sie sich (seinetwegen) von Zorn leiten lassen?

Wir sahen einige von ihnen Frauen die Hände schüttelten, wohingegen der Prophet ﷺ, der frei von sündhaftem Verhalten war, ihnen nicht die Hand schüttelte. Wir hörten von einigen, die sich mit Frauen „verbrüdern", privat mit ihnen beisammensitzen und behaupten, sie seien sicher davor, eine Sünde zu begehen. Doch dies ist keineswegs der Fall.

---

[55] At-Tabari Band III, S.418

Wo ist die „Sicherheit", wenn man sich der Sünde des verbotenen Zuzweitseins schuldig macht oder des verbotenen Anstarrens; und wo ist die „Sicherheit" gegen das Aufkommen falscher Gedanken?

Umar ibn al-Khattab sagte: „Wenn sich zwei faulende Knochen von anderen abgeschottet treffen würden, so würde der eine den anderen begehren." Dabei meinte er eine alte Frau und einen alten Mann.

Es existiert eine Überlieferung, die auf Ibn Schahin zurückgeht, der zufolge er sagte:

„Es gibt Sufis, die auf Basis einer ‚Verbrüderungserklärung' das Vermischen (von Mann und Frau) für erlaubt erklären. Dabei sagt einer von ihnen zu einer Frau: ‚Verbrüdere dich mit mir unter der Bedingung, alle zwischen uns herrschenden Gegensätzlichkeiten abzulegen.'"

Ich möchte anmerken, dass uns der Arzt Abu Abdullah Muhammed ibn Ali al-Tirmidhi in seinem Buch *Tazkiyatu'n Nafs* (*Erziehung der Seele*) mitteilt, dass ihm erzählt wurde, wie Sahl ibn Ali al-Marwazi Folgendes zur Frau seines Bruders zu sagen pflegte: „Verberge dich für eine Weile vor mir!" Ein wenig später sagte er ihr dann, sie könne sich wieder wie gewohnt verhalten. Tirmidhi merkte an, dass die erste Aufforderung erfolgt sei, als er sexuell erregt war.

Ich möchte darauf hinweisen, dass das Verschwinden des Instinktes nicht denkbar ist, solange der Mensch lebt; er wird lediglich schwächer. Männer, die impotent sind, spüren dennoch das Verlangen zu berühren und zu schauen. Aber nehmen wir einmal an, all diese Dinge wären ausgelöscht - verbietet die Scharia nicht, zu schauen, ja sogar ohne Ausnahme?[56] Und die Kraft, es zu tun, bleibt immer bestehen.[57]

Ibn Nasir berichtete uns von einer Überlieferung, die auf Abu Abdirrahman as-Sulami zurückgeht, welcher sagte:

„Als man Abu Nasr al-Nasrabadi erzählte, wie manche Leute mit Frauen zusammenzusitzen pflegten, weil sie erklärten, sie seien sicher davor, bei deren Betrachtung in Versuchung zu geraten, sagte dieser: ‚So lange Menschen existieren,

---

[56] Ob und unter welchen Bedingungen das Betrachten des anderen Geschlechts erlaubt ist, ist Thema des Fiqh. Diesbezüglich sollten kompetente Gelehrte befragt werden. (Übers.)

[57] Solange man Sehvermögen besitzt. (Übers.)

werden Gebote und Verbote bestehen bleiben. Und die Gesetze bezüglich Verbotenem und Erlaubtem bleiben für diejenigen verbindlich, für die sie gedacht sind. Und nur diejenigen wagen das Zweifelhafte, die sich der Versuchung aussetzen, Verbotenes zu begehen.“

Als Abu Ali ar-Rudhbari[58] gefragt wurde, was er darüber denkt, wenn jemand sagt, er habe einen Rang erreicht, bei dem er nicht mehr der Veränderung von Zuständen unterliege, sagte er: „Er ist tatsächlich angekommen, allerdings bei einem Rang in der Hölle.“

Al-Jurayri[59] soll gesagt haben:

„Ich hörte, wie Abu'l Qasim al-Junayd zu einem, der über Erkenntnis sprach, Folgendes sagte: ‚Die Gotteskenner erlangen letztendlich den Rang, auf dem alle Handlungen, die in die Kategorie von guten Taten und verschiedenen Arten von Gottesdiensten gehören, abgelegt werden.'"

Dies ist die Sprache derjenigen, die vom Ablegen der Taten sprechen[60] - ich finde sie abscheulich. Ein Einbrecher oder Ehebrecher befindet sich in einer besseren Lage als jemand, der so etwas sagt. Diejenigen, die Allah kennen, handeln Seinen Gesetzen entsprechend und widmen Ihm ihre Taten. Würde ich tausend Jahre leben, so würde ich meine guten Taten nicht um ein Atom reduzieren, es sei denn, ich wäre verhindert. Denn dies bestätigt meine Gotteskenntnis und festigt meinen Zustand.

Des Weiteren wird überliefert, Abu Muhammed al-Murtaisch habe gesagt:

„Ich hörte Abu'l Hasan an-Nuri sagen: ‚Solltest du einen Mann sehen, der behauptet, er habe eine besondere Stellung bei Allah, durch die er den Einschränkungen, denen man aufgrund der Kenntnis über die Scharia unterstellt ist, enthoben sei, so nähere dich ihm nicht! Und wenn du einen Mann siehst, der behauptet, er besäße einen verborgenen Charakter (oder: es existiere eine verborgene Person), der (bzw. die) weder erkenntlich ist noch durch eine offenkundige Aufzeichnung bestätigt wird, so bezweifle, dass er zur *Ahlu's Sunna* gehört!'“

---

[58] Ahmad ibn Muhammed, gestorben 322 oder 323 n.H.. Diese Geschichte stammt aus der *Risala al-Quschayriyyah*, S.190.

[59] Abu Muhammed Ahmad, gestorben 321 n.H. Er wird im gleichen Werk erwähnt (Band I, S.72). Diese Geschichte stammt aus Band I, S.142.

[60] Das heißt, sie seien aus Sicht der Scharia nicht mehr verantwortlich diese auszuführen.

Paralogie 6: Bei bestimmten Leuten ging die Selbstdisziplinierung so weit, dass sie etwas sahen, das eine Art Wunder zu sein schien, oder sie hatten Träume, die sich bewahrheiteten, oder sie beherrschten, als Ergebnis von Reflexion und Isolation, feine Redewendungen. Und da sie glaubten, sie hätten das Ziel erreicht, gaben sie auf, (schariagemäße) Taten (Gottesdienste etc.) auszuführen und zierten zudem ihr Äußeres mit einem geflickten Mantel, dem Gebetsteppich, Tanz und Emotionen. Dabei beschäftigten sie sich mit den Ausdrucksweisen des Sufismus über Erkenntnis, Emotionen und Verlangen. Unsere Antwort auf die vorangegangene Praxis gilt auch für sie.

Ibn Uqayl sagte: „Einige Leute entfernten sich von Allah und gaben die Anweisungen der Scharia zugunsten ihrer eigenen Erfindungen auf. Einige von ihnen verehren einen anderen als Allah, weil sie glauben, Er (swt) sei zu erhaben, um verehrt zu werden. Sie betrachten diese anderen Wesen als Vermittler.[61] Einige hingegen sind Monotheisten, legen jedoch die gottesdienstlichen Taten ab und behaupten dabei, diese seien nur für das gemeine Volk bestimmt, weil es diesem an Erkenntnis mangele. Doch dies ist eine Art von Polytheismus - denn Allah, Dem wohlbekannt ist, dass die Kenntnis über Ihn etwas Tiefgründiges und Großartiges ist und dass diejenigen, die keine Kenntnis über Ihn besitzen, kaum aufmerksam genug sein werden, Er das Feuer zu fürchten, weil die Menschen wissen, wie es brennt. Zu denjenigen hingegen, die Kenntnis besitzen, sagte Er: *„[...] Und Allah mahnt euch zur Vorsicht vor Sich selbst. [...]"*[62] Ebenfalls wissend, dass die meisten Kulte die Kenntnis über Symbole, über regionale und örtliche Einrichtungen, Gebäude, Steine für religiöse Riten und Richtungen zur Hinwendung voraussetzen, erklärte Er, was den Glauben an Ihn wirklich ausmacht, indem Er sagte:

﴿ لَّيۡسَ ٱلۡبِرَّ أَن تُوَلُّواْ وُجُوهَكُمۡ قِبَلَ ٱلۡمَشۡرِقِ وَٱلۡمَغۡرِبِ وَلَٰكِنَّ ٱلۡبِرَّ مَنۡ ءَامَنَ بِٱللَّهِ وَٱلۡيَوۡمِ ٱلۡأٓخِرِ
وَٱلۡمَلَٰٓئِكَةِ وَٱلۡكِتَٰبِ وَٱلنَّبِيِّـۧنَ وَءَاتَى ٱلۡمَالَ عَلَىٰ حُبِّهِۦ ذَوِي ٱلۡقُرۡبَىٰ وَٱلۡيَتَٰمَىٰ وَٱلۡمَسَٰكِينَ
وَٱبۡنَ ٱلسَّبِيلِ وَٱلسَّآئِلِينَ وَفِي ٱلرِّقَابِ وَأَقَامَ ٱلصَّلَوٰةَ وَءَاتَى ٱلزَّكَوٰةَ وَٱلۡمُوفُونَ بِعَهۡدِهِمۡ إِذَا

[61] Diese Erzählung stammt aus *Table-talk of a Mesopotamian Judge*,Teil II, S.227.

[62] Sequenz aus Sure 3/30 in ungef. Bedeutung.

عَٰهَدُواْۖ وَٱلصَّٰبِرِينَ فِي ٱلۡبَأۡسَآءِ وَٱلضَّرَّآءِ وَحِينَ ٱلۡبَأۡسِۗ أُوْلَٰٓئِكَ ٱلَّذِينَ صَدَقُواْۖ وَأُوْلَٰٓئِكَ هُمُ
ٱلۡمُتَّقُونَ ﴿١٧٧﴾

„Nicht darin besteht die Güte, dass ihr eure Gesichter gegen Osten oder Westen wendet. Güte ist vielmehr, dass man an Allah, den Jüngsten Tag, die Engel, die Bücher und die Propheten glaubt und vom Besitz - obwohl man ihn liebt - der Verwandtschaft, den Waisen, den Armen, dem Sohn des Weges, den Bettlern und für (den Loskauf von) Sklaven hergibt, das Gebet verrichtet und die Abgabe entrichtet; und diejenigen, die ihre Verpflichtung einhalten, wenn sie eine eingegangen sind, und diejenigen, die standhaft bleiben in Not, Leid und in Kriegszeiten, das sind diejenigen, die wahrhaftig sind, und das sind die Gottesfürchtigen."

لَن يَنَالَ ٱللَّهَ لُحُومُهَا وَلَا دِمَآؤُهَا وَلَٰكِن يَنَالُهُ ٱلتَّقۡوَىٰ مِنكُمۡ ...

„Weder ihr Fleisch noch ihr Blut werden Allah erreichen, aber Ihn erreicht die Gottesfurcht von euch [...]"[63]

Dadurch lehrt Er uns, dass die Absicht ausschlaggebend ist und dass bloße Erkenntnis ohne Gehorsam, weche von den häretischen *Batinis* und den sufistischen Phantasten vertreten wird und gemäß der sie handeln, nicht ausreichend ist.

Abu'l Qasim Ali ibn al-Muhassin at-Tanukhi überlieferte von seinem Vater und sagte:

„Mehrere Gelehrte berichteten uns, dass sich in Schiraz ein Mann befindet, der bekannt ist als Ibn Khafif von Bagdad. Er ist der Anführer der dortigen Sufi-Kommune, bei dem sich die Menschen versammeln und der ihnen von Phantasien und Suggestionen erzählt. Tausende nehmen an seinem Unterrichtskreis teil und betrachten ihn als äußerst fachkundig. Er hat die Schwachsinnigen zu diesem System verleitet. Einst starb einer seiner Anhänger. Es war ein Sufi, der eine Witwe hinterlassen hatte, welche ebenfalls zu den Sufis gehörte. Da fand eine Versammlung einer großen Menge weiblicher Sufis statt, und keiner außer ihnen nahm an der

63 Sure *al-Hajj* (22/37) samt ungef. Bed.

Trauer teil. Nachdem die Beerdigung beendet war, betrat Ibn Khafif mit seiner ebenfalls großen Menge vertrauter Gefährten das Wohngebäude. Da begann er, die Witwe mittels Sufisprache zu trösten. Daraufhin sagte sie: „Ich fühle mich getröstet." Dann sagte er zu ihr: „Ist da noch jemand?" „Niemand", sagte sie. Da sagte er: „Na dann, was macht es für einen Sinn, dass unsere Seelen an den durch Trauer verursachten Verärgerungen festhalten und durch die Qualen der Sorgen gepeinigt werden? Warum sollten wir nicht verschmelzen, auf dass die Lichter einander treffen mögen, die Seelen geläutert werden, der Ersatz eintritt und der Segen herabkommt." Da sagte die Frau: „Wenn du willst." So „verschmolzen" die beiden Gruppen die ganze Nacht lang, und als der Morgen anbrach, wurden die Männer entlassen.

Der Ausdruck „Ist da noch jemand?" bedeutet: „Gibt es hier jemanden, der nicht mit dem (von den dortigen Sufis befolgten) System einverstanden ist?" „Verschmelzen" hat hier eine anstößige Bedeutung. „Dass die Lichter sich treffen mögen" bezieht sich auf ihr Grundannahme, dass sich in jedem Körper ein göttliches Licht befinde. Der „Ersatz" bezieht sich auf die Doktrin, dass jede verheiratete Frau für ihnen verstorbenen oder abwesenden Ehemann einen Ersatzmann habe.

Ich (Tanukhi) finde dies abscheulich. Wäre es mir nicht von mehreren Personen zugetragen worden, von denen ich denke, dass es unwahrscheinlich ist, dass sie lügen würden, hätte ich es wahrscheinlich nicht erwähnt. Denn es ist zu scheußlich. Und dass so etwas in einem islamischen Land geschieht, ist kaum vorstellbar. Mir wurde gesagt, dass solche und ähnliche Vorfälle in einem Ausmaß bekannt wurden, dass Prinz Adud ad-Dawlah davon erfuhr, woraufhin er einige dieser Leute festnehmen und auspeitschen ließ. Durch das anschließende Auseinandertreiben dieser Gruppen setzte er diesen Praktiken ein Ende.

Verbotene Taten und Worte der von uns erwähnten Art, gingen aus dem mangelnden Wissen der Sufis über die Scharia hervor. Diese wurden dann von Personen imitiert, die eigentlich nicht zu ihrer Gemeinschaft gehörten, aber ihren Namen übernommen hatten. Und von ihnen gingen dann Dinge hervor, die das Ausmaß erreichten, von dem wir berichtet haben. Selten gab es fromme Menschen unter ihnen. Diese wurden dann von den Gelehrten und sogar von ihren eigenen Anführern einer strengen Zensur unterstellt.

KAPITEL II

Wie der Satan diejenigen täuscht, die an zu Ehren von Gottesfreunden bereitgestellte Wunder glauben

Manche von ihnen sagen: „Der Herr ist großzügig, es gibt reichlich Vergebung und Hoffnung - dies ist ein Teil der Religion. „Hoffnung“ ist der Begriff, mit dem sie ihr Begehren und ihren Schwindel bezeichnen, und es ist das, was die meisten Frevler ruiniert hat.

Abu Amr al-Ala sagt: „Man erzählte mir, wie al-Farazdaq einst mit Leuten zusammensaß, die sich über Allahs Barmherzigkeit unterhielten, wobei er der Hoffnungsvollste unter ihnen war. Sie fragten ihn, warum er keusche Frauen (der Unzucht) bezichtigte. Da erwiderte er: ‚Erzählt mir eines: Wenn ich meinen Eltern gegenüber sündigen würde, wie ich Allah gegenüber sündigte, wären sie damit einverstanden, mich in einen mit glühender Kohle gefüllten Ofen zu schleudern?‘ ‚Nein‘, sagten sie, ‚sie hätten Mitleid mit dir.‘ Da sagte er: ‚Ich bin mir über Allahs Erbarmen sicherer als über ihres.‘“

Ich halte das für pure Unwissenheit. Denn Allahs Barmherzigkeit ist nicht zu verwechseln mit Weichherzigkeit. Wäre es so, würde nicht ein Spatz getötet, nicht ein Kind umgebracht und keine einzige Person ins Höllenfeuer geworfen werden.

Laut einer vorliegenden Überlieferung, die auf Abbad zurückgeht, erzählte dieser, al-Asmai habe Folgendes gesagt: „Ich befand mich bei Abu Nuwas in Mekka, wo wir einen bartlosen Jüngling den *Schwarzen Stein* küssen sahen. Abu Nuwas sagte zu mir: ‚Bei Allah, bevor ich gehe, werde ich ihn beim *Schwarzen Stein* küssen.‘ Ich erwiderte: ‚Du Wicht, fürchte Allah, du bist am heiligen (*muharram*) Ort bei Seinem heiligen (*muharram*) Haus!‘ ‚Es muss so sein!‘, erwiderte er. Dann näherte er sich dem Stein und als sich der Junge gerade dabei befand, diesen zu küssen, drückte er seine Wange gegen die des Jungen und küsste ihn, während ich zuschaute. ‚Du Wicht‘, sagte ich, ‚in Allahs Moschee!‘ ‚Schluss damit‘, sagte er, ‚mein Herr ist erbarmungsvoll.‘ Danach rezitierte er die folgenden Strophen:

Zwei Liebhaber trafen sich Wange an Wange,

trotz aller Erschwernis am geküssten *Schwarzen Stein*

In Unschuld trafen sich diese zwei

Man könnte meinen, es müsste abgesprochen sein."[64]

Meine Anmerkung: Betrachtet man, mit welcher Dreistigkeit auf Erbarmen gehofft und die fürchterliche Strafe für die Missachtung der heiligen Orte und Riten ignoriert wird! [...]

Leute, die Abu Nuwas während seiner letzten Krankheit besuchten[65], baten ihn darum, sich Allah reumütig zuzuwenden.

Seine Antwort lautete: „Wollt ihr mir Angst machen? Es berichtete mir Hammad ibn Salaman von Yazid al-Raqashi[66] und dieser von Anas ﷺ, dass der Prophet ﷺ gesagt habe:

‚Jeder Prophet hat das Recht auf Fürsprache - und ich habe meine Fürsprache für diejenigen aus meiner *Ummah* aufbewahrt, die am Tag der Auferstehung zu den Begehern großer Sünden gehören werden.' (Nicht authentisch)"[67]

Ich stellte fest, dass sich dieser Mann in zweierlei Hinsicht geirrt hat. Zum einen richtete er seinen Blick lediglich auf die Barmherzigkeit, ohne sich die Option der Bestrafung zu vergegenwärtigen, zum anderen vergaß er, dass das Erbarmen nur den Reumütigen gilt;[68] denn Allah sagte:

وَإِنِّي لَغَفَّارٌ لِّمَن تَابَ وَءَامَنَ وَعَمِلَ صَـٰلِحًا ثُمَّ ٱهْتَدَىٰ ﴿٨٢﴾

---

[64] Aus dem *Diwan* von Abu Nuwas, Kairo, 1898 n.Chr. Auf dessen Basis wurde der Wortlaut korrigiert.

[65] Er starb im Jahre 167 n.H. Erwähnt wird er in *Tahdhib*, Band III, S.11-16.

[66] Yazid ibn Aban Abu Amr al-Basri, gestorben zwischen den Jahren 110 – 120 n.H. Erwähnt wird er im gleichen Werk, Band XI, S.309-311. Abu Nuwas lebte von 146-198 n.H..

[67] Diese Überlieferung wurde von Khatib al-Baghdadi in seinem *Tarikhu'l Baghdad* angeführt. Einer ihrer Überlieferer, Isma'il, gilt als nicht vertrauenswürdig. (Übers.)

[68] Allah vergibt, wem Er will, wie Er will. Wenn Er es will, vergibt Er auch ohne, dass der Diener sich reumütig zugewendet hat. Was in diesem Abschnitt des Buches gesagt werden will ist, dass der Mensch nicht sorglos Sünden begehen sollte, weil er sich auf die Vergebung Allahs verlässt, sondern die Sünden vermeiden und sich von bereits begangenen reumütig abwenden soll. (Übers.)

„Und Ich bin wahrlich Allvergebend für denjenigen, der bereut und glaubt und rechtschaffen handelt und sich hierauf rechtleiten läßt."[69]

﴿ وَٱكْتُبْ لَنَا فِى هَٰذِهِ ٱلدُّنْيَا حَسَنَةً وَفِى ٱلْءَاخِرَةِ إِنَّا هُدْنَآ إِلَيْكَ ۚ قَالَ عَذَابِىٓ أُصِيبُ بِهِۦ مَنْ أَشَآءُ ۖ وَرَحْمَتِى وَسِعَتْ كُلَّ شَىْءٍ ۚ فَسَأَكْتُبُهَا لِلَّذِينَ يَتَّقُونَ وَيُؤْتُونَ ٱلزَّكَوٰةَ وَٱلَّذِينَ هُم بِـَٔايَٰتِنَا يُؤْمِنُونَ ﴿١٥٦﴾

„[...] aber Meine Barmherzigkeit umfaßt alles. Ich werde sie für die bestimmen, die gottesfürchtig sind [...]"[70]

Und genau diese Täuschung führt eine große Anzahl von Unwissenden in den Ruin. Wir haben sie bereits zunichte gemacht, als wir diejenigen erwähnten, die an das Erlaubtsein (der verbotenen Dinge) glauben (*Ibaahiyya*).

Unter den Unwissenden , lautete seine Antwort: „Die Gelehrten befolgen die Gebote nicht; der Soundso tut etwas und der Soundso etwas anderes. So ähnlich ist es auch in meinem Fall."

Diese Täuschung hebt sich auf, wenn man sich vergegenwärtigt, dass der Unwissende und der Gelehrte gleichermaßen an die Gebote gebunden sind. Und die Tatsache, dass es vorkommt, dass auch ein hervorragender Gelehrter einmal seinen Begierden anheimfallen kann, stellt keinen Vorwand für den Unwissenden dar.

Manche von ihnen sagen: „Was haben meine Sünden schon für eine Bedeutung, als dass ich bestraft werden sollte?" Oder sie sagen: „Wer bin ich schon, dass ich zurechtgewiesen werden sollte?" „Weder schadet meine Sünde Ihm, noch hat Er einen Nutzen von meiner Frömmigkeit. Und Seine Vergebung ist größer als meine Sünde."

In diesem Sinne sagt einer von ihnen:

---

[69] Qur'aan (20/82)
[70] Qur'aan (7/156)

„Wer bin ich schon bei Allah im Himmel,

dass meine Sünden nicht vergeben werden sollten?"

Dies ist Narrheit in Vollendung. Denn es scheint, als glaubten sie, dass nur ein Opponent bzw. Gleichgestellter zurückgewiesen werde. Sie sind sich nicht dessen bewusst, dass sie durch Ungehorsam gewissermaßen zu Opponenten werden. Als Ibn Uqayl einen Mann sagen hörte „Wer bin ich, dass ich bestraft werden sollte", erwiderte er ihm: „Du bist die Person, die, wenn Allah die gesamte Menschheit sterben lassen und dich als alleinigen Überlebenden übriglassen würde, von Seinen Worten ‚O, ihr Menschen...' angesprochen werden würde."

Einige von ihnen sagen: „Ich werde (in Zukunft) Reue zeigen und Gutes tun." Viele Menschen, die bezüglich ihrer Hoffnung vermessen selbstsicher waren, wurden hinweggerafft, bevor sie dies umsetzen konnten. Es stellt kein kluges Vorgehen dar, wenn man dem Falschen hinterhereilt und das Gute erwartet. Es könnte sein, dass einem die reumütige Umkehr nicht gelingt oder sie könnte unaufrichtig sein oder sie könnte möglicherweise nicht akzeptiert werden. Und auch wenn sie akzeptiert wird, ist doch die Schande, die das Verbrechen hinterlässt, nicht auslöschbar. Es ist leichter, böse Gedanken abzuweisen, so dass sie entweichen, als dass man sich abmüht, bis die Reue akzeptiert wird.

Manche kehren reumütig um und machen ihre Reue wieder ungültig. Zu solch einer Person verschafft sich Satan durch die Unentschlossenheit dieser Person mit seinen Listen Zugang zu ihr. Verschafft sich Laut einer Überlieferung sagte al-Hasan:

„Wenn Satan dich betrachtet und sieht, dass du Allah gegenüber ungehorsam bist, dann sucht er dich[71] von Zeit zu Zeit auf. Doch wenn er erkennt, dass dein Gehorsam gegenüber Allah konstant ist, ermüdet er an dir und lässt dich in Ruhe. Doch wenn er sieht, dass du manchmal so und manchmal anders bist, dann hegt er die Hoffnung, dich zu kriegen."

Eine List, auf die er eine Person reinfallen lässt, liegt in dem Stolz einer edlen Abstammung. So sagt einer: „Ich stamme von Abu Bakr ab oder von Ali." Oder er

---

[71] Der Text wurde zur besseren Verständlichkeit gemäß der subjektiven Interpretation des englischen Übersetzers etwas verändert..

sagt, dass er ein *Sharif*[72] sei, also ein Nachkomme al-Hasans oder al-Husayns, oder dass er nahe verwandt mit einem Gelehrten oder einem Asketen sei. Sie argumentieren auf Basis zweier Annahmen. Zum einen werde jemand, der einen Menschen liebt, auch dessen Familie und Nachkommenschaft lieben, zum anderen seien diese Leute zur Fürsprache berechtigt und ihre Familie und Nachkommenschaft seien am ehesten zu deren Fürsprache berechtigt.

Beide dieser Annahmen sind falsch. Denn die Liebe Allahs gleicht nicht der menschlichen. Er liebt diejenigen, die Ihm gehorchen. Den Nachkommen Jakobs, also den Leuten der Schrift, hat ihre Abstammung nicht genützt. Würde sich außerdem die Liebe zum Vater (auf andere) ausweiten, so würde sie sich auch kollateral ausweiten. Und was die Fürsprache betrifft, so sagt Allah:

يَعْلَمُ مَا بَيْنَ أَيْدِيهِمْ وَمَا خَلْفَهُمْ وَلَا يَشْفَعُونَ إِلَّا لِمَنِ ٱرْتَضَىٰ وَهُم مِّنْ خَشْيَتِهِۦ مُشْفِقُونَ ﴿٢٨﴾

„Er weiß, was vor ihnen und was hinter ihnen liegt, <u>und sie legen Fürsprache nur für denjenigen ein, dem Er zustimmt</u>. Und sie sind aus Furcht vor Ihm besorgt.“[73]

Als Nuh عليه السلام seinen Sohn in die Arche leiten wollte, wurde ihm gesagt:

قَالَ يَٰنُوحُ إِنَّهُۥ لَيْسَ مِنْ أَهْلِكَ ۖ إِنَّهُۥ عَمَلٌ غَيْرُ صَٰلِحٍ ۖ فَلَا تَسْـَٔلْنِ مَا لَيْسَ لَكَ بِهِۦ عِلْمٌ ۖ إِنِّىٓ أَعِظُكَ أَن تَكُونَ مِنَ ٱلْجَٰهِلِينَ ﴿٤٦﴾

„[...] er gehört nicht zu deinen Angehörigen [...]”

Weder konnte Ibrahim عليه السلام für seinen Vater Fürsprache einlegen, noch unser Prophet ﷺ für seine Mutter. Vielmehr sagte der Prophet ﷺ zu Fatima (sinngemäß): *„Ich kann*

[72] Der Autor macht keinen Unterschied zwischen einem *Sayyid* und einem *Sharif*.

[73] Qur'aan (21/28)

etwas, was von Allah kommt, von dir nicht abwenden.“[74] Jemand, der glaubt, er würde errettet werden, weil sein Vater das Heil erlangte, ist wie jemand, der denkt, dass sein Hunger dadurch gestillt werde, dass sein Vater Essen zu sich nimmt.

Eine weitere Täuschung von Satan, ist den Menschen Genugtuung verspüren zu lassen, wenn er sich zur Schau stellt oder eine tugendhafte Eigenschaft an den Tag legt, ohne sich darum zu scheren, wie er sich danach verhält.

Manche von ihnen sagen: „Ich bin ein Befolger der *Sunna* und die Befolger der *Sunna* sind in Sicherheit.“ Doch danach sind sie nicht mehr in der Lage, sich von Übertretungen fernzuhalten.

Mit der Erklärung, dass das Befolgen der Sunna und das Vermeiden von Sünden Pflichten darstellen, lässt sich diese Täuschung auflösen. *Sunna*Und keine dieser Verpflichtungen kann die andere ersetzen.

Ähnlich sagen die *Rawafid*: „Wir werden beschützt werden, weil wir der *Ahlu'l Bayt* verbunden sind.“

Diese Behauptung ist falsch - denn nur Frömmigkeit führt zum Schutz.

Einige unter ihnen sagen: „Ich besuche regelmäßig die Versammlungen und tue Gutes und dies wird mich erretten.“

Die Antwort hierauf lautet so ähnlich wie die vorangegangene.

Zu dieser Kategorie gehört ebenfalls seine Täuschung der Räuber, die das Hab und Gut der Menschen wegnehmen. Man nennt sie „edle Gefährten“ und behauptet, dass ein „edler Gefährte“ nichts Unsittliches begehe, nicht lüge, die Ehre von Frauen hüte und niemals unrechtmäßig in ihre Intimsphäre eindringe. Doch trotzdem haben sie keine Skrupel, das Hab und Gut der Menschen wegzunehmen, obwohl sie wissen, wie eifrig besorgt die Menschen um ihr Eigentum sind. Und sie bezeichnen ihr System als „Edelmut“. Manchmal legt einer von ihnen aufgrund seines Edelmuts einen Eid ab, woraufhin er weder isst noch trinkt. Bei der Einweisung einer Person, die sich ihrer Gemeinschaft anschließt, ziehen sie (bestimmte) Hosen an, ähnlich dem Anziehen eines geflickten Mantels bei der Einführung eines Neulings bei den

[74] Es handelt sich um einen Ausschnitt aus einem *Hadith*, der bei al-*Bukhari* und *Muslim* vorkommt.

Sufis. Sollte allerdings einer von ihnen von einem Skandal bezüglich seiner Tochter oder seiner Schwester hören, der eigentlich von einer tratschenden Person erlogen wurde, so bringt er sie um und bezeichnet dies als Edelmut. Und manchmal kommt es auch vor, dass sich einer von ihnen damit brüstet, wie geduldig er Torturen durchgehalten hat.

In einer Überlieferung, die auf Abdullah ibn Ahmad ibn Hanbal zurückgeht, habe dieser gesagt:

„Ich hörte meinen Vater oft sagen: ‚Möge Allah sich Abu'l Haytham erbarmen!' Ich fragte ihn, wer Abu'l Haytham war. Er sagte: ‚Abu Haytham, der Schmied. Als ich einst meine Hände für eine Bestrafung ausstreckte und man mit der Auspeitschung begann, zog ein Mann von hinten an meinem Gewand. Er fragte mich, ob ich wüsste, wer er sei, und ich verneinte. Dann sagte er: Ich bin Abu'l Haytham, der Brigand, Räuber und Taschendieb, über den in den Aufzeichnungen des Anführers der Gläubigen geschrieben steht, dass ich zu verschiedenen Anlässen mit insgesamt achtzehntausend Peitschenhieben geschlagen wurde und all dies im Dienste Satans dem Diesseits zuliebe ertrug. So ertrage du es deiner Religion zuliebe im Dienste von *Ar-Rahmaan*.

Ich möchte dazu anmerken: Der Name dieses Abu Haytham war Khalid und sein Durchhaltevermögen war berühmt. Al-Mutawakkil fragte ihn einst, wie weit sein Durchhaltevermögen denn gehe. Da sagte er: „Ich fülle einen Sack mit Skorpionen und stecke meine Hand hinein. Es fügt mir den gleichen Schmerz zu, den es auch dir zufügen würde. Würde ich, während ich ausgepeitscht werde, einen Lappen in meinen Mund stecken, so würde er sich durch die Hitze meines Atems entzünden. Die Sache ist nur, dass ich mir Durchhaltevermögen antrainiert habe." Al-Fath sagte zu ihm: „Erzähle mir, was dich, der du so redegewandt bist und so intelligent, dazu veranlasst, solch ein Verhalten an den Tag zu legen, wie du es tust?" „Der Wunsch nach Führerschaft", lautete seine Antwort. Al-Mutawakkil sagte: „Wir sind kleine Khalids." Al-Fatih sagte: „Ich bin ein kleiner Khalid."[75]

Schaut, wie der Satan mit diesen Leuten spielt, so dass sie fürchterliche Schmerzen über sich ergehen lassen, um berühmt zu werden. Würden sie stattdessen ein wenig

---

[75] Dies bedeutet in etwa „armselige (weil nicht so mutige) Geschöpfe, die die gleiche Abstammung wie Khalid haben."

Frömmigkeit durchhalten, würden sie dafür belohnt werden. Es ist erstaunlich, dass sie davon ausgehen, Berühmtheit und Vorzüglichkeit zu erlangen, wenn sie Verbrechen begehen.

Unter den Unwissenden gibt es Leute, die sich um freiwillige Taten bemühen und dabei Verpflichtungen vernachlässigen. Aus diesem Grund kommt es vor, dass ein Mann die Moschee betritt, bevor zum Gebet gerufen wurde und freiwillige Gottesdienste verrichtet, und wenn er dann hinter einem Vorbeter das Gebet verrichtet, versucht er, ihm (im Ablauf des Gebetes) zuvorzukommen. Manche schaffen es nicht, zu den Zeiten der Pflichtgebete zu erscheinen, drängen jedoch andere zum *Zwölften des Rajab*[76]. Andere beten und vergießen Tränen, verharren jedoch in unsittlichem Verhalten. Wenn man sie darauf anspricht, sagen sie: „Eine gute Tat, eine schlecht Tat, Allah ist vergebend und erbarmungsvoll." Ein Teil von ihnen praktiziert Andachten gemäß ihrer eigenen Vorstellung, wodurch sie mehr Schaden anrichten als Gutes tun. Ich habe einen von ihnen gesehen, der den *Qur'aan* auswendig kannte, enthaltsam lebte und sich kastrierte. Diese Tat ist der Höhepunkt der Abscheulichkeit.

Satan verführte viele Unwissende dazu, an religiösen Versammlungen teilzunehmen und Tränen zu vergießen. Dadurch fühlten sie dann Genugtuung. Denn zuvor hatten sie von der Vorzüglichkeit der Teilnahme an religiösen Versammlungen gehört und ging davon aus, dass der Sinn der Religion die von Tränen begleitete Anteilnahme sei. Wenn sie nur wüssten, dass es um Taten geht und dass ein Mensch, der nicht gemäß dem handelt, was er (an religiösen Anweisungen) hört, lediglich weitere Beweise sammelt, die (am Tage des Gerichts) gegen ihn verwendet werden können. Ich kenne Leute, die solche Versammlungen seit Jahren besuchen, dabei Tränen vergießen und Demut vorgeben. Doch nicht einer von ihnen hört auf, Zinshandel zu betreiben und seine Kunden zu betrügen, die Grundpfeiler des Gebetes zu ignorieren, die Muslime zu verleumden oder seinen Eltern gegenüber ungehorsam zu sein.

Solche Leute wurden von Satan getäuscht. Er hat sie davon überzeugt, dass sie durch ihre Teilnahme an den Versammlungen und ihr Vergießen von Tränen vor der Schuld, die sie auf sich ziehen, bewahrt werden. Und einige hat er davon überzeugt,

---

[76] An diesem Tag feierten sie (d.h. jene Irregeleiteten) die Zeugung de Propheten.

dass sie durch das Aufsuchen der Gesellschaft von Gelehrten und Gottesfreunden errettet werden.

Andere Leute hat er mit anderen Dingen abgelenkt, so dass sie ihre Reue aufschoben, bis es zu spät war. Wiederum andere hat er damit beschäftigt, sich mit dem zu amüsieren, was sie hören, ohne danach zu handeln.

Daneben hat Satan die Reichen in viererlei Hinsicht getäuscht:

1) In der Art des Einkommenserwerbs

Diese Leute scheren sich nicht darum, wie sie ihren Reichtum erwerben. Die meisten ihrer Geschäfte sind mit Zinsen behaftet. Tatsächlich ist diese Praxis für sie so gewöhnlich, dass die meisten ihrer Geschäfte dem Konsens (*Ijma'*) zuwiderlaufen. Abu Hurayra ﷺ überlieferte, der Prophet ﷺ habe gesagt:

„Es wird eine Zeit kommen, in der sich ein Mann keine Sorgen darüber machen wird, aus welcher Quelle sein Geld stammt, ob sie *halal* ist oder *haram*." [77]

2) Der Geiz

Manche von ihnen zahlen keine *Zakah*, weil sie sich der Vergebung sicher sind. Manche von ihnen bedienen sich eines Tricks, um ihre Verpflichtung aufzuheben. Beispielsweise geben sie das Geld vor Ablauf eines Jahres aus und fordern es später zurück. Ein anderer Trick ist, dass er einem armen Mann zu diesem Zweck (also als *Zakah*) ein Gewand gibt, wobei er diesem einen Wert von zehn *Dinar* beimisst, obwohl der eigentliche Preis nur zwei *Dinar* beträgt. In seiner Unwissenheit denkt er dann, er habe sich geläutert. Einige geben schlechte Güter an Stelle von guten. Andere wiederum geben die *Zakah* an Leute, die sie über das Jahr hinweg beschäftigen, so dass es sich bei ihrer *Zakah*-Abgabe in Wirklichkeit um Löhne handelt. Manche zahlen die *Zakah*, so wie sie es tun sollten, doch dann suggeriert ihnen der Satan, dass sie somit ihre Aufgabe erledigt haben und hält sie durch die Liebe zum Geld davon ab, spontane Wohltaten zu begehen. So verpasst diese Person die Belohnung für freiwillige Wohltaten und das Geld wird letzten Endes zur Versorgung irgendeiner anderen Person benutzt.

---

[77] An-Nasai, Band II, S.212

Laut einer Überlieferung ad-Dahhaks sagte Ibn Abbas:

„Als zum ersten Mal eine *Dirham*-Münze produziert wurde, nahm Satan diese, küsste sie, legte sie auf sein Auge und seinen Nabel. Dann sagte er: ‚Durch dich werde ich die Menschen zu Sündern und Ungläubigen machen. Die Liebe eines Menschen zum *Dinar* ist mir lieber als dass er mich anbetet.'"

In einer anderen Überlieferung, die A'masch[78] von Schaqiq[79] und dieser wiederum von Abdullah ﷺ überlieferte, heißt es:

„Wahrlich, Satan pirscht sich mit allen erdenklichen Mitteln an den Menschen heran. Wenn ihn der Mensch überlistet, so macht er sich das Geld des Menschen zum Bett und hält ihn ab, davon zu spenden."

3) Der Stolz aufgrund des Vermögens

Ein reicher Mensch denkt möglicherweise des Öfteren, er sei einem armen Menschen überlegen. Das ist Unwissenheit; denn Überlegenheit liegt in den Vorzügen, die der Persönlichkeit anhaften (d.h. in allem, was in den Rahmen von *Taqwa* gehört), nicht im Sammeln von Steinen (Gold, Geld), die nicht zu ihr gehören. Es ist so wie ein Dichter ausdrückte:

Reichtum des Herzens, so sagen es die Weisen,

ist besser als Gold.

Im Herzen liegen Tugend und Vorzüglichkeit,

nicht in Status und Lebensverhältnissen.

4) Wie man sein Geld ausgibt

Einige Leute verschleudern manchmal ihr Geld für unnötiges Bauen oder zum Dekorieren von Wänden, Ausschmücken von Räumen und für das Malen von Bildern, manchmal auch für Kleidung, die ihren Besitzer stolz und prahlerisch

[78] Sein Name war Sulayman ibn Mihran. Er verstarb um das Jahr 148 n.H. Erwähnt wird er in *Tahdhib*, Band IV, S.222-26.

[79] Ibn Salamah al-Asadi, verstorben zwischen den Jahren 87 und 100 n.H. Erwähnt wird er in *Tahdhib* , Band IV, S.361-363.

aussehen lässt und zuweilen für luxuriöses Essen. Es handelt sich um Taten, durch die derjenige, der sie ausführt, etwas tut, das entweder verboten oder verpönt ist; und für alles wird er die Verantwortung tragen müssen.

Anas ibn Malik ﷺ überlieferte, der Prophet ﷺ habe gesagt:

„Sohn Adams, deine Füße werden sich am Tage der Auferstehung von der Gegenwart Allahs nicht trennen, bis du über vier Dinge befragt wurdest. Nämlich über dein Leben - womit du es verbracht hast-, über deinen Körper - wofür du ihn abgenutzt hast-, über deinen Besitz - wie du ihn erworben hast und wofür du ihn ausgegeben hast.“[80]

Einige unter ihnen spenden Gelder für die Erbauung von Moscheen und Brücken, nur um Berühmtheit zu erlangen oder zu prahlen und ihren guten Ruf zu wahren. Leute dieser Art lassen ihren Namen auf das Gebäude schreiben. Wäre seine Tat um Allahs Willen gewesen, so wäre er damit zufrieden gewesen, dass Allah davon weiß. Würde man ihn beauftragen die Mauer zu erbauen, ohne sie mit seinem Namen zu beschriften, so würde er es nicht tun.

Zu dieser Kategorie gehört auch ihr Anfertigen von Kerzen für die Beleuchtungen im Ramadan mit dem Ziel, bekannt zu werden. Das ganze Jahr über stehen die Moscheen im Dunkeln, denn jede Nacht ein wenig Öl zur Verfügung zu stellen, hätte nicht solch einen großen Einfluss auf ihre Berühmtheit wie die Bereitstellung einer Kerze im Ramadan. Es wäre besser gewesen, sie hätten mit dem Geld für den Wachs stattdessen die Armen unterstützt. Manchmal werden diese Lichter in einer sehr hohen Anzahl bereitgestellt, um damit eine unnötige Extravaganz herbeizuführen. Nichts anderes als Prahlerei ist das Ziel. Ahmad ibn Hanbal pflegte auf dem Weg zur Moschee eine Lampe mitzunehmen, welche er auf den Boden stellte, wenn er betete.

---

[80] In dieser Version konnten wir keinen Hadith vorfinden. Daher können wir weder für die Korrektheit des Inhaltes, noch für die Authentizität garantieren. Jedoch konnten wir verschiedene andere, ähnliche Überlieferungen finden. Die Versionen, in der von <u>*vier*</u> Dingen die Rede ist, werden unter anderem mit einer auf Mu'adh ibn Jabal zurückgeführten Überliefererkette überliefert. Die Überlieferungen werden von Hadithgelehrten unterschiedlich bewertet, wobei es Versionen gibt, die als *hasan* bewertet wurden und andere, die abgelehnt wurden. Diesbezüglich sollte ein kompetenter Gelehrter zu Rate gezogen werden. (Übers.)

Einige pflegten den Armen die *Sadaqa* in der Öffentlichkeit zu geben, wodurch sie ihr Verlangen, von den Menschen gelobt zu werden mit der Erniedrigung der Armen kombinierten.[81] Manche von ihnen nehmen zu solchen Anlässen *Dinar* von leichtem Gewicht[82] mit – ungefähr zwei *Qirat* - oder tatsächlich gefälschtes Geld, welches sie dann in aller Öffentlichkeit spenden, auf dass die Leute sagen: „Person X hat Person Y einen ganzen *Dinar* gegeben!"

Ganz entgegengesetzt war die Praxis vieler früherer Gottesfreunde. Diese pflegten, einen schweren *Dinar*, welcher mehr wog als anderthalb *Dinar*, in Papier einzuwickeln und insgeheim einem armen Menschen zu geben. Wenn dieser dann das Stück Papier sah, ging er davon aus, dass es sich um ein Bruchstück[83] handelte. Doch nachdem er es betastete und merkte, dass es rund war wie ein *Dinar*, freute er sich. Nach Aufwickeln des Papiers rechnete er jedoch damit, dass es sich um einen leichtgewichtigen handelte. Wenn er dann bemerkte, dass er schwer war, ging er davon aus, er müsste annähernd so schwer sein wie ein guter *Dinar*. Nach dem Wiegen allerdings sah er dann, dass er schwerer war als ein ganzer, woraufhin er sich ganz besonders freute. Die Belohnung seitens Allahs wächst (inschaa Allah) proportional zu diesem Vorgang.

Andere wiederum geben fremden Leuten *Sadaqa*, haben jedoch keinerlei Geschenke für ihre Verwandten, die ein größeres Anrecht haben. In einer auf Salman ibn Amir[84] zurückgehenden Überlieferung, heißt es, er habe gesagt:

„Ich hörte den Propheten sagen: ‚*Sadaqa*, die Armen gegeben wird, ist *Sadaqa*. Was an Verwandte gegeben wird, ist sowohl *Sadaqa* als auch *Silatu'r Rahm*.'"[85]

Manche von ihnen wissen zwar von der Tugendhaftigkeit des Spendens an Verwandte, verweigern jedoch die Hilfe aufgrund einiger Streitigkeiten um weltliche Angelegenheiten, obwohl sie wissen, dass ihre Verwandten arm sind. Hätte solch

---

[81] Grundsätzlich gilt, dass nur Allah die Absicht eines Menschen kennt. (Übers.)

[82] In dieser Zeit wog ein (normaler) *Dinar* 20 *Qirat*. Münzen der erwähnten Art müssen tatsächlich „leicht" gewesen sein.

[83] Es existieren zahlreiche Hinweise darauf, dass man Münzen in Stücke zu brechen pflegte.

[84] Ad-Dabbi verstarb zur Regierungszeit Muawiyahs. Erwähnt wird er in *Tahdhib* IV, S.137.

[85] Leider konnten wir den arabischen Original-Wortlaut nicht ausfindig machen. Daher können wir nicht garantieren, dass die deutsche Übersetzung den Sinn genau getroffen hat. Außerdem ist auch keine Angabe zum Authentizitätsgrad des *Hadithes* vorhanden. (Übers.)

eine Person geholfen, so hätte sie sowohl für das Geben der *Sadaqa* als auch für das Unterstützen eines Verwandten sowie für das Bekämpfen des Zorns eine Belohnung verdient.

Es wurde festgehalten, dass Abu Ayyub al-Ansari[86] sagte: „Der Prophet ﷺ sagte: ‚Die beste *Sadaqa* ist die, die einem Verwandten gegeben wird, der (dir gegenüber innere) Feindschaft hegt.‘ [87]

Ich denke, der Grund dafür, dass solche Spenden akzeptiert (also belohnt) und als hervorragend beschrieben werden, ist die Tatsache, dass man sich dem Zorn widersetzt. Denn, wenn der Mensch einem Verwandten, den er mag, etwas spendet, dann folgt er (lediglich) seiner natürlichen Neigung.

Einige unter ihnen geben *Sadaqa*, ihre eigene Familie jedoch schränken sie ein. Es ist verzeichnet, dass Jabir ibn Abdillah ﷺ vom Propheten ﷺ überlieferte:

„Die beste *Sadaqa* ist die, die aus finanzieller Unabhängigkeit heraus erfolgt. Und beginne mit denen, denen du Unrecht antust (*u.a. die eigene Frau, der Vater etc.*) [...]“[88].

In einer Überlieferung von Abu Hurayra heißt es, der Prophet ﷺ habe gesagt:

„Gebt *Sadaqa*!“

Daraufhin sagte ein Mann: „Ich habe einen *Dinar*.“

Da sagte der Prophet ﷺ: „Gib ihn für dich selbst aus!“

Der Mann erwiderte: „Ich habe noch einen weiteren.“

Der Prophet ﷺ sagte: „Gib ihn für deinen Sohn aus!“

---

[86] Khalid ibn Zayd (ra). Er starb im Jahr 50 oder 55. Erwähnt wird er in Tahdhib, Band III, S.90-91.

[87] Überliefert von Daraqutni, der einen der Überlieferer als *mudallis* bezeichnete. Dadurch wird die Authentizität des Hadith' zweifelhaft.

[88] Diesen *Hadith* konnten wir als Überlieferung von Abu Hurayra ausfindig machen. Er wird im Sahih al-Bukhari überliefert. Bezüglich dieses Hadith' bzw. Versionen dieses Hadith' stellt sich die Frage, ob es sich um eine Aussage von Abu Hurayra (ra) handelt oder um eine Aussage des Propheten ﷺ. Und Allah weiß es am besten. Die obige Übersetzung gibt nur eine sinngemäße Bedeutung in Anlehnung an die englische Übersetzung wieder. Für die exakte Bedeutung sollte ein kompetenter Gelehrter befragt werden. Und Allah weiß es am besten. (Übers.)

Der Mann sagte: „Ich habe noch einen."

Der Prophet ﷺ antwortete: „Gib ihn für deinen unfreien Bediensteten aus!"

Der Mann sprach: „Ich habe noch einen."

Der Prophet ﷺ sprach: „Du weißt am besten, was damit zu tun ist (bzw., was du damit tun kannst)."[89]

Manche von ihnen geben Geld aus, um die *Hajj* zu vollziehen. Doch Satan lenkt sie ab mit dem (eigentlich wahren) Gedanken daran, nämlich dass es sich bei der *Hajj* um eine fromme Tat handelt, wobei diese Leute eigentlich nichts anderes wollen als zu prahlen, sich zu vergnügen und gelobt zu werden.

Ein Mann sagte zu Bischr al-Khafi: „Ich habe zweitausend *Dinar* bereitgestellt, um die *Hajj* zu vollziehen." Da fragte ihn Bischr, ob er sie schon einmal vollzogen hatte, woraufhin er dies bejahte. Bischr sagte zu ihm: „Du solltest besser jemandes Schulden bezahlen." Der Mann erwiderte: „Ich möchte nichts anderes als die *Hajj*." Bischr erwiderte: „Du willst reiten und wenn du zurückkommst, *Hajji* genannt werden."

Einige dieser Leute geben Geld für „Zeiten"[90] sowie zum Tanzen aus und werfen Kleidung auf den Sänger. Satan verleitet solch einen Menschen dazu, zu denken, er versammle dadurch (also durch solche Veranstaltungen) arme Leute und speise sie. Wir haben bereits dargelegt, wie so etwas zum Verderben des Herzens führt.

Manchmal kommt es vor, dass einer von ihnen, während er seine Tochter für die Hochzeit ausstattet, für sie ein silbernes Sofa baut und dies für eine fromme Tat hält.

Oder er organisiert eine Versammlung, auf der eine vollständige Lesung des gesamten *Qur'aan* stattfindet, und währenddessen werden silberne Räucherbehälter hergestellt. Dabei werden dann noch einige „Gelehrte" anwesend sein. Weder wird

---

[89] An-Nasai, Band I, S.351.
In der vom Autor angegebenen Quelle (an-Nasai) konnten wir den *Hadith* nicht ausfindig machen. Leider konnten wir den arabischen Original-Wortlaut auch anderweitig nicht ausfindig machen. Daher können wir nicht garantieren, dass die deutsche Übersetzung den Sinn genau getroffen hat. Außerdem ist auch keine Angabe zum Authentizitätsgrad des *Hadithes* vorhanden. (Übers.)

[90] Der Begriff „Zeiten" wird hier im Sinne von „Zeit für Unterhaltung bzw. Vergnügen" verwendet.

er (der Organisator) das, was dort vor sich geht, als etwas Ungewöhnliches betrachten, noch werden jene (die „Gelehrten") es kritisieren. Alle folgen dem gängigen Brauch.

Manchmal kommt es vor, dass einer von ihnen bei der Formulierung seines Testaments eine Ungerechtigkeit begeht, indem er sein Erbe zurückhält. Er glaubt, der Besitz sei sein Eigentum, über das er verfügen könne, wie er es möchte. Dabei vergisst er, dass die Verteilung durch die Scharia geregelt ist und dass seine Erben definitive Ansprüche darauf haben.

Laut einer auf Abu Umamah zurückgehenden Überlieferung heißt es, der Prophet ﷺ habe (angeblich) gesagt:

„Wer in seinem Testament betrügt, der wird in *Wabaa* (ein Tal in der Hölle) fallen."[91]

In einer anderen Überlieferung, die al-A'masch von Khaythamah überlieferte, heißt es, Letzterer habe gesagt:

„Wie sehr mich ein Mensch auch bezwingen mag, wird er es in drei Angelegenheiten niemals schaffen: Ich werde ihn dazu bringen, Geld aus einer unzulässigen Quelle zu nehmen, es für einen unzulässigen Zweck auszugeben und es denen zu verwehren, die einen Anspruch darauf haben."

Der Satan täuscht auch die Armen, von denen ein Teil die Armut nur vorspielt, obwohl sie eigentlich reich sind. Wenn solch eine Person zusätzlich noch bettelt und das Geld der Leute nimmt, vergrößert sie damit nur ihr Feuer in der Hölle.

Ibn al-Husayn berichtete uns von Abu Hurayra, der Prophet ﷺ habe (angeblich) gesagt:

„Wer die Leute um Geld bittet, um sein eigenes zu vermehren, bittet lediglich um die Vermehrung der Feuersglut..."[92]

---

[91] Leider konnten wir den arabischen Original-Wortlaut auch anderweitig nicht ausfindig machen. Daher können wir nicht garantieren, dass die deutsche Übersetzung den Sinn genau getroffen hat.

[92] Solch einen *Hadith*, der von Abu Hurayra überliefert wurde, konnten wir nicht ausfindig machen. Einen sehr ähnlichen Hadith überlieferte Sahl ibn Handhaliyyah. Die Anfangssequenz lautet sinngemäß: „Wer die Leute (nach Geld oder Entsprechendem) fragt, obwohl er finanziell unabhängig

Sollte solch eine Person nichts von Menschen nehmen und lediglich bezwecken, einen Anschein von Armut zu erwecken, so dass die Leute sagen „Da ist ein Asket!", dann handelt es sich um Heuchelei. Verbirgt sie die Wohltaten Allahs, die Er ihr zuteilwerden ließ, indem sie vorgibt, arm und nicht zur *Zakah* verpflichtet zu sein, so beinhaltet ihr Geiz eine Beschwerde über Allah. Wir haben zuvor bereits erwähnt, wie der Prophet ﷺ einen Mann, der aussah wie ein Beduine, fragte, ob er über Eigentum verfüge. Als der Mann erwiderte, dass er etwas besaß, forderte der Prophet ﷺ ihn (laut der Überlieferung) auf, er solle von dem, was Allah ihm gab, anziehen.

Wenn ein Mann wirklich arm ist, dann gehört es sich, dass er seine Armut verbirgt und nach außen hin den Anschein erweckt, als befinde er sich in einer angenehmen Lage. Unter den *Salaf* gab es einen Mann, der einen Schlüssel mit sich herumzutragen pflegte, um die Menschen glauben zu lassen, er besitze ein Haus, obwohl er in Wirklichkeit die Nächte in Moscheen verbrachte.

Des Weiteren täuschte der Satan die große Masse der Unwissenden hinsichtlich der Befolgung von Traditionen. Tatsächlich handelt es sich um die häufigste Ursache für ihr Verderben. So imitieren sie in Sachen Religion ihre Väter und Vorfahren und folgen den Dingen, zu denen sie erzogen wurden. So kann man sehen, wie so manch einer von ihnen fünfzig Jahre lang nach dem System seines Vaters lebt, ohne je darüber nachzudenken, ob es falsch oder richtig ist. Zu dieser Kategorie gehört das Imitieren der Vorfahren bei den Juden, Christen und Götzendienern. Und auch Muslime folgen manchmal Bräuchen, wenn es um das Gebet oder andere gottesdienstliche Handlungen geht. So kann man Menschen finden, die seit Jahren in der Art leben und beten, wie sie andere Leute haben beten sehen, wobei sie vielleicht noch nicht einmal in der Lage sind, die *al-Fatiha* korrekt zu rezitieren und auch nicht wissen, was für sie verpflichtend ist. Zudem ist ihre Geringschätzung der Religion so groß, dass es nicht leicht für sie ist, diese Dinge zu lernen. Würden sie hingegen vorhaben, Handel zu betreiben, so würden sie sich vor ihrer Reise erkundigen, welche Güter in dem Land, in das sie gehen wollen, marktfähig sind.

Du wirst sehen, wie sich manch einer von ihnen im Gebet verneigt oder niederwirft, bevor es der Vorbeter tut und, ohne zu wissen, dass er dem Vorbeter durch diese Tat in einem Grundelement (des Gebetes) zuwiderhandelt. Sollte er sich vor dem

---

ist, der vermehrt dadurch lediglich die Feuersglut der Hölle [...]" Überliefert wird er in Tabaris *Musnad Umar,* und seine Überlieferer gelten als vertrauenswürdig. (Übers.)

Vorbeter erheben, so hat er ihm in zwei Elementen zuwidergehandelt und sein Gebet ist somit ungültig und nichtig. Ebenfalls sah ich, wie viele Menschen den *Salam* (am Ende des Gebetes) zeitgleich mit dem Vorbeter aussprechen, obwohl sie noch einen Teil des verpflichtenden *Taschahhud* zu rezitierenhaben. Das ist eine Sache, die ein Vorbeter nicht tolerieren darf. Denn sein Gebet wird somit (laut der vom Autor vertretenen Meinung) nichtig und ungültig. Zuweilen kommt es vor, dass einer von ihnen ein verpflichtendes Gebet unterlässt und ein freiwilliges vermehrt verrichtet. Manchmal unterlässt er es sogar, einen Teil von einem Körperglied, wie zum Beispiel die Ferse, zu waschen; oder er trägt einen Ring an der Hand, welcher den Finger sehr eng umspannt, und dreht diesen während der rituellen Waschung (*Wudu*) nicht herum. Somit erreicht das Wasser nicht die Stellen, die von dem Ring bedeckt werden und seine Waschung ist ungültig.

Was ihre An- und Verkäufe betrifft, so sind die meisten ihrer Kaufverträge mit Fehlern behaftet. Außerdem beachten sie weder die diesbezügliche Autorität der Scharia, noch folgen sie bezüglich der Genehmigungen (*Rukhsa*), von denen sie Gebrauch machen, den von einem *Faqih* formulierten Bedingungen. So sehr verachten sie es, sich den Regelungen der Scharia zu unterstellen. Selten kommt es vor, dass sie etwas verkaufen, das nicht verfälscht oder mit einem versteckten Mangel behaftet ist, den sie als Verkäufer verbergen. Durch Polieren werden die Mängel schlechten Goldes verdeckt. Tatsächlich kommt es vor, dass eine Frau etwas, was sie gesponnen hat, in Wasser legt, so dass die Feuchtigkeit zu einer Gewichtszunahme führt.

[...]

Manche von ihnen laden die Sünde des Zinshandels auf sich, indem sie ein (bestimmtes) Mietverhältnis eingehen. Dabei sagt ein Mann: „Ich habe zwanzig Dinar, nicht mehr. Würde ich sie ausgeben, so wären sie weg. Daher werde ich ein Haus mieten und dann von dessen Miete leben.“[93] Dabei geht er davon aus, dass es sein gutes Recht sei, dies zu tun. Manchmal belastet er sein Haus hypothekarisch mit einer Summe, auf die er Zinsen zahlt, und behauptet, es handele sich um einen Fall

---

[93] Wahrscheinlich lag hierbei der Mietpreis, für den er das Haus vermieten wollte, über dem Betrag, den er bezahlt hatte, um es zu mieten, so dass es sich nicht stark vom verzinsten Geldverleih unterschied. Ob solch eine Vorgehensweise erlaubt ist oder nicht, sollte bei kompetenten Gelehrten erfragt werden. (Übers.)

von zwingender Notwendigkeit. Und es ist gut möglich, dass er noch ein Haus besitzt, in dem sich Utensilien befinden, durch deren Verkauf er sowohl auf die Miete als auch auf die Hypothek verzichten könnte. Doch bangt er um sein Ansehen und befürchtet, es könnte erzählt werden, dass er sein Haus verkauft habe oder, dass er Tonware anstelle von Messing benutze.

Eine andere Angelegenheit, in der sie den traditionellen Gewohnheiten entsprechend handeln, ist ihr Vertrauen auf die Worte von Hellsehern, Sterndeutern und Wahrsagern. Es handelt sich um eine weitverbreitete Vorgehensweise, der auch von berühmtesten Persönlichkeiten regelmäßig nachgegangen wird. Nur selten wirst du sehen, dass einer von ihnen eine Reise antritt, Kleidung kauft oder zum Schröpfer geht, ohne vorher einen Sterndeuter zu konsultieren und dessen Worten entsprechend zu handeln. Im Haus eines jeden von ihnen gibt es auf jeden Fall ein Horoskop, doch in vielen befindet sich nicht einmal ein *Qur'aan*.

Im *Sahih* existiert eine Überlieferung, dass der Prophet ﷺ, als er über die Wahrsager befragt wurde, Folgendes gesagt habe:

„Sie sind nichts." Da sagten jene: „O Gesandter Allahs, manchmal sagen sie etwas, dass sich als wahr erweist." Der Prophet erwiderte, dass es sich um ein wahres Wort handelte, das der Jinn seinem Verbündeten eingibt, wobei er es jedoch mit vielen Lügen vermische.

Im *Sahih* von Muslim ist (laut Angaben des Autors) verzeichnet, der Prophet ﷺ habe gesagt:

„Vierzig Nächte lang wird das Gebet eines Menschen nicht akzeptiert, der zu einem Wahrsager geht und ihn konsultiert."

Abu Dawud verzeichnete eine Überlieferung Abu Hurayras, welcher zufolge der Prophet ﷺ Folgendes gesagt habe:

„Wer zu einem Wahrsager kommt und das bestätigt, was dieser sagt, hat das geleugnet (*kafara bi*), was auf Muhammed hinabgesandt wurde."[94]

---

[94] Dieser in der ungefähren Bedeutung wiedergegebene *Hadith* gilt als vertrauenswürdig. Jedoch war er unter der angebenen Quelle (Abu Dawud) nicht zu finden, sondern in *Fathu'l Ghaffar von Rubaa'i.* Und Allah weiß es am besten. (Übers.)

Eine weitere Angelegenheit, in der sie gemäß traditioneller Gewohnheiten handeln, ist, dass sie häufig falsche Eide ablegen, von denen die meisten, auch wenn sie sich dessen nicht bewusst sind, einer Scheidungsaussage gleichkommen. Ständig sagen sie in ihren Schwüren irgendetwas „möge mir verwehrt (*haram*) sein, sollte ich (dieses oder jenes) verkaufen!".

Ebenfalls zu ihren Traditionen gehört das Tragen von Seide und Goldringen. Manchmal kommt es vor, dass sie auf das Tragen von seidener Kleidung grundsätzlich verzichten, sie jedoch „nur" zu einem besonderen Anlass anziehen, ähnlich wie die Prediger beim Freitagsgebet.

Zu ihren traditionellen Gewohnheiten gehört auch, dass sie Dinge, die zu tadeln sind, nicht tadeln. So kommt es sogar vor, dass eine Person sieht, wie ihr Bruder oder Nachbar Wein trinkt oder Seide trägt und ihn dennoch weder tadelt noch seine Haltung ändert, sondern eine freundschaftliche Beziehung mit dem Sünder pflegt.

Ebenso gehört es zu ihren Bräuchen, dass sie vor ihrem Haus eine Steinbank errichten und dadurch den Passanten den Weg einengen.

Zuweilen lässt eine Person zu, dass sich eine Menge Regenwasser vor ihrer Haustür ansammelt, welches sie eigentlich beseitigen müsste; so macht sie sich der Verärgerung der Muslime schuldig.

Eine andere Sitte ist das Betreten eines öffentlichen Bades ohne Unterhose. Manche betreten es, während sie eine tragen; doch dann lassen sie diese bis zu ihren Oberschenkeln herunterfallen, so dass die Seiten des Gesäßes dieser Person sichtbar werden. Wenn sie dann zum Masseur gehen, sieht dieser ihre *Aurah*[95] und berührt sie sogar. Denn zur *Aurah* gehört alles, was zwischen Bauchnabel und Knie liegt. Diese Leute sehen dann die *Aurah* des Mannes und verschließen weder ihre Augen noch erheben sie dagegen Einwand.

Eine weitere Sitte liegt darin, die Rechte der Frauen nicht zu erfüllen. Tatsächlich zwingen sie diese des Öfteren, auf ihre Brautgabe zu verzichten, woraufhin der Mann denkt, dass er durch ihren Verzicht „von seiner Verpflichtung befreit" sei.

---

[95] Der Bereich des Körpers, der von einer anderen Person nicht gesehen und nicht berührt werden darf außer dem Ehepartner. (Übers.)

Es kommt vor, dass ein Mann eine von zwei Ehefrauen bevorzugt und ungerechterweise einer von ihnen mehr Aufmerksamkeit widmet als der anderen. Dies tut er ohne Skrupel und denkt dabei, es sei sein gutes Recht.

[...]

Eine weitere Gewohnheit besteht darin, dass sich ein Mann vor dem Richter für zahlungsunfähig erklärt. Nachdem dies dann offiziell zuerkannt wurde, geht er davon aus, er sei von allen Verpflichtungen befreit. In Wirklichkeit kann er jedoch reich sein, doch zahlt er keine Pflichtabgaben. Es kommt vor, dass eine Person unter Vorgabe von Zahlungsunfähigkeit ihren Laden nicht schließt, bis sie aus dem Besitz ihrer Kunden ein Vermögen angehäuft hat. Dieses legt sie für ihren Ruhestand beiseite und glaubt dabei, es sei ihr erlaubt, so vorzugehen.

Ein weiterer Brauch liegt darin, dass sich ein Mann gegen Lohn für eine Ganztagsarbeit zur Verfügung stellt, dann jedoch die meiste Zeit mit dem Hinausschieben der ihm aufgetragenen Arbeit, Faulenzen und der Justierung von Werkzeugen verschwendet, indem zum Beispiel ein Zimmermann sein Beil schärft oder ein Säger seine Säge. Solch ein Verhalten ist hinterhältig, es sei denn, es läuft in einem kleinen, (für solche Arbeiten) üblichen Umfang ab.

Oft kommt es vor, dass solch ein Arbeiter sein Gebet verpasst, was er zu entschuldigen versucht, indem er sagt, dass er als Angestellter eines anderen Mannes arbeite. Dabei ist es ihm entgangen, dass die Gebetszeiten nicht zum Umfang von Angestelltenverträgen gehören. Untreue im Dienst ist ebenfalls sehr üblich.

Ebenfalls zu traditionellen Verhaltensweisen gehört die Beisetzung von Toten in Särgen, was zu missbilligen ist. Außerdem sollte die Totenkleidung nicht prahlerisch und extravagant, sondern gemäßigter Art sein. Zu den Gepflogenheiten vieler gehört es, eine Menge an Kleidungsstücken gemeinsam mit dem Leichnam zu beerdigen. Dies ist unzulässig und verschwenderisch. Daraufhin halten sie eine Totenklage ab. Im *Sahihu'l Muslim* ist verzeichnet, dass der Prophet ﷺ Folgendes gesagt habe (Sinngemäße Wiedergabe):

„Wenn die wehklagende Frau nicht reumütig umkehrt, wird sie am Tage der Auferstehung mit einem Kittel (*tunic*) aus Pech und einem Korsett (*bodice*) aus Feuer auferweckt werden.“[96]

Ebenso ist es Sitte bei ihnen - vor allem den Frauen - , sich selbst zu schlagen und ihre Kleidung in Stücke zu reißen. Dabei ist in beiden *Sahih*-Werken verzeichnet, dass der Prophet ﷺ sagte (sinngemäß übersetzt):

„Jemand, der sich auf die Wangen schlägt und seine Kragen (*Juyuub*) zerreißt und die Rufe der *Jaahiliyya* ausruft, gehört nicht zu uns.“

Es kommt vor, dass die hinterbliebene Person gar kritisiert wird, wenn sie sich nicht die Kleider zerreißt und man unterstellt ihr, dass sie ihr „Unglück“ ganz unberührt gelassen habe.

Zur Tradition vieler gehört auch, dass sie nach einem Todesfall schäbige Kleidung anziehen und diese einen Monat oder ein Jahr lang nicht ablegen. Andere wiederum schlafen in dieser Zeit nicht auf Dächern.

Ein anderes Beispiel ist das Besuchen der Friedhöfe in der Nacht zur Mitte des *Scha'ban*. Sie entzünden dort Lichter und nehmen Erde von einem als verehrenswert betrachteten Grab.

Ibn Uqayl sagte: „Wenn die Unwissenden und das gemeine Volk die Anweisungen der Scharia als zu streng empfinden, dann wenden sie sich von deren Anweisungen ab und orientieren sich an anderen, welche sie selbst erfunden haben. Dies fällt ihnen leichter, da sie sich dadurch nicht den Gesetzen eines anderen unterstellen. Meiner Meinung nach verdienen sie es, dass man sagt, dass sie durch diese (von ihnen erfundenen) Regeln zu Ungläubigen (*Kuffar*) werden. Dazu gehört die Respekterweisung gegenüber Gräbern und deren Ehrung auf eine von der Scharia missbilligten Art und Weise, nämlich beispielsweise durch das Entzünden von Feuer

---

[96] Ibn Majah (Band I, S.247) beinhaltet die Überlieferung in dieser Form. Das Wort, das anstelle von Feuer (*flame*) bei *Muslim* vorkommt, scheint Krätze oder Schorf zu bedeuten. Wir haben, da uns der arabische Originalwortlaut nicht vorlag, sinngemäß aus dem Englischen übersetzt. Jedoch können wir nicht garantieren, ob der Sinn genau getroffen wurde. Daher sollte nur die auf dem Original-Wortlaut basierende Bedeutung als Aussage des Propheten ﷺ aufgefasst werden. (Übers.)

(bzw. Kerzen) oder, indem man sie küsst bzw. parfümiert[97] oder dem Toten eine Tafel widmet und Zettel schreibt, auf denen steht: „Mein Herr, tue mir diesen und jenen Gefallen." Auch kommt es vor, dass sie etwas Staub mitnehmen und sich Glück davon erhoffen. Hinzu kommt, dass sie Duft auf die Gräber gießen und lange Reisen unternehmen, um zu ihnen zu gelangen.[98] Des Weiteren hängen sie Stoffstreifen an Bäume und imitieren damit die Verehrer von al-Lāt und al-'Uzzā. Unter ihnen wirst du niemanden finden, der sich mit irgendeiner Frage bezüglich der *Zakah* auskennt oder nach irgendeinem Urteil fragt, das ihn betrifft. Doch ist es ihrer Meinung nach eine äußerste Schande, wenn jemand es versäumt, das *Martyrium*[99] *der Höhle* zu küssen oder an einem Mittwoch einen Stein der *Ma'muniyyah*-Moschee zu berühren oder wenn die Träger über jemandes Totenbahre nicht die Namen von Abu Bakr as-Siddiq ﷺ oder Muhammed ﷺ und Ali ﷺ erwähnen oder wenn seine Bestattung nicht von Klagen begleitet wurde oder wenn jemand es versäumte, eine Tafel und ein *Stucco Portico* über seinem (toten) Vater zu errichten oder es versäumte, seine Kleidung bis zum Rock zu zerfetzen oder Rosenwasser über das Grab zu schütten und seine Kleidung gemeinsam mit ihm zu begraben.

Ebenfalls sehr zahlreich sind die Täuschungen, die Satan bei Frauen einsetzt. Ich habe ihnen (den Frauen) zuvor ein eigenes Buch gewidmet, in dem ich unter anderem alle frommen Taten, die speziell sie betreffen, aufgezählt habe. An dieser Stelle möchte ich einige der Täuschungen aufzählen, mit denen Satan versucht, sie in die Irre zu führen.

Weiter vorne haben wir dargelegt, dass der Satan seinen Einfluss auf einen Menschen nur proportional zu dessen Unwissen ausüben kann. Je unwissender dieser ist, desto größer wird der Einfluss sein, den der Satan auf ihn ausüben kann. Je mehr der Mensch weiß, desto weniger kann ihn Satan beeinflussen.

Manchmal kommt es vor, dass ein *'Aabid* ein Licht oder Feuer am Himmel sieht. Geschieht so etwas während Ramadan, so verkündet er, er habe die *Laylatu'l Qadr*

---

[97] Der Text wurde zum besseren Verständnis vom englischen Übersetzer bei der Übersetzung vom Arabischen ins Englische leicht verändert wiedergegeben.

[98] Es könnte auch bedeuten „Kamele an ihnen befestigen".

[99] Ein Gebäude religiösen Charakters. (Übers.)

gesehen, und wenn es in einem anderen Monat geschieht, behauptet er, die Tore des Himmels seien für ihn geöffnet worden.

Ein anderer möglicher Fall ist, dass ihm etwas gelingt, was er zu erreichen versuchte und er dies für ein Wunder hält, welches zu seinen Ehren bereitgestellt wurde, obwohl es sich möglicherweise um einen „Zufall“[100] oder eine Prüfung oder eine satanische List handelt. Ein weiser Mann wird sich bei Vorfällen solcher Art niemals wohlfühlen, auch wenn es ein Wunder zu seinen Ehren wäre. Weiter vorne, als von *'Aabiduun* die Rede war, haben wir verzeichnet, wie Malik ibn Dinar und Habib al-Ajami sagten, der Satan spiele mit den Qur'aan-Rezitatoren wie Jungen mit Nüssen spielen. Er führte oftmals einen schwachen *'Aabid* in die Irre, indem er ihm etwas zeigte, was den Anschein eines zu seinen Ehren bereitgestellten Wunders hatte, woraufhin diese Person behauptete, sie sei ein Prophet.

Es wurde aufgezeichnet, dass Abdulwahhab ibn Nadjdah al-Hawti von einer Überlieferung berichtete, die auf Abdurrahman ibn Hassan[101] zurückgeht, welcher sagte:

„Al-Harith, der Lügner, gehörte zu den Leuten von Damaskus. Sein Vater lebte in al-Ghutah. Er war ein Anhänger des Abu'l Julas.[102] Zunächst war er ein eifriger Asket (*Zahid*) und hätte er auch ein Gewand aus Gold angezogen, so wäre es in seinem Fall als ein Zeichen von Enthaltsamkeit verstanden worden.[103] Später verfiel er der Täuschung des Satan. Sobald er (zu Beginn einer Predigt) begann, „Alhamdulillah“ zu sagen, bekamen die Zuhörer Worte zu hören, wie sie sie in dieser Schönheit niemals vernommen hatten. Einst schrieb er seinem Vater: „Mein Vater, komm schnell; denn ich habe Dinge gesehen, von denen ich befürchte, dass sie vom Satan stammen könnten.“ Doch der Vater leitete ihn noch weiter in die Irre,

[100] Mit „Zufall” ist hier das in diesem Zusammenhang erfreuliche Zusammentreffen verschiedener Ereignisse gemeint. Selbstverständlich unterliegt auch solch ein Ereignis dem Willen Allahs. (Übers.)

[101] Möglicherweise ist der Sohn des Dichters Hassan ibn Thabit gemeint ist. Erwähnt wird er in *Tahdhib*, Band VI, S.162. Als sein Todesdatum wird dort das Jahr 104 n.H. genannt.

[102] Die folgende Geschichte wird von Ibn Asakir (Band III, S.443) erwähnt, wobei der gleiche Überlieferer genannt wird. Er nennt diese Person Abu'l Julas al-Abdari al-Qurashi, doch nennt er noch einen weiteren Schutzherrn (*patron*) und wichtige Abweichungen werden angeführt. Yaqut (Geogr. Dict. S.367) erwähnt die Geschichte ebenfalls.

[103] Der Originaltext lautet ein wenig anders; doch anscheinend soll die ganze Passage bedeuten, dass alles was er tat, zu einem Enthaltsamen (*Zahid*) zu passen schien.

indem er ihm schrieb: „Mein Sohn, fahre fort, das zu tun, was dir befohlen wurde! Denn Allah sagte:

هَلْ أُنَبِّئُكُمْ عَلَىٰ مَن تَنَزَّلُ ٱلشَّيَٰطِينُ ﴿٢٢١﴾ تَنَزَّلُ عَلَىٰ كُلِّ أَفَّاكٍ أَثِيمٍ ﴿٢٢٢﴾

„Soll ich euch kundtun, auf wen die Satane herabkommen? Sie kommen auf jeden ungeheuerlichen Lügner und Sünder herab.“[104]

Nun, du bist weder sündhaft noch ein Lügner, so fahre fort, das zu tun, was dir geboten wurde!“

So fuhr er fort, indem er zu jedem einzelnen Menschen in der Moschee ging, ihm von seinen Erlebnissen erzählte und sich von jeder Person ernsthaft versprechen ließ, dass sie, wenn sie das, wovon er gesprochen hatte, sehen sollte, bestätigen solle und wenn sie es nicht sehen sollte, es verheimlichen solle. Daraufhin begann er, ihnen Wunderhaftes zu zeigen. So pflegte er, zu einer Marmorplatte zu gehen, welche sich in der Moschee befand und diese anzutippen, woraufhin sie die Worte „Alhamdulillah“ von sich gab. Im Winter gab er ihnen Sommerfrüchte oder forderte sie auf herauszukommen, um Engel zu sehen. Des Weiteren nahm er sie mit hinaus zum *Dair Murran*[105] und zeigte ihnen Männer auf Pferderücken. Er gewann viele Anhänger. Die Angelegenheit sprach sich herum und er bekam so viele Anhänger, dass die Nachricht al-Qasim ibn Mukhaymarah erreichte. Harith sagte zu al-Qasim: „Ich bin ein Prophet.“[106]

Al-Qasim sagte zu ihm: „Du lügst, du Feind Allahs!“ Abu Idris sagte zu al-Qasim: „Das war falsch. Wärest du sanft zu ihm gewesen, hätten wir ihn fangen können. Nun wird er flüchten.“ Abu Idris verließ den Gerichtssaal, ging zu Abdulmalik und informierte ihn über die Angelegenheit. Da entsendete Abdulmalik Leute, um nach al-Harith zu suchen. Doch er schaffte es nicht, ihn zu verhaften. Daraufhin trat der Kalif eine Reise an und machte Halt bei Subayrah. Er ging davon aus, dass sich dort seine gesamte Armee aufhielt und al-Hariths Doktrin folgte. Al-Harith selbst ging fort nach Jerusalem und versteckte sich dort. Seine Anhänger gingen herum, um

[104] Sura 26/221-222

[105] Ein großes Kloster in der Nähe von Damaskus.

[106] Darauf deutet der Kontext hin, doch stattdessen berichten I.A. und Yaqut, er habe al-Qasim die gleichen Bedingungen gestellt wie den anderen.

nach Menschen Ausschau zu halten, die sie zu ihm hätten bringen können. Ein Mann aus Basra, der nach Jerusalem gekommen war, wurde zu al-Harith gebracht, woraufhin dieser begann, die Formel[107] „Alhamdulillah" aufzusagen. Daraufhin erzählte er dem Mann von sich und dass er ein Prophet und Gesandter sei. Der Mann aus Basra sagte: „Du sprichst feine Worte, doch ich möchte gerne darüber nachdenken." Al-Harith gebot ihm, dies zu tun. Der Mann aus Basra ging zunächst fort, kam jedoch wieder, als al-Harith seine Rede ein weiteres Mal hielt. Da sagte der Mann aus Basra: „Du sprichst feine Worte, es hat mich beeindruckt, ich glaube an dich und dies ist die wahre Religion." Daraufhin gab al-Harith die Anweisung, dass dem Mann aus Basra niemals der Einlass verweigert werden solle, wann auch immer er zu kommen wünschte. Letzterer begann ihn häufig zu besuchen und studierte, wann er ein- und auszugehen pflegte und ob er zu fliehen gedachte. So lernte er mehr über ihn als sonst irgendein Mensch. Irgendwann bat er um eine Abwesenheitserlaubnis. Als er dann gefragt wurde, wo er gedachte hinzugehen, antwortete er:

„Nach Basra, wo ich dein erster Missonar sein möge."

Man erteilte ihm die Erlaubnis. Da eilte der Mann davon und ging zu Abdulmalik, der sich gerade bei Subayrah aufhielt. Als er sich dem Zelt des Anführers näherte, schrie er: „Neuigkeiten, Neuigkeiten!" Die Leute in dem Lager fragten, was für eine Neuigkeit er meinte. „Eine Neuigkeit für den Anführer der Gläubigen", erwiderte er. Abdulmalik ordnete an, ihm möge der Einlass zu ihm gewährt werden. Und als der Mann aus Basra zum Anführer kam, welcher seine Höflinge bei sich hatte, schrie er: „Neuigkeit!" Als der Kalif ihn fragte, wie denn seine Neuigkeit lautete, bat er um ein privates Zwiegespräch, bei dem kein anderer Mensch anwesend sein sollte. Nachdem diejenigen, die sich im Zimmer befanden, weggeschickt worden waren, bat er den Anführer, sich nähern zu dürfen. Der Anführer, der auf einem Thron saß, gebot ihm, dies zu tun und fragte, was er ihm mitzuteilen hatte. Er sagte: „Al-Harith!" Als der Mann aus Basra al-Hariths Namen erwähnte, sprang der Anführer von seinem Thron hinab auf den Boden und fragte, wo sich jener befand. „Er ist in Jerusalem", erwiderte der Mann, „und ich weiß, wann er ein- und ausgeht." Er fuhr fort und erzählte die ganze Geschichte sowie seiner Beziehung zu dem Mann. Der Anführer sagte: „Du bist ein Vertrauter dieses Mannes und du sollst der Gouverneur

---

[107] Was genau mit dieser „Formel" gemeint ist, geht aus dem Text nicht hervor. Möglicherweise ist die Sure *al-Fatiha* gemeint. Und Allah weiß es am besten. (Übers.)

von Jerusalem und der Gouverneur dieses Ortes hier sein. So gib mir jegliche Anweisungen, die du wünschst." Der Mann aus Basra bat den Anführer, einige Leute mit ihm zu schicken, welche die Sprache nicht verstanden. Der Anführer beorderte vierzig Mann aus Fergana, auf dass sie mit dem Mann aus Basra gehen und ihm in allem gehorchen sollten, was er ihnen befahl. Außerdem schrieb er (der Anführer) dem Gouverneur Jerusalems einen Brief, welcher besagte, dass die Person, deren Namen er nannte, bis zu ihrem Abzug dem bisherigen Gouverneur vorgesetzt sein sollte und dass dieser alle Anweisungen, die er erteilte, auszuführen hatte.

Als der Mann aus Basra in Jerusalem ankam, gab er dem Gouverneur den Brief, woraufhin Letzterer sagte:

„Gebiete mir, was auch immer du möchtest!"

Daraufhin sagte dieser: „Sammle so viele in Jerusalem befindliche Kerzen wie du kannst. Dann gib jedem Einzelnen eine Kerze. Positioniere sie daraufhin in den Straßen und Ecken Jerusalems. Wenn ich sage ‚Licht an!', lasse sie dies tun."

Dementsprechend positionierte der Gouverneur die Männer in den Straßen und Ecken Jerusalems. Nachts ging er (der Mann aus Basra) dann alleine zum Hause al-Hariths, wo er den Pförtner um die Erlaubnis zum Eintritt beim „Propheten Gottes" bat. Da sagte der Pförtner: „Zu dieser Stunde bekommt niemand die Erlaubnis, bei ihm einzutreten, nicht bis der Morgen eintritt." Der Mann aus Basra sagte: „Sag ihm, dass ich, nur weil ich Sehnsucht nach ihm hatte, zurückgekehrt bin, bevor ich mein Ziel erreichte." Da ging der Pförtner hinein und berichtete al-Harith von dem Gespräch, woraufhin dieser ihm gebot, die Tür zu öffnen. Daraufhin schrie der Mann aus Basra: „Licht an!" Sein Befehl wurde ausgeführt, bis es fast so hell wie das Tageslicht war. Anschließend befahl er seinen Leuten, jeden festzunehmen, der an ihnen vorbeiging, wer auch immer es sein mochte. Er selbst ging zu dem Platz, der ihm bekannt war und suchte nach al-Harith, konnte ihn jedoch nicht finden. Die Anhänger al-Hariths sagten: „Euer Vorhaben, den Propheten Gottes zu töten, ist sinnlos. Er ist in den Himmel aufgestiegen." Daraufhin suchte der Mann aus Basra nach al-Harith in einer Kluft, welche dieser zu einer Untergrundkammer gestaltet hatte. Als er seine Hand in die Kammer streckte, entdeckte er das Gewand von al-Harith und zog ihn daran heraus. Dann befahl er den Leuten aus Farghanah, ihn zu fesseln, woraufhin sie dies taten. Als sie al-Harith auf einem Reittier trafen, sagte er:

„*Wollt ihr denn einen Mann töten, weil er sagt: ‚Mein Herr ist Allah'?"*[108] Da sagte einer der Leute aus Farghanah: „Das ist unser *Qur'aan*, produziere deinen eigenen *Qur'aan.*"[109]

Sie brachten ihn zu Abdulmalik. Als dieser von ihrer Ankunft hörte, ließ er einen Pfosten aufstellen, um al-Harith daran festzubinden. Dann befahl er, einen Speer in dessen Körper zu stoßen. Der Speer traf eine seiner Rippen, wodurch er zurückgestoßen wurde. Da begannen die Leute zu schreien: „Waffen können an Propheten nichts anrichten!" Als einer der Muslime dies sah, ergriff er den Speer, näherte sich ihm und zielte auf eine Spalte zwischen zwei Rippen . Dort stach er ein und tötete den Mann.

Al-Walid fügte hinzu: „Man erzählte mir, Khalid ibn Yazid ibn Mu'awiyah sei zu Abdullah ibn Marwan gegangen und habe ihm gesagt: ‚Wäre ich anwesend gewesen, so hätte ich dir nicht dazu geraten, ihn töten zu lassen.' ‚Warum?', fragte Abdulmalik. Die Antwort lautete: ‚Er war von *Madhhib*[110] besessen. Hättest du ihn hungern lassen, so hätte ihn dieser Teufel verlassen.'"

Abu'r Rabi, ein alter Mann, der Leute alter Zeiten kannte, überlieferte, wie einst al-Harith auf ein Post-Maultier gesetzt wurde, die Hände mit einer Eisenkette um seinen Hals herum gefesselt, , als er einen der Hügel Jerusalems sichtete und folgende Worte rezitierte:

„*Sag: Wenn ich irregehe, gehe ich nur zu meinem eigenen Nachteil irre und wenn ich rechtgeleitet bin, so ist es durch das, was mir mein Herr (als Offenbarung) eingibt."*[111]

Daraufhin habe die Kette begonnen zu wackeln und habe sich von seinen Händen und seinem Hals gelöst und sei auf den Boden gefallen. Die Wächter, die mit ihm waren, haben hastig die Kette wieder an ihm befestigt und gingen mit ihm weiter. Als sie dann einen weiteren Hügel erblickten, habe er andere Worte rezitiert. Wieder habe sich die Kette von seinen Händen und seinem Hals gelöst und sei auf den Boden gefallen. Und wieder haben sie ihn mit ihr gefesselt. Als sie zu Abdulmalik kamen, sperrte dieser den Mann ein und bestellte einige *Fuqaha* und Gelehrte herbei,

---

[108] *Qur'aan* (40/28).
[109] In der Version von Ibn Asakir und in einer anderen steht nicht „Qur'aan" , sondern „Wunder".
[110] Ein Teufel, der bei der rituellen Waschung stört.
[111] Qur'aan (34/50).

auf dass sie ihn ermahnen sollten. „Gebietet ihm, Allah zu fürchten und macht ihm klar, dass das, was passiert ist, von Satan stammt." Als er ihre Meinung ablehnte, wurde er an einen Pfosten gebunden. Ein Mann kam und stieß mit einem Speer auf ihn; welcher immer seitwärts abgelenkt wurde. Da meinten die Leute, dass solch ein Mann nicht hingerichtet werden sollte. Doch einer der Wächter brachte einen schmalen Dolch, stieß ihn zwischen zwei Rippen des Mannes und rüttelte an ihm, bis er eindrang.

Ich hörte jemanden sagen, dass Abdulmalik, als der Speer seitwärts abgelenkt wurde, den Mann, der gezielt hatte, fragte, ob er den Namen Allahs erwähnt hatte, bevor er dies tat. Der Mann erwiderte, dass er es vergessen hatte. Daraufhin gebot ihm Abdulmalik, den Namen Allahs zu erwähnen und dann zuzustoßen. Dies tat er dann und durchbohrte den Mann.

Viele Leute wurden durch Scheinwunder verführt. Man berichtete uns mittels einer von Hasan bis Abu Imran führenden Überliefererkette, dass Letzterer gesagt habe:

„Farqad erzählte mir: ‚Ich machte mir Sorgen wegen der Steuerabgaben in Höhe von sechs *Dirham*, die ich zu zahlen hatte. Es war Neumond und ich hatte gar nichts. Da betete ich und als ich am Ufer des Tigris entlangging, tauchten sechs *Dirham* auf. Ich nahm und wog sie, und es waren genau sechs.' Da sagte ich: *Spende sie als Sadaqa, denn sie gehören dir nicht.*'"

Ich möchte anmerken, dass es sich bei dem in dieser Geschichte vorkommenden Abu Imran um Ibrahim an-Nakhai, den *Faqih* von Kufa, handelt. Man achte auf die Sprache der *Fuqaha* und darauf, wie wenig anfällig sie gegenüber Täuschungen sind. Schau, wie Ibrahim Farqad erklärte, dass es sich um einen Fund handelte, ohne dem scheinbaren Wunder die geringste Beachtung zu schenken. Er riet Farqad nicht zur Verkündung(des Fundes), denn laut den Fuqaha von Kufa ist das Verkünden einer Summe unter einem Dinar nicht erforderlich. Er gebot Farqad, das Geld als *Sadaqa* zu spenden, damit nicht angenommen werden sollte, er habe es auf wunderbare Art und Weise erhalten, um (die Steuern) zu zahlen.

Laut einer auf Ibrahim al-Khurasani zurückgehenden Überlieferung, sagte dieser:

„Eines Tages, als ich Wasser brauchte, fand ich einen Krug aus edlem Stein und einen silbernen Zahnstocher, dessen Spitze weicher war als *Khazz* (Stoff aus Seide und Wolle). Ich säuberte meine Zähne, wusch mich mit dem Wasser, ließ die Dinge stehen und ging fort.

Es ist anzumerken, dass sich unter den Überlieferern dieser Anekdote nicht vertrauenswürdige Namen befinden. Doch sollte sie wahr sein, so lässt sie das Unwissen dieses Mannes erkennen. Hätte er die Scharia gekannt, so hätte er gewusst, dass der Gebrauch eines silbernen Zahnstochers verboten ist. Da er es nicht wusste, machte er davon Gebrauch. Sollte er es für ein Wunder gehalten haben, so können wir sicher sein, dass Allah einen Mann nicht auf wunderbare Art und Weise einen Gegenstand in die Hände gibt, den Er in Seiner Scharia verboten hat, es sei denn, Er wollte den Manndamit prüfen.

Der Historiker Muhammad ibn Abi'l Fadl al-Hamdani schreibt, wie sein Vater ihm erzählte, dass der *Qur'aan*-Lehrer asch-Scharmaqani mit Ibn Allaf gemeinsam zu lesen und sich in die Moschee in Darb az-Za'farani[112] zurückzuziehen pflegte. Eines Tages wurde er von Ibn Allaf gesehen, als er hungrig war und gerade zum Tigris hinabstieg. Er sammelte Salatblätter auf, die seine Schüler weggeworfen hatten und aß sie. Ibn Allaf war traurig darüber und ging zum *Shāhanshāh*[113] und berichtete diesem vom Zustand des Mannes. Dieser Beamte gab einem Bediensteten, der in der Nähe der Moschee lebte, in welche sich asch-Scharmarqani zurückzuziehen pflegte, den Auftrag, die Tür der Moschee mit einem Schloss und einem Schlüssel zu versehen. Dann wurde er beauftragt, jeden Tag drei *Ratl* Weizenbrot, ein Huhn und ein wenig Süßwaren dorthin zu bringen, was er dann auch stets zu tun pflegte.

sah asch-Scharmaqani, als er zur Moschee kam, die Lebensmittel, die in die Nische gelegt worden waren und bemerkte, dass die Tür verschlossen war. Er war erstaunt und sagte sich: ‚Das kommt aus dem Paradies, ich muss es verbergen. Erzähle es niemandem, denn Fälle von Wundern, die zu Ehren von Gottesfreunden geschehen, müssen verborgen werden.' Er trug mir folgendes Reimpaar vor (sagte der Überlieferer):

Wer ein Geheimnis mitgeteilt bekommt und begeht einmal Verrat

Verspielt sich seine Vertrauenswürdigkeit für jeden Tag

[112] Diese Straße wurde in *Le Stranges* Liste der Straßen von Bagdad nicht erwähnt.

[113] Dieser Titel tauchte in späteren Zeiten auf, wobei nicht klar ist, wer damit gemeint ist.

Als er dann irgendwann gesund und mollig auszusehen begann, fragte ihn Ibn Allaf, wie es dazu gekommen war, wobei Letzterer wusste, was geschehen war und sich auf Kosten des anderen amüsieren wollte. Asch-Schamarqani machte lediglich geheimnisvolle Andeutungen, deren Bedeutung er verschleierte. Doch Ibn Allaf fuhr fort, ihn auszufragen, bis jener ihm mitteilte, dass es sich bei dem, was er in der Moschee gefunden hatte, um ein zu seinen Ehren geschehenes Wunder gehandelt habe; denn kein menschliches Wesen könne so etwas tun. Da sagte Ibn Allaf zu ihm:

‚Du solltest dem Sohn der Muslima[114] Segen wünschen, denn er ist es, der dies getan hat.‘

Diese Information machte asch-Schamarqani traurig und man erkannte an ihm Anzeichen einer Depression.

Weise Menschen wissen, wie sehr der Satan täuschen kann und sind daher auf der Hut gegenüber Dingen, die wundersam zu sein scheinen. Denn sie fürchten, es könnte sich um eine Täuschung von ihm handeln.

Man berichtete uns von einer Überlieferung, deren Überliefererkette auf Abu't Tayyib zurückgeht, nach der dieser sagte:

„Ich hörte Zahrun sagen: ‚Ein Vogel sprach zu mir. Einst bin ich in der Wüste von meinem Wege abgekommen. Da sah ich einen weißen Vogel und er sprach zu mir: *Zahrun, du bist von deinem Wege abgekommen.* Da sagte ich: *Satan, suche dir einen anderen zum Verführen.* Da sagte dieser das Gleiche noch einmal und ich antwortete ihm auf dieselbe Art. Beim dritten Mal sprang er auf meine Schulter und sprach: Ich bin kein Satan. *Du hast deinen Weg verloren und so wurde ich zu dir entsandt.* Danach flog er davon.‘“

Muhammed ibn Abdillah al-Quraschi überlieferte von Muhammed ibn Yahya ibn Abi Hatim und dieser von Muhammed ibn Amr, dass Letzterer gesagt habe:

„Zulfah erzählte mir: ‚Ich sprach zu Rabi'ah: *Liebe Tante, warum lässt du keine Besucher ein?* Sie erwiderte: *Was soll ich mir von Leuten erhoffen, die mir, wenn sie zu mir kommen, von Dingen erzählen, die ich nicht getan habe!?*‘“ Des Weiteren sagte al-Quraschi, dass ein anderer Überlieferer (nicht Ibn Abi Hatim) Folgendes hinzufügte:

---

[114] Wahrscheinlich meinte er sich selbst.

„Sie fuhr fort und sagte: ‚Mir wurde zugetragen, dass sie sagen, ich fände *Dirhams* unter meiner Gebetsmatte und dass mein Kochtopf ohne Feuer für mich koche. Hätte ich solche Dinge gesehen, wäre ich dadurch alarmiert gewesen.‘ Ich (Zulfah) sagte zu ihr: ‚In der Tat sprechen die Menschen viel über dich. Sie sagen, Rabi'ah finde Essen und Trinken in ihrer Wohnstätte. Findest du wirklich etwas dieser Art dort?‘ ‚Mein Lieber‘, sagte sie, ‚wenn ich solches in meiner Wohnstätte finden würde, so würde ich es weder berühren noch meine Hand darauf legen.‘“

Des Weiteren erzählte al-Quraschi: „Mir wurde von Muhammad ibn Idris berichtet und diesem von Muhammed ibn Amr und diesem von Zulfah, dass Rabi'ah Folgendes gesagt habe:

‚Eines kalten Morgens stand ich auf, um zu fasten (also um etwas vor dem Fasten zu Essen; Anm. d. Übers.), und verspürte den Wunsch nach etwas Warmem zum Fastenbrechen. Ich hatte etwas Fett, daher sagte ich mir: *Wenn ich Zwiebeln oder Lauch hätte, könnte ich sie zubereiten.* Plötzlich kam ein Spatz daher und landete auf dem Pfad[115], wobei sich eine Zwiebel in seinem Schnabel befand. Als ich ihn sah, änderte ich meine Meinung, weil ich befürchtete, es könnte vom Satan sein.

Laut einer Überlieferung, die auf Muhammed ibn Yazid zurückgeht, sagte dieser:

„Die Leute glaubten, Wuhayb sei einer, dem das Paradies bestimmt war. Als ihm dies erzählt wurde, vergoss er reichlich Tränen und sagte: ‚Ich befürchte, dies könnte von Satan sein.‘“

In einer auf Abu Uthman al-Nisaburi zurückgehenden Überlieferung heißt es, dieser habe gesagt:

„Eine Gruppe von uns ging zusammen mit unserem Meister Abu Hafs al-Nisaburi an einen Ort außerhalb Nisaburs. Dort setzten wir uns nieder. Der Shaykh unterrichtete und begeisterte uns. Da sahen wir, wie eine Gämse herunterkam und sich vor den Shaykh kniete. Daraufhin begann er reichlich Tränen zu vergießen. Als er sich beruhigt hatte, fragten wir ihn nach dem Grund und ich sagte: ‚Meister, du unterrichtetest uns und entzücktest uns, als dann aber dieses wilde Geschöpf kam und sich vor dich kniete, beunruhigte es dich und brachte dich zum Schluchzen.‘ Er

[115] Wahrscheinlich hat das Wort in diesem Zusammenhang eine andere Bedeutung als in den Wörterbüchern angegeben oder es ist verfälscht.

sagte: ‚Ich sah, wie ihr euch um mich versammelt hattet und wie entzückt ihr wart. Da kam mir der Gedanke, dass ich gerne ein Schaf für euch schlachten und euch zu einem Festessen einladen würde. Noch bevor dieser Gedanke Form annahm, kam dieses wilde Geschöpf und kniete sich vor mir nieder. Da dachte ich, ich sei wie der Pharao, der seinen Herrn bat, den Nil für ihn zum Fließen zu bringen, woraufhin sein Herr ihn fließen ließ.[116] So dachte ich: *Wie kann ich mir sicher sein, dass Allah mir meinen ganzen Anteil nicht schon in dieser Welt geben wird, so dass ich im Jenseits arm und mittellos sein werde?* Das ist es, was mich beunruhigt.'"

Des Weiteren verführte der Satan einige spätere Sufis dazu, Geschichten von Wundern zu erfinden, die zu Ehren von Gottesfreunden geschehen seien, in der Hoffnung "man benötigt keine Lügen, um bekräftigt zu werden". Und Allah hat sie mittels der Gelehrten im Bereich der Überlieferungswissenschaften demaskiert.

Muhammed ibn Nasir überlieferte von Ahmad ibn Abdillah ibn al-Hasan al-Adami, dem zufolge Letzterer sagte:

„Mein Vater erzählte mir, dass Sahl ibn Abdillah sagte, Amr ibn Wasil habe gesagt (so ist es verzeichnet, doch in der richtigen Reihenfolge sagte Amr ibn Wasil, dass Sahl ibn Abdillah sagte):

‚Ich begleitete drei Tage lang einen bestimmten Gottesfreund auf dem Weg nach Mekka[117]. Er war arm. Einst machte er einen Abstecher zu einer Moschee am Fuße eines Berges. Dort fand er einen Brunnen mit einem Rad, einem Seil, einem Eimer und einem Waschbecken anbei. Neben dem Brunnen befand sich ein Granatapfelbaum, der keine Früchte trug. Er blieb bis zum Abendgebet in der Moschee. Als die Zeit dafür eintrat, erschienen vierzig Männer, die mit Sackleinen bekleidet waren und Schuhe aus Palmenblättern trugen. Sie betraten die Moschee und erteilten den Friedensgruß. Dann führte einer von ihnen den Gebetsruf aus und verkündete den Beginn des Gebets (*Iqama*). Anschließend trat er nach vorne und leitete das Gebet. Nachdem er das Gebet beendet hatte, ging er in Richtung des Baumes, auf dem nun vierzig reife und frische Granatäpfel hingen, von denen jeder dieser Männer einen pflückte und dann wegging. Der Gottesfreund sagte: *Ich verbrachte die Nacht in Not, und währenddessen traten sie nach und nach alle hervor*

---

116 Möglicherweise handelt es sich um eine Geschichte, die erzählt wurde, um Sure 43/ *Aayah* 51 zu illustrieren, wo Pharao Besitzanspruch über „diese Flüsse, die unter mir strömen" erhebt.
117 Die Reihenfolge der Wörter des originalen Wortlauts wurde verändert.

und nahmen die Granatäpfel. Nachdem sie gebetet und alle ihre Granatäpfel gepflückt hatten, sagte ich: >>Freunde, ich bin euer Bruder im Islam und in furchtbarer Not, doch habt ihr weder zu mir gesprochen noch mir Erleichterung verschafft.<< Ihr Anführer sagte: >>Wir sprechen nicht zu einem Mann, der durch das, was er mit sich führt (von Allah bzw. von der wahren Gotteskenntnis) abgeschirmt ist. Geh und wirf das, was du besitzt, hinter diesem Berg ins Tal hinunter und komme dann zu uns zurück. Dann wirst du das erhalten, was wir erhalten.<< Da stieg ich hinauf auf den Berg, doch konnte mich nicht überwinden, das, was ich besaß, wegzuwerfen. Daher vergrub ich es und kehrte zurück. Der Mann fragte mich, ob ich meinen Besitz weggeworfen hatte. >>Ja<<, sagte ich. >>Nun, hast du etwas gesehen?<<, fragte er. Ich verneinte. >>Dann hast du nichts weggeworfen. So geh und wirf es ins Tal<<, erwiderte er. Da ging ich zurück und tat es. Alsdann umhüllte mich das Licht der Gottesfreundschaft (Walaya) wie ein Kürass (Lederpanzer). *Und als ich zurückkam, hing dort ein Granatapfel am Baum. Ich aß ihn und wurde von Hunger und Durst befreit. Ohne weitere Verzögerung zog ich weiter nach Mekka, wo ich die vierzig Männer zwischen dem Maqamu Ibrahim und dem Zamzam-Brunnen vorfand. Sie alle kamen zu mir, grüßten mich und fragten, wie es mir ging. Ich sagte: >>Ich kann nun schließlich auf euch und eure Unterhaltung verzichten, genauso wie Allah euch zu Beginn dazu brachte, auf mich zu verzichten. In mir ist für niemanden Platz außer für Allah.<<“*

Ich habe festgestellt, dass (einer der Überlieferer) Amr ibn Wasil von Ibn Abi Hatim als nicht vertrauenswürdig eingestuft wurde. Und al-Adami sowie sein Vater sind unbekannt. Dass es sich um eine erfundene Geschichte handelt, zeigt sich daran, dass sie ihn dazu aufgefordert haben sollen, seinen Besitz wegzuwerfen; denn Gottesfreunde (*Auliya*) handeln der Scharia nicht zuwider und die Scharia verbietet die Vergeudung von Besitz. Dass der Mann erzählte, er sei vom Licht der Gottesfreundschaft umhüllt worden, ist ebenso eine Lüge und sinnloses Geschwätz. Nicht einer, der den Duft von Wissen gerochen hat, könnte von solch einer Geschichte verleitet werden. So etwas kann nur die Unwissenden und Dummen täuschen.

Muhammed ibn Nasir berichtete uns von einer Überlieferung, die auf Muhammed ibn Ali, den „Prediger“, zurückgeht, nach welcher dieser sagte: „Zu den Dingen, die mir von einem der Sufis, die nach al-Junaid kamen, erzählt wurde, gehört, dass Letzterer gesagt habe, Abu Musa al-Daybuli habe Folgendes erzählt:

'Ich besuchte Abu Yazid. Vor ihm stand etwas Wasser und zitterte. Er bat mich einzutreten und sagte: *Ein Mann stellte mir Fragen über die Bescheidenheit und so erzählte ich ihm ein wenig über die Lehre zu diesem Thema.*[118] *Da begann er sich im Kreise zu drehen, bis er dahinschmolz und zu dem wurde, was du siehst* (gemeint ist das zitternde Wasser).

Al-Junaid fügte hinzu, Ahmad ibn Khidrawayhi habe angegeben, dass ein kleiner Rest, gleich einem Stück Edelstein, von dem Mann übriggeblieben sei. (Er habe gesagt:) *Ich formte daraus einen Juwel; und immer, wenn ich die Sprache der Gemeinde (die Sprache der Sufis) verwendete oder zuhörte, wenn sie gesprochen wurde, schmolz er, bis schließlich nichts mehr davon übrig war.*'"

Meiner Meinung nach handelt es sich um eine scheußliche Absurdität, die von unwissenden Leuten erfunden wurde. Wäre sie nicht mit einer Kette von Überlieferern verzeichnet und für eine Tatsache gehalten worden, so wäre es am besten gewesen, sie gar nicht zu erwähnen.

Abu Bakr ibn Habib erzählte uns eine Überlieferung, die auf Abdulaziz al-Baghdadi zurückgeht und der zufolge Letzterer sagte:

„In einer Zeit, als ich die Geschichten der Sufis zu studieren pflegte, stieg ich einst aufs Dach und hörte jemanden sagen: „[...] *und Er macht Sich zum Schutzherrn der Rechtschaffenen.*"[119] Ich schaute mich um, doch konnte ich niemanden sehen. Ich warf mich vom Dach hinunter, doch konnte ich in der Luft stehen."

Meiner Meinung nach handelt es sich dabei, wie keine vernünftige Person es bezweifeln würde, um eine absurde Lüge. Doch nähmen wir einmal an, dass es sich um die Wahrheit handelt, dann hätte es sich bei der Tat, sich vom Dach hinunterzuwerfen und zu meinen, Allah würde jemandem, der eine verbotene Tat begeht, beistehen, um eine Sünde gehandelt. Denn Allah sagt: „[...] *und stürzt euch nicht mit eigenen Händen ins Verderben [...]*"[120] Nun, wie könnte es sich dann bei

---

[118] *Al-Quschayri* widmete dem Thema ein Kapitel (Band III, 144 ff.)

[119] *Qur'aan* (7/196).

[120] *Qur'aan* (2/195). Es sei darauf hingewiesen, dass diese Aayah oft aus dem Zusammenhang gerissen und infolgedessen falsch eingesetzt wird. Für die Bedeutung dieser Phrase im Zusammenhang mit der *Aayah* und ihres Offenbarungsanlasses, siehe *Tafsir Ibn Kathir* oder andere anerkannte Erörterungen des *Qur'aan*.

einer Person, die dem Befehl ihres Herrn zuwiderhandelt, um einen Gottesfreund (*Waliyy*)[121] handeln? Und wenn wir sogar annehmen würden, dass er einer gewesen sei, wer hat ihm dann überhaupt erzählt, dass er zu ihnen gehörte? Wir zitierten bereits die (angeblichen) Worte von Isa ﷺ, welcher, als Satan ihn aufforderte, sich hinunterzuwerfen, erwiderte, dass Allah Seine Knechte prüft, wohingegen niemand das Recht hat, Ihn auf die Probe stellen zu wollen.

Bestimmte Leute gaben sich als Sufis aus, imitierten sie und schwelgten in Wundern und der Vorgabe solcher. Sie spielten dem Volk etwas vor und gewannen somit dessen Herzen. Man erzählte uns, dass Hallaj gepflegt habe, irgendwo in der Wüste Brot, Süßigkeiten und geröstetes Fleisch zu verstecken und dann zu seinen Anhängern Folgendes zu sagen:

„Ich schlage vor, wir gehen wandern." Daraufhin habe er sich, begleitet von einer Anzahl von Leuten, auf den Weg gemacht. Als sie dann die Stelle erreichten, habe ein (in den Trick eingeweihter) Komplize unter ihnen zu ihm gesagt, dass sie sich einige wünschten. Daraufhin habe er sich von der Gruppe entfernt und sei zu jener Stelle gegangen. Dort habe er dann zwei Rak'a gebetet und ihnen daraufhin die Dinge gebracht, die sie zu haben wünschten. Außerdem habe er gepflegt, seine Hand in die Luft zu strecken und dann durch einen Zaubertrick Gold in die Hände der Menschen herabfallen zu lassen. Bei solch einem Anlass habe einer der Anwesenden zu ihm gesagt: „Diese *Dirhams* sind bekannt. Ich glaube dir erst, wenn du mir einen *Dirham* präsentierst, auf welchem dein Name und der Name deines Vaters geschrieben steht." Er fuhr fort, Zauberei zu praktizieren, bis er hingerichtet wurde.

Abu Mansur al-Qazzaz berichtete uns von einer seitens Abu Bakr ibn Thabit verzeichneten Überlieferung, die auf Abu Umar ibn Hayuyah zurückgeht, welcher berichtet habe:

---

[121] Was ein *Waliyy* im Sinne des *Qur'aan* ist, wird unter anderem anhand folgender *Aayah* deutlich, die hier in ungefährer Bedeutung wiedergegeben wird: „Sicherlich, über Allahs *Awliyaa* (Plural von *Waliyy*) soll keine Furcht kommen, noch sollen sie traurig sein, (das sind) diejenigen, die glauben und gottesfürchtig sind (*Taqwaa* haben)."

„Als Mansur al-Hajjaj hinausgeführt wurde, um hingerichtet zu werden, lief ich mit der Menschenmenge mit und drängelte mich durch ihre Reihen, bis ich ihn sehen konnte. Er sagte zu seinen Anhängern: ‚Lasst euch dadurch nicht erschrecken, ich werde in dreißig Tagen zu euch zurückkehren.'"

Hallaj vertrat eine üble Doktrin. In einem vorhergegangenen Kapitel dieses Werkes haben wir einige seiner Lehren und verworrenen Aussagen erörtert. Und wir legten dar, wie er in Übereinstimmung mit der Meinung der zeitgenössischen *Fuqaha* hingerichtet wurde.

Unter den späteren Sufis befanden sich einige, die sich mit *Mica*[122]-Salbe einschmierten, sich dann auf einen Ofen setzten und vorgaben, dass es sich um ein Wunder handelte.

Ibn Uqayl sagte: „Ibn Schabbas und auch schon sein Vater besaßen Brieftauben von besonderer Geschwindigkeit und sie hatten Freunde an den verschiedensten Orten. Wenn ein Besucher zu ihnen kam, pflegten sie unverzüglich einen Vogel in dessen Dorf zu versenden, um sich bei ihrem dortigen Kumpanen über ihn zu informieren. Daraufhin pflegte der Kumpan, ihnen eine Antwort zu schreiben, woraufhin Ibn Schabbas[123] die Besucher zu empfangen und ihnen von diesen Informationen zu berichten pflegte. Er sprach zu ihnen über ihre Umstände und Angelegenheiten wie jemand, der mit ihnen in ihrer Region gelebt hatte; und dann zählte er ihnen auf, was seit ihrer Abreise von zu Hause und sogar genau am aktuellen Tag passiert war. „Genau jetzt", pflegte er zu sagen, „ist dieses und jenes passiert." Dies versetzte sie in Erstaunen, und wenn sie dann in ihre Region zurückkehrten, fanden sie genau das vor, was er genannt hatte.[124] Er machte das immer wieder, bis es als unwiderlegbarer Beweis dafür betrachtet wurde, dass dieser Mann über mysteriöses Wissen verfügte."

---

[122] Dem Mineral namens Mica scheint die angenommene Eigenschaft, den Körper unempfindlich gegen Feuer zu machen, von einem der Überlieferer *Ibn Baytars* nachgesagt worden zu sein. Laut Taj al-Arus hat das Mineral diese Eigenschaft nicht; jedoch hat der Saft einer anderen Pflanze bestimmten diese Eigenschaft.

[123] Laut Yaqut (Geogr. Dict. Band III, S.442) kam ein Mann im Jahre 450 n.H. nach Saymarah, wo er behauptete, göttlich zu sein. Und durch diese (oben geschilderte) Praxis schaffte er es, angebetet zu werden. Siehe weiter unten.

[124] Von den als Medium bezeichneten Personen unserer Zeit wird angenommen, dass sie ihre Informationen durch ähnliche Methoden gewinnen.

Er fuhr fort: „Zu den Dingen, die er zu tun pflegte, gehörte auch, dass er einen Spatzen nahm und eine Schnur an dessen Bein band, wobei er ein winziges Stück Papier an der Schnur befestigte. Daneben band er auch einer Taube eine Schnur ans Bein und befestigte am Ende der Schnur ein Stück Papier, welches größer war als das andere, jedoch das gleiche beinhaltete wie das kleinere. Dann nahm er einen Sklaven mit aufs Dach und stellte ihn vor sich selbst. Nun platzierte er den Spatzen in einer seiner Hände und die Taube in der anderen. Daraufhin ließ er den Spatzen losfliegen und die Leute sahen das Papier, das in der Luft flog. Die Taube hingegen flog zu jenem Dorf[125], wo sie von seinem Freund entgegengenommen wurde. Dieser informierte ihn dann über die Angelegenheiten des Dorfes und seiner Einwohner. Wenn sein Besucherzimmer voll war, pflegte er in eine Richtung zu deuten und nach *Barisch* (als spräche er einen Satan diesen Namens an) zu rufen: „Bringe diesen Brief in das Dorf Soundso; denn es ist Streit unter ihnen entstanden, und bemühe dich, sie zu beruhigen." Es war seine Art, dies mit lauter Stimme zu sagen. Infolgedessen ließ der Sklave, der auf den Befehl wartete, den Spatzen los, so dass der Brief in Anwesenheit der Versammlung gen Himmel aufstieg. Dabei sahen sie nur ihn (den Brief) allein, die Schnur hingegen sahen sie nicht. Nachdem er hoch aufgestiegen war, zog der Sklave an der Schnur, mit welcher der Spatz verbunden war,so dass diese zerriess und nicht gesehen werden konnte, und entsendete den Spatzen, um die diskutierenden Parteien wieder zu beruhigen. Das gleiche pflegte er, mit der Taube zu tun und daraufhin forderte er seinen Sklaven auf, den Brief herzubringen. Der Sklave auf dem Dach, der die Informationen über die Angelegenheiten jenes Dorfes, aus dem die Besucher stammten, erhalten hatte, warf ihm dann den Brief zu. Daraufhin verfasste er einen (Brief), der an den Anführer des Dorfes gerichtet war und befestigte diesen wieder auf die gleiche Art am an der mit Spatzen verbundenen Schnur. und ließ ihn an die Stelle des Daches fliegen, an der ihn der Sklave dann entgegennahm. Dieser befestigte den Brief dann am Bein einer Taube, welche ihn zum jeweiligen Dorf brachte und die Leute, von deren Streitigkeiten ihm berichtet worden war, wieder beruhigte. Die zu dem Dorf gehörenden Leute stellten bei ihrer Rückkehr dorthin fest, dass der Brief des Shaykhs angekommen war und die Anführer des Dorfes sich versammelt und die streitenden Parteien beruhigt hatten. Und all dies hatte er (Ibn Schabbas) ihnen erzählt! Sie hatten keinen Zweifel, dass er

[125] Er meint wahrscheinlich das Dorf, aus dem seine Besucher stammten.

über mysteriöses Wissen verfügte, und das allgemeine Volk vertraute darauf."[126] Ibn Uqayl fährt fort:

„Ich habe diese Erzählungen nur niedergeschrieben, um zu zeigen, dass diese Leute so weit gingen, dass sie sogar Spott mit der Religion trieben. Und wahrlich, wie soll die (Umsetzung der) Scharia unter solchen Umständen aufrechterhalten werden?"

Dieser Ibn Schabbas besaß den Kosenamen Abu'l Hasan, sein richtiger Name war Ali ibn al-Husayn ibn Muhammed al-Baghdadi und er verstarb im Jahre 444 n.H. in Basra. Er, sein Vater und der Bruder seines Vaters wohnten allesamt in Basra. Ihre Lehren wurden vor den Leuten verborgen gehalten. Es überwiegt die Meinung, dass sie dem *Imamiyyah*-System der Schiiten, der fanatischen *Batiniyyah*, folgten.

In meiner Erzählung habe ich schriftlich festgehalten, wie einer der Anhänger Ibn Schabbas' heimtückischen Aktivitäten und seine Täuschungen durchschaut hatte. Sie wurden geheim gehalten, bis ein Mitglied der *Imamiyyah-Batiniyyah*-Sekte sie offen legte. Während seiner Enthüllungen erwähnte der Mann unter anderem Folgendes bezüglich Ibn Schabbas:

„Eines Tages", sagte er, „als wir bei ihm waren, bereitete er ein gebratenes Zicklein zu, was er uns zu essen gebot. Dabei bat er uns, den Knochen zu brechen, jedoch nicht in zu kleine Teile. Als wir fertig waren, sagte er, wir sollten es (die Reste) zurück in den Ofen legen, welchen er verdeckt hielt. Ein wenig später entfernte er die Abdeckung, und siehe da, wir fanden ein lebendiges Zicklein vor, das gerade Grass fraß. Weder konnten wir die geringste Spur von Feuer oder Asche noch irgendwelche Überreste des Knochens sehen. So setzte ich meinen Einfallsreichtum ein, bis ich die Erklärung herausfand, die da besagte, dass der Ofen in einen Keller mündete, von dem er durch eine mit einer Schraube befestigte Kupferplatte getrennt war. Wenn er das Feuer aus dem Ofen beseitigen wollte, drehte er an der Schraube, so dass die Platte herunterkam, den Ofen verschloss, wobei der Zugang zum Keller freigegeben wurde. Wollte er hingegen das Feuer zur Schau stellen, setzte er die Platte zurück an die Mündung zum Keller, so dass das Feuer gesehen werden konnte.

Ich möchte anmerken, dass wir in unserer Zeit einen Mann sahen, der (angeblich) auf Engel hindeutend sagte: „Sie sind ehrwürdige Gäste." Dadurch führte er die

---

[126] Es ist offensichtlich, dass der Bericht über den Trick verworren ist. Und das Buch Ibn Uqayls, aus dem er zitiert wurde, ist nicht zugänglich.

Leute dazu, zu glauben, dass sich ihm Engel gezeigt und er sie gebeten hatte, sich ihm zu nähern.

Einer unserer Zeitgenossen suchte nach einem neuen Krug und bewahrte Honig darin auf, bis der Geschmack des Honigs in den Ton eingedrungen war. Danach pflegte er, den Krug mit auf seine Reisen zu nehmen. Wenn er ihn in einen Fluss eintauchte und das Wasser seinen Gefährten zu trinken gab, bemerkten sie, dass es den Geschmack von Honig hatte.

Unter diesen Leuten gibt es keinen, der Allah kennt oder Seinen Tadel fürchtet.

Wie der Satan das gemeine Volk täuscht

Wir haben dargelegt, wie die Kraft des Satans (einen Menschen) zu täuschen proportional zur Kraft verläuft, die von (dessen) Unwissen ausgeht. Seine Methoden zur Verführung von Unwissenden sind äußerst vielfaltig. Da es zu viele sind, kann keine vollständige Auflistung seiner Verführungs- und Täuschungsmethoden erfolgen. einfach Wenn Allah uns hilft, werden wir lediglich jene Hauptkategorien erwähnen, die sein generelles Vorgehen erkennen lassen.

Eine davon ist, dass er sich der unwissenden Person nähert und sie dazu anregt, über das Wesen und die Eigenschaften Allahs nachzudenken, so dass die Person Zweifel bekommt. Und in der Tat hat der Prophet ﷺ dies gemäß einer Überlieferung Abu Hurayras vorhergesagt. Es heißt, derProphet habe gesagt:

„Ihr werdet nicht aufhören zu fragen, bis dies zu euch dies gesagt wird: ‚Allah hat uns erschaffen, doch wer hat Allah erschaffen?'" Abu Hurayra sagte: „Wahrlich, eines Tages, als ich gerade saß, kam ein Mann und fragte: ‚Allah hat uns erschaffen, doch wer hat Allah erschaffen?' Ich steckte meine Finger in meine Ohren und schrie:

‚Allah und sein Gesandter haben die Wahrheit gesagt. Allah ist al-Wahid, al-Ahad, as-Samad, weder zeugte Er, noch wurde Er gezeugt und nichts ist Ihm ebenbürtig (*kufuww*).'[127]

---

[127] In dieser vom Autor zitierten Version erwähnt Abu Hurayra im arabischen Original nicht, dass die Worte zu Beginn des Zitats („Ihr werdet nicht aufhören...") vom Propheten ﷺ stammen. Diese Version ist außerdem laut al-Dhahabi *hasanun ghariib*. Doch existiert eine ähnliche Überlieferung, die bei *Muslim* vorkommt und mit folgenden dem Propheten zugeschriebenen Worten begint: „Die Menschen

In einer Überlieferung, welche auf Aischa ﷺ zurückgeht, berichtete sie, der Prophet ﷺ habe gesagt: „Wahrlich, Satan wird zu einem von euch kommen und fragen: ‚Wer hat dich erschaffen?' Dann wird er (der Mensch) antworten: ‚Allah.' Dann wird er (Satan) fragen: ‚Wer hat die Himmel und die Erde erschaffen?' Dann wird er (der Mensch) antworten: ‚Allah.' Dann wird er (Satan) fragen: ‚Wer hat Allah erschaffen?' Wenn jemandem von euch so etwas geschieht , so soll er sagen: ‚Ich glaube an Allah und Seinen Gesandten. Dann wird ihn dies verlassen.'"[128]

Ich möchte darauf hinweisen, dass es durch die Dominanz der sinnlichen Wahrnehmung zu dieser Versuchung kommt. Was ich meine ist, dass die Tatsache, dass der Mensch nur Dinge kennt, die erschaffen wurden, den Grund dafür darstellt. Daher müsste man diesen unwissenden Menschen fragen: „Weißt du, dass die Zeit erschaffen wurde, als Zeit noch nicht existierte und der Raum erschaffen wurde, als es noch keinen Raum gab?" Sodann befindet sich diese Erde und das, was sie enthält, weder in einem Raum noch gibt es etwas darunter. Doch deine Wahrnehmung lehnt dies ab, da sie nichts kennt, was sich nicht in einem Raum befindet. Deswegen sollte Er (swt), Der der Wahrnehmung nicht bekannt ist, nicht durch Wahrnehmung zu ergründen versucht werden. Daher konsultiere deinen Verstand, der ein vernünftiger Ratgeber ist.

Manchmal täuscht der Satan die Unwissenden, wenn sie von den Eigenschaften Allahs hören, die sie daraufhin im Sinne sinnlicher Wahrnehmung interpretieren und somit zum Anthropomorphismus verleitet werden.

In anderen Fällen täuscht er sie durch Fanatismus. Folglich wirst du die Unwissenden sehen, wie sie aufgrund einer Sache fluchen und zu den Waffen greifen, deren wahren Hintergrund sie nicht kennen. So nimmt sich der Fanatismus des einen Abu Bakr ﷺ zum Ziel und der Fanatismus des anderen Ali ﷺ zum Ziel. Oft wurden aufgrund dessen Kriege geführt. Es würde viel Zeit in Anspruch nehmen, die Fälle von Gemetzel und Unruhestiftung aufzuführen, die aufgrund dieses Streitpunktes über lange Jahre hinweg zwischen der Bevölkerung in Karkh

---

werden nicht aufhören, euch nach Wissen zu fragen [...]" Für den gesamten Wortlaut siehe *Sahih al-Muslim.*

[128] Dieser *Hadith* wird von al-Mundhiri und al-Haythami überliefert und die Überliefererkette als vertrauenswürdig bewertet. Und Allah weiß es am besten. (Übers.)

und den Leuten vom Tore Basras stattgefunden haben.[129] Man sieht viele dieser „Helden"Seide tragen, Wein trinken und Morde begehen – Taten, für die Abu Bakr ﷺ und Ali ﷺ nicht verantwortlich sind.

Manchmal kommt es vor, dass der Unwissende an sich selbst eine gewisse Erkenntnisfähigkeit erkennt, woraufhin der Satan kommt und ihn dazu anregt, Seinen Herrn zu hinterfragen. So kommt es vor, dass einer seinen Herrn fragt, warum Er bestrafe, wenn er doch vorbestimmt habe. Ein anderer fragt, warum Er die (weltlichen) Mittel für den Frommen (manchmal) einschränke und dem Sünder im Überfluss davon gebe. Andere wiederum, die eigentlich dankbar für die Gaben sind, beginnen zu murren und werden undankbar, wenn sie auf die Probe gestellt werden. Es gibt auch solche, die fragen, wo denn die Weisheit versteckt sei, dass diese (unsere) Körper zerstört werden, warum sie mit der Vernichtung bestraft werden, nachdem sie erschaffen wurden. Andere halten die Wiederauferstehung für unwahrscheinlich. Unter ihnen gibt es solche, die, wenn ihre Pläne scheitern oder sie mit einer Heimsuchung geprüft werden, *Kufr* begehen bzw. zu Ungläubigen werden. Sie sagen: „Ich will nicht beten!" Es kommt vor, dass ein Frevler einen Gläubigen besiegt und ihn umbringt oder schlägt, woraufhin der Unwissende dann sagt: „Das Kreuz triumphiert. Wenn dies der Fall ist, warum sollten wir dann beten?" Der Satan nutzt solche Katastrophen, um diese Leute beeinflussen zu können, und alles nur, weil sie des Wissens und der Gelehrten fern sind.[130] Würden sie die Gelehrten fragen, würden diese ihnen erklären, dass Allah weise ist und alles Seiner Kontrolle unterliegt; und somit würden alle Einwände beendet werden.

Unter den Unwissenden gibt es jene, die von ihrer eigenen Intelligenz überzeugt sind und keine Scheu davor hegen, den Gelehrten zu widersprechen. Wenn Letztere eine Meinung vertreten, die den Zielen solch einer Person zuwiderlaufen, widerspricht sie ihnen und verletzt sie. Ibn Uqayl pflegte zu sagen: „Ich lebe nun schon seit vielen Jahren und würde ich mich in die Arbeit eines Handwerkers einmischen, so würde er sagen: ‚Du schädigst meine Arbeit.' Würde ich ihm

---

[129] Karkh war das Quartier der Schiiten in Bagdad. Beide Quartiere werden ausführtlich in Le Stranges *Bagdad* beschrieben.

[130] Laut der Lehre des *Qur'aan* kann der Satan nur Einfluss auf Leute nehmen, die Allah nicht mit *Ikhlas* ergeben sind. Dass man Allah aufrichtig dient, ohne Ihm etwas beizugesellen, ist die erste Voraussetzung, um sich vor der Täuschung Satans zu schützen. Wissen ist sehr wichtig, um zu gewährleisten, dass man sich ordnungsgemäß an Allahs Buch und die *Sunna* Seines Gesandten hält und somit nicht den vielen Irrwegen folgt, die der Satan vorbereitet hat. (Übers.)

daraufhin sagen, dass ich ein Mann des Wissens bin, so würde er erwidern: ‚Gesegnet sei dein Wissen, doch das hier fällt nicht in deinen Aufgabenbereich.' Doch ist seine Beschäftigung etwas, das in den Bereich sinnlicher Wahrnehmung fällt und würde ich mich damit beschäftigen, könnte ich es verstehen. Meine Beschäftigung jedoch ist eine Angelegenheit des Intellektes, und doch, würde ich eine Meinung äußern, würde er sie akzeptieren.

Eine der Täuschungen, die er bei ihnen anwendet, ist ihr Bevorzugen von scheinbaren Asketen gegenüber den Gelehrten. Wenn sie einen vollkommenen Nichtswisser sehen, der ein Gewand aus Wolle trägt, so ehren sie ihn, vor allen Dingen, wenn er seinen Kopf hängen lässt und mit Demut vor sie tritt. „Vergleicht diesen Mann", würden sie sagen, „mit jenem anderen, dem Mann des Wissens, der nach irdischem Gewinn strebt, wohingegen es sich bei diesem hier um einen Asketen handelt, der weder Trauben isst noch Datteln und nie geheiratet hat."

Dies liegt an ihrem Unwissen darüber, dass das Aneignen von Wissen gegenüber der Enthaltsamkeit (*Zuhd*) einen höheren Stellenwert besitzt und daran, dass sie diejenigen, die Enthaltsamkeit vorspielen, höher achten als die Scharia Muhammeds ﷺ, des Sohnes von Abdullah. Dank der Barmherzigkeit Allahs (swt) haben sie nicht in der Zeit des Propheten ﷺ gelebt. Denn hätten sie gesehen, wie er mehrmals heiratete, Hühnchen aß und Süßigkeiten wie auch Honig mochte, dann hätte er ﷺ in ihren Herzen keinen Respekt erlangt.[131]

Eine weitere seiner Täuschungen liegt darin, dass sie Leute dazu veranlassen, die Gelehrten gewisser Handlungen zu beschuldigen, obwohl die Scharia diese billigt. Welch grobe Unwissenheit!

Des Weiteren haben sie eine Vorliebe für Fremde. Sie bevorzugen den Fremden gegenüber dem eigenen Landsmann, dessen Verhaltensweisen sie kennen und von dem sie wissen, dass er zur *Ahlu's Sunna wa'l Jama'a* gehört. Sie ziehen den Fremden vor, obwohl er ein *Batini* sein könnte. Doch sollte man nur jemandem vertrauen, den man durch praktische Erfahrung schon kennengelernt hat. Allah sagte:

[131] Es sei darauf hingewiesen, dass dies eine Kritik an jenen Leuten darstellt und nicht an unserem Propheten ﷺ.

وَٱبۡتَلُواْ ٱلۡيَتَٰمَىٰ حَتَّىٰٓ إِذَا بَلَغُواْ ٱلنِّكَاحَ فَإِنۡ ءَانَسۡتُم مِّنۡهُمۡ رُشۡدٗا فَٱدۡفَعُوٓاْ إِلَيۡهِمۡ
أَمۡوَٰلَهُمۡۖ وَلَا تَأۡكُلُوهَآ إِسۡرَافٗا وَبِدَارًا أَن يَكۡبَرُواْۚ وَمَن كَانَ غَنِيّٗا فَلۡيَسۡتَعۡفِفۡۖ وَمَن
كَانَ فَقِيرٗا فَلۡيَأۡكُلۡ بِٱلۡمَعۡرُوفِۚ فَإِذَا دَفَعۡتُمۡ إِلَيۡهِمۡ أَمۡوَٰلَهُمۡ فَأَشۡهِدُواْ عَلَيۡهِمۡۚ وَكَفَىٰ
بِٱللَّهِ حَسِيبٗا ٦

„Und prüft die Waisen, bis dass sie das Heiratsalter erreicht haben. Und wenn ihr dann an ihnen Besonnenheit feststellt, so händigt ihnen ihren Besitz aus [...]"

Und Allah, Dem allein das Lob gebührt, hat durch Seine Gnade Muhammed ﷺ zur Menschheit entsandt, so dass sie dessen Charakter kennenlernte. Er (swt) sagte:

لَقَدۡ مَنَّ ٱللَّهُ عَلَى ٱلۡمُؤۡمِنِينَ إِذۡ بَعَثَ فِيهِمۡ رَسُولٗا مِّنۡ أَنفُسِهِمۡ يَتۡلُواْ عَلَيۡهِمۡ
ءَايَٰتِهِۦ وَيُزَكِّيهِمۡ وَيُعَلِّمُهُمُ ٱلۡكِتَٰبَ وَٱلۡحِكۡمَةَ وَإِن كَانُواْ مِن قَبۡلُ لَفِي
ضَلَٰلٖ مُّبِينٍ ١٦٤

„Allah hat den Gläubigen wirklich eine Wohltat erwiesen, als Er unter ihnen einen Gesandten von ihnen selbst geschickt hat [...]"[132]

Außerdem sagte Er:

ٱلَّذِينَ ءَاتَيۡنَٰهُمُ ٱلۡكِتَٰبَ يَعۡرِفُونَهُۥ كَمَا يَعۡرِفُونَ أَبۡنَآءَهُمۡۖ وَإِنَّ فَرِيقٗا مِّنۡهُمۡ
لَيَكۡتُمُونَ ٱلۡحَقَّ وَهُمۡ يَعۡلَمُونَ ١٤٦

[132] Qur'aan (3/164)

„Diejenigen, denen Wir die Schrift gegeben haben, kennen ihn[133]*, wie sie ihre Söhne kennen […]“*[134]

Der Respekt, den die Unwissenden den Lehrmeistern der Enthaltsamkeit entgegenbringen, geht so weit, dass sie deren Behauptungen akzeptieren, auch wenn sie dadurch der Scharia vollkommen widersprechen und deren Anweisungen missachten. Man sieht, wie ein Heuchler zu einem Unwissenden sagt: „Gestern hast du dieses und jenes getan, daher wird dir etwas geschehen.“ Und jener Mann wird ihm glauben. „Dieser Mann kann Gedanken lesen“, wird er sagen, ohne zu wissen, dass die Behauptung, das Verborgene zu kennen, Unglauben darstellt. Außerdem sehen sie, wie diese Heuchler Dinge tun, die der Scharia widersprechen. Zum Beispiel die „Verbrüderung“ und das private Treffen mit Frauen, erheben dagegen aber keinen Einspruch und lassen jene tun, was sie möchten.

Zu seinen Täuschungen der Unwissenden gehört auch, dass sie sich den Sünden hingeben und für den Fall, dass sie getadelt werden, in einer Weise sprechen wie es die Atheisten tun. Manche von ihnen sagen: „Ich werde nicht Bares gegen Kredit umtauschen.“[135] Würden sie nur wissen, dass es sich nicht um „Bares“ handelt, da es verboten ist und dass es nur dann eine Wahl zwischen „Barem“ und „Kredit“ gibt, wenn beides legitim ist. Ihr Fall gleicht dem eines an Fieber leidenden Mannes, der Honig ißt, und wenn er dann dafür getadelt wird[136], sagt: „Hunger ist Bares und Gesundheit Kredit.“ Würden sie außerdem die wahre Essenz des Glaubens kennen, so wären sie sich dessen bewusst, dass es sich bei dem „Kredit“ um ein vertrauenswürdiges, unwiderrufliches Versprechen handelt. Und wenn sie wirklich wie Kaufmänner handeln würden, die bislang viel Geld für einen kleinen erhofften Profit einsetzten, dann würden sie erkennen, dass (falls sie für das Jenseits arbeiten) ihr Einsatz wenig und das, was sie zu erhalten hoffen, sehr viel ist.

---

[133] Ob hier eindeutig der Prophet gemeint ist oder die Schrift, ist ein Thema der *Tafsir*-Bücher. Der Autor ist offensichtlich der Meinung, dass an dieser Stelle der Prophet gemeint ist. Und Allah weiß es am besten. (Übers.)

[134] Qur'aan (2/146)

[135] Das soll bedeuten: Ich werde nicht erst auf das Jenseits warten, bis ich Spaß und Genuss habe, sondern möchte schon im Diesseits in vollen Zügen genießen. (Übers.)

[136] Der Grund für den hier genannten Tadel ist die Grundannahme, dass Honig bei Fieber nicht gegeben werden darf, da er den Körper noch mehr erhitzt. (Übers.)

Das Buch *Niederträchtigkeit des Mutaziliten* war ausschlaggebend dafür, dass Ibn Khayyat sein *Kitabu'l Intisar* schrieb. Es bezog sich auf das oben genannte Buch und stellte eine Verteidigung der mutazilitischen Doktrin dar. Dieses berühmte Buch wirft ein Licht auf die Dogmen und Doktrin der bekanntesten Mutaziliten des zweiten und dritten Jahrhunderts, sowie auf Ibn Khayyat und Ibn Rawandi (auf den sich im *Kitabu'l Intisar* oftmals bezogen wird), die in der letzten Hälfte des dritten Jahrhunderts lebten und im persönlichen Kontakt mit Anhängern verschiedener religiöser Sekten jener Zeit standen.

Obwohl die mutazilitische Bewegung von ihren Ideen her höchst rationalistisch war, kann sie jedoch in Anbetracht der harten Verfolgung all derjenigen, die ihr widersprachen, nicht als tolerant bezeichnet werden. Doch ist es eine unbestreitbare Wahrheit, die den Mutaziliten zugestanden werden sollte, dass sie die ersten gewesen sind, die den Verstand in die Domäne des religiösen Denkens im Islam einführten.[137] Die Geschichte der muslimischen Scholastik verdankt ihre Geburt dieser mächtigen Bewegung. Wäre al-Asch'ari nicht selbst Mutazilite gewesen, wäre er nicht in der Lage gewesen, daran zu denken, die Wissenschaft des Kalam zu gründen, auf welche die Muslime heute so stolz sind. Durch die Befürwortung eines reinen und „unverdünnten" Monotheismus kämpften die Mutaziliten sehr kompetent und erfolgreich gegen den persischen Dualismus, welcher sich in jenen alten Tagen auf mehr als einem Wege manifestierte.[138]

---

[137] Bei der *Mu'tazila* handelt es sich um eine Sekte, die einstimmig als vom Weg der *Ahlu's Sunna wa'l Jama'a* abgekommen gilt. Welche Rolle der Verstand im „islamischen Denken" haben muss, wurde uns von Allah und Seinem Gesandten gelehrt und von den Prophetengefährten vorgelebt. Der Status hingegen, den die Mutaziliten dem Verstand gaben, stimmte nicht mehr damit überein. Daher gibt es auch keinen Grund, sie zu loben. Das Denken der Mutaziliten hat den Muslimen großes Unheil gebracht. Für nähere Details sollten die entsprechenden Bücher anerkannter Gelehrter herangezogen oder kompetente Gelehrte konsultiert werden. (Übers.)

[138] Genauso wie in Bezug auf die Rolle des Verstandes sind die Mutaziliten in *ihrem* Verständnis von *Tauhid* vom Weg der *Ahlu's Sunna* abgekommen. Daher sind diese Worte des Lobes unangebracht. Und Allah weiß es am besten. (Übers.)

KAPITEL III

Wie der Satan die Verehrer von Schreinen täuscht

Hierbei handelt es sich um Leute, die behaupten, dass jedes spirituelle Wesen, das zur „oberen Region" gehört, einen Schrein habe bzw. einen Himmelskörper (Planet, Stern etc.) als Schrein besitze. Die Beziehung des dazugehörigen spirituellen Wesen entspreche dabei der Beziehung unseres Körpers zu unserer Seele, wobei es (das spirituelle Wesen) dessen Herrscher und Wächter sei. Zu den Schreinen zählen alle Himmelskörper, Planeten und Fixsterne. Zum Spirituellen selbst haben sie (die Verehrer) keinen direkten Zugang. Daher wenden sie sich mit jeglicher Art von Andacht und Opfergaben an den jeweiligen Schrein. Andere aus ihren Reihen meinen, zu jedem himmlischem Schrein gehöre ein Individuum der niedrigen Sphäre, das diesem in Wesen und Substanz gleiche. Daher gestalten sie Figuren, schnitzen Bilder und erbauen ihnen Häuser.

Yahya ibn Bischr al-Nihawandi legt dar, dass einige behaupten, die sieben Himmelskörper (Saturn, Jupiter, Mars, Sonne, Venus, Merkur und der Mond) seien die Aufseher der Welt und dabei den Anweisungen der „höchsten Schar (*al-Malau'l A'lā*)" unterstellt. Sie errichteten Abbildungen von ihnen und brachten jedem von ihnen ein (ihrer Meinung nach) entsprechendes Tier als Opfer entgegen. Dem Saturn ordneten sie einen riesigen Korpus aus mattem Blei zu. Diesem wurde ein schöner Bulle geopfert, indem er zu einer Kammer gebracht wurde, die unter der Skulptur ausgehoben worden war. Über der Aushöhlung befand sich ein Eisengeländer. Der Bulle wurde so lange geschlagen, bis er auf das Geländer ging, durch welches dann seine Vorder- und Hinterbeine hindurch fielen und er somit in die Kammer eingesunken war. Anschließend pflegte man darunter ein Feuer zu entzünden und das Tier zu verbrennen. Die Opfernden pflegten daraufhin zu sagen: „Geheiligt seiest du, glanzloser Gott, dessen Natur es ist, Böses zu tun und nichts Gutes. Wir opfern dir, was dir ähnlich ist. So nimm es an und bewahre uns vor deinem Unheil und dem Unheil deiner schädlichen Geister."

Jupiter opferten sie ein Baby männlichen Geschlechts. Dabei kauften sie ein Sklavenmädchen, wonach es von den Opferpriestern aller sieben Skulpturen vergewaltigt wurde. Und wenn sie schwanger wurde, wurde sie in Ruhe gelassen, bis sie gebar. Danach holten sie sie mit dem Baby in den Armen, wenn dieses acht Tage alt war und stachen es mittels Bodkin-Spitzen und Nadeln, bis es in den Armen seiner Mutter weinte. Dann sprachen sie zu der Skulptur: „O guter Herr, dem das Böse fremd ist. Wir opfern dir jemanden, der nichts Böses kennt und somit deinem Wesen entspricht. So nimm unsere Opfergabe an und beschere uns das Gute von dir und das Gute deiner guten Geister!"

Dem Mars opferten sie einen Mann mit rötlicher Natur und Sommersprossen sowie einem Kopf, in dem das Weiße durch das Rote hindurch schimmert. Sie brachten ihn herbei, steckten ihn in einen riesigen Behälter und fesselten ihn an Pfähle am Boden des Behälters. Diesen füllten sie dann mit Öl, so dass der Mann bis zum Halse darin stand. Sie mischten dem Öl Mittel bei, welche die Nerven stärkten, das Fleisch jedoch faulen ließen. Nachdem ihm dann ein Jahr lang solches Essen zugeführt wurde und das Fleisch samt Haut verrottet war, rissen sie an seinem Kopf und zogen dabei die Nerven aus der Haut, welche sie dann um seinen Kopf wickelten. Dann brachten sie diesen zur Skulptur, die der Form des Mars entsprach, und sagten: „O böser Gott, Verursacher von Unruhen und Katastrophen, wir opfern dir, was deinem Wesen gleicht. So nimm unsere Opfergabe an und bewahre uns vor deinem Unheil und dem Unheil deiner üblen Geister! Sie glaubten, das Leben verbliebe sieben Tage lang im Kopf und verrate ihnen, was sie in jenem Jahr an Gutem und Üblem treffen werde.

Der Sonne opferten sie die Frau, deren Kind für Jupiter geschlachtet wurde. Dabei trugen sie eine Skulptur der Sonne herum und sagten: „Der Preisung und der Lobeslieder würdig bist du, o leuchtende Göttin! Wir opfern dir, was dir gleich ist. So nimm unsere Opfergabe an und beschere uns das Gute von dir und bewahre uns vor deinem Übel!"

Der Venus opferten sie eine grauhaarige, verlotterte alte Frau, welche sie vor sie (die Venus-Skulptur) setzten und laut um sie herum schrien: „O verlotterte Göttin, wir bringen dir eine Opfergabe, die weiß ist wie du selbst und so verlottert ist wie du selbst und so humorvoll ist wie du selbst. So nimm sie von uns an!" Daraufhin brachten sie Brennholz und platzierten es um die alte Frau herum. Danach setzten sie es in Brand, bis sie verbrannt war. Dann schleuderten sie die Asche in das Gesicht der Skulptur.

Dem Merkur opferten sie einen braunen Jüngling, welcher rechnen und schreiben konnte und noch anderweitig gebildet war. Sie fingen ihn mittels eines Tricks und verfuhren so wie mit ihren übrigen Opfern. Sie verlockten sie und gaben ihnen *Banj* und Schlücke von Drogen, die ihren Intellekt zerstörten und sie verdummen ließen. Diesen Jugendlichen präsentierten sie dann der Skulptur des Merkur und sagten: „O kluger Gott, wir bringen dir ein kluges Individuum, welches durch dein Wesen geleitet worden war. Nimm es an von uns!" Danach wurde der Junge in zwei Teile gesägt. Daraufhin wurde er viergeteilt und auf vier Holzstücke rund um die Skulptur verteilt. Diese wurden dann entzündet, so dass die Viertelstücke zusammen mit ihnen verbrannt wurden. Dann wurde die Asche dem Götzen ins Gesicht geworfen.

Dem Mond opferten sie einen Mann rötlicher Natur und mit einem großen Gesicht. Dabei sagten sie: „O Gesandter der Götter und Hellster aller Himmelskörper!"

Wie er die Götzendiener täuscht

Die Ursache jedes Problems, mit dem der Satan die Menschheit getäuscht hat, ist die Überbewertung sinnlicher Wahrnehmung und das Abwenden von dem, was der Verstand erfordert. Und da die Sinne durch Ebenbilder befriedigt werden, hat der verfluchte Satan viele Menschen dazu geführt, Götzenbilder zu verehren und hat in ihrem Fall von Grund auf die Funktion des Verstandes außer Kraft gesetzt. Manche hat er davon überzeugt, dass dies die einzigen Götter seien. Da er bei anderen doch ein wenig Urteilsfähigkeit erkannte und wusste, dass sie dem nicht zustimmen würden, hat er sie davon überzeugt, dass sie die Verehrung dieser Götzen dem Schöpfer nahebringen würde. Daher sagten sie: „*[...] Wir dienen ihnen nur, damit sie uns Zutritt in Allahs Nähe verschaffen.*[139] *[...]*"

Wie er damit begann, die Götzendiener zu täuschen

Die folgende Überlieferung geht zurück auf Hischam ibn Muhammad ibn Sa'ib al-Kalbi.[140] Er sagte: „Mir wurde erzählt, die Verehrung von Götzen habe begonnen, nachdem Adam ﷺ gestorben und von den Kindern seines Sohnes Seth in eine Höhle gebracht wurde, die sich auf dem Berg befand, auf den er (Adam)

---

[139] Sure 39, *Aayah* 3. Hier in ungef. Bedeutung wiedergegeben. (Übers.).

[140] *Kitabu'l Asnaam*, Edition Zaki Pasha, S.50

hinabgesandt worden war. Dieser Berg wird als *Naudh* bezeichnet und es handelt sich um den fruchtbarsten Berg der Erde."

Hischam fährt fort: „Mein Vater überlieferte von Abu Salih und dieser von Ibn Abbas ﷺ, dass die Kinder von Seth den Leichnam Adams ﷺ zu besuchen pflegten und ihm Ehre erwiesen und Erbarmen wünschten. Da sagte eines der Kinder Kains: ‚O Kinder Kains, seht, wie die Kinder von Seth einen Schrein besitzen, den sie umrunden und ehren, wohingegen wir nichts haben.' Daher schnitzte er eine Statue für sie; er war der Erste, der so etwas tat. Des Weiteren teilte mir mein Vater mit, dass Wadd, Suwa, Yaghuth, Ya'uq und Nasr tugendhafte Männer waren, die allesamt im gleichen Monat verstarben. Ihre Verwandten waren ihretwegen bestürzt. Da sagte eines der Kinder Kains: ‚Freunde, möchtet ihr, dass ich euch fünf Ebenbilder von ihnen anfertige? Lediglich eine Seele kann ich ihnen nicht einhauchen.' ‚Ja', sagten sie. Daraufhin schnitzte er fünf Ebenbilder dieser Personen. So begannen die Verwandten zu kommen; einer besuchte das Bild seines Bruders, der andere das seines Onkels und wieder ein anderer das seines Cousins; sie ehrten und umrundeten es. Dies hielt an, bis die erste Generation zu ihrem Ende gekommen war. Angefertigt wurden diese Bilder in der Zeit von Jared ibn Mahalalel ibn Kanan ibn Knosch ibn Sath ibn Adam. Dann gab es eine andere Generation, die sie noch mehr verehrte als die vorherige. Dann kam eine dritte Generation, die sagte: „Unsere Vorfahren verehrten diese Abbilder bestimmt nur, weil sie hofften, sie würden Fürsprache für sie bei Allah einlegen." Daher begannen jene, sie anzubeten und zu verherrlichen. So nahm ihr Unglaube immer mehr zu. Allah, der Allmächtige, entsandte zu ihnen den gesegneten (Propheten) Idris ﷺ, der sie zur reumütigen Umkehr aufrief, doch sie verleugneten ihn, und Allah erhob ihn zu einem „hohen Ort"[141]. Laut Aussage Ibn Kalbis, der diese von Abu Salih und dieser wiederum von Ibn Abbas überlieferte, nahm ihr Verhalten an Abscheulichkeit zu, bis Nuh ﷺ heranwuchs und von Allah zum Propheten beauftragt wurde. Er sei zu jener Zeit 480 Jahre alt gewesen, dann habe er sie 120 Jahre dazu aufgerufen, Allah, dem Allmächtigen, zu dienen. Doch sie verleugneten ihn und gehorchtem ihm nicht. Dann befahl ihm Allah, die Arche zu erbauen. Er baute sie und wurde mit ihr fertig, als er 600 Jahre alt war. Daraufhin wurden die Leute heimgesucht, wonach er noch 350 Jahre lang lebte. Zwischen Adam ﷺ und Nuh ﷺ lagen 1200 Jahre.[142] Die Flut

[141] Der Autor bezieht sich auf Sure 19, Aayah 57. (Übers.)

[142] Laut *Kitabu'l Asnaam* 2200 Jahre.

trieb die Skulpturen von Land zu Land, bis sie diese schließlich auf den Boden von Jeddah schleuderte. Als das Wasser sank, verblieben sie an der Küste, bis der Wind sie mit Sand bedeckte.

Al-Kalbi fährt fort:[143] „Amr ibn Luhayy war ein Wahrsager. Man nannte ihn Abu Thumamah. Er kannte einen Jinn, der sein Vertrauter war. Einst wurde ihm Folgendes zugesprochen: ‚Eile und verlasse Thimamah in Glück und Sicherheit. Komme zur Küste Jeddahs, wo du die Skulpturen bereitstehend vorfinden wirst. Bringe sie ohne Furcht hinunter nach Tihamah. Rufe dann die Araber dazu auf, sie anzubeten und sie werden zustimmen. So ging er hinab zum Fluss bei Jeddah, grub sie aus und transportierte sie nach Tihamah. Während der Hajj präsentierte er sie und rief die Araber dazu auf, sie anzubeten. Awf ibn Udhrah ibn Zaid al-Lat stimmte zu. Daraufhin übergab Amr ihm *Wadd*, welchen jener daraufhin in seine Heimat, nach Wadi al-Qura Dumat al-Jandal trug. Er nannte seinen Sohn Abdu'l Wadd, der somit der Erste war, der diesen Namen trug. Auf machte seinen Sohn Amir zu *Wadds* Priester und dessen Nachkommen fuhren fort, *Wadd* anzubeten[144], bis Allah den Islam brachte."

Kalbi fügte hinzu: „Malik ibn Harithah teilte mir mit, er habe *Wadd* gesehen. Er sagte: ‚Mein Vater pflegte mir Milch mitzugeben und mich zu ihm zu schicken. Er sagte: *Gib deinem Gott etwas zu trinken.* Doch ich trank es stets selbst. Später sah ich, wie Khalid ibn Walid ihn in Stücke schmetterte.'

Nach dem Feldzug von Tabuk schickte ihn der Prophet ﷺ dorthin mit dem Auftrag, ihn zu zerstören. Doch die *Banu Abdi Wadd* und die *Banu Amir* griffen ein. So bekämpfte sie Khalid und schlug sie nieder. Danach stieß er die Skulptur herunter und zerbrach sie. An jenem Tag schlug er einen der *Banu Abdi Wadd* namens Qatan ibn Schurayn nieder. Als jener niedergeschlagen worden war, trat seine Mutter hervor und sprach:

Diese Sache, Liebe[145]*, ist, wie wir sehen, nicht von langer Dauer.*

Die Bestimmung vernichtet und Vermögen kann sich dagegen nicht wehren.

---

[143] *Kitabu'l Asnaam*, S.54

[144] Im Kitabu'l Asnaam lautet der Wortlaut statt „*Wadd* anzubeten" „Priester von *Wadd* zu sein".

[145] Die Bedeutung des Namens *Wadd* ist Liebe. An dieser Stelle wurde dafür ein Synonym verwendet.

Auch verschont das Schicksal die Gämse nicht,

trotz ihrer Mutter zarter Fürsorge.

Dann sagte sie:

O du, der auf dieser Erde Eingeweide und Leber sammelt,

hätte deine Mutter dich bloß nie geboren und nie ein Kind zur Welt gebracht.

Daraufhin warf sie sich auf ihn, seufzte und starb."

Kalbi fährt fort: „Ich sagte zu Malik ibn Harithah: ‚Beschreibe mir *Wadd*, so dass ich das Gefühl habe, ihn sehen zu können.' Er sagte: ‚Es handelte sich um die Statue eines Mannes, so groß wie Männer normalerweise sind. Er trug zwei Kleidungsstücke, ein Unterteil und ein Oberteil. Er hatte ein Schwert um den Hals und einen Bogen um seine Schulter hängen. Vor ihm befand sich ein Speer mit Banner und ein Köcher mit Pfeilen.'"

Des Weiteren erzählte Kalbi: „Amr ibn Luhayy fand bei Mudar ibn Nizar Akzeptanz und übergab den Götzen *Suwa'* einem Mann aus Hudhail namens al-Harith ibn Tamim ibn Sa'd ibn Hudhail ibn Mudrikah ibn Alyas ibn Mudar. Er stand in einer Region, die man Ruhat nannte und sich im Tale von Nakhlah befand. Angebetet wurde er von den Nachbarn der Mudariten. Einst sagte ein Araber:

Du siehst sie um ihren Anführer herumstehen,

so wie die Hudhayl Suwa umgeben,

dabei werden den ganzen Tag

Güter aus dem Vermögen eines jeden Schafhirten ihm zugeworfen.

Auch Madhhij stimmte zu und präsentierte *Yaguth* dem Mudariten An'am ibn Amr. Aufgestellt wurde der Götze auf einem Steinhaufen im Jemen, wo Madhhij und ihre Verbündeten ihn anbeteten.

Hamdan war ebenfalls einverstanden und präsentierte Malik ibn Marthad ibn Jusham (den Götzen namens) *Ya'uq*. Er wurde in einem Dorf namens Khaywan aufgestellt und von Hamdan und seinen jemenitischen Verbündeten verehrt.

Himyar stimmte auch zu und präsentierte (einen Götzen namens) *Nasr* einem aus *Dhu Ru'ain* stammenden Mann namens *Ma'di Kariba*,. Aufgestellt wurde er an einem Platz im Lande Saba, den man Balkha' nannte. Er wurde von den Himyar und deren Nachbarn verehrt. Sie fuhren fort, ihn anzubeten, bis sie durch *Dhu Nuwas* zum Judentum konvertierten.

All diese Götzen wurden angebetet, bis Allah Muhammed ﷺ entsendete und dieser ihre Zerstörung befahl.

Ibn Hischam erzählte: „Des Weiteren erzählte uns al-Kalbi und dieser wiederum von Abu Salih und jener wiederum von Ibn Abbas, dass der Prophet ﷺ (angeblich) gesagt habe: ‚Mir wurde ein Einblick in die Hölle gewährt und ich sah Amr ibn Luhayy, einen kleinen Mann, rötlich blau[146], seine Eingeweide ins Feuer schleppend. Ich fragte, wer das war. Mir wurde gesagt: *Das ist 'Amr ibn Luhayy, der Erste, der Bahirah, Was'ilah, Sa'ibah und Haam einführte. Er änderte die Religion Ismails* ﷺ *und rief die Araber auf, Götzen anzubeten.*'"[147]

Mein Vater und andere erzählten[148] mir, dass Ismail ﷺ, nachdem er in Mekka angekommen war, um dort zu leben, Söhne bekam, die kurze Zeit später so zahlreich wurden, dass sie Mekka füllten und (allmählich) weiter in die Richtung verlagerten, wo sich die Amalakiten befanden. Mekka war ihnen zu klein geworden. Zwischen ihnen und jenen (den Amalakiten) entstand Feindseligkeit und es brachen Kriege zwischen ihnen aus. Eine Gruppe wurde vertrieben und breitete sich auf der Suche nach Lebensunterhalt im Lande aus. Was sie zur Verehrung von Skulpturen und Steinen verleitete, war die Tatsache, dass einst jeder, der aus Mekka auswanderte, einen Stein aus dem heiligen Gebiet mitnahm, um ihn zu verehren und um ein Andenken an Mekka zu haben. Wo auch immer sie sich ansiedelten, stellten sie ihren Stein auf und umrundeten ihn, so wie sie es mit der *Ka'ba* zu tun gepflegt hatten. Sie taten dies, um Glück zu erlangen und, um des heiligen Ortes zu gedenken

---

[146] Ob diese Übersetzung den Sinn getroffen hat, können wir aus mangelndem Zugang zum Original-Wortlaut nicht garantieren. Wir suchen Zuflucht bei Allah, dem Gesandten Allahs, Worte zuzuschreiben, die er nicht gesagt hat. (Übers.)

[147] Ob diese Worte authentisch sind und die Bedeutung genau getroffen werden konnte, können wir leider nicht garantieren, da uns der Original-Wortlaut nicht vorlag. Auch der Grad der Authentizität ist uns nicht bekannt, daher bitten wir darum, einen kompetenten Gelehrten diesbezüglich zu fragen, bevor man diese Worte als die Worte des Gesandten Allahs betrachtet. (Übers.)

[148] *Kitabu'l Asnaam*, S.6

und aufgrund ihrer Liebe zu ihm. Doch behielten sie, der Fußspur Ibrahims und Ismails عليهما السلام folgend, die Ehrung Mekkas und der *Ka'ba* sowie die dorthin vollzogene *Hajj* und *'Umrah* bei. Wenig später begannen sie anzubeten, was auch immer sie wollten. Sie vergaßen ihre alten Riten und tauschten die Religion Ibrahims und Ismails عليهما السلام gegen eine andere aus. Sie verehrten Götzen und verfielen in die Verhaltensweisen von Nationen, die ihnen vorausgegangen waren, indem sie die Riten der (ungläubigen) Zeitgenossen Nuhs عليه السلام wiederherstellten. Dennoch fanden sich bei ihnen Überbleibsel aus der Zeit von Ibrahim عليه السلام und Ismail عليه السلام, an denen sie festhielten. Dazu gehörten zum Beispiel die Ehrung des Hauses, dessen Umrundung, das Vollziehen der *Hajj* und der *'Umrah*, das Stehen bei den Bergen al-'Arafah und Muzdalifah, das Schlachten von Kamelen und der Ruf zu Beginn der *Hajj* (*Talbiya*). Der Ruf Nizars zu solchen Anlässen lautete wie folgt: ‚Labbaika ya Allah, Labbaika. Du hast keinen Teilhaber außer dem, den Du besitzt. Du bist sein Meister und Meister von allem, was er besitzt.'"

Die erste Person, welche die Religion Ismails عليه السلام manipulierte[149] und *Sa'ibah* sowie *Wasilah* einführte, war Amr ibn Rabi'ah. Dieser Rabi'ah und Luhayya ibn Harithah, Vater von Khuza'ah, sind ein und dieselbe Person. Die Mutter von Amr ibn Luhayy war Fuhayrah, die Tochter von Amir ibn al-Harith, wobei al-Harith die Person gewesen ist, die für die *Ka'ba* verantwortlich war. Nachdem Amr ibn Luhayy die Reife erlangt hatte, machte er al-Harith dessen Anspruch auf dieses Amt strittig. Er bekämpfte den Stamm der Jurhum, des Sohnes Ismails عليه السلام, besiegte sie, vertrieb sie von der Ka'ba und verbannte sie aus Mekka. Er persönlich nahm es nach ihnen in die Hand, „Türwächter des Hauses" zu sein. Ein wenig später verfiel er einer ernsthaften Krankheit. Da erzählte man ihm, dass sich bei Balqa' in Syrien eine Mineralquelle befand, zu der er gehen könnte, um therapiert zu werden. Er ging dorthin, nahm ein Bad und wurde geheilt. Als er sah, dass die dortigen Einwohner Skulpturen anbeteten, fragte er, was es mit diesen auf sich hatte. Sie sagten: „Wir bitten sie um Regen und rufen sie gegen Feinde um Hilfe." Da bat er die Leute, ihm einige zu geben. Daraufhin brachte er sie nach Mekka und stellte sie rund um die Ka'ba auf. So kamen die Araber zum Götzendienst.

Die Älteste der Skulpturen nannte man Manat[150], welche von Qudaid an der Küste von Muschallal, zwischen Mekka und Madinah aufgestellt worden war. Sie wurde

---

[149] *Kitabu'l Asnaam*, S.8

[150] *Kitabu'l Asnaam*, S.13

von allen Arabern, den Aus, den Khazraj und der gesamten Bevölkerung Mekkas und Madinahs samt ihren Nachbarn, verehrt. Sie leisteten ihr Opfergaben und brachten ihr Geschenke.

Hischam fährt fort[151]: „Ein Quraischite überlieferte uns von Abu Ubaydah ibn Abdillah ibn Abi Ubaydah ibn Muhammed ibn Ammar ibn Yasir: ‚Die Aus, die Khazraj und ihre Anhänger unter den Leuten Yathribs pflegten die Hajj und all ihre Riten bis auf das Rasieren der Haare zu vollziehen. Erst bei der Rückkehr gingen sie dann zu der erwähnten Skulptur, rasierten sich vor ihr die Haare und hielten sich bei ihr auf. Anderenfalls betrachteten sie die Pilgerfahrt als unvollkommen. Manat war der Götze der (Sippen) Hudhail und Khuza'ah. Doch Allah entsandte Muhammed ﷺ, welcher sie im Jahre der Eroberung Mekkas zerstörte.

Des Weiteren[152] nahmen sie sich in Ta'if al-Lat (zum Götzen). Dieser Götze wurde dann später Manat. Es handelte sich um einen quadratischen Stein. Seine Priester waren vom Stamme Thaqif. Sie hatten ein Gebäude über ihm errichtet und er wurde von den Quraysch und allen anderen Arabern verehrt. Diese gaben ihren Kindern Namen wie zum Beispiel Zaid al-Lat oder Taim al-Lat. Er stand dort, wo nun das linke Minarett der Moschee von Ta'if steht. Sie fuhren mit jener Praxis fort, bis die Thaqif zum Islam übertraten. Dies geschah, nachdem der Prophet ﷺ Mughirah ibn Schu'bah zu ihnen schickte. Letzterer zerstörte und verbannte die Götzen schließlich.

Weiterhin nahmen sie sich al-Uzza (zum Götzen). Dieser war nicht so alt wie *al-Lat*. Der Mann, der ihn erstmals bekannt machte, war Zalim ibn As'ad. Er stand in Nakhlah Schamiyah[153] über Dhat Irq.[154] Sie erbauten ein Haus über ihm. Aus seinem Inneren ertönte ein Geräusch, das sie vernehmen konnten.

Hischam fährt fort:[155] „Mein Vater überlieferte mir von Abu Salih und dieser wiederum von Ibn Abbas, dass es sich bei al-Uzza um einen weiblichen Jinn handelte, der zu den Samurah-Bäumen im Tal von Nakhlah kam. Nachdem der Prophet ﷺ Mekka erobert hatte, habe er Khalid ﵁ mit einigen Anweisungen ins Tal

---

[151] *K.al-Asnaam*, S.14

[152] *K.Al-Asnaam*, S.16

[153] Laut Yaqut handelt es sich um zwei Täler, die sich in Hudhail befinden und zwei Nächte von Makkah entfernt liegen.

[154] Laut Hamdani handelt es sich um die Grenze zwischen Tihamah, Najd und dem Hijaz.

[155] Ebenda S.25

von Nakhlah entsendet. Dort habe er drei Samurah-Bäume gefunden und den ersten davon gefällt. Nachdem er dies getan hatte und zum Propheten ﷺ zurückkam, habe dieser ihn gefragt,[156] ob er etwas gesehen hatte. Er verneinte. Da habe ihm der Prophet ﷺ aufgetragen, den zweiten zu fällen. So sei er gegangen und habe dies getan. Als er zum Propheten ﷺ zurückkam, habe dieser ihn erneut gefragt, ob er etwas gesehen hatte. Er habe abermals verneint. Dann habe ihm der Prophet ﷺ aufgetragen, den dritten zu fällen, und als jener dann dort ankam, habe er einen weiblichen Jinn[157] vorgefunden, welcher sich die Haare herausriss, die Hände auf die Schultern legte und mit den Zähnen knirschte. Hinter ihr stand Dubayyah, der Sulamite, welcher ihr Priester war. Da habe Khalid gesagt:

‚Ich preise dich nicht, sondern tadele dich.

Bei Allah, ich sehe, du tust etwas Schändliches.‘

Daraufhin habe er sie geschlagen und ihren Kopf entzweit, woraufhin sie in Asche zerfallen sei. Anschließend habe er den Baum gefällt und den Priester Dubayyah niedergeschlagen. Sodann sei er zurückgegangen und habe dem Propheten ﷺ davon berichtet. Hierauf habe dieser (angeblich) gesagt: ‚Das war al-Uzza und nie wieder werden die Araber al-Uzza haben.‘“ [158]

Hischam fährt fort:[159] „Irgendwann hatten die Quraysch Skulpturen sowohl innerhalb als auch um die Ka'ba herum aufgestellt. Am meisten wurde jene namens Hubal verehrt. Meinen Informationen zufolge war er aus rotem Achat und besaß die Form eines Mannes, dessen rechte Hand abgebrochen war. Die Quraysch hatten ihn in diesem Zustand vorgefunden und fertigten für ihn eine Hand aus Gold an. Die Person, die ihn zum ersten Mal aufstellte, war Kuzaymah ibn Mudrikah ibn Alyas ibn Mudar. Er stand in der Ka'ba und vor ihm befanden sich sieben Pfeile. Auf einem davon stand geschrieben ‚wahr‘ und auf einem anderen ‚vermutlich‘. Wenn sie bezüglich der Vaterschaft eines Kindes in Zweifel gerieten, boten sie dem Götzen ein Geschenk an und schossen die Pfeile ab. Wenn dabei ‚wahr‘ als Ergebnis

---

[156] Im Buch gibt es keinen Hinweis darauf, ob es sich bei dieser Überlieferung um eine authentische handelt. Daher wissen wir nicht, ob dieser Dialog zwischen dem Propheten ﷺ und Khalid ibn Walid (ra) wirklich stattgefunden hat. (Übers.)

[157] Im *Kitabu'l Asnaam* heißt es „äthiophische Frau“.

[158] Leider liegt im Buch keine Angabe zur Authentizität dieser Aussage vor. (Übers.)

[159] Ebenda. S.27

herauskam, nahmen sie es auf, bei ‚vermutlich' hingegen lehnten sie es ab. Wenn sie über irgendetwas stritten oder die Absicht hegten, zu verreisen oder eine Operation zu starten, kamen sie zu dem Götzen und befragten die Pfeile in ihrer Gegenwart um ein Omen. Es war der Götze, den Abu Sufyan am Tag von Uhud ansprach, als er sagte: ‚Verherrliche, o Hubal!', also ‚Verstärke deine Religion!'. Der Prophet ﷺ habe zu seinen Gefährten gesagt: ‚Wollt ihr ihnen nicht antworten?' Daraufhin sollen sie gefragt haben, was sie sagen sollten. Er habe sie angewiesen,(in ungefährer Bedeutung) zu sagen: ‚Allah ist erhabener (*A'laa*) und glorreicher (*Ajal*).'

Sie besaßen auch *Isaf* und *Na'ilah*. Hischam schreibt:[160] „Al-Kalbi[161] überlieferte von Abu Salih und dieser wiederum von Ibn Abbas, dass es sich bei *Isaf* (ursprünglich) um einen Jumhuriten namens Isaf ibn Ya'la handelte. Na'ilah hingegen sei die Tochter eines Jumhuriten namens Zaid gewesen. Er (Isaf) habe sich im Jemen in sie verliebt. Einst haben die Beiden die Pilgerfahrt verrichtet und das Haus (die Ka'ba) betreten. In einem Moment, als sie bemerkten, dass die Leute unaufmerksam waren und das Haus leer war, sollen sie in der Ka'ba Unzucht (*Zina*) getrieben haben. Daraufhin seien sie in Stein verwandelt worden. Als die Leute sie in diesem Zustand vorfanden, haben sie die beiden aus dem Haus entfernt und dorthin gestellt, wo sie später standen. Dort wurden sie von den Khuza'ah und den Quraysch angebetet und später auch von arabischen Pilgern." Hischam schrieb:[162] „Nachdem sie in Stein verwandelt worden waren, wurden sie in der Nähe des Hauses platziert, auf dass die Menschen durch das, was ihnen zugestoßen war, gewarnt sein sollten. Erst nachdem sie schon lange dort gestanden hatten und man begonnen hatte, Götzen anzubeten, wurden auch diese beiden angebetet. Einer der beiden stand in der Nähe der *Ka'ba*, der andere dort, wo sich (die Quelle) Zamzam befindet. Später entfernten die Quraysch den, der bei der *Ka'ba* stand und stellten ihn zum anderen. Sie pflegten auch, für die beiden zu schlachten und Opfergaben zu erbringen.

Ein Weiteres jener Götzenbilder war *Dhu'l Khulasah.*[163] Es bestand aus weißem Feuerstein. An seiner Oberseite war die Form einer Krone eingraviert. Sein Standort war das zwischen Mekka und Madinah liegende *Tabalah.* Die Entfernung nach Mekka betrug sieben Nächte. Die Stämme *Khath'am* und *Bahilah* verehrten es und

---

[160] Ebenda. S.9

[161] Der Vater des Schriftstellers.

[162] Ebenda. S.29

[163] Ebenda. S.34

brachten ihm Geschenke. Der Prophet ﷺ gebot Jarir, ihn davon zu befreien[164] und schickte ihn dorthin. Dieser marschierte los, wobei der Stamm Ahmas seiner Führung unterstellt war. Khath'am und Bahilah stellten sich ihm entgegen, doch er besiegte sie und zerstörte das Gebäude von Dhu'l Khulasah, in dem er ein Feuer in dessen Innern entzündete. Heutzutage dient Dhu'l Khulasah als Türschwelle für die Tür der Moschee von Tabalah.

Die Daus hatten ein Götzenbild, welches Dhu'l Kaffayn (Mann mit zwei Köpfen) genannt wurde. Als der Stamm den Islam annahm, entsendete der Prophet ﷺ Tufayl ibn Amr, um es zu verbrennen.

Die Banu'l Harith besaßen eine Skulptur, die man als Dhu'l Schard bezeichnete.

Die Quda'an, Lakhm, Judham, Amilah und Qatafan besaßen eine Skulptur in einem Außenbezirk Syriens. Sie wurde al-Uqaysir genannt.

Den Muzaynah gehörte ein Götzenbild, das als *Nuhm* bezeichnet wurde, so wie es in dem Namen Abd Nuhm wiedererkennbar ist.

Die Anazah besaßen eine Skulptur namens Su'ayr.

Den Tay gehörte ein Abbild namens Fals.

Die Bewohner eines jedes Tales in Mekka hatten in ihrer Wohnstätte ein Götzenbild, das sie anbeteten. Und wenn einer von ihnen die Absicht hatte zu verreisen, dann war das Letzte, was er in seinem Haus zu tun pflegte, sich daran zu reiben. Einige nahmen sich ein Häuschen als Götze. Und diejenigen, die weder ein Häuschen noch ein Abbild besaßen, errichteten einen Stein ihres Beliebens und umrundeten diesen. Diese Praxis nannten sie *Ansaab*. Wenn eine Person verreiste und irgendwo abstieg, nahm er vier Steine, schaute dann, welcher davon der Schönste war und nahm ihn sich dann zum Herrn. Die anderen drei machte er zu einer dreibeinigen Halterung für seinen Topf. Zog er weiter, ließ er die Dinge dort. Wenn er sich an einem anderen Ort niederließ, tat er das gleiche wieder.

---

[164] Das heißt: Er solle dem dortigen Götzendienst ein Ende setzen, damit der Prophet [S] erleichtert ist. Ob der Prophet [S] den obigen Wortlaut wirklich verwendete, ist aufgrund eines fehlenden Hinweises auf die Authentizität nicht nachvollziehbar. Wir nehmen Zuflucht bei Allah davor, dem Propheten [S] etwas zuzuschreiben, was er nicht sagte. (Übers.)

Als der Prophet ﷺ Mekka erobert hatte, ging er zur *Masjidu'l Haraam*,Ka'ba, wo rund um die *Ka'ba* herum die Götzenbilder standen. Er ﷺ stieß das Ende seines Bogens in deren Augen und Gesichter und sagte (sinngemäß): *„Gekommen ist die Wahrheit und dahingeschwunden ist die Falschheit."* Dauraufhin ordnete er an, dass sie umgeworfen werden sollten. Sie wurden schließlich von der heiligen Moschee entfernt und verbrannt. Es wurde verzeichnet, dass Ibn Abbas Folgendes sagte: ‚In der Zeit von Yezdajird wurden immer noch Götzen verehrt und einige Leute wurden dem Islam abtrünnig.'

Ismail ibn Ahmad berichtete mir von einer Überlieferung, die zurückgeht auf Mahdi ibn Maymun, der da sagte, er habe gehört, dass Abu Raja al-Utaridi Folgendes erzählte: „Als der Prophet gestorben war und wir davon erfuhren, schlossen wir uns *Musaylimah, dem Lügner,* an und begaben uns somit auf den Weg zur Hölle. In der Zeit, als wir Heiden waren, war es unsere Sitte, einen Stein anzubeten. Sobald wir dann einen schöneren Stein fanden, warfen wir den ersten weg und nahmen den anderen. Wenn wir keinen Stein finden konnten, pflegten wir, eine Handvoll Staub zu nehmen und darüber ein Schaf zu melken, welches wir vorher fingen. Danach umrundeten wir es."

In einer anderen Überlieferung wird berichtet, dass die gleiche Person namens Utaridi sagte: „Wir pflegten, Sand zu nehmen und Milch darüber zu vergießen. Dann beteten wir ihn an. Weiter war es unsere Sitte, einen weißen Stein zu nehmen, diesen eine Zeit lang anzubeten und ihn dann wieder aufzugeben."

Eine Überlieferung, die auf al-Hajjaj ibn Abi Zaynab zurückgeht, lautet wie folgt: „Ich hörte Abu Uthman al-Hindi sagen: ‚In der Zeit, als wir Heiden waren, pflegten wir, einen Stein anzubeten. Da hörten wir einen Verkünder rufen: *O ihr Leute in den Behausungen, euer Herr ist umgekommen, so sucht euch einen anderen!* Da gingen wir hinaus auf jeden Berg, sei er nun wilder Natur oder bereits erkundet gewesen. Während wir uns also auf der Suche befanden, hörten wir, wie ein Verkünder rief: *Wir haben euren Herrn oder einen, der ihm ähnlich ist, gefunden!* So machten wir uns auf den Weg. Dort stand ein Stein und wir schlachteten Kamele auf ihm.'"

Die folgende Überlieferung stammt von Amr ibn Anbasah. Er sagte: „Ich war einer von denen, die Steine anbeteten. Und wenn sich der Stamm einmal irgendwo niederließ und keine Gottheiten dabei hatte, ging einer von ihnen hinaus und brachte vier Steine herbei. Drei davon platzierte er für seinen Topf und den

Schönsten nahm er sich zur Gottheit, die angebetet werden sollte. Manchmal kam es vor, dass er, bevor der Stamm begonnen hatte (den Stein anzubeten oder weiterzureisen), einen noch schöneren (Stein) fand, welchen er dann gegen den ersten austauschte."

Die folgende Überlieferung geht zurück auf einen Shaykh aus Mekka: „Sufyan ibn Uyaynah wurde gefragt, wie die Araber dazu gekommen waren, Steine und Skulpturen zu verehren. Er sagte: ‚Der Ursprung ihrer Verehrung von Steinen liegt in ihrer folgenden Aussage: *Das Haus (Ka'ba) ist aus Stein und wo auch immer wir einen Stein aufstellen, wird er als Stellvertretung für das Haus (Ka'ba) dienen.*'"

Abu Ma'schar sagte: „Viele Inder glaubten an einen obersten Schöpfergott und bezeugten die Existenz von Engeln Gottes. Doch glaubten sie, er sei eine Gestalt der schönsten Sorte und dass die Engel wohlgeformte Körper seien. Ebenfalls meinten sie, Gott und die Engel hätten sich im Himmel versteckt. Daher nahmen sie sich Götzenbilder in der Form, von der sie behaupteten, dass diese der Gestalt Gottes und der Engel entsprach. Sie beteten sie an und brachten ihnen Geschenke zu Ehren dessen, was sie für das Ebenbild hielten. Einigen von ihnen wurde gesagt: „Die Engel, die Sterne und die Planeten sind die Objekte, die Allah am nächsten sind; so ehrt sie und erbringt ihnen Opfergaben. Hierauf fertigten sie Götzenbilder an.

Viele der Früheren errichteten Gebäude für Götzen. Eines davon war ein Haus auf dem Gipfel eines Berges bei Isfahan. Es enthielt Götzen, die von *Gushtasp* entfernt wurden, nachdem dieser zur Religion Zarathustras konvertiert war. Er machte daraus einen Feuertempel. Ein zweites und drittes Haus befanden sich in Indien, ein viertes in der Stadt Balkh. Letzteres wurde von Manuschihr erbaut. Als der Islam auf der Bildfläche erschien, wurde es von Einwohnern von Balkh zerstört. Ein fünftes war ein Haus in Sana'a, welches von al-Dahhak im Namen der Venus erbaut wurde. Es wurde von Uthman ibn Affan zerstört. Ein sechstes wurde von König Qabus im Namen der Sonne in der Stadt Farghanah errichtet. Dieses wurde von Mu'tasim vernichtet.

Yahya ibn Baschir ibn Umair al-Nihaywandi führte an, dass das indische Gesetz von einem Brahmanen geschaffen wurde. Er weihte Götzenbilder und errichtete für sie den prachtvollsten Tempel in Multan[165], einer indischen Stadt. Dort platzierte er sein

[165] Dieses Götzenbild wird in aller Länge von Ibn Rustah (S.139, S.599) beschrieben.

größtes Götzenbild. Dies sollte das Ebenbild der größten Ursubstanz[166] (Brahman) sein. Die Stadt wurde in der Zeit von Hajjaj eingenommen und man wollte das Götzenbild von dort entfernen. Doch da sagte man zu ihnen: „Wenn ihr es stehen lasst, werden wir euch ein Drittel des dafür gesammelten Geldes zuweisen." So gab Abdulmalik al-Marwan die Anweisung, es stehen zu lassen; denn die Inder pflegten von zweitausend Staatenbunden dorthin zu pilgern und jeder Pilger musste so viel Geld mitbringen wie er konnte. Es handelte sich um Beträge von mindestens einhundert bis maximal zehntausend Dirham. Wenn ein Mann nichts mitbrachte, galt seine Pilgerfahrt als ungültig. Man warf das Geld in eine riesige Truhe, die sich dort befand und umrundete das Götzenbild. Nach ihrer Abreise wurde das Geld aufgeteilt. Ein Drittel ging an die Muslime, ein Drittel wurde verwendet, um die Stadt zu restaurieren und ein Drittel wurde den Priestern zugewiesen und in die Tempel investiert.

Seht, wie der Satan sich über diese Leute lustig machte und sie ihres Verstandes beraubte, so dass sie anbeteten, was sie mit ihren eigenen Händen geschnitzt hatten. Wie schön Allah die Mangelhaftigkeit dieser Götzenbilder darlegt, wenn Er sagt:

أَلَهُمْ أَرْجُلٌ يَمْشُونَ بِهَآ ۖ أَمْ لَهُمْ أَيْدٍ يَبْطِشُونَ بِهَآ ۖ أَمْ لَهُمْ أَعْيُنٌ يُبْصِرُونَ بِهَآ ۖ
أَمْ لَهُمْ ءَاذَانٌ يَسْمَعُونَ بِهَا ۗ قُلِ ٱدْعُوا۟ شُرَكَآءَكُمْ ثُمَّ كِيدُونِ فَلَا تُنظِرُونِ ﴿١٩٥﴾

„Haben sie etwa Beine (Füße), mit denen sie gehen können oder etwa Hände, mit denen sie zuschlagen können oder etwa Augen, mit denen sie sehen können oder etwa Ohren, mit denen sie hören können? [...]"[167]

Er (swt) weist die Götzendiener (laut Meinung des Autors) auf Folgendes hin: „Ihr lauft, greift, seht und hört, wohingegen die Götzen nicht in der Lage sind, eines dieser Dinge zu tun. Denn es handelt sich bei ihnen um leblose Materie, wohingegen

[166] Der Begriff ist möglicherweise korrumpiert. Ibn Rustah hat zu ihm vier verschiedene Interpretationen.
[167] Qur'aan (7/195)

ihr lebendig seid. Wie kann dann etwas Überlegenes etwas Unterlegenes anbeten? Hätten sie nachgedacht, dann hätten sie erkennen müssen, dass Allah die Dinge erschafft, wobei Er selbst nicht erschaffen ist. Er fügt Dinge zusammen, doch ist Er selbst nicht zusammengefügt. Dinge werden von Ihm aufrechterhalten, nicht Er durch sie. Zweifellos gebührt es sich für einen Menschen, Denjenigen zu verehren, Der ihn erschuf, und nicht das, was er selbst gebaut hat. Was ihre Einbildung betrifft, dass die Götzenbilder ihnen als Vermittler bzw. Fürsprecher dienen würden, so handelt es sich um eine Einbildung, die nicht durch den geringsten Hinweis bekräftigt wird.

Wie er die Feueranbeter täuschte

Der Satan täuschte viele Menschen und verleitete sie dazu, Feuer zu verehren. Sie behaupteten, es handele sich dabei um ein Element, dass die Erde produzieren kann. Daher wurde die Anbetung der Sonne für legitim befunden.

Der Historiker at-Tabari berichtete davon, wie sich der Satan, nachdem Kain (seinen Bruder) Abel ermordet hatte und vor seinem Vater (Adam) in den Jemen geflohen war, diesem näherte und sprach: „Abels Opfergabe wurde nur akzeptiert und vom Feuer verzehrt, weil er dem Feuer diente und es anbetete. So entzünde ein Feuer für dich und deine Nachkommenschaft." So erbaute er den ersten Feuertempel und war der Erste, der ihn anbetete.

Jahiz sagte: „Zoroaster, der Gründer des Mazdäismus stammte aus Balkh und gab vor, dass er auf dem Berge Silan Offenbarungen erhalten hatte und sprach zu den Einwohnern dieser kalten Regionen, die nichts anderes als die Kälte kannten. Er drohte ihnen eine Zunahme der Kälte an und er bezeugte, dass er ausschließlich zu den Bergregionen entsandt worden war. Er schrieb seinen Anhängern eine rituelle Waschung mit Urin, Geschlechtsverkehr mit ihren Müttern, die Anbetung des Feuers und andere abscheuliche Dinge vor. Laut Zoroaster (sagt Jahiz) existierte Gott einst allein. Als seine Einsamkeit eine ganze Weile angedauert habe, habe er meditiert und seiner Meditation sei der Teufel entsprungen. Als der Satan sich vor ihm präsentierte, habe er versucht, ihn zu schlagen, doch der Satan habe Widerstand geleistet. Und als er dessen Widerstand sah, habe er ihn für eine Weile um eine Trennung gebeten."

Der Autor merkt an, dass die Feueranbeter viele Tempel erbauten. Der Erste, der einen Feuertempel entwarf, war Faridun, der dem noch einen Tempel in Tarsus und einen Weiteren in Bukhara hinzufügte. Bahman tat das gleiche in Sijistan und Abu Qubadh in der Nähe von Bukhara. Im Nachhinein wurde eine Menge an Feuertempeln errichtet. Zoroaster entzündete ein Feuer, von dem er behauptete, es stamme aus dem Himmel und in dem ihre Opfergaben verbrannt wurden. Seine Methode war es, einen Tempel zu erbauen und einen Spiegel in dessen Mitte zu setzen. Dann wickelte er das Opfer in Holz ein und warf Sulfur darauf. Wenn sich die Sonne hoch am Himmel befand, schien sie auf ein von ihm im Tempel eingefügtes Fenster, so dass die einfallenden Sonnenstrahlen auf den Spiegel trafen, der sie wiederum auf das Holz ableitete, bis es schließlich anfing zu brennen. Außerdem wies er sie an, es nicht auszulöschen.

Der Autor fährt fort: Des Weiteren verleitete Satan einige Leute dazu, den Mond und andere Himmelskörper anzubeten. Ibn Qutaibayh sagte: „Einige Leute, die in der Zeit des Heidentums lebten, verehrten Sirius und gaben sich ihm hin. Abu Kabschah, der laut den Götzendienern ein Vorfahre des Propheten gewesen ist, war der Erste, der diesen (Sirius) anbetete. Er sagte, dieser Stern bewege sich am gesamten Himmel entlang, wobei kein anderer Stern dies tue. So betete er ihn im Gegensatz zu den Quraysch an. Und als Allah den Propheten ﷺ entsandte und dieser die Leute dazu aufrief, Allah zu dienen und die Götzen zu verlassen, sagten sie (die Quraysch): ‚Das ist der Sohn von Abu Kabschah', womit sie ausdrücken wollten, dass er (Muhammed [sas]) Abu Kabschah in seinem Widersprechen der Quraysch glich. So wie die Israeliten Maryam ﷺ die Schwester Haruns nannten und damit (laut Meinung des Autors) meinten, dass sie ihm in der Gottesfreundschaft ähnelte.[168] Es existieren zwei Sterne mit seinem Namen, der Obere und der andere, der Ersterem gegenüberliegt. Zwischen den beiden liegt die Galaxie. Canis Minor gehört zum ausgestreckten Arm in der Konstellation des Löwen, wohingegen sich Canis Major in Gemini befindet.

Der Satan brachte andere dazu, Engel anzubeten und zu behaupten, sie seien die Töchter Allahs (Allah ist gepriesen und weit erhaben über solche Begriffe!). Andere brachte er dazu, Pferde und Ochsen anzubeten. Der Samiri gehörte zu einer

[168] Es existiert eine Überlieferung, die auf den Propheten ﷺ zurückgeführt wird, in der ein anderer Grund für die Bezeichnung von Maryam ﷺ als „Schwester Haruns" angegeben wird. Jedoch liegen uns Wortlaut und Überliefererkette nicht vor. (Übers.)

Gemeinschaft, die Ochsen anbetete und aus diesem Grund formte er das Kalb (für die Kinder Israels). Einige Kommentatoren erzählen, dass der Pharao einen Bock angebetet habe. Unter all diesen Leuten gab es keinen, der seinen Intellekt anstrengte bzw. sich seines Verstandes bediente, um über das, was er tat, nachzudenken. Wir bitten Allah, uns im Diesseits und im Jenseits zu bewahren.

Wie er die arabischen Götzendiener täuschte

Wir haben bereits dargelegt, wie Satan die Menschen dazu verleitete, Götzenbilder anzubeten. Und das Wichtigste, womit er sie in jener Angelegenheit verwirrte, war, dass sie ihre Vorfahren blind, ohne Beweise imitierten. So wie Allah es sagte:

وَإِذَا قِيلَ لَهُمُ ٱتَّبِعُوا۟ مَآ أَنزَلَ ٱللَّهُ قَالُوا۟ بَلْ نَتَّبِعُ مَآ أَلْفَيْنَا عَلَيْهِ ءَابَآءَنَآ ۗ أَوَلَوْ
كَانَ ءَابَآؤُهُمْ لَا يَعْقِلُونَ شَيْـًٔا وَلَا يَهْتَدُونَ ﴿١٧٠﴾

„Und wenn ihnen gesagt wird ‚Folgt dem, was Allah herabgesandt hat', so sagen sie: ‚Wir folgen doch dem, bei dem wir unsere Väter vorgefunden haben.' Etwa auch, wenn ihre Väter nichts begriffen hätten und nicht rechtgeleitet gewesen wären?" [169]

Der Satan verwirrt einen Teil von ihnen, so dass sie die Lehren der Materialisten übernehmen, die Existenz des Schöpfers leugnen und (den Glauben an) die Auferstehung ablehnen. Das sind die Leute, von denen Allah sagt (dass sie Folgendes sagen):

وَقَالُوا۟ مَا هِىَ إِلَّا حَيَاتُنَا ٱلدُّنْيَا نَمُوتُ وَنَحْيَا وَمَا يُهْلِكُنَآ إِلَّا ٱلدَّهْرُ ۚ وَمَا لَهُم
بِذَٰلِكَ مِنْ عِلْمٍ ۖ إِنْ هُمْ إِلَّا يَظُنُّونَ ﴿٢٤﴾

---

[169] Qur'aan (2/170)

„Und sie sagen: ‚Es gibt nichts als dies unser irdisches Leben; wir sterben und wir leben und nichts als die Zeit, die uns vernichtet.' Jedoch sie besitzen darüber kein Wissen; sie vermuten es nur."[170]

Andere wiederum glaubten an den Schöpfer, glaubten aber nicht an die Propheten und an die Auferstehung. Wieder andere sagten, die Engel seien Allahs Töchter. Eine andere Gruppe verleitete er zum Judentum und manch einen zur Religion Zarathustras (Zoroaster). Einer von diesen war Zurarah ibn Jadis von den Banu Tamim, dessen Vater ein Kammerherr war.

Zu den Leuten, die an den Schöpfer, an den Tag des Gerichts, die Auferstehung, die Belohnung und die Bestrafung glauben, gehörte Abdu'l Muttalib ibn Haschim, Zaid ibn Amr ibn Nufayl, Quss ibn Sa'idah und Amir ibn al-Zarib. Wenn Abdu'l Muttalib einen Übeltäter sah, der nicht bestraft wurde, pflegte er zu sagen: „Bei Allah, ohne Zweifel wird es nach diesem Leben ein Leben geben, in welchem derjenige, der Gutes tat und der Übeltäter entlohnt werden."

[...]

Später trat er zum Islam über.

Zu jenen Leuten gehörte auch al-Qalammas ibn Umayyah al-Kinani, der im Hofe der Ka'ab Ansprachen zu halten pflegte. Die Araber verließen ihre Feste nicht, ohne sich eine Predigt von ihm anzuhören. Eines Tages sagte er: „O Araber, gehorcht mir, so werden wir rechtgeleitet sein." Sie fragten, was er damit meinte. Da sagte er: „Ihr habt verschiedene Gottheiten und ich weiß, dass Allah all dies nicht billigt und dass Allah der Herr all dieser Gottheiten ist und nur allein angebetet werden will." Daraufhin verließen die Araber ihn und schenkten seinen Ratschlägen kein Gehör mehr.

Zu jenen Leuten gehörten solche, die glaubten, dass ein Mensch, über dessen Grab sein Reittier gebunden und dort gelassen wurde, bis es verstarb, auferstehen würde, während er darauf sitzt. Jemand hingegen, für den dies nicht getan worden war, würde als Fußgänger auferstehen. Einer, der daran glaubte, war Amr ibn Zaid, der Kalbite.

---

[170] Qur'aan (45/24)

Die meisten dieser Leute fuhren fort, den Polytheismus zu praktizieren und nur wenige davon waren monotheistisch und lehnten die Götzen ab. Dazu gehörten Quass ibn Sa'idah und Zaid. Die Götzendiener fuhren fort, zahlreiche religiöse Neuerfindungen einzuführen, wie zum Beispiel das Verschieben (eines heiligen Monats), was bedeutete, dass man einen normalen Monat heiligte und einen heiligen Monat für normal erklärte. Die Araber hatten nämlich an dem Grundsatz des abrahamitischen Glaubens, vier Monate als heilig (*muharram*) zu betrachten, festgehalten. Doch wenn sie den (Monat) Muharram für normal erklären wollten, um Krieg zu führen, verschoben sie die Heiligung bis zum (Monat) Safar und so weiter, so dass das Jahr durcheinandergeriet.

Wenn sie die Pilgerfahrt vollzogen, pflegten jene zu schreien: „Labbayk, du hast keinen Partner außer dem, den Du besitzt. Du kontrollierst ihn und dass, was er kontrolliert."

Eine weitere religiöse Neuerfindung (*Bid'a*) war, dass sie die Männer erben ließen und die Frauen davon ausschlossen; eine andere war, dass, wenn einer von ihnen starb, dessen nächster Verwandter das Vorrecht besaß, die Frau zu heiraten. Des Weiteren führten sie Bahirah ein. Das bedeutete, dass für den Fall, dass ein Kamel fünfmal hintereinander gebar und es sich beim fünften Mal um ein weibliches Kind handelte, sie diesem das Ohr aufschlitzten und es Frauen als untersagt galt (davon zu essen). Bei einer anderen (Bid'a), Sa'ibah, wurde einem Kamel das Recht gewährt, frei zu laufen und es wurde weder geritten, noch gemolken. Bei einer Weiteren, der Wasilah, ging es um den Fall, dass ein Mutterschaf sieben Mal gebärt und man bezüglich des Siebten, egal ob es sich um ein Männchen oder Weibchen handelt, sagte, es habe sich seinem Bruderschaf angeschlossen (*wasalat*). Es wurde nicht geschlachtet und durfte nur von Männern genutzt werden, Frauen waren ausgeschlossen. Doch wenn es verstarb, hatten sowohl Männer als auch Frauen einen Anteil daran. Bei einer weiteren (*Bid'a*), *Haam*, ging es um ein Männchen, das zehn Jungtiere gezeugt hatte, bezüglich dessen man dann sagte, „es hat seine Lenden geschützt (hamaa)". Dieses wurde dann im Dienste der Götzen frei laufen gelassen und nicht zu Transportzwecken eingesetzt. Sie pflegten zu sagen, Allah, der Allmächtige, habe all dies vorgeschrieben. Und dies ist die Bedeutung Seiner Worte:

مَا جَعَلَ ٱللَّهُ مِنۢ بَحِيرَةٖ وَلَا سَآئِبَةٖ وَلَا وَصِيلَةٖ وَلَا حَامٖ وَلَٰكِنَّ ٱلَّذِينَ كَفَرُواْ
يَفۡتَرُونَ عَلَى ٱللَّهِ ٱلۡكَذِبَۖ وَأَكۡثَرُهُمۡ لَا يَعۡقِلُونَ ١٠٣

„Allah hat keine Bahiira, keine Saa'iba, keine Wasiila und keine Haam bestimmt, sondern diejenigen, die ungläubig sind, ersinnen gegen Allah Lügen und die meisten von ihnen begreifen nicht."[171]

Und an einer weiteren Stelle weist Allah sie bezüglich ihrer Sitte zurück, diese Geschöpfe für heilig und unheilig zu erklären, indem sie sagen *„[...] Was in den Leibern dieses Viehs ist, ist unseren Männern vorbehalten, unseren Gattinnen aber verboten. [...]"* [172] Diesbezüglich stellt Er die Frage: *„Sag: Sind es die (beiden) Männchen, die Er verboten hat, oder die (beiden) Weibchen oder was der Mutterleib der (beiden) Weibchen umschließt? Tut (es) mir kund auf Grund von (wirklichem) Wissen, wenn ihr wahrhaftig seid!"*[173]

Dies soll (nach Meinung des Autors) bedeuten: Wenn Er (swt) die zwei Männchen für verboten erklärt hätte, dann wären alle Männchen verboten; und wenn Er (swt) die zwei Weibchen dazu erklärt hätte, dann wären alle Weibchen verboten. Und wenn Er das, was sich im Schoße der Weibchen befindet, was ja männlich oder weiblich sein könnte, für verboten erklärt hätte, dann wäre jeder Embryo verboten.

Ferner verleitete Satan sie dazu, ihre Kinder zu töten, so dass zahlreiche ihre Töchter töteten , jedoch ihren Hund ernährten. Außerdem führte Satan sie zu der Aussage: *„Wenn Allah gewollt hätte, hätten wir (Ihm) nichts beigesellt [...]"*[174] Soll heißen: „Wenn er unseren Polytheismus nicht gebilligt hätte, hätte Er eingegriffen, um ihn zu verhindern."

Sie richteten ihre Aufmerksamkeit auf den Willen und vernachlässigten dabei den Beschluss. Allahs Wille umfasst alles, was geschehen wird, doch Sein Beschluss

---

[171] *Qur'aan* (5/103)

[172] *Qur'aan* (6/139)

[173] *Qur'aan* (6/143)

[174] *Qur'aan* (6/148)

umfasst nicht alles, was Er will. Niemand hat das Recht, seine Aufmerksamkeit auf den Willen zu richten, nachdem sich der Beschluss bereits verwirklicht hat.

Wirklich zahlreich sind ihre albernen Lehren, deren Aufzeichnung Zeitverschwendung wäre und die es nicht wert sind, dass man sich mit deren Widerlegung beschäftigt.

Wie er diejenigen täuscht, die das Prophetentum ablehnen

Der Satan verwirrte die Gemüter der Brahmanen, Hindus und einiger anderer, indem er sie zur Ablehnung des Prophetentums brachte, um so den Weg zu versperren, der sie zu Allah führt. Die Hindus sind sehr unterschiedlich . Manche sind Materialisten, andere Dualisten, einige folgen dem System der Brahmanen, während manche von ihnen an das Prophetentum Adams ﵇ und Ibrahims ﵇ glauben. Abu Muhammed al-Naubakhti verzeichnet in seinem *Buch der Meinungen und Kulte*, dass bestimmte indische Brahmanen an den Schöpfer, an Gesandte, an das Paradies und das Höllenfeuer glauben, wobei sie sagen, dass es sich bei ihrem Gesandten um einen Engel handelte, der in der Gestalt eines Menschen zu ihnen kam. Er habe kein Buch dabeigehabt, doch habe er vier Hände und zwölf Köpfe besessen, darunter einen menschlichen (Kopf) und den eines Löwen, eines Pferdes, eines Elefanten, eines Schweines und anderer Tiere. Er habe ihnen befohlen, das Feuer zu ehren und jegliche Arten von Schlachtungen untersagt, mit Ausnahme dessen, was für das Feuer gedacht war. Darüber hinaus habe er das Lügen und das Weintrinken untersagt. Auf der anderen Seite habe er die sexuelle Promiskuität erlaubt und ihnen geboten, Rinder anzubeten. Wenn ein Abtrünniger wiederkehrte, pflegten sie ihm den Kopf, Bart, die Augenbrauen und Augenwimpern zu rasieren, wonach er dann ging und sich vor dem Rind niederwarf. Dabei rezitierte er bestimmtes Kauderwelsch, dessen Darlegung Zeitverschwendung wäre.

Der Satan suggerierte den Brahmanen sechs Trugschlüsse

Der Erste war die Ablehnung des Gedankens, dass einer von ihnen Zugang zu Informationen haben könnte, die für andere verborgen waren. Daher pflegten sie zu sagen: „*Dieser ist nur ein menschliches Wesen wie ihr […]*" Soll heißen: „Wie kann er

Zugang zu etwas haben, das für euch verborgen ist.“ Die Antwort darauf lautet: Hätten sie ihren Verstand zu Rate gezogen, dann hätten sie eingeräumt, dass die Möglichkeit besteht, dass einige bestimmte Individuen bestimmte Eigenschaften besitzen können, durch die sie ihre Mitmenschen übertreffen und welche sie (mit Allahs Erlaubnis) in die Lage versetzen, Offenbarungen zu erhalten; denn nicht jeder ist dafür geeignet. Es gehört zum Allgemeinwissen, dass Allah die (körperlichen und charakterlichen) Beschaffenheiten unterschiedlich angelegt hat und dass Er Heilmittel erschuf, die körperlichen Schäden entgegenwirken. Wenn Er also Heilpflanzen und Steine zur Verfügung gestellt hat, welche die Eigenschaft besitzen, den Körper zu heilen, der im Diesseits dahinschwinden und im Jenseits dauerhaft bestehen bleiben wird, dann ist es überhaupt nicht abwegig, dass Er einige Individuen unter seinen Geschöpfen dahingehend bevorzugt, dass er ihnen Weisheit verleiht und sie zu Seinen Gesandten macht, um diejenigen zu heilen, die in dieser Welt durch fehlende Moral und Missverhalten geschädigt sind. Es ist wohlbekannt, dass unsere Gegner nicht abstreiten, dass manche Personen das Privileg der Weisheit besitzen, welche sie in die Lage versetzt, den Ausbruch böser Wesensarten durch Ermahnung zu beschwichtigen. Wie können sie dann Einspruch dagegen erheben, dass der Schöpfer gewissen Individuen Botschaften, Talente und Ratschläge beschert, durch die er die Welt heilt, den Charakter der Menschen verbessert und sie leitet. Der Allmächtige sagte diesbezüglich:

أَكَانَ لِلنَّاسِ عَجَبًا أَنْ أَوْحَيْنَآ إِلَىٰ رَجُلٍ مِّنْهُمْ أَنْ أَنذِرِ ٱلنَّاسَ وَبَشِّرِ ٱلَّذِينَ
ءَامَنُوٓا۟ أَنَّ لَهُمْ قَدَمَ صِدْقٍ عِندَ رَبِّهِمْ ۗ قَالَ ٱلْكَـٰفِرُونَ إِنَّ هَـٰذَا لَسَـٰحِرٌ
مُّبِينٌ ﴿٢﴾

„Ist es denn für die Menschen verwunderlich, dass Wir einem Mann von ihnen (als Offenbarung) eingegeben haben: ‚Warne die Menschen [...]‘“[175]

[175] Qur'aan (10/2)

Der zweite Trugschluss

Sie sagen: „Warum hat Er keine Engel geschickt, obwohl die Engel Ihm doch näher stehen und es unwahrscheinlicher ist, dass ihnen mit Zweifel begegnet wird? Menschen mögen es, über ihre Mitmenschen zu herrschen und diese Tatsache erzeugt Skepsis.“

Dies lässt sich auf drei Arten widerlegen: Erstens wurde den Engeln die Kraft verliehen, Berge und Felsen umzustürzen, so dass sie keine Wunder erzeugen können, die ihre Wahrhaftigkeit (als Gesandte) belegen würden. Denn bei einem Wunder handelt es sich um etwas, das dem Gewohnten zuwiderläuft. Doch diese Dinge gehören zu den gewöhnlichen Eigenschaften von Engeln. Ein klares Wunder ist etwas, das von einem schwachen menschlichen Wesen (mit Allahs Erlaubnis) vollbracht wird und belegt dessen Wahrhaftigkeit.

Zweitens sind Menschen eher ihren Artgenossen zugeneigt; womit es angemessener ist, dass einer ihrer Artgenossen zu ihnen entsendet wird, auf dass sie keine Abneigung verspüren und begreifen, was er sagt. Außerdem ist die Tatsache, dass ein Artgenosse imstande ist, etwas zu tun, wozu die anderen nicht in der Lage sind, ein Beleg für seine Wahrhaftigkeit.

Drittens ist ein Mensch nicht in der Lage, einen Engel zu sehen. Allerdings unterstützt Allah, der Allmächtige, seine Propheten mit der Kraft, die er ihnen verleiht, um Engel wahrnehmen zu können. Diesbezüglich sagte Allah: *„Und wenn Wir ihn zu einem Engel gemacht hätten, hätten Wir ihn doch als Menschen erscheinen lassen [...]”*

Dies würde dem Zweck dienen, dass sie ihn anschauen, einfachen Umgang mit ihm pflegen und ihn verstehen können.

Dann fügte Er (swt) hinzu: *„[...] und so hätten Wir ihnen das noch mehr verwirrt, was sie selbst schon verwirrt.”* Mit anderen Worten bedeutet dies: Wir hätten sie über das in Verwirrung gebracht, womit sie sich selbst verwirrt haben, so dass sie Zweifel bekommen hätten, weil sie nicht gewusst hätten, ob es nun ein Engel war oder ein Mensch.

Der dritte Trugschluss:

Sie sagen: „Wir sehen, dass die von den Propheten behaupteten Dinge, wie zum Beispiel die Kenntnis über verborgene Dinge (Paradies etc.), Wunder und empfangene Offenbarungen etwas darstellen, dass auch von Wahrsagern und Zauberern an den Tag gelegt wird. So bleibt kein Beweis, anhand dessen man das Authentische vom Gefälschten unterscheiden kann."

Unsere Antwort darauf lautet, dass Allah die Beweise dargelegt und ebenso zugelassen hat, dass sich Trugschlüsse verbreiten. Somit hat Er den Intellekt dazu aufgefordert, zu unterscheiden. Außerdem kann ein Zauberer weder einen Leichnam wiederbeleben noch aus einem Stock eine Schlange machen. Und ein Wahrsager spricht manchmal die Wahrheit und manchmal irrt er sich. Im Gegensatz dazu lassen Prophezeiungen nie einen Fehler zu.

Der vierte Trugschluss:

Sie sagen: „Was die Propheten hervorbringen, kann nur entweder dem Verstand entsprechen oder ihm widersprechen. Wenn sie etwas hervorbringen, das ihm widerspricht, dann wird es nicht akzeptiert werden. Und wenn sie etwas hervorbringen, das mit ihm in Einklang steht, dann heißt das, der Verstand kann dies ohne Unterstützung (durch einen Propheten) selbst hervorbringen."

Die Antwort darauf lautet: Es steht fest, dass viele Menschen nicht in der Lage sind, mit lediglich weltlichen Angelegenheiten umzugehen und daher jemanden brauchen, der sie unterstützt, zum Beispiel einen Arzt oder Staatsführer. Umso mehr muss dies der Fall sein, wenn es um Allah oder das Diesseits geht.

Der fünfte Trugschluss:

Sie behaupten, die göttlichen Gesetze enthielten Themen, die vom Verstand abgelehnt werden, und daher nicht korrekt sein könnten. Zu diesen Themen gehört auch, dass man Lebewesen Schmerzen zufügt.

Die Antwort lautet, dass der Verstand (sogar) eine Antipathie dagegen hegt, dass Tiere sich gegenseitig Schmerzen zufügen. Da der Schöpfer jedoch bestimmt hat, dass solch eine Zufügung (von Schmerzen) stattfinden soll, kann der Verstand nichts beanstanden. Dies könnte wie folgt erörtert werden: Der Verstand weiß von der Weisheit des Schöpfers und dass dieser weder Fehler, noch Mängel zulässt. Und dieses Wissen zwingt den Verstand dazu, Dinge, die sich ihm verbergen (also deren Weisheit er nicht erkennt), dennoch anzuerkennen. Wenn irgendein Gebot uns unklar erscheint, haben wir nicht das Recht, die Wurzel bzw. Grundlage (*Asl*, Prinzipien der Scharia) der Sinnlosigkeit zu bezichtigen.

Außerdem ist die Weisheit, die hinter diesem Gesetz steckt, offenkundig. Wir sind uns dessen bewusst, dass das Belebte dem Unbelebten übergeordnet ist und dass die vernunftbegabten Wesen den Wesen ohne Verstand überlegen sind. Denn ihnen wurde der Vorzug des Begriffsvermögens, der Verstandesschärfe und der Fähigkeit des Nachdenkens sowie der Erkenntnis gegeben. Es gibt nichts Überraschendes daran, dass der Stärkere den Schwächeren beherrscht bzw. unter seiner Kontrolle hält und dass etwas, das einen wichtigeren Stellenwert hat, dies mit etwas weniger Wichtigem tut. Das Tier, welches keinen Verstand besitzt, wurde nur zum Nutzen des edlen Lebewesens erschaffen. Und würde Ersteres nicht geschlachtet werden, würde es sich so sehr vermehren, dass das Weideland knapp würde. Und so würden diese Tiere sterben und das edle Lebewesen (Mensch) durch ihr Aas belastet werden. Ihre Existenz wäre nicht besonders nutzbringend gewesen. Was den Schmerz angeht, der beim Schächten zugefügt wird, so ist er gering, ja manche sagen sogar, er werde nicht gefühlt. Denn das, was die Schmerzen empfindet, sei die Membran, die das Gehirn umgibt, in dem sich die Wahrnehmungsorgane befänden. Und wenn diese Membran an irgendeiner Krankheit, wie zum Beispiel an der Epilepsie oder an Lethargie, leidet, nimmt sie daher keinen Schmerz war. Wenn die Venen des Halses rasch durchtrennt werden, erreicht der körperliche Schmerz nicht die Orte der Wahrnehmung. Das war (laut Meinung des Autors) der Grund, warum der Prophet ﷺ die Anweisung gab, vor dem Schlachten das Messer zu schärfen und es dem Tier leicht zu machen.

Der sechste Trugschluss

Sie sagen: „Vielleicht haben sich die Überbringer der göttlichen Gesetze einige Eigenschaften von Stein und Holz zu eigen gemacht.“

Wer auch immer so etwas äußert, sollte sich dafür schämen. Es gibt weder eine Pflanze noch einen Stein, deren bzw. dessen Eigenschaften nicht festgestellt wurden und deren bzw. dessen Geheimnisse nicht gelüftet wurden. Hätte einer von ihnen (also einer der Gesandten) sich etwas angeeignet und dessen Eigenschaften in

Erscheinung treten lassen, dann hätten diejenigen, denen diese Eigenschaften bekannt waren, Einspruch erhoben und gesagt: „Das ist nicht dein Werk, es handelt sich lediglich um die Eigenschaft dieses und jenes Objektes.“[176] Außerdem waren die Wunder sehr vielfältiger Art, nämlich angefangen von einem Kamel, das aus einer Felswand in Erscheinung trat, über einen Stab, der in eine Schlange verwandelt wurde oder einen Fels, aus dem Wasser floss, bis zum Qur'aan, der nicht weniger als sechshundert Jahre zuvor offenbart wurde. Letzterer wurde gehört und es wurde über ihn reflektiert, wobei er die Welt dazu auffordert, ihn herauszufordern. Doch niemals konnte auch nur eine Sure annähernd nachgeahmt werden. Wo sollen hier also die „Eigenschaften“ oder Zauberei oder Scharlatanerie versteckt sein?

Abu'l Wafa Ali ibn Aqil sagte: „Die Herzen der Häretiker waren erschrocken darüber, dass sich das Wort der Wahrheit ausbreitete und die Scharia sich unter den Menschen etablierte und diese deren Anweisungen Gehorsam leisteten. Dies war der Fall bei Leuten wie Ibn al-Rawandi[177] und seinen Artgenossen, wie beispielsweise Abu'l Ala. Hinzu kam dann, dass sie bemerkten, dass ihre Lehren keine Popularität besaßen und keinen Einfluss hatten. Im Gegensatz dazu waren die Moscheen gefüllt und der Ruf zum Gebet erfüllte die Ohren der Menschen mit Respekterweisungen gegenüber dem Propheten ﷺ und der Bezeugung, dass es sich bei dessen Botschaft um die Wahrheit handelte. Sie sahen, dass die Menschen ihr Hab und Gut spendeten, sich auf die Pilgerfahrt begaben, dabei Gefahren in Kauf nahmen, die Reise mit Geduld durchstanden und sich dafür von Frau und Kind trennten.

So begannen manche von ihnen, die Überlieferer von Ahadith zu verleumden, um Zweifel über sie zu erregen. Sie manipulierten die Überliefererketten von Überlieferern und erfanden Biographien und Berichte. Und manche berichteten von wunderhaften Vorfällen, die mit den Eigenschaften von Steinen zu tun hatten oder mit in einigen Ländern beobachteten Phänomenen, die den gewohnten natürlichen Gesetzmäßigkeiten zuwiderliefen. Sie erzählten von Offenbarungen über Geheimnisse, die von vielen Wahrsagern und Sternenlesern gemacht worden seien. Solche Dinge haben sie stets tüchtig bestätigt. Dazu gehörte beispielsweise, dass

---

[176] Hier geht es darum, dass es sich bei den Wundern (laut den ungläubigen Brahmanen) lediglich um natürliche Vorgänge gehandelt haben soll, deren Art allein den Propheten, die sie gezeigt haben, bekannt gewesen sein soll. Die Antwort darauf lautet jedoch, dass alle Geheimnisse der Natur zum Allgemeinwissen gehören.

[177] Siehe Nybergs Edition des *Intisar*, Kairo 1925

Satih[178] von einer bestimmten Sache berichtete, die ihm verborgen war, nämlich von einem Weizenkorn im Penis eines Esels und dass al-Aswad in seinen Predigten Dinge vorhergesagt habe, die sich verwirklicht hätten. Und in unserer Zeit gibt es Beschwörer, die zu dem Jinn sprechen, der sich in einem Besessenen befindet, wobei ihm der Jinn von den Dingen berichtet - also von Spinnereien der gleichen Sorte- , die passiert sind und (angeblich) passieren sollen.

Wer sich nun so etwas betrachtet, dabei seinen Verstand nicht gebraucht und nicht in der Lage ist, die Absicht der Häretiker zu durchblicken, könnte möglicherweise (fälschlich) sagen: „Waren nicht die Dinge, die von Propheten an den Tag gelegt wurden, ähnlicher Art? Ist nicht die Aussage des Wahrsagers über das „Weizenkorn im Penis eines Esels", wobei diese Sache ja äußerst versteckt war, großartiger als das Folgende (was im *Qur'aan* steht und beschreibt, was Jesus [as] sagte): *„[...] Und ich werde euch kundtun, was ihr eßt und was ihr in euren Häusern aufspeichert. [...]"*[179]*?* Und gibt es etwas, das den Verstand mehr beeindrucken kann, als dass ein Horoskop davor warnt, an einem bestimmten Tag reiten zu gehen? Und gibt es jemanden, der dies nicht begriffen hat außer dem Propheten?'"

Nun, ihr Ziel bei der ganzen Sache ist klar und ihre Absicht offenkundig. Daher sagen sie: „Kommt, lasst uns in den Ländern umherstreifen und uns die Individuen, die Sterne und die Eigenschaften von Objekten betrachten. Bestimmt werden wir darunter zufällig auf eines dieser Wunder stoßen.

Jeder wird ihnen (laut Meinung des Autors) glauben und infolgedessen ablehnen, dass das, was die Propheten zeigten, übernatürlicher Art war.

Da gab es beispielsweise einen Sufi, der vorgab, jemand habe ein Gefäß geworfen, welches sich mit Gold gefüllt habe. So geschah es, dass solche Märchengeschichten als gewöhnliche „Ehrungen" betrachtet wurden, die den Sufis durch die Natur beschert wurden. Im Falle der Naturalisten handelte es sich demnach um normale Eigenschaften (der Naturobjekte), im Falle der Astrologen um gewöhnliche Wahrsagungen und im Falle der Hexen und Hellseher um gewöhnliche Zaubersprüche. Was hatte dann (ihrer Meinung nach) die Aussage von Jesus ﷺ noch für eine Überzeugungskraft, als er da sagte: *„[...] Und ich werde euch kundtun,*

---

[178] Ein vorislamischer Wahrsager.

[179] *Qur'aan* (3/49)

was ihr eßt und was ihr in euren Häusern aufspeichert. [...]"? Und was sei (an den Wundern der Propheten) schon übernatürlich, wenn es sich bei der Natur lediglich um den Ablauf dessen handelt, was existiert und in Erscheinung tritt?

Wenn nun ein weiser Mann darauf hinweist, wo der Fehler hierbei steckt, dann fragt ihn der Sufi: „Leugnest du etwa die ‚Ehrungen' (*Karamaat*), die den Gottesfreunden zuteilwerden?" Derjenige, der an die ‚Eigenschaften' (der Naturobjekte) glaubt, wird sagen: „Leugnest du die Existenz der Magnetkraft, die das Eisen anzieht oder des Vogelstraußes, der Feuer schluckt? Und du bist in Anbetracht dessen, was eingetreten ist, nicht bereit das zu leugnen, was nicht eintrat?'

Wehe dem, der mit der Wahrheit zu ihnen spricht! Die *Batiniyya* stehen auf der einen Seite, die Sternenleser auf der anderen und nichts entscheiden die Beamten (des Staates) ohne deren Anordnung.

Gepriesen sei Der, Der diese *Ummah* schützt und ihre Worte erhebt, so dass sich alle anderen Gemeinschaften unter ihrer Kontrolle befinden. So schützt Allah den Rang des Prophetentums und erstickt diejenigen, die sich mit Absurditäten beschäftigen.

Unter den Hindus befinden sich Brahmanen. Das sind Menschen, die Satan dazu verleitet hat, zu versuchen, Allahs Gunst zu gewinnen, indem sie sich selbst verbrennen. Dabei wird für die Person eine Grube ausgegraben. Die Leute versammeln sich und die Person kommt, eingerieben mit *Khaluq* und Duft. Es werden Leiern gespielt, sowie Trommeln und Becken geschlagen. Dabei sagen sie: „Gesegnet ist diese Seele, die ins Paradies fliegt!" Da erwidert jene Person: „Möge dieses Opfer akzeptiert werden!" Hierauf wirft er sich selbst in die Grube und verbrennt. Wenn er davonläuft, verbannen sie ihn und ächten ihn, bis er zurückkommt.

Für manche von ihnen werden Steine erhitzt und die Person klammert sich an den Stein, bis der Stein in seinen Körper eindringt, seine Eingeweide austreten und er stirbt.

Einige von ihnen stellen sich in die Nähe eines Feuers, bis das Fett des Körpers sich verflüssigt und sie zu Boden fallen.

Andere wiederum schneiden Stücke des Schienbeins oder des Oberschenkels ab und schleudern diese ins Feuer, während die Menschen ihre Heiligkeit verkünden, sie bewundern und dafür beten, einen solchen Rang zu erreichen, bis die Person schließlich stirbt.

Einige stehen bis zum Schienbein in Kuhdung und entzünden diesen, so dass sie darin verbrennen.

Andere wiederum verehren Wasser, wobei sie verkünden, dass es sich dabei um die Quelle allen Lebens handele und werfen sich davor nieder.

Einigen wird eine Grube in der Nähe von Wasser ausgegraben. Die Person fällt in die Grube, bis sie lichterloh brennt. Dann taucht sie ins Wasser ein, woraufhin sie wieder in die Grube zurückkehrt. Dies geht solange, bis sie schließlich stirbt. Wenn sie stirbt, während sie sich zwischen beiden befindet, jammert ihre Familie, weil sie glaubt, dass sie das Paradies verbüßt habe. Stirbt sie hingegen an einem der beiden Orte, so bezeugen sie, dass sie das Paradies verdient habe.

Manch einer von ihnen peinigt sich selbst mit Hunger und Durst, bis die Person zunächst unfähig ist zu laufen, dann zu sitzen, dann seine Fähigkeit zu sprechen verliert, dann seine Sinne, daraufhin die Fähigkeit sich zu bewegen und schließlich taub wird.

Andere wandern übers Land, bis sie sterben. Einige ertränken sich selbst in einem Fluss. Andere hingegen pflegen keinen Kontakt zu Frauen und tragen keine Kleidung mit Ausnahme eines Lendentuchs.

Sie haben da einen Berg, neben dem ein Baum steht, bei dem sich ein Mann befindet, der ein Buch in der Hand hält, aus dem er die folgenden Worte verliest: „Gesegnet sei der, der diesen Berg besteigt, seinen Bauch aufschlitzt und mit seiner Hand seine Eingeweide herausholt."

Einige unter ihnen nehmen sich große Steine und bewerfen ihre Körper damit, bis sie sterben, während die Leute sagen: „Gesegnet bist du."

Dort bei ihnen gibt es zwei Flüsse. An ihrem Fastentag gehen einige ihrer Anhänger hinaus. Dabei stehen dort Männer, welche die Kleidung, die von den Anhängern getragen wird, halten, sie aufschlitzen und sie in zwei Hälften schneiden. Eine davon werfen sie in den einen Fluss und die andere in den anderen. Dabei glauben sie, dass diese beiden ihren Weg ins Paradies finden werden.

Manch einer von ihnen geht hinaus aufs freie Land und wird dabei von einer Anzahl an Personen begleitet, die ihm Segen wünschen und ihn für seine Absicht beglückwünschen. Sobald er das unbewohnte Land erreicht, setzt er sich hin und es versammeln sich Raubvögel aus allen Richtungen. Hierauf zieht sich der Mann die Kleidung aus und streckt sich hin. Währenddessen beobachten die Leute das Ganze. Daraufhin fallen die Vögel über ihn her und fressen ihn auf. Nachdem die Vögel wieder weggeflogen sind, kommen die Begleiter und nehmen die Knochen des Mannes, welche sie verbrennen in der Hoffnung, dadurch Segnungen zu erhalten.

Es handelt sich hierbei um eine Auswahl aus einer langen Liste an Verhaltensweisen, die von Abu Muhammed al-Naubakhti erwähnt wurden. Sie alle zu beschreiben, wäre Zeitverschwendung.

Das Seltsame daran ist, dass es sich bei den Indern um Leute handelt, von denen man Philosophie und philosophische Feinheiten übernahm und ausgeklügelte Vorgehensweisen erlernte. Erhaben ist Er, Der ihre Herzen hat erblinden lassen, so dass sie der Satan an der Nase herumführt.

Des Weiteren führt er an, dass sich unter ihnen Leute befinden, die behaupten, dass das Paradies aus zweiunddreißig Stufen bestehe und dass die Verweilzeit der Bewohner der niedrigsten Paradiesstufe 433 bis 620 Jahre betrage, wobei jede Stufe doppelt so lang andauere wie die darunterliegende. Entsprechend bestehe die Hölle aus zweiunddreißig Stufen. Sechszehn davon bestünden aus Peinigungen mit Kälte, wohingegen die anderen sechszehn aus Feuerstrafen bestünden.

KAPITEL IV

Wie der Satan die *Khawarij* täuscht

Der Erste und Abscheulichste unter den Khawarij war Dhu'l Khuwaisarah. Ibnu'l Hasin überlieferte uns Folgendes von Abu Sa'id al-Khudri:

„Ali ؓ schickte dem Propheten ﷺ ein wenig Goldstaub, welcher in gegerbte Haut eingewickelt und noch nicht von der Erde getrennt worden war. Dieser wurde seitens des Propheten ﷺ unter vier Leuten aufgeteilt. Es waren Zaid al-Khalil, al-Aqra ibn Habis, Uyaynah ibn Hisn und Alqamah ibn Ulathah (oder Amir ibn Tufayl; einer der Überlieferer, Umarah, war sich nicht ganz sicher). Einige Prophetengefährten, die Ansar, und andere waren darüber verärgert. Da sagte der Prophet: ‚*Vertraut ihr mir denn nicht, wo ich doch der Vertraute Desjenigen bin, Der im Himmel ist?*‘ Da näherte sich ihm ﷺ ein Mann mit äußerst eingefallenen Augen, hervorstechenden Wangen und einem nach vorne ragenden Vorderkopf. Er hatte einen dichten Bart, trug ein Gewand und sein Kopf war kahlgeschoren. Er sagte: ‚Fürchte Allah, o Gesandter Allahs!‘ Letzerer ﷺ erhob seinen Kopf und sprach (sinngemäß): ‚Ich? Bin ich nicht der, der sich am meisten vor Allah hütet?‘ Da zog sich der Mann zurück und Khalid ؓ fragte, ob er ihn nicht enthaupten solle. Der Prophet erwiderte: ‚Vielleicht betet er.‘ Da sagte Khalid: ‚Viele, die beten, sprechen mit ihren Zungen, was sich nicht in ihrem Herzen befindet.‘ Da sagte der Prophet (sinngemäß): ‚Mir wurde nicht befohlen, in den Herzen der Leute nachzuforschen [...]‘ Dann schaute er zu dem Mann, dessen Augen Spuren von Tränen aufwiesen und sagte: ‚Wahrlich, aus der Nachkommenschaft dieses Mannes werden Menschen hervorkommen, die den Qur'aan lesen, wobei er jedoch nicht über ihre Kehle (oder ihren Hals?) hinausgeht [...].‘“

Der erwähnte Mann wurde Dhu'l Khuwaysirah at-Tamimi genannt, und laut einem Bericht sagte er zum Propheten ﷺ: „Handle gerecht!“ Da habe der Prophet ﷺ gesagt (nur sinngemäß wiedergegeben): „Pfui (Schande)! Wer soll gerecht handeln, wenn nicht ich?“, Er war der erste separatistische „*Khariji*“ im Islam, und zum Verhängnis wurde ihm, dass er von seiner eigenen Meinung absolut überzeugt war. Hätte er ein wenig innegehalten, so hätte er erkannt, dass keine Meinung existiert, welche der des Propheten ﷺ überlegen ist. Jene Leute (*Khawarij*) waren Anhänger dieses Mannes, der (später) Ali ؓ bekämpfte.

Dies geschah wie folgt: Nachdem sich der Krieg zwischen Mu'awiya und Ali ﵁ in die Länge gezogen hatte, hielten die Anhänger des Erstgenannten Kopien des Qur'aan in die Höhe und forderten die Anhänger Alis ﵁ dazu auf, dessen Inhalt entsprechend zu handeln. Er sagte: „Ihr möget jemanden aus euren Reihen schicken und wir mögen jemanden aus unseren Reihen schicken und ihnen auferlegen, dass sie gemäß dem handeln, was in Allahs Buch geschrieben steht." „Wir sind einverstanden", sagten die Leute und schickten Amr ibn al-As ﵁. Die Anhänger Alis ﵁ sagten zu ihm, er solle Abu Musa al-Asch'ari ﵁ schicken. Doch Ali ﵁ sagte, dass er es nicht guthieß, Abu Musa ﵁ zu beauftragen, da Ibn Abbas anwesend war. Doch sie sagten, dass sie keinen Befürworter Alis ﵁ wollten; so schickte er Abu Musa ﵁ und schob die Entscheidung bis in den Ramadan hinaus. Da sagte Urwah ibn Udhaynah: „Ernennst du Leute, auf dass sie schiedsrichterlich über eine Sache entscheiden, die Allahs Angelegenheit ist? Das Urteilen gebührt Allah allein!" Hierauf kehrte Ali ﵁ zurück nach *Siffin* und betrat *Kufa*. Doch die *Khawarij* traten nicht gemeinsam mit ihm ein. Sie gingen nach Harura, wo sich zwölftausend von ihnen niederließen und schrien: „Das Urteilen gebührt Allah allein!" Das war ihr erstes Erscheinen. Zum Anführer erwählten sie Schabib ibn Raba'i at-Tamimi, der ein Kriegskommandant gewesen war. Und Abdullah ibn al-Kawwa vom Stamme Yashkur war ihr Vorbeter.

Die *Khawarij* waren in der Tat ergebene Diener, doch ihre Annahme, sie wüssten besser Bescheid als Ali ﵁ war eine schlimme Krankheit.

Ismail ibn Ahmad berichtete uns in einer Überlieferung, die auf Simak Abu Zamil zurückgeht, dass Ibn Abbas ﵁ sagte: „Nachdem die *Khawarij* sich trennten, ließen sie sich an einer Stätte nieder - sie waren sechstausend an der Zahl – und einigten sich darauf, gegen Ali ﵁ anzugehen. Da kamen Leute herbei und erzählten Ali ﵁, dass diese Leute kamen, um gegen ihn zu ziehen. Doch er sagte: ‚Lasst sie in Ruhe. Denn ich werde sie nicht bekämpfen, bis sie mich bekämpfen, was sie letzten Endes auch tun werden.' Eines Tages ging ich vor dem Mittagsgebet zu ihm und sagte: ‚O Anführer der Gläubigen, verschiebe das Gebet, so dass ich diese Leute besuchen kann, um mit ihnen zu sprechen.' Er erwiderte: ‚Ich fürchte mich um dich.' Ich sagte: ‚Das brauchst du nicht, denn ich bin ein Mann guten Charakters, der noch nie jemanden verärgert hat.' Und nachdem Ali ﵁ mir die Erlaubnis gegeben hatte, zu gehen, zog ich mir die feinsten jemenitischen Gewänder an, machte mich auf den Weg und stattete ihnen zum Mittag einen Besuch ab. Die Leute, die ich besuchte, waren die ergebensten Diener, die ich je gesehen habe. Ihre Stirn war vor lauter Niederwerfungen rau geworden und ihre Hände so grob wie Kamelsknie. Sie trugen total zerfetzte Waffenröcke aus billigem Stoff und ihre Gesichter waren blass vor Schlaflosigkeit. Ich grüßte sie, woraufhin sie erwiderten: ‚Willkommen, Ibn Abbas! Was führt dich hierher?' Ich sagte: ‚Ich komme zu euch im Namen der Muhajirun und Ansar und (im Namen) des Schwiegersohnes des Propheten ﷺ. In deren Anwesenheit wurde der *Qur'aan* offenbart, und sie kennen dessen Auslegung besser als ihr.' Einige von ihnen sagten: ‚Streite dich nicht mit den Quraysch, denn Allah sagte: „*[...] Nein! Vielmehr sind sie streitsüchtige Leute.*"[180] Zwei oder drei von ihnen sagten: ‚Wir sollten mit ihm reden.' Da sagte ich: ‚Erzählt mir, was ihr an dem Tun Alis ؓ sowie der *Muhajirun* und *Ansar* zu bemängeln habt, in deren Anwesenheit der *Qur'aan* offenbart wurde und von denen sich keiner unter euch befindet und die außerdem dessen Auslegung besser kennen als ihr.' ‚Drei Dinge', sagten sie. Da erwiderte ich: ‚Nennt sie!' Sie sagten: ‚Eine Sache ist, dass er Menschen in einer Angelegenheit zu Schiedsrichtern machte, die zu den Angelegenheiten Allahs gehört. Doch Allah sagt: „*[...] Das Urteilen gebührt nur Allah. [...]*" Was haben also Menschen nach dem, was Allah sagte, noch mit dem Urteilen zu tun?' Da sagte ich: ‚Das ist eine Sache, was noch?' Sie sprachen: ‚Was die zweite Sache betrifft, so kämpfte und siegte er zwar, doch hat er niemals Gefangene genommen oder Kriegsbeute genommen. Wenn es sich um Gläubige handelte, wie kann es dann legitim sein, sie zu bekämpfen und niederzuschlagen, Gefangene zu nehmen aber nicht?' Ich sagte: ‚Und was ist das dritte?' Sie sagten: ‚Er hat sich selbst des Titels des *Anführers der Gläubigen* entledigt. Wenn er nicht der Anführer der Gläubigen ist, dann ist er der Anführer der Ungläubigen.' Ich fragte: ‚Habt ihr noch etwas?' Hierauf erwiderten sie: ‚Das ist völlig ausreichend.' Da sprach ich: ‚Was eure Aussage über das Urteilen von Menschen über Allahs Angelegenheiten angeht, so werde ich euch etwas aus dem Buche Allahs vorlesen, was sie widerlegen wird. Wenn es dadurch widerlegt wird, werdet ihr dann zurückkommen?' Sie bejahten. Da sagte ich: ‚Allah hat im Falle eines Viertel *Dirham*, was dem Kaufpreis eines Hasen entspricht, einen Teil des Ihm gebührenden Urteils dem Menschen gewährt. Da rezitierte er den Wortlaut (der *Aayah*) von Sure 5 / *Aayah* 96, beginnend bei „*O die ihr glaubt, tötet nicht das Jagdwild, während ihr im Zustand der Pilgerweihe seid! [...]*" Hier wird (für den Fall, dass jemand das Gebot nicht einhält) die Ersatzleistung von zwei rechtschaffenenMenschen abgeschätzt. Bei einem anderen Fall geht es um

---

[180] *Qur'aan* (43/58).

einen Ehestreit. „*Und wenn ihr Widerstreit zwischen den beiden befürchtet, dann setzt einen Schiedsrichter aus seiner Familie und einen Schiedsrichter aus ihrer Familie ein.*"[181] Nun bitte ich euch bei Allah! (Sagt mir) Haltet ihr das Urteilen von Menschen zum Schlichten zwischen zwei Gruppen und zum Vermeiden von Blutvergießen für besser (bzw. wichtiger) oder das Urteilen, wenn es um Hasen oder eheliche Rechte geht? Was haltet ihr für besser?' Sie antworteten: ‚Wahrlich Ersteres!' Ich sagte: ‚Habe ich dies nun widerlegt?' Sie antworteten: ‚Ja.' Danach sagte ich: ‚Was eure Aussage betrifft, er habe zwar gekämpft, aber weder Gefangene noch Beute genommen, frage ich: *Würdet ihr eure Mutter Aischa als Gefangene nehmen?* Wenn ihr behauptet, sie sei nicht eure Mutter, dann seid ihr dem Islam abtrünnig geworden. Und wenn ihr sagt, ihr würdet sie gefangen nehmen und in ihrem Falle alles als rechtmäßig betrachten, was wir auch im Falle von anderen Frauen als rechtmäßig betrachten, dann habt ihr auch den Islam verlassen. So habt ihr die Wahl zwischen zwei Irrtümern, denn Allah sagt: „*Der Prophet steht den Gläubigen näher als sie sich selbst und seine Gattinnen sind ihre Mütter. [...]*"[182] Habe ich es nun widerlegt?' Sie bejahten. Daraufhin sagte ich: ‚Was eure Rede betrifft, die da besagt, er habe sich des Titels des Anführers des Gläubigen entledigt, so werde ich euch einen verbindlichen Beweis bringen, der euch zufriedenstellen wird. Am Tage von Hudaybiyah schloss der Prophet ﷺ Frieden mit zwei Götzendienern, Abu Sufyan ibn Harb und Suhayl ibn Amr und wies Ali ؓ an, die Urkunde zu schreiben. Da schrieb Ali (sinngemäß): „Der Gesandte Allahs einigt sich wie folgt [...]" Doch die Muschrikun sagten: ‚Bei Allah, wir wissen nicht, ob du der Gesandte Allahs bist. Würden wir es wissen, würden wir dich nicht bekämpfen.' Da sagte der Prophet ﷺ: ‚O Allah, du weißt, dass ich der Gesandte Allahs bin.' Daraufhin wies er ihn an, statt „Gesandter Allahs" „Muhammed ibn 'Abdillah" zu schreiben. Nun, zweifellos war der Gesandte Allahs ﷺ besser als Ali ؓ und doch ließ er den Titel wegstreichen.'"

Im weiteren Verlauf erzählte er (Ibn Abbas), dass zweitausend von ihnen mit ihm zurückkehrten, wohingegen der Rest sich weiterhin abkapselte und gegen Ali ؓ kämpfte.

Abu Mansur al-Bazzar überlieferte uns von Jundub, dem Azditen, dass Letzterer sagte: „Als wir uns mit Ali ibn Talib aufmachten, um gegen die *Khawarij* zu

---

[181] *Qur'aan* (4/35).

[182] Qur'aan (33/6).

kämpfen und an ihrem Lager ankamen, ertönte ihre *Qur'aan*-Rezitation wie das Summen von Bienen."

Eine andere Überlieferung[183] besagt, dass Ali ﷺ den Schiedsrichter auserwählte, woraufhin die Kharijiten Zur'ah ibn al-Burj at-Tayi und Hurqus ibn Zuhayr al-Sa'di zu ihm kamen. Sie traten bei ihm ein und sagten: ‚Das Urteilen gebührt Allah allein!' Ali ﷺ wiederholte diese Worte, woraufhin Hurqus zu ihm sprach: ‚Kehre reumütig um, verwerfe deine Entscheidung und führen uns gegen den Feind, auf dass wir ihn bekämpfen, bis wir unseren Herrn treffen. Wenn du jedoch nicht aufhörst, Menschen in Bezug auf das, was im Qur'aan steht, zu Schiedsrichtern zu ernennen, so werde ich dich um Allahs Willen bekämpfen.' Daraufhin versammelten sich die Khawarij im Hause von Abdullah ibn Wahb al-Rasibi, der, nachdem er Allah lobpreiste, sprach: ‚Leute, die an ar-Rahman glauben und dabei behaupten, sie besäßen das Recht, neben dem *Qur'aan* Urteile zu fällen, sollten dieser Welt, welche zu bevorzugen ein Elend darstellt, keinen Vorzug vor dem Befehlen des Gebilligten, dem Verbieten des Missbilligten und dem Anerkennen der Wahrheit einräumen.' Ali schrieb ihnen wie folgt: ‚Diese zwei Männer, die sie als Schiedsrichter auserwählt haben, handelten dem Buche Allahs zuwider und folgten ihren Launen. Und wir bleiben bei unserer ersten Haltung.' Sie schrieben ihm Folgendes zurück: ‚Deine Wut war nicht um deines Herrn willen, sondern für dich selbst. Und wenn du dich dazu bekennst, dass du Unglauben begangen hast und Reue zeigst, dann werden wir unsere Beziehung überdenken. Sonst schreiben wir alle dich ab.'"

Einst traf Abdullah ibn Khabbab die Khawarij auf der Straße.[184] Sie fragten ihn, ob er von seinem Vater irgendeine auf den Propheten ﷺ zurückgehende Überlieferung gehört hatte, von der er ihnen berichten könnte. „Ja", sagte er, „ich hörte ihn erzählen, wie er den Propheten ﷺ von einer Zeit und *Fitna* sprechen hörte, in welcher der Sitzende besser sein wird als der Stehende und der Stehende besser als der Gehende und der Gehende besser als der Laufende. Und wenn man Zeuge davon wird, sollte man es bevorzugen, zu den Knechten Allahs zu gehören, die geschlagen werden.' Da sprachen sie zu ihm: ‚Hast du gehört, wie dein Vater dies vom Propheten ﷺ überlieferte?' ‚Ja', sagte er. Dann brachten sie ihn zum Flussufer und köpften ihn. [...] Außerdem schlitzten sie seine Sklavin auf, welche schwanger war.

---

[183] At-Tabari Band I, S.3360

[184] Tabari, Band I, S.3373

Daraufhin ließen sie sich bei *Nahrawan* unter einigen Dattelpalmen nieder, die voller Früchte waren. Da fiel eine frische Datteln herab, woraufhin sie einer von ihnen aufhob und in seinen Mund warf. Einer von ihnen sagte zu ihm: ‚Du hast sie außerhalb der Saison bzw. zur falschen Zeit genommen und außerdem, ohne den Preis dafür zu bezahlen.' Da spuckte sie der Mann wieder aus. Einer von ihnen zog sein Schwert, schwang damit herum und traf damit bei seinen Übungen ein Schwein. Das Schwein gehörte einem schutzbefohlenen Angehörigen einer anderen Religion (Dhimmi). Da sprachen sie (die Khawarij) zu ihm (dem Khariji, der das Schwein traf): ‚Das gilt als Unheilstiften auf Erden.' Daher ging der Mann hinaus, um den Besitzer des Schweines zu finden und zahlte jenem so viel, dass er zufrieden war. Ali ﷺ ging zu ihnen und sagte: ‚Liefert uns die Person aus, die Abdullah ibn Khabbab ermordet hat.' Sie erwiderten: ‚Wir alle sind seine Mörder.' Er forderte sie drei Tage lang auf und sie erwiderten ihm stets dasselbe. Hierauf sprach Ali ﷺ: ‚Steht auf und greift sie an!' Unverzüglich begannen seine Anhänger jene zu erschlagen, und während der Schlacht sagten die Khawarij zueinander: ‚Macht euch bereit, euren Herrn zu treffen! Heute Abend geht's ab ins Paradies!'

Später revoltierte eine weitere Gruppe der Khawarij gegen Ali ﷺ, woraufhin er Truppen entsendete, um sie zu bekämpfen. Da traf Aburrahman ibn Muljam seine Kameraden, die über die Leute von Nahrawan sprachen und diesen Allahs Erbarmen wünschten. Sie sagten: ‚Bei Allah, nichts wird uns dazu anhalten, in dieser Welt zu verbleiben, nachdem unsere Brüder verschieden sind, die keinen Tadel fürchteten, wenn es um (das Befolgen von) Allahs Willen ging. Wie wäre es für uns, wenn wir unsere Seelen an Allah verkaufen, danach streben, dass andere uns regieren als diese Irreführer und dass wir uns bei jenen für unsere Brüder rächen und dabei gleichzeitig die Menschen von ihnen befreien?'

Muhammed ibn Abi Tahir al-Bazzar berichtete uns in einer Überlieferung, die auf bestimmte Lehrmeister des Muhammed ibn Sa'd zurückgeht:

„Sie sagten: ‚Drei der Khawarij, nämlich Abdurrahman ibn Muljam, al-Burak ibn Abdillah und Amr ibn Bakr at-Tamimi, gingen auf den Aufruf ein. Bei einem Treffen in Mekka einigten sie sich und schlossen einen Pakt, dass sie jene drei, also Ali, Mu'awiyah und Amr ibn al-As ﷺ niederschlagen wollten, um die Menschen von ihnen zu befreien. Ibn Muljam wollte sich Ali ﷺ vornehmen, al-Burak hingegen Mu'awiyah und Amr seinen Namensvetter. Und sie verpflichteten sich, dass sich niemand in die Operationen der jeweils anderen beiden einmischte. Ibn Mujah machte sich auf nach Kufah und als die Nacht eintraf, in der er den Mord ausführen wollte und Ali ﷺ morgens hinausging, um das Fajr-Gebet zu verrichten, stach er ihm in die Stirn durch die Schädeldecke hindurch bis ins Gehirn hinein. Ali ﷺ wies die Leute an, dafür zu sorgen, dass der Mann nicht fliehen konnte. Schließlich ergriff man ihn. Umm Kulthum rief: ‚Du Feind Allahs, du hast den Anführer der Gläubigen ermordet!' Er sagte: ‚Es ist lediglich dein Vater, den ich erschlagen habe.' Da erwiderte sie: ‚Bei Allah, ich bin guter Hoffnung, dass dem Anführer der Gläubigen nichts Schlimmes zugestoßen ist.' Da fragte er: ‚Warum weinst du dann?', und sagte: ‚Bei Allah, ich habe es (das Schwert) einen Monat lang mit Gift bearbeitet und wenn es mich enttäuscht hat, dann möge Allah es hinwegschleudern und es in Stücke zerbrechen!' Nachdem Ali ﷺ verstorben war, wurde Ibn Muljam herausgeführt, um hingerichtet zu werden. Da amputierte Abdullah ibn Ja'far dessen Hände und Füße, doch zeigte der Mann keinerlei Zeichen von Schmerz und äußerte nicht ein einziges Wort. Daraufhin wurden seine Augen mit erhitzten Nägeln verbrannt, doch wieder zeigte er kein Zeichen von Schmerz, sondern begann zu rezitieren: *„Lies im Namen deines Herrn, Der erschaffen hat, den Menschen erschaffen hat aus einem Anhängsel. […]"*[185] Er las die Sure bis zum Ende, während Blut aus seinen Augen floss. Hierauf machte man Vorbereitungen, um seine Zunge zu amputieren. Nun zeigte er Trauer. Als er nach dem Grund gefragt wurde, sagte er: ‚Ich verabscheue den Gedanken, auch nur einen Moment zu verbringen, ohne Allah zu erwähnen.' Er hatte braune Hautfarbe und seine Stirn wies Spuren der Niederwerfung auf. Möge Allah ihn verfluchen!"

Als Hasan ﷺ sich mit Mu'awiyah einigen wollte, ging der Kharijite al-Jarrah ibn Sinan gegen ihn an und sagte: ‚Du bist genauso wie dein Vater ein Muschrik geworden und schlug ihm auf Rand seines Oberschenkels. Die Khawarij fuhren fort, gegen die Anführer zu rebellieren und folgten verschiedenen Systemen. Die Anhänger von Nafi' ibn al-Azraq sagten: „Solange wir im Land der Muschrikun verweilen, sind wir Muschrikun. Nur wenn wir es verlassen, sind wir Muslime. Muschrikun sind all diejenigen, die von unserem System abweichen, all die große Sünden begehen und alle, die sich nicht an unseren Kriegen beteiligen." Diese Leute sahen es als erlaubt an, die Frauen und Kinder der Muslime zu töten und erklärten diese zu Muschrikun.

---

[185] Sure 96, *Aayaat* 1-2.

Najdah ibn Amir al-Thaqafi war einer der Khawarij und widersprach Nafi ibn al-Azraq in dem Punkt und erklärte, dass das Leben und die Güter der Muslime unantastbar seien. Er vertrat die Meinung, dass diejenigen, die seiner Doktrin folgten, beim Begehen einer Sünde bestraft werden würden, jedoch nicht im Höllenfeuer. Letzteres sei nur für diejenigen, die sein System ablehnten.

Ibrahim[186] vertrat die Meinung, dass die Khawarij Ungläubige waren, dass es jedoch legal sei, sie zu heiraten und von ihnen zu erben, so wie es ganz zu Beginn des Islam gewesen sei.

Manche von ihnen vertraten die Meinung, dass ein Mensch, der zu Unrecht zwei *Fuls* vom Eigentum eines Waisenkindes verzehrt, dadurch die Strafe der Hölle auf sich lade. Würde er es jedoch töten oder dessen Hände amputieren oder es aufschlitzen, so habe er sie (die Höllenstrafe) nicht verdient. Das sei darin begründet, dass Allah bezüglich des erstgenannten Falles damit gedroht hat.

Es existieren lange Geschichten über sie und sie vertraten wirklich seltsame Lehren, für deren Erörterung ich keinen Anlass sehe. Mein Ziel ist es, einen Blick auf die Tricks des Satans zu werfen und darauf, wie er diese Dummköpfe täuschte, die so viel Unheil gestiftet haben und glaubten, dass Ali ﵁ und dessen Anhänger von den Muhajirun und den Ansar sich im Irrtum befanden und sie im Recht waren. Sie erachteten die Ermordung von Kindern als legitim, wobei sie es missbilligten, eine Dattel zu essen, für die sie nicht gezahlt hatten. Sie waren in der Tat tüchtig in ihren Gottesdiensten und verbrachten die Nächte im Gebet. Ibn Muljam war bestürzt darüber, nicht in der Lage sein zu können, Allah zu erwähnen. Und dennoch hielt er es für gerechtfertigt, Ali ﵁ zu ermorden; und sie zogen ihre Schwerter gegen die Muslime. Es gibt nichts Seltsameres als ihre Überzeugung von ihrem eigenen Wissen und ihre Annahme, dass sie es besser wussten als Ali ﵁. Dhu'l Khuwaysarah sagte sogar zum Propheten ﷺ: „Handle gerecht, denn das hast du nicht getan." So etwas Abscheuliches zu tun, darauf würde selbst der Satan nicht kommen!

Ibn al-Hasin erzählte uns mittels einer Überlieferung, die auf Muhammed ibn Ibrahim zurückgeht, dass Letzterer hörte, wie der Prophet gesagt habe (sinngemäß):

„Es werden Menschen unter euch hervorkommen, im Vergleich zu deren Gebet, Fasten und Taten ihr eure eigenen geringschätzen werdet. Sie werden den *Qur'aan*

[186] *Al-Ibadi.*

lesen, doch wird er nicht über ihre Kehle hinausgehen. Sie werden aus der Religion austreten [...].“

Diese Überlieferung findet sich in beiden *Sahih*-Werken.

Sa’dullah ibn Ali überlieferte von Ibn Abi Aufa, dass er gehörte habe, wie der Prophet ﷺ sagte: „Die *Khawarij* sind die Hunde des (Höllen-) Feuers.“[187]

Zu den Lehren der *Khawarij* gehört, dass niemand das Recht habe, Anführer zu sein, solange er nicht sowohl die Eigenschaft des Wissens als auch die der Enthaltsamkeit in sich vereint. Wenn er sie in sich vereint, dann sei diese Person der Anführer, selbst wenn sie ein Nabatäer (*Habaschi*) ist.

Dies suggerierte den Mutaziliten die Vorstellung, dass der Intellekt bestimme, was gut und was schlecht ist, und ihre Lehre von Gerechtigkeit das sei, was die Vernunft erfordert.

Später erschienen noch zu Lebzeiten der Prophetengefährten die *Qadaris* auf der Bildfläche. Ma’bad al-Juhani, Jaylan al-Dimishqi und Ja’d ibn Dirham übernahmen die Doktrin des freien Willens. Nach Ma’bad übernahm Wasil ibn Ata die Führerschaft, dem sich dann Amr ibn Ubayd anschloss. Zu jener Zeit kam die *Murjia* auf, die da behauptete, dass Sünden nicht schaden, solange Glaube (*Iman*) vorhanden ist, so wie Frömmigkeit nichts nütze, solange kein Glaube vorhanden ist. Später lasen Mutaziliten wie Hudhail al-Allaf, Al-Nazzam, Ma’mar und Jahiz die Bücher der Philosophen. Aus diesen leiteten sie Thematiken ab, wie zum Beispiel „Substanz, Akzidenz, Zeit, Raum und Existenz“, die sie mit den Anweisungen der Scharia vermischten. Und die erste Frage, die sie aufwarfen, war ihre Lehre über die Kreatürlichkeit des *Qur’aan*. Zu jener Zeit wurde dieses Thema als „Thema der Metaphysik“ bezeichnet. Dieser Frage folgten die Fragen über die Eigenschaften Allahs, wie zum Beispiel das Wissen, die Macht (*Qudra*), das Leben (*al-Hayaat*), das Sehen (*al-Basar*). Manche meinten, es handele sich dabei um Konzepte bzw. Vorstellungen , die dem Wesen Allahs (*Dhaatullah*), superaddiert seien. Die Mutaziliten hingegen lehnten dies ab und vertraten die Meinung, dass Allah kraft Seines Wesens (*Dhaat*) wissend und mächtig sei. Abu Hasan al-Asch’ari war zunächst der Doktrin des al-Jubai gefolgt, doch später legte er sie ab und übernahm

[187] Die Beurteilungen der Überliefererkette dieses Hadith’ bzw. seiner verschiedenen Versionen erstrecken sich seitens der Gelehrten von *mursal* bis *sahih*. Und Allah weiß es am besten.

diejenige, welche besagt, dass die Eigenschaften (*Sifat*) Allahs unabhängig voneinander existieren. Später begannen einige Anhänger der letztgenannten Doktrin an einen Anthropomorphismus zu glauben und meinten, dass das „Herabsteigen" bzw. „Hinabsteigen" Allahs bedeute, dass ein Ortswechsel stattfindet.

Eine Darlegung, wie er die *Rawafid* in die Irre führt

So wie der Satan die *Khawarij* in die Irre führte, was dazu führte, dass sie gegen Ali ﷺ kämpften, so hat er andere Menschen dazu geführt, in ihrer Liebe ihm gegenüber zu übertreiben. Sie überschritten alle Grenzen. Manche behaupteten dabei, er sei Gott, andere meinten, er sei besser als die Propheten ﷺ. Einige verführte er dahingehend, dass sie Abu Bakr und Umar (r.anhuma) beschimpften, ja sogar so weit, dass sie die beiden des Unglaubens beschuldigten. Daneben gab es noch andere verachtenswerte Lehren, die wir nicht aufführen möchten, um keine Zeit zu verschwenden.

Abdurrahman ibn Muhammed überlieferte uns von Abu Uthman al-Mazini und ich hörte, wie Abdulwahid ibn Burhan al-Asadi das gleiche überlieferte, nämlich, dass Ishaq ibn Muhammed al-Nakhai, der „Rote"[188], zu sagen pflegte, Ali ﷺ sei Allah. (Allah ist erhaben über solche Vorstellungen!)

In Madain befindet sich eine Anzahl von Fanatikern, die als *Ishaqiyya* bekannt sind und nach der obigen Person benannt wurden. Al-Khatib sagte: „Es erreichte mich ein Buch von Abu Muhammed al-Hasan ibn Yahya al-Naubakhti, in welchem er die extremen Fanatiker zurückweist. Dieser Naubakhti war ein schiitischer Gelehrter der *Imamiyyah*-Sekte. Er erwähnt die verschiedenen Ansichten der extremen Fanatiker. Diesbezüglich sagt er schließlich: ‚Und zu denen, die in unserer Zeit in der fanatischen Verehrung Alis ﷺ ein äußerst wahnsinniges Verhalten an den Tag legten, gehörte Ishaq ibn Muhammed, bekannt als der „Rote". Er behauptete Ali ﷺ sei Allah, der Allmächtige, und dass er sich zu jeder Zeit neu manifestiere, einst habe er dies als al-Hasan getan und später wiederum als Husayn. Und er sei es gewesen, der Muhammed ﷺ auf dessen Mission entsandte.

Einige der *Rawafid* hielten Abu Bakr und Umar (r.anhuma) für Ungläubige. Manche von ihnen behaupteten, die beiden seien nach dem Tod des Propheten ﷺ abtrünnig

---

[188] Autor des Buches *Kitabu's Sirat.*

geworden. Ein Teil von ihnen lehnte jeden (der rechtgeleiteten Kalifen) ab außer Ali رضي الله عنه. Man berichtete uns, dass die Schi'a Zaid ibn Ali dazu aufforderten, alle abzulehnen, bis auf Ali رضي الله عنه, wobei er sich weigerte, dies zu tun. Somit lehnten sie ihn ab und seien aus diesem Grund als „Ablehner" (Rawafid) bezeichnet worden.

Einige unter ihnen behaupteten, die Führerschaft sei von Musa ibn Ja'far geerbt worden, dann von dessen Sohn Ali, dann von Alis Sohn, Muhammed, hierauf von Muhammeds Sohn Ali, danach von al-Hasan ibn Muhammed al-Askari, dann von dessen Sohn Muhammed, welcher den zwölften Imam darstellt, dessen Rückkehr erwartet wird. Sie erzählten, Letzterer sei nicht gestorben und werde am Ende der Zeit zurückkommen, um die Erde mit Gerechtigkeit zu erfüllen.

Abu Mansur al-Ijli behauptete, dass Muhammed ibn Ali al-Baqir der „Erwartete" sei und dass er dessen Stellvertreter sei. Er gab an, jener sei in den Himmel erhoben worden, wo Allah mit Seiner Hand dessen Kopf gestreichelt habe. [...]

Eine Fraktion der *Rawafid*, die als *Janahiyyah* bezeichnet wurde, wobei es sich um Anhänger des Abdullah ibn Mu'awiyah, Sohn des Abdillah ibn Ja'far Dhu'l Janahayn handelte, behauptete, der Geist Allahs sei von Prophet zu Prophet weitergegeben worden, bis er zu jenem Abdullah gekommen sei und dass dieser nicht gestorben sei.

Eine Sekte namens *al-Ghurabiyyah* vertrat die Meinung, Ali رضي الله عنه habe Anteil am prophetischen Amt. Eine weitere Sekte, die al-*Mufawwidah* („die Bevollmächtiger") behaupteten, Allah habe Muhammed ﷺ erschaffen und diesem die Vollmacht zur Erschaffung der Welt übertragen.

Eine als *Dhimamiyyah* („die Beschuldigenden") bezeichnete Sekte beschuldigte Djibril عليه السلام, weil sie meinten, er sei zu Muhammed ﷺ hinabgestiegen, obwohl ihm gesagt wurde, er solle zu Ali رضي الله عنه hinabsteigen.

Und so manch einer von ihnen vertrat die Meinung, Abu Bakr رضي الله عنه habe Fatima ihres Erbes beraubt.

Wir hörten eine Überlieferung, die besagt, dass eines Tages, als Saffah gerade predigte, ein Mitglied der Familie Alis رضي الله عنه aufgestanden sei und Folgendes gesagt habe: „Ich bin ein Nachkomme Alis رضي الله عنه, des Anführers der Gläubigen. Helft mir gegen jemanden, der mich betrogen hat!" Der Anführer der Gläubigen fragte ihn, wer ihn betrogen habe. Da sagte jener: „Ich bin ein Nachkomme Alis رضي الله عنه und die

Person, die mich betrogen hat, war Abu Bakr ﷺ, indem er Fatima (das Landstück) Fadak wegnahm." Da fragte ihn der Anführer: „Und hat er dich auch beraubt?" Der Mann sagte: „Ja." Der Anführer sagte: „Wer kam nach ihm?" „Umar", sagte der Mann. „Und hat jener dich ebenfalls beraubt?", fragte der Anführer. „Ja", sagte der Mann. Nun fragte der Anführer: „Und wer kam nach ihm?" Der Mann erwiderte: „Uthman." „Und hat dieser dich beraubt?", fragte der Anführer. „Ja", sagte er. „Und wer kam nach ihm?", fragte der Anführer abermals. Nach dieser Frage drehte sich der Mann hin und her, um einen Fluchtweg zu finden.[189]

Ibn Aqil meinte: „Derjenige, der die Doktrin der *Rawafid* erfand, muss offensichtlich die Absicht gehegt haben, die Grundlage der Religion und des Prophetentums anzugreifen. Denn das, was vom Propheten ﷺ gelehrt wurde, ist etwas, das wir (zeitlich gesehen) nur von der Ferne kennen. Wir müssen daher auf das von unseren Vorgängern Überlieferte und auf die Genauigkeit ihrer Nachforschungen vertrauen. Wenn jemand, dessen Frömmigkeit und Intelligenz wir uns sicher sind, etwas für uns erforscht hat, dann ist es so, als hätten wir es selbst erforscht. Wenn nun jemand behauptet, dass das erste, was man nach dem Tod des Propheten ﷺ tat, darin bestand, seine Familie des Kalifatamtes und seine Tochter ihres Erbes zu berauben, hieße das, dass sie an denkürzlich Verstorbenen (Muhammed [sas]) nicht glaubten. Denn wahrer Glaube, speziell in Bezug auf die Propheten, würde bedingen, dass man deren Anordnungen bezüglich dessen, was nach ihrem Tod zu tun war, insbesondere hinsichtlich ihrer Familien und Nachkommen, beachtet. Wenn nun die Rawafid sagen, dass die Leute (Abu Bakr, Umar etc.) solch ein Verhalten nach dem Tod des Propheten ﷺ für rechtmäßig hielten, würde dies dazu führen (was die Erfinder der *Rawafid*-Doktrin gerne möchten), dass unser Vertrauen auf die Scharia einen Bruch erfährt. Denn zwischen der Scharia und uns gibt es nur Überlieferungen von jenen (Abu Bakr und anderen Gefährten), und alles basiert auf unserem Vertrauen in sie. Wenn nun diese (Beraubung) alles gewesen sein soll, was der Familie des Propheten entgegengebracht wurde, dann wäre unsere Hoffnung, dass das uns Überlieferte vertrauenswürdig ist, enttäuscht worden. Somit könnten wir (das erhoffen sich die Erfinder der *Rawafid*-Doktrin) uns dessen, worauf wir bis dato vertrauten, nicht mehr sicher sein, nämlich, dass wir intelligenten Personen folgen. Wir hätten (wenn ihr Plan aufginge) keine Garantie, dass jene Leute (Abu Bakr,

[189] Al-Saffah wollte damit sagen, dass (gemäß der Ansicht jenes Mannes) Ali (ra) auch Anteil an diesem Raub gehabt haben muss. So gab es (für den Mann) nichts mehr zu sagen.

Umar etc.) sich womöglich durch einige Gründe gezwungen sahen, dem Propheten ﷺ zu folgen, obwohl sie (die Familie des Propheten) zu seinen Lebzeiten (eigentlich) nicht respektierten und die Scharia, nachdem er ﷺ gestorben war, vernachlässigten, so dass nur noch einige seiner Familienangehörigen seiner Religion folgten. So würde der Glaube erschüttert werden und das Herz hätte nicht den Mut, die Überlieferungen zu akzeptieren, welche die Grundlage des Glaubens betreffen, wie zum Beispiel die Wunder. Dies wäre sehr verheerend für die Scharia (und eben das, was die Rawafid erreichen wollen). "

Die fanatische Liebe der Rawafid gegenüber Ali ؓ führte sie dazu, eine Reihe von Überlieferungen bezüglich seiner „Vorzüge" zu erfinden, von denen die meisten ihn eher diskreditieren und beleidigend sind. Ich habe eine Reihe davon in meinem Buch zum Thema „erfundene Ahadith" erwähnt. Eine davon besagt, dass einst die Sonne untergegangen sei, wobei Ali ؓ das Nachmittagsgebet versäumt habe. Hierauf sei sie dann seinetwegen wieder zurückgekommen. Aus Sicht der Überlieferung ist sie abzulehnen, da keine vertrauenswürdige Autorität sie verzeichnete; und aus semantischer Sicht ist sie absurd. Die Zeit war nämlich schon vergangen. Und wenn man annehmen würde, dass ein neuer Aufgang die Sonne wiederbrachte, wäre dadurch dennoch die Zeit nicht zurückgesetzt worden. Daneben fabrizierten sie eine Überlieferung, die besagt, Fatima ؓ habe sich selbst gewaschen und sei dann gestorben, nachdem sie die Anweisung gegeben habe, dass jene Waschung ausreiche. Aus Sicht der Überlieferung handelt es sich um eine Fiktion. Und was den Sinn betrifft, ist es eine Dummheit; denn die Waschung wird aufgrund der durch den Tod verursachten Unreinheit durchgeführt. Wie könnte sie dann gültig sein, wenn sie vor dem Tod durchgeführt wird?

Daneben erzählen sie verschiedene Geschichten, für die sie keinerlei Nachweise bieten, und erfanden juristische Prinzipien sowie Romanzen, die im Widerspruch zu dem stehen, was per Konsens als richtig erachtet wird.

Ich kopierte einige ihrer Fragestellungen aus den Schriften des Ibn Aqil, welcher erwähnte, dass er sie aus der von al-Murtaza verfassten Abhandlung über die eigenartigen Meinungen der *Imamiyyah* abgeschrieben hatte. Eine davon besagt, dass die Niederwerfung nur auf Erde oder auf etwas, was auf ihr gewachsen ist. Erlaubt sei für diesen Zweck also keine Wolle, Haut oder Pelz. Außerdem sei der Gebrauch von Kieselstein als Mittel zur Reinigung nur im Falle von Stuhl, aber nicht bei Urin ausreichend.[190] Des Weiteren müsse der Kopf (bei der Waschung) nur mit der Feuchtigkeit bestrichen werden, die sich bereits an der Hand befindet. Sie müsse also für den Zweck nicht erneut angefeuchtet werden. Eine andere ihnen eigene Meinung ist, dass jemand, der Unzucht beging, die Frau, mit der er die Sünde begangen hat, niemals heiraten dürfe, selbst wenn ihr Ehemann sich von ihr scheiden ließe. Sie verbieten die Heirat mit Frauen, die zu den (in diesem Zusammenhang) tolerierten Religionen gehören. Sie vertreten die Meinung, dass eine Scheidung, die von der Erfüllung einer Bedingung abhängig gemacht wurde, nicht wirksam werde, selbst wenn sich die Bedingung erfülle. Außerdem müsse eine Scheidung vor zwei zulässigen Zeugen erfolgen, damit sie gültig ist. Daneben meinen sie, dass ein Mann, der das Nachtgebet *('Ischaa)* verpasst, indem er einschläft und erst nach Mitternacht aufwacht, dies nicht nachholen, sondern als Buße für die Auslassung am nächsten Tag fasten müsse. Sie meinen außerdem, dass eine Frau, die ihre Haare abrasiert, die gleiche Sühne leisten müsse, die man für die unbeabsichtigte Ermordung eines Menschen ableistet. Jemand, der aufgrund eines verstorbenen Sohnes oder einer verstorbenen Ehefrau seine Kleidung zerreißt, müsse die gleiche Sühne leisten, die für Eidbruch anfällt. Ein Mann, der ohne es zu wissen, eine Frau heiratet, die bereits einen Ehemann hat, müsse fünf Dirham spenden. Jemand, der bereits zweimal für das Trinken von Wein bestraft worden ist, müsse bei einem dritten Vergehen getötet werden. [...] Die Hand eines Einbrechers müsse von den Fingerwurzeln her amputiert werden, so dass ihm die Handfläche gelassen werde. Doch sollte er ein zweites Mal einbrechen, so solle sein linker Fuß amputiert werden. Wenn er ein drittes Mal einbricht, soll er im Gefängnis verweilen, bis er stirbt. Den Fisch *Jirri*[191] betrachten sie als verbotene Nahrung und ebenso das, was von den Leuten der Schrift geschlachtet wurde. Das Hinwenden zur Qibla gehört ihrer Meinung nach zu den Voraussetzungen beim Schlachten.

Dies waren nur einige wenige von zahlreichen Themen, deren vollständige Aufzählung zu viel Zeit in Anspruch nehmen würde, in denen sie dem Konsens der großen Gelehrten widersprechen und zu deren Festlegung sie der Satan verführte, ohne dass sie sich dabei auf die Überlieferung oder einen Analogieschluss stützen, sondern einzig und allein auf ihre eigenen Launen.

---

[190] Da dies ein Thema ist, das in den Bereich des *Fiqh* fällt, kann diese Übersetzung nicht als Handlungsgrundlage dienen, da nicht immer gewährleistet werden kann, dass der Sinn exakt genug getroffen wurde. (Übers.)

[191] Im Hayawani von Jahiz (111, I.4) wird darauf hingewiesen. In den Lexika wird kein Fisch erwähnt.

Die Gräueltaten der *Rawafid* sind wahrlich unzählbar. Sie haben das Gebet eingebüßt, indem sie bei der Gebetswaschung die Füße nicht waschen und die Gemeinschaft, indem sie auf einen unfehlbaren Anführer warten. Außerdem fielen sie der Praxis der Beschimpfung von Prophetengefährten anheim. In den beiden *Sahih*-Werken wird überliefert, der Prophet ﷺ habe gesagt:

„Beschimpft nicht meine Gefährten, denn bei Dem, in Dessen Hand meine Seele ist, wenn einer von euch Gold gleich (dem Berge) Uhuds spenden würde, so würde er weder (die Belohnung von) einem Mudd (Hohlmaß von 0,678 l) (den er gespendet hat) noch einem halben (Mudd) erreichen.“

[...]

Abu Barakat ibn Ali al-Bazzar berichtete uns in einer auf Suwayd ibn Ghafalah zurückgehenden Überlieferung, dass dieser sagte:

„Ich kam an einigen Schiiten vorbei, die Abu Bakr und Umar (r.anhuma) beschimpften. Daraufhin ging ich zu Ali ibn Abi Talib ﵁ und sagte zu ihm: ‚O Anführer der Gläubigen, ich ging an einigen ihrer Anhänger vorbei, die auf unwürdige Weise über Abu Bakr und Umar (r.anhuma) sprachen. Wenn sie nicht davon ausgehen würden, dass sie den beiden gegenüber die gleichen Gefühle hegen, dann würden sie es nicht wagen, so etwas zu tun.‘ Da sprach Ali ﵁: ‚Möge Allah davor bewahren! Möge Allah davor bewahren, ihnen gegenüber andere Gefühle zu hegen als die, die der Prophet ﷺ mir ans Herz gelegt hat.‘ [...] Daraufhin stand er auf, wobei ihm Tränen in den Augen standen. Dabei hielt er meine Hand und ging in Richtung Moschee. Dort stieg er auf die Kanzel, nahm eine sichere Sitzposition ein und hielt seinen ergrauten Bart, während er sie anschaute. Als sich die Leute dann versammelt hatten, stand er auf, rezitierte das Glaubensbekenntnis und hielt eine kurze und eloquente Predigt. Anschließend sagte er: ‚Wie kommt es, dass gewisse Leute über die zwei Anführer der Quraysch und die zwei Väter der Muslime sprechen. Ich distanziere mich nicht nur vollkommen von ihnen, sondern werde sie bestrafen. Bei Dem, Der das Getreide sprießen lässt und die Seele erschuf, nur die frommen Gläubigen lieben jene zwei und nur elende Schurken hassen sie. Sie begleiteten den Propheten ﷺ mit Loyalität und Aufrichtigkeit. Sie befahlen und verboten, zürnten und erteilten Strafen und gingen in keiner Angelegenheit über die Meinung des Propheten ﷺ hinweg. Er ﷺ hatte genau das gelehrt. Und sie liebten keinen Menschen so sehr wie sie ihn ﷺ liebten. Der Prophet ﷺ verstarb, wobei er mit ihnen beiden zufrieden war. Und sie verstarben, wobei die Muslime mit ihnen zufrieden waren. Der Prophet ﷺ beauftragte Abu Bakr ﵁, das Gebet zu leiten, was dieser neun Tage lang tat während der Prophet ﷺ noch lebte. Und aufgrund seiner Güte wurde er (laut Meinung des Autors) vom Propheten ﷺ mit Mikail verglichen, und wegen seiner Würde und Bereitschaft zu vergeben, verglich man ihn mit Ibrahim ﵇.[192] Als Allah den Propheten ﷺ verscheiden ließ und ihm somit das zuteilwerden ließ, was sich bei Ihm befindet, übergaben sie ihm die gleiche Aufgabe (d.h., das Gebet zu leiten), dann beauftragten sie ihn mit der Einsammlung der Zakah und schließlich machten sie ihn zu ihrem Anführer. All dies taten sie freiwillig, ohne einem Zwang zu unterliegen. Ich (Ali) war der Erste aus der Nachkommenschaft Abdulmuttalibs, der ihn dazu aufforderte – gegen seinen Wunsch. Denn er hätte es vorgezogen, dass jemand anderes die Sache an seiner Stelle auf sich genommen hätte. Er war in der Tat der Beste unter denjenigen, die der Prophet ﷺ hinterlassen hatte. Er war der Barmherzigste und Gütigste, der Gemäßigtste, der Älteste und der erste (Mann), der den Islam annahm. Er folgte dem Verhalten des Propheten ﷺ und tat dies bis zu seinem Tode. Möge Allah Sich seiner erbarmen! Danach wurde die Regierung von Umar ﵁ übernommen. Ich (Ali) war einer von denen, die dem zustimmten. Er behielt das Grundverständnis des Propheten ﷺ und dessen Nachfolgers (Abu Bakr) bei und folgte ihren Fußstapfen, so wie ein Fohlen seiner Mutter folgt. Er war zweifellos gütig, stand den Schwachen bei und half den unrechtmäßig Behandelten gegen die Ungerechten. Kein Tadel beeinflusste ihn je, wenn es um Allahs Sache ging. Er brachte seiner Zunge bei, das zu sprechen, was gerecht war und machte die Wahrheit zu seiner Aufgabe. Dies tat er so sehr, dass wir anzunehmen pflegten, dass ein Engel mittels seiner Zunge sprach. Allah stärkte den Islam dadurch, dass er ihn annahm. Und seine Auswanderung machte Er zu einer Stütze für den Islam, welche die Herzen der Heuchler mit Angst erfüllte und die Herzen der Gläubigen mit Zuversicht versah. Für seine Strenge und Härte gegenüber den Feinden verglich ihn der Prophet ﷺ mit Djibril ﵇. Wer könnte mit jenen zwei (Mikail und Djibril) zu vergleichen sein? Möge Allah Sich ihrer erbarmen und möge Er euch gestatten, ihrem Weg zu folgen! Wenn jemand mich liebt, dann soll er auch sie lieben; und wenn jemand sie nicht liebt, dann hasst er mich und ich lehne ihn ab. Hätte ich euch hinsichtlich ihrer Person Anweisungen gegeben, dann hätte ich dafür (d.h., die Beleidigungen) eine strenge Strafe erteilt.

[192] Wie authentisch diese Aussage ist, ist aufgrund fehlender Angaben, aus dem Buch nicht ersichtlich. Diesbezüglich müssen die entsprechenden Quellen bzw. Gelehrten konsultiert werden. (Übers.)

Doch zweifellos werde ich jemanden, von dem mir berichtet wird, dass er auf solche Art und Weise über sie spricht, die gleiche Peinigung zufügen lassen, die diejenigen erhalten, die fabrizieren. Ohne jeglichen Zweifel sind die besten dieser Ummah nach dem Propheten ﷺ Abu Bakr und Umar (r.anhuma). Allah weiß, wer der Nächstbeste ist. Dies sind meine Worte und ich bitte Allah für mich und für euch um Vergebung.‘“[193]

Sa’dullah ibn Ali berichtete uns in einer auf Abu Sulayman al-Hamdani zurückgehenden Überlieferung, dass Ali ﷺ Folgendes gesagt habe: „In späteren Tagen wird eine Gruppe erscheinen, die als *Rawafid* bezeichnet wird. Sie werden behaupten, zu unseren Befürwortern (Schi’a) zu gehören, doch werden sie nicht zu ihnen gehören. Ihr Erkennungsmerkmal ist, dass sie Abu Bakr und Umar (r.anhuma) beschimpfen werden. Tötet sie, wo auch immer ihr sie findet; denn sie sind Muschrikun.“[194]

Eine Darlegung dessen, wie er die *Batiniyyah* täuscht

Dies sind Leute, die sich unter dem Deckmantel des Islam bewegen und zum *Rafd* (also zu den Lehren der *Rawafida*) tendieren. Die Quintessenz ihrer Doktrin besteht darin, den Schöpfer als unwirksam darzustellen, das Prophetentum und religiöse Riten für nichtig zu erklären und die Wiederauferstehung zu leugnen. Zu Beginn bekennen sie sich nicht öffentlich dazu, sondern sagen, dass Allah wahrhaftig existiert, dass Muhammed ﷺ Allahs Gesandter ist und dass die Religion die richtige ist. Allerdings vertreten sie insgeheim eine andere Meinung, jedoch nicht in der Öffentlichkeit. Der Satan hat sich mit ihnen bis aufs Äußerste amüsiert und sie von verschiedenen Meinungen überzeugt. Sie tauchen unter acht Namen auf.

Erster Name: *Al-Batiniyyah* (Esoteriker)

Als solche werden sie bezeichnet, weil sie meinen, die wörtlichen Ausdrücke im Qur’aan und den Ahadith besäßen eine verborgene (batin) Bedeutung, deren Verhältnis zum wörtlichen Ausdruck dem Verhältnis eines Kernes zur Außenhülle gleiche. Ihrer äußeren Form nach würden sie den Unwissenden gewisse einfache

---

[193] Keine Quellenangabe vorhanden.

[194] Keine Quellenangabe vorhanden.

Ausdrücke suggerieren, doch für den Intellektuellen seien es Hinweise und Indizien für verborgene Wahrheiten. Eine Person, deren Geist sich weigere, tief in die verborgenen Mysterien einzutauchen und sich mit den wortwörtlichen Ausdrücken begnüge, befinde sich daher unter dem Joch, womit die Anweisungen der Scharia gemeint sind. Für eine Person hingegen, die zum verborgenen Wissen aufgestiegen sei, seien diese Anweisungen (der Scharia) nicht mehr verbindlich; sie sei also von der Last befreit. Ihrer Meinung nach handele es sich dabei um die Personen, die im folgenden Text (der *Aayah*) gemeint sind: *„[...] und er nimmt ihnen ihre Bürde und die Fesseln ab, die auf ihnen lagen. [...]"*[195] Ihr Ziel ist es, die wörtliche Bedeutung der Glaubensinhalte zu entfernen, um somit die Scharia zu annullieren, indem sie diese für falsch erklären.

Zweiter Name: al-Ismailiyyah

Diesen Namen übernahmen sie von Muhammed ibn Ismail ibn Ja'far, einem ihrer Anführer, von dem sie behaupten, dass er die Führerschaft (*Imama*) übertragen bekommen habe. Somit sei er der siebte (*Imam*) gewesen. Sie argumentieren, indem sie sagen, dass die Himmel sieben, die Erden sieben und die Wochentage sieben an der Zahl sind. Dies deute darauf hin, dass die Runde der Imame mit dem siebten ihre Vollständigkeit erreicht habe. Im Falle al-Mansur beginnen sie die Aufzählung mit al-Abbas, gefolgt von dessen Sohn Abdullah, gefolgt von dessen Sohn Ali, dann dessen Sohn Muhammed, dann Ibrahim, dann Saffah, dann al-Mansur.

Abu Ja'far at-Tabari verzeichnete in seinem *Tarikh*, dass Ali ibn Muhammed von seinem Vater überlieferte, dass einer der Rawandiyyah, ein Aussätziger namens al-Ablaq, Meinungen der extremen Schi'a von sich gab und die Rawandiyyah dazu aufrief, diese zu übernehmen. Er behauptete, dass der Geist (Ruh), der zu Isa ibn Maryam ﷺ gekommen war, auch zu Ali ibn Talib ﷺ gekommen sei und nach ihm von einem Imam zum anderen bis hin zu Ibrahim ibn Muhammed übergegangen sei. Sie erklärten die Gesetze über moralisches Verhalten für aufgehoben. So kam es vor, dass einer von ihnen eine Anzahl von Leuten zu sich nach Hause einlud, ihnen Essen und Trinken gab und ihnen schließlich seine Ehefrau anbot. Als Asad ibn Abdillah davon erfuhr, ließ er sie hinrichten und aufspießen. Doch ihre Praktiken seien bis zu seiner (Tabaris) Zeit fortgeführt worden. Sie pflegten Abu Ja'far (al-Mansur) anzubeten. Daneben pflegten sie große Höhen zu besteigen und sich dann

---

[195] *Qur'aan* (7/157).

hinunterzuwerfen, wobei sie so taten, als flögen sie. Doch sie starben, noch bevor sie den Boden erreichten. Einige von ihnen kamen in bewaffneter Weise zu den Leuten und begannen, mit lauter Stimme über Abu Ja'far zu schreien: „Du bist du!"

Dritter Name: *Sab'iyyah* („die Siebener")

Für diesen Namen gibt es zwei Gründe. Einer davon ist, dass sie, wie wir bereits erklärten, glaubten, der Kreis der Führerschaft (Imama) bestehe aus sieben und dass die Ankunft des siebten (Imams) die Vervollständigung eines Kreises darstelle. Und genau das meinen sie mit Wiederauferstehung, wobei die Kreise (ihrer Meinung nach) einander endlos folgen.

Der zweite Grund liegt darin, dass sie glauben, dass die untere Welt der Verwaltung der sieben Himmelskörper Saturn, Jupiter, Mars, Venus, Sonne, Merkur und Mond unterliege.

Vierter Name: Babakiyyah

Dieser bezieht sich auf eine Fraktion von ihnen, die einem Mann namens Babak al-Khurrami folgte, welcher zur *Batiniyyah* gehörte. Er war ein Bastard und trat im Jahre 201 n.H. in einer Bergregion des Aserbaidschan hervor. Es folgte ihm eine große Anzahl von Leuten. Er erklärte unerlaubte Dinge für legitim und, wenn er erfuhr, dass irgendein Mann eine hübsche Tochter oder Schwester hatte, dann verlangte er nach ihr. Wenn der Mann sie schickte, dann war alles in Ordnung; andernfalls jedoch ließ er den Mann umbringen und ergriff sie. Er tat dies zwanzig Jahre lang und ließ in dieser Zeit 80.500 (anderen zufolge 50.500) Menschen töten. Er bekämpfte die Regierung und leitete verschiedene Truppen, bis al-Mu'tasim Afschin entsendete, um ihn zu bekämpfen. Afschin nahm Babak und dessen Bruder im Jahre 223 n.H. gefangen und lieferte sie aus. Als sie vorgeführt wurden, sagte Babaks Bruder zu ihm: „Du hast Dinge verübt, die niemand anderes getan hat, so halte nun durch, so wie es niemand anderes getan hat." Darauf erwiderte er: „Du wirst sehen, wie mein Durchhaltevermögen sein wird." Al-Mu'tasim ordnete das Amputieren seiner Hände und Füße an. Als dies getan wurde, beschmierte er sein Gesicht mit dem Blut. Da sagte al-Mu'tasim: „Du, der du so ein mutiger Mann bist, wie kommt es, dass du dein Gesicht mit Blut beschmierst? Tust du es etwa, weil du den Tod fürchtest?" Da sagte er: „Nein, sondern ich verlor viel Blut, als meine Extremitäten amputiert wurden und ich fürchtete, man könnte annehmen, dass der

Grund für die Blässe in meinem Gesicht die Angst vor dem Tod sei. Daher bedeckte ich mein Gesicht mit Blut, so dass es nicht gesehen wird." Danach wurde er enthauptet und sein Körper verbrannt. Ebenso ging man mit seinem Bruder vor. Keiner von ihnen äußerte einen Schrei bzw. Reue oder ließ sich Schmerzen anmerken. Möge Allah sie verfluchen!

Einige der Babakiyyah gibt es immer noch und es wird gesagt, dass sich die Männer und Frauen in einer bestimmten Nacht des Jahres versammeln, die Lichter ausmachen, woraufhin die Männer die Frauen vergewaltigen. Sie behaupten, dass die Jagd legitim sei und dass sie das ausüben, was ihnen in diesem Zusammenhang zusteht.

Fünfter Name: al-Muhammira („die Roten")

Man nennt sie so, weil sie die Kleidung, die sie trugen, zu Lebzeiten Babaks rot zu färben pflegten.

Sechster Name: al-Qaramita

Bezüglich dessen Ursprung vertreten die Historiker zwei verschiedene Meinungen. Laut der einen kam ein Mann aus der Region Khuzistan zu den kultivierbaren Ländereien Kufas, praktizierte dort Askese und behauptete mit Nachdruck, dass einer der Nachkommen des Propheten ﷺ die Führerschaft (*Imama*) innehabe. Er beherbergte einen Mann namens Karmitah, welcher diesen Kosenamen aufgrund der Röte seiner Augen erhalten hatte; im Nabatäischen lautet die Bedeutung dieses Wortes „scharfäugig". Der Gouverneur jener Region verhaftete diesen (erstgenannten) Mann und sperrte ihn ein und legte den Schlüssel für dessen Zelle unter sein Kopfkissen. Nachdem dieser sich schlafen gelegt hatte, nahm eine Sklavin, die Mitleid mit jenem Mann hatte, die Schlüssel, schloss die Zelle auf und ließ den Mann frei. Danach legte sie den Schlüssel zurück an seinen Platz. Als man nach dem Mann schauen wollte und ihn nicht vorfinden konnte, nahm der Irrtum der Leute bezüglich dessen Person noch weiter zu. Er setzte sich nach Syrien ab, wo er den Namen seines Gastes, Karmitah, annahm, welchen er wenig später zu Qarmat verkürzte. Seine Ansichten und Praktiken wurden von seiner Familie und seiner Nachkommenschaft übernommen.

Die zweite Meinung besagt, dass diese Leute nach einem Mann namens Hamdam Qarmat benannt wurden, der einer ihrer ersten Missionare gewesen sei. Eine gewisse

Anzahl von Leuten wurde bekehrt und als Qaramitah oder Qarmatiyyah bezeichnet. Der Mann selbst sei aus Kufa gewesen und habe zur Askese tendiert. Als er auf einer Straße einen der Missionare der *Batiniyyah* traf, welcher gerade sein Vieh in Richtung eines Dorfes trieb, fragte er diesen Treiber, den er nicht kannte, wo er hinging. Dieser Mann habe ihm das Dorf genannt, in dem Hamdan selbst wohnte. Da habe Hamdan zu ihm gesagt: „Du solltest besser auf eines deiner Tiere steigen, sonst wirst du ermüden.“ Da habe der Mann erwidert: „Mir wurde nicht angewiesen, dies zu tun.“ „Es scheint“, sagte Hamdan, „als agiertest du nur auf Anweisung.“ Der Mann bejahte. „Gemäß wessen Anweisungen handelst du denn?“, sagte Hamdan. Jener antwortete: „Gemäß den Anweisungen meines und deines Meisters, des Meisters dieser Welt und der jenseitigen.“ Da sagte Hamdan: „Du meinst, Allah, den Herrn der Welten.“ „Stimmt“, sagte jener. Daraufhin fragte Hamdan: „Was hast du dann in dem Dorf, zu dem du dich bewegst, vor?“ „Mir wurde befohlen, seine Einwohner vom Unwissen zum Wissen aufzurufen, vom Irrtum zur Rechtleitung, vom Unglück zum Glück, um sie aus den Abgründen der Erniedrigung und Armut zu befreien und ihnen das zu geben, was sie der Schufterei unbedürftig machen wird“, sagte jener Mann. Da sprach Hamdan zu ihm: „Rette mich (Möge Allah dich retten!) und lasse so viel Licht auf mich strömen, dass ich belebt werde. Wie sehr ich doch dessen bedürftig bin!“ Da antwortete der Mann: „Ich habe keine Ermächtigung bekommen, jemandem das verborgene Mysterium zu offenbaren, bevor ich ihm vertraue und mit ihm einen Pakt eingehen kann.“ „Nenne deinen Pakt“, sagte Hamdan, „so solle er für mich verbindlich sein!“ Der Mann sprach: „Er besteht darin, dass du mir und dem Anführer (Imam) schwören musst, dass du das Geheimnis des Imams, von dem ich dir erzählen werde, und ebenso mein Geheimnis niemandem offenbaren darfst.“ Hamdan legte jenen Schwur ab und der Missonar begann, Hamdan in die verschiedenen Kategorien seines Unwissens einzuweihen, bis er ihn weit in die Irre geführt und sein Vertrauen gewonnen hatte. Daraufhin wurde Hamdan selbst zu einem der Missionare und tatsächlich zu einem der Gründungsfiguren dieser Häresie. Seine Anhänger nannte man al-Qarmatiyyah oder al-Qaramitah. Seine Ansichten und Praktiken wurden von seiner Familie und seiner Nachkommenschaft übernommen. Einer der Energischsten unter ihnen war dabei Abu Sa'id, der im Jahre 286 n.H. hervortrat, an Macht gewann und unzählige Menschen ermordete. Er zerstörte Moscheen, verbrannte Qur'aan-Exemplare, griff die Pilger an und stellte Gesetze für seine Familie und seine Gefährten auf, denen er verschiedene, absurde Dinge erzählte. Wenn er sich zu einer Schlacht begab, pflegte er zu sagen, dass ihm zu jener Stunde der Sieg versprochen worden sei. Nachdem er verstarb, wurde eine Kuppel über seinem Grab errichtet, auf deren Spitze sie eine aus Gips gefertigte Vogelfigur platzierten. „Wenn dieser Vogel losfliegt“, sagten sie, „wird Abu Sa'id aus seinem Grab herauskommen.“ An das Grab stellten sie ein Pferd und ein Set aus Kleidern und Waffen. Der Satan hatte diese Leute glauben lassen, dass ein Toter, neben dessen Grab ein Pferd stand, reitend auferstehen werde, wohingegen er bei Nichtvorhandensein eines Pferdes als Fußgänger auferstehen werde.

Die Anhänger Abu Sa'ids pflegten, ihm bei dessen Erwähnung Allahs Wohlgefallen zu wünschen, bei der Erwähnung des Propheten ﷺ jedoch nicht. Dazu sagten sie: „Wie, wir sollen Abu Sa'ids Essen verzehren und dann Abu'l Qasim Allahs Wohlgefallen wünschen?“

Abu Sa'ids Nachfolger war sein Sohn Abu Tahir, der so handelte wie sein Vater - die Ka'ba angriff, die in ihr enthaltenen Schätze plünderte, den Schwarzen Stein (Hajaru'l Aswad) herausbrach und ihn zu seinem Dorf brachte, wo er die Leute glauben ließ, es handele, sich dabei um Allah, den Allmächtigen.

Siebter Name: *Khurramiyyah*

Khurram ist ein persisches Wort und bezeichnet etwas „Sympathisches“ und „Angenehmes“, das zu Zufriedenheit führt. Der Zweck dieser Bezeichnung war, den Leuten die Ermächtigung zuzusprechen, jeglichem Vergnügen hinterherzulaufen und auf jedem beliebigen Weg Gelüste zu befriedigen und dabei die Gebote beiseitezulegen, um somit die „Menschheit von der Bürde der Scharia zu befreien“. Zuvor war dies eine Bezeichnung für Mazdäer gewesen, bei denen es sich um liberale Anhänger der Religion Zarathustras handelte, die in den Tagen Qubadhs Mazdak folgten. Sie erklärten die Verbote in Bezug auf das Eheleben für nichtig sowie andere moralische Einschränkungen. Ihr Name wurde der Sekte, von der wir sprechen, übertragen, weil sie ihnen bezüglich der Konsequenzen des von ihnen vertretenen Systems ähnelten, auch wenn sie sich in den Grundannahmen unterschieden.

Achter Name: Ta'limiyyah (Instruktionisten)

Dieser Name wurde ihnen gegeben, weil ihr erstes Prinzip darin bestand, Meinungen abzulehnen und den Gebrauch des Verstandes zu bekämpfen.

Stattdessen wiesen sie die Leute an, den Anweisungen des „unfehlbaren Imams" zu folgen, da Wissenserwerb nur durch solche Anweisungen möglich sei.

Eine Schilderung der Ursache dafür, dass Leute sich in diese Häresie verwickelten

Man sollte wissen, dass die Leute sich heimlich von der Religion entfernen wollten und unterschiedliche Anhänger der zarathustrischen Religion, Mazdäer, Dualisten und häretische Philosophen konsultierten. Dabei baten sie jene darum, eine Methode zu entwickeln, die sie etwas der Kontrolle des Religiösen entziehen würde. Denn Letztere hatte sie dazu gebracht, ihre Überzeugungen, wie zum Beispiel die Leugnung des Schöpfers, die Ablehnung der Gesandten und die Leugnung der Wiederauferstehung und ihre Meinung, dass die Propheten Scharlatane und Betrüger waren, geheim zu halten.

Sie hatten gesehen, dass die Lehre Muhammeds ﷺ sich über ein weites Gebiet verbreitet hatte und dass sie unfähig waren, ihr Widerstand zu leisten. So dachten sie: „Unser bester Plan ist es, den Glauben einer ihrer Sekten zu übernehmen, nämlich den der Spitzfindigsten, Mysteriösesten, die zudem am besten geeignet ist, Absurditäten zu akzeptieren und an Unwahrheiten zu glauben; und das sind die Rawafid. Wir werden uns verschanzen, indem wir ihren Namen übernehmen und uns bei ihnen einschmeicheln, indem wir unser Bedauern über die Verletzungen und Erniedrigungen äußern, durch welche die Nachkommenschaft des Propheten ﷺ befallen wurde. So wird es uns möglich sein, die Vorfahren (*Salaf*) zu verunglimpfen, die ihnen die Scharia überliefert hatten. Sobald jene beginnen, sie (die *Salaf*) zu verachten, werden sie dem, was sie überlieferten, keine Beachtung mehr schenken wird es uns nach und nach möglich werden, sie von der Religion wegzuführen. Sollten einige von ihnen weiterhin an den wörtlichen Aussagen im *Qur'aan* und in den *Ahadith* festhalten, dann sollten wir sie dazu bringen zu glauben, dass jene Ausdrücke gewisse Mysterien beherbergen und dass jemand, der sich von den wörtlichen Ausdrücken blenden lässt, ein Dummkopf ist und Klugheit hingegen darin besteht, an deren verborgene Bedeutungen zu glauben. Hierauf sollten wir ihnen unsere eigenen Glaubensinhalte vermitteln, indem wir behaupten, dass es sich bei ihnen um das handele, was durch die wörtlichen Ausdrücke gemeint ist. Wenn wir durch sie unsere Anzahl vergrößern können, dann wird es uns leicht fallen, schrittweise die anderen Sekten für uns zu gewinnen." Weiterhin sagten sie: „Zu unserem Plan gehört, dass wir einen Mann auserwählen, der unser System unterstützen soll. Wir werden angeben, dass es sich um einen Angehörigen der *Ahlu'l Bayt* des Propheten ﷺ handele, dem jeder folgen solle und dem sie alle gehorchen müssen, weil er ein Repräsentant des Propheten ﷺ und von Allah vor allen Irrtümern und Fehlern geschützt sei. Des Weiteren dürfen Predigten solcher Art nicht in der direkten Nachbarschaft des von uns für unfehlbar deklarierten „Repräsentanten" stattfinden; denn Nachbarschaft durchsticht den Schleier. Wenn jedoch eine weite Entfernung dazwischen liegt, kann jemand, der auf die Einladung eingeht, den Charakter des Imams nicht ermitteln oder sich darüber vergewissern, was es tatsächlich mit ihm auf sich hat."

Hinter all dem steckt ihre Absicht, Macht und Herrschaft über die Besitztümer der Menschen zu erlangen. Außerdem wollten sie sich für das in früheren Zeiten stattgefundene Vergießen ihres Blutes und die Hinwegnahme ihrer Güter rächen. Das sind ihre letztendlichen Ziele, auf welche sie zuarbeiten und die Grundlage, auf welcher sie begannen.

Sie bedienen sich verschiedener Hilfsmittel, um Menschen in die Irre zu führen und um zwischen denen zu unterscheiden, die sie glauben, irreführen zu können und jenen, die (ihres Erachtens) einen hoffnungslosen Fall darstellen. Wenn sie bezüglich einer Person Hoffnungen hegen, studieren sie deren Charakter. Sollte sie eine Tendenz zur Enthaltsamkeit (Zuhd) aufweisen, rufen sie sie dazu auf, ergeben, wahrhaftig und enthaltsam zu sein. Hat sie hingegen eine Neigung zum Ausschweifen, versichern sie ihr, dass Ergebenheit etwas Dummes sei und Keuschheit etwas für Narren. Klugheit, sagen sie ihr, bestehe darin, in dieser vergänglichen Welt nach Vergnügen zu streben. Jede Person bekräftigen sie in den Punkten, die mit dem System, dem sie folgt, in Einklang steht. Später versuchen sie, Zweifel über ihre Glaubensüberzeugungen zu wecken. Die Leute, welche auf sie eingehen, sind entweder Dummköpfe oder Nachkommen der sassanidischen Könige und der Zarathustrier - das Imperium dieser Vorgänger wurde durch die Herrschaft des Islam beendet. Oder es handelt sich um Menschen, die nach Macht gieren, denen diese jedoch nicht zuteil wurde. Diesen versprechen sie, ihre Hoffnungen zu erfüllen. Oder es sind Leute, die danach trachten, sich über die gewöhnlichen Stufen zu erheben und denen der Gedanke, in „Wahrheiten" eingeweiht zu werden, gefällt. Oder es ist ein *Rafidi*, dessen Glaube die Beschimpfung der Prophetengefährten beinhaltet. Es kann sich auch um häretische Philosophen, Dualisten oder um eine

Person handeln, die bezüglich der Religion verwirrt ist. Oder es sind einige Individuen, die von der Liebe zum Vergnügen gefesselt sind und die Anweisungen der Scharia als belastend empfinden.

Beispiele für ihre Lehren

Abu Hamid at-Tusi[196] sagte: „Die *Batiniyyah* sind Leute, die den Islam bekunden und zur Doktrin der *Rawafid* neigen. Doch sowohl ihre Glaubenslehre als auch ihre Praktiken widersprechen dem Islam. Zu ihrer Doktrin gehört die Existenz von zwei Göttern, die urewig seien, deren Existenz also keinen Beginn habe, wobei jedoch einer der Beiden den Ursprung des Anderen darstelle. Der Erste von beiden solle weder als existent noch als nicht existent beschrieben werden; denn er sei keines von beiden. Ebenso sei er weder bekannt noch unbekannt, weder habe er Eigenschaften noch sei er frei von Eigenschaften. Aus dem Ersteren sei der Zweite hervorgegangen, welcher das erste erschaffene Wesen darstelle. Daraufhin sei die universelle Seele entstanden. Ihnen zufolge handelt es sich bei einem Propheten um eine Person, auf die vom ersten (Gott) ausgehend mittels des zweiten eine reine und heilige Fähigkeit ausgeströmt sei. Djibril, so meinen sie, sei eine Bezeichnung für die Intelligenz, die auf ihn (den Propheten) herabkomme, und nicht für ein Individuum. Sie vertreten einstimmig die Meinung, dass in jedem Zeitalter ein unfehlbarer Imam existieren müsse. Er bewahre die Wahrheit und zu ihm müsse man sich begeben, um zu erfahren, wie die wörtlichen Aussagen zu interpretieren sind. So unfehlbar wie der Prophet sei er. Sie lehnen die „Rückkehr" (im Sinne der Wiederauferstehung) ab und behaupten dabei, dass „Rückkehr" bedeute, dass eine Sache zu ihrem Ursprung zurückkehre; so werde die Seele zu ihrem Ursprung zurückkehren. Was die Anweisungen der Scharia betrifft, so wird berichtet, sie hätten sie allesamt für ungültig und alles Verbotene für erlaubt erklärt. Wenn man dies jedoch in Bezug auf sie erwähnt, dann leugnen sie es und gestehen ein, dass solche Anweisungen für den Menschen existieren müssen, jedoch werde er von ihnen entbunden, sobald er die verborgenen Bedeutungen der wörtlichen Ausdrücke erkannt habe. Da sie nicht in der Lage waren, sie vom Qur'aan und der Sunna wegzuführen, lenkten sie die Leute von deren Bedeutung ab, an deren Stelle sie ihnen ihre eigenen Fiktionen und Ratschläge vorführten. In diesem Sinne behaupten sie, *Unreinheit* bezeichne die verfrühte Enthüllung des Mysteriums gegenüber einem Neuling. Die *Waschung* bezeichne die Wiederherstellung des Bundes mit einer Person, die so etwas getan hat.

[196] Besser bekannt als al-Ghazzali.

Unzucht (Zina) stehe für die Weitergabe der Saat des esoterischen Wissens an jemanden, der noch nicht in den Bund eingetreten ist. *Fasten* bezeichne die Enthaltung von der Enthüllung des Mysteriums. Die *Ka'ba* sei der Prophet ﷺ, die *Tür* Ali ؓ. Die *Überschwemmung* sei die Wissensflut, durch die ihre Anhänger „überflutet" werden. Das *Schiff* sei ein Amulett, das denjenigen, der auf ihren Ruf eingeht, schütze. Das *Feuer Ibrahims* sei ein Ausdruck für den Zorn Nimrods und nicht für ein tatsächliches Feuer. Die *Opferung Ismails* bezeichne die Annahme des Bundes. Der Stab Musas bezeichne sein Argument, Ya'juuj und Ma'juuj seien die Literalisten (*Zahiriyya*).

Andere Autoren geben an, dass jene Leute behaupteten, Allah habe die Seelen erschaffen und Sich ihnen gezeigt, so dass sie keinen Zweifel hatten, dass Er einer von ihnen sei, woraufhin sie ihn später (im hiesigen Leben) anerkannten. Die Ersten, welche dies taten, seien Salman al-Farisi, al-Miqdad und Abu Dharr gewesen. Und der Erste, der versäumte, dies zu tun, sei Umar ibn al-Khattab gewesen, den man Iblis nenne. Und sie behaupteten noch weitere Absurditäten, für deren Aufzählung die wertvolle Zeit nicht verschwendet werden sollte.

Nun ist es so, dass Leute dieser Art nicht einem versehentlichen Irrtum unterliegen, so dass man mit ihnen darüber reden könnte. Sie erfinden einfach aus eigenem Gutdünken heraus, was auch immer sie möchten. Käme es mit einem von ihnen zu einer Diskussion, sollte man ihn Folgendes fragen: „Weißt du von diesen Dingen, die du behauptest, axiomatisch bzw. zwangsläufig (also ohne sie erlernt zu haben) oder durch ein Studium oder wurde es dir vom ‚unfehlbaren' Imam überliefert?" Wenn er antwortet, es sei axiomatisch bzw. zwingend, dann fragen wir: „Wie kommt es dann, dass Leute mit gesundem Menschenverstand euch widersprechen?" Wenn außerdem jemand so schlagfertig eine zwingende Notwendigkeit für etwas beansprucht, dass seinen Launen entspricht, dann müsste es möglich sein, ihn zum Schweigen zu bringen, indem man etwas, was seiner Behauptung widerspricht als axiomatisch bzw. notwendig feststehend erklärt. Antwortet er, sein Wissen diesbezüglich basiere auf einem Studium, sagen wir: ‚Studieren ist eurer Meinung nach ohne Wert; denn es unterliegt der Vernunft und die Vernunft ist eurer Meinung nach nicht vertrauenswürdig. Behauptet ihr aber, es stamme vom „unfehlbaren" Imam, dann erwidern wir: ‚Was führt euch dazu, seine Worte zu akzeptieren, obwohl er keine Wunder zeigte und die Worte des Propheten ﷺ trotz Wundern zu vernachlässigen. Wie könnt ihr außerdem sicher sein, dass das, was vom „unfehlbaren" Imam vernommen wird, nicht anstelle des wörtlichen einen verborgenen Sinn aufweist?"

Als nächstes sollte man sie fragen: „Sollten diese verborgenen Bedeutungen und Erklärungen versteckt gehalten werden oder sollten sie offengelegt werden?" Lautet ihre Antwort, sie sollten offengelegt werden, dann fragen wir: „Warum soll Muhammed ﷺ sie versteckt gehalten haben?" Lautet ihre Antwort, sie sollten verborgen gehalten werden, fragen wir: „Wie könnt ihr dann etwas (für bestimmte Leute) enthüllen, zu dessen Geheimhaltung der Prophet ﷺ verpflichtet gewesen sein soll?"

Ibn Aqil sagte: „Der Islam (richtiger gesagt die Muslime, der islamische Staat, die *Da'wah* etc.) hat an zwei Sekten gelitten, den Esoterikern (*Batiniyyah*) und den Literalisten (*Zahiriyya*). Die Esoteriker erklären die wörtliche Meinung der Scharia für nichtig und ersetzen sie durch die Interpretationen, die sie zu liefern behaupten, für welche ihnen jedoch keinerlei Beweise vorliegen. Es geht so weit, dass sie nichts in der Scharia übrig lassen, dem sie nicht eine verborgene Bedeutung zuschreiben, durch die das Obligatorische für nicht verbindlich erklärt und das Verbotene für erlaubt erklärt wird. Auf der anderen Seite nehmen die Literalisten alles entsprechend der wortwörtlichen Bedingung, auch dann, wenn es notwendigerweise eine Erklärung geben muss, die nicht der wortwörtlichen Bedeutung entspricht. Die Wahrheit liegt zwischen diesen beiden Haltungen, die da besagt, dass wir die wörtliche Bedeutung nehmen sollten, solange kein Beweis vorliegt, der uns von ihr abweichen lässt und jede verborgene Bedeutung ablehnen sollten, solange die Scharia keinen Beweis für ihr Vorhandensein liefert.

Würde ich den Anführer der *Batiniyyah* treffen, würde ich nicht mittels Wissen an ihn herangehen, sondern indem ich seinen Intellekt und den seiner Anhänger kritisiere und verschmähe, indem ich Folgendes sagen würde: „Hoffnungen haben gewisse Wege, die sie begehen und Ziele, die sie erreichen können, und es ist Dummheit, bezüglich einer Sache Hoffnung zu hegen, wenn Verzweiflung angebracht wäre. Nun ist es so, dass unter allen Gemeinden, die sich auf der Erde verbreitet haben, die plausibelste die islamische ist, der ihr euch zugehörig erklärt, wobei ihr danach strebt, sie zu zerstören. Sie hat sich so etabliert, dass der Wunsch, sie zu schwächen oder gar zu zerstören, eine Dummheit darstellt. Jedes Jahr trifft sie sich bei *al-Arafah*, jede Woche in den großen Moscheen und täglich in den Gebetsstätten. Wie kann man sich dann erhoffen, diesen anschwellenden Ozean zu beschmutzen, um dieses strahlende Phänomen zu verfinstern? In allen Ecken des Globus hören Tausende von uns täglich die Worte des Gebetsrufes: ‚Ich bezeuge, dass es keinen Gott gibt außer Allah [...] Ich bezeuge, dass Muhammed der Gesandte Allah ist.‘ Das Höchste, was du erreichen kannst, ist ein privates Gespräch oder den Kommandanten einer Festung, welcher, wenn er etwas sagen würde, wie ein Hund geschlagen und weggejagt würde. Wie kann ein vernünftiger Mann sich erhoffen, dass dein System über das sunnitische System, welches sich über alle Länder erstreckt, siegen könnte? Ich kenne niemanden, der dümmer ist als du.‘ Dies wird meine Art sein, bis er sich auf eine Diskussion mit rationalen Beweisen einlässt.

Im Jahre 424 n.H. ging der Treibstoff der späteren *Batiniyyah* in Flammen auf und Sultan Jalal ad-Daulah exekutierte einige von ihnen, nachdem er von ihrem System erfahren hatte. Es waren mehr als dreihundert Leute, die er hinrichtete. Man durchsuchte ihre Anwesen und stellte fest, dass einer von ihnen über siebzig mit gestickten Teppichen gefüllte Räume verfügte. Darüber wurde der Kalif benachrichtigt, woraufhin er die Anweisung erteilte, dass jeder, der dieser Doktrin (der *Batiniyya*) folgte, festgenommen werden sollte. Und niemand wagte es, für auch nur einen von ihnen Fürsprache einzulegen, weil man befürchtete in Verdacht zu geraten, mit ihrer Doktrin zu sympathisieren. Dies führte die Bevölkerung verstärkt dazu, jeden, den sie wollten, verfolgen zu lassen und so kam es, dass jeder, der einen Groll gegen jemand anderen hegte, diesen beschuldigte, ein Anhänger dieser Doktrin zu sein. So ließ er ihn festnehmen und plünderte sein Hab und Gut.

Das Erste, was von den Praktiken der *Batiniyyah* zur Zeit von Malik Schah Jalal ad-Daulah bekannt wurde, war, dass sie sich während des Festes bei *Sawah* zum Gebet trafen. Die Sicherheitsbehörden erfuhren von ihnen, verhafteten sie und steckten sie ins Gefängnis, ließen sie danach aber wieder frei. Später ermordeten sie (die Batinis) einen Gebetsrufer in *Sawah*, welchen sie versucht hatten zu bekehren. Als er sich weigerte, ermordeten sie ihn auf heimtückische Art, weil sie befürchteten, er könne sie anzeigen. Dieser Vorfall kam Nizam al-Mulk zu Ohren, woraufhin er die Anweisung gab, den des Mordes verdächtigen Mann festzunehmen und hinzurichten. Es handelte sich um einen Zimmermann. Der erste von ihnen verübte Mord, der große Auswirkungen (auf die Gesellschaft) hatte, war der an Nizam al-Mulk verübte. Sie pflegten zu sagen: „Ihr habt einen unserer Zimmermänner getötet und wir schlugen als Wiedervergeltung Nizam al-Mulk nieder. Ihre Bewegung erlangte in Isfahan ernsthafte Ausmaße und als Malik Schah verstarb, ging es so weit, dass es oft vorkam, dass sie einen Mann entführten, ihn ermordeten und dann in einen Brunnen warfen. So begannen die Leute, um jeden, der nicht bei Anbruch des Nachmittags nach Hause zurückgekehrt war, ernsthaft zu bangen. Die Muslime durchsuchten verschiedene Orte und fanden einst eine (noch lebende) Frau, die auf Matten lag und sich nie bewegte. Sie trugen sie weg und fanden unter den Matten vierzig Leichname. Da töteten sie die Frau und verbrannten das ganze Quartier. Ein blinder Mann pflegte am Anfang der Straße zu sitzen, in der sich dieses Haus befand. Wenn ein Passant vorbeikam, pflegte er ihn zu fragen, ob er ihn einige Schritte bis zur Straße führen könne. Sobald der Passant sie betrat, brachten die Batinis, die sich im Haus befanden, ihn in ihre Gewalt. Die Muslime von Isfahan fahndeten nach diesen Leuten mittels einer akribischen Suchaktion und töteten eine große Anzahl von ihnen.

Die erste Festung, die von der *Batiniyyah* erobert wurde, war eine, die sich in einer dailemitischen Region namens Rudhbar befand.[197] Sie hatte einem Freund Malik Schahs namens Dumah gehört, der, nachdem ihm die Verantwortung für die Festung übertragen worden war, verdächtigt wurde, der Doktrin jener Leute zu folgen. Im Jahre 483 n.H., in der Zeit Malik Schahs, verkaufte dieser Mann ihnen diese Festung für 1200 Dinar. Der Erste, der dort die Rolle des Anführers übernahm, war Hasan ibn Sabah. Ursprünglich stammte er aus Merw und war zuvor Sekretär des Anführers Abdurrazzaq ibn Bahram. Da war er noch ein Jugendlicher gewesen. Später ging er nach Ägypten, wo er diese Doktrin von deren Missionaren erlernte und dann als führender Missionar und Anführer wiederkehrte. Er übernahm diese Festung. Und seine Methode zur Propagierung seines Glaubenssystems bestand darin, einige einfache Leute einzuladen, die ihre rechte Hand von ihrer linken nicht unterscheiden konnten bzw. nicht wussten, was er zu tun pflegte. Er fütterte sie mit Walnüssen, Honig und Koriander, so dass ihr Gehirn sich erweiterte. Dann erzählte er ihm, welches Unrecht und Leid die Familie des Propheten ﷺ ertragen musste, bis sich dies fest in dessen Herzen eingraviert hatte. Sodann pflegte er ihnen zu sagen: „Wenn die Azariqa und Khawarij ihre Leben opferten, indem sie gegen die Omayyaden kämpften, warum solltest du dann dein Leben nicht bereitwillig opfern, um deinen Imam zu verteidigen? Durch diese Art von Rede machte er den Mann zu „Futter für das Schwert".[198]

---

[197] Dies bezieht sich auf Alamut. Siehe Le Stranges *Mustawfi*, S.66.

[198] Das heißt, er brachte die Leute dazu, für seine irrsinnige Sache ihr Leben zu opfern. (Übers.)

Malik Schah forderte diesen Ibn Sabah mittels Boten zum Gehorsam auf und drohte ihm für den Fall, dass er sich weigerte. Außerdem wies er ihn an, aufzuhören, seine Anhänger zu entsenden, um Gelehrte und Prinzen zu ermorden. Als Antwort auf diese Botschaft sagte er in Anwesenheit des Boten: „Die Antwort darauf ist das, was du sehen wirst." Dann sagte er zu einigen vor ihm stehenden Leuten: „Ich möchte euch für eine bestimmte Aufgabe zu eurem Meister schicken. Wer meldet sich freiwillig?" Sie alle hatten Angst vor dieser Aufgabe. Der Bote des Sultans ging davon aus, dass er ihnen eine Botschaft anvertrauen wollte. Dann deutete Ibn al-Sabah auf einen Jugendlichen, der sich unter ihnen befand und sagte zu ihm: „Töte dich selbst!" Der Junge zog ein Messer, schnitt damit seinen Hals auf und fiel tot um. Dann wies er einen anderen an, sich von der Festung herunterzuwerfen. Dies tat er und wurde in Stücke zerschmettert. Daraufhin wandte sich Ibn al-Sabah dem Boten des Sultan zu und sagte: „Sag ihm, dass ich über zwanzigtausend von diesen Leuten verfüge, deren Gehorsam mir gegenüber dieses Ausmaß erreicht! Das ist meine Antwort." Der Bote ging zurück zu Sultan Malik Schah und erzählte ihm, was er gesehen hatte. Der Sultan war erstaunt darüber und stellte seine Verhandlungen mit ihm ein.

Sie eroberten eine Menge an Festungen und fuhren fort, viele Prinzen und Wesire zu ermorden.

In unserem *Tarikh* haben wir erstaunliche Geschichten über diese Leute wiedergegeben und sehen keinen Grund, sie an dieser Stelle auszubreiten.

Es gab viele Atheisten, die in ihren Herzen einen Hass gegen den Islam hegten. Sie arbeiteten eifrig, strengten sich an und formulierten glaubhaft scheinende Behauptungen, um sich vor ihren Anhängern zu rechtfertigen. Das verborgene Ziel in Sachen *Aqida* war es, sich aus dem Netz des Islam herauszuwinden und in Angelegenheiten der Praxis (*A'mal*) zu vergnügen und verbotene Dinge für erlaubt zu erklären. Einige von ihnen erlangten die Genüsse, die sie anstrebten erst, nachdem sie Leute ermordet und schlimmen Schaden angerichtet hatten, so wie es bei Babak, dem Khurramiten, und den Qaramita der Fall war, als auch beim Anführer der Zamj, welcher rebellierte und die schwarzen Sklaven verleitete, indem er ihnen ein Königreich versprach. Andere wiederum beharrten auf ihrer Irrleitung, verloren dabei jedoch sowohl das Diesseits als auch das Jenseits. So war es beispielsweise bei Ibn al-Rawandi und al-Ma'arri.

Muhammed ibn Abi Tahir überlieferte uns von Abu'l Qasim Ali ibn al-Muhassin al-Tanukhi und dieser wiederum von seinem Vater, dass Ibn Rawandi sich den Rawafid und Häretikern anschloss. Wenn die Leute ihm Vorhaltungen machten, erwiderte er, er wolle nur ihre Lehren kennen. Ein wenig später ließ er die Maske fallen und stritt in der Öffentlichkeit.

Wer auch immer den Fall von Ibn al-Rawandi studiert, wird feststellen, dass es sich bei ihm um einen Anführer der Häretiker handelte. Er verfasste ein Buch, dass er *ad-Damigh* nannte („der Schädelzerstörer"), in welchem er behauptete, er habe dieser Scharia (der Muslime) den „Schädel eingeschlagen". Gepriesen sei Der (d.h. Allah), Der ihm (Ibn al-Rawandi) den „Schädel einschlug". Er war bereits besessen, als er jung war. Er attackierte den Qur'aan, behauptete, er sei widersprüchlich und nicht korrekt, wobei er die ganze Zeit wusste, dass die Eloquentesten der Araber sehr fasziniert waren, als sie ihn hörten, geschweige denn diejenigen, deren Sprache fehlerbehaftet war.

Was Abu'l Ala betrifft, so machen seine Gedichte kein Geheimnis aus seiner Häresie. In seinem Hass gegenüber den Propheten ﷺ ging er so weit wie es nur ging, doch bei seinen Irreführungsversuchen ging er stets sehr zögerlich vor, weil er sich vor der Hinrichtung fürchtete. Schließlich starb er in Armut. Es gab keine Periode, in der diese zwei Sekten keine Nachfolger hatten, doch dank Allah wurde der Antrieb der Wagemutigeren unter ihnen ausgelöscht.

Es gibt nur noch Batinis, die sich verstecken und Prätendenten der Philosophie, die ihre Meinungen verborgen halten. Diese sind in der Tat die Irreführendsten, Verachtenswertesten und Abstoßendsten.

Wir haben die in unserer Geschichte stattgefundenen Praktiken einer Anzahl von Leuten, die zu einer der beiden Sekten gehörten, erörtert und sehen keinen Grund, uns noch eingehender mit ihnen zu beschäftigen.

KAPITEL V

Wie der Satan die Juden und die Christen täuscht

Er hat sie wahrlich in zahlreichen Angelegenheiten getäuscht, von denen wir eine Auswahl erwähnen wollen, welche repräsentativ für den Rest stehen soll.

Dazu gehört, dass sie dem Schöpfer eine Ähnlichkeit bzw. Gleichartigkeit mit den Geschöpfen zuschreiben. [...]

Abu Abdillah ibn Hamid verzeichnete, wie die Juden behaupten, dass es sich bei dem Gott, dem zu dienen man verpflichtet ist, um einen Menschen aus Licht handele, der sich auf einem Thron aus Licht befinde und auf seinem Kopf eine Krone aus Licht trage. Er habe die gleichen Glieder wie ein menschliches Wesen.

Ein weiteres Beispiel ist ihre Behauptung, dass Uzayr der Sohn Allahs sei. Hätten sie verstanden, dass der Besitz eines Sohnes eine Teilung mit sich bringt und dass Allah nicht teilbar ist, da Er nicht zusammengesetzt ist, hätten sie so etwas nicht behauptet. Außerdem gehört ein Sohn zur gleichen Wesenskategorie wie sein Vater. Doch Uzayr wird durch Nahrung fortbestanden haben, wohingegen Allah Derjenige ist, Der die Dinge aufrechterhält und nicht durch sie aufrechterhalten wird. Was sie dazu brachte, dies zu glauben, war die Tatsache, dass sie gesehen hatten, dass er nach seinem Versterben wieder zurückgekehrt war und die Thora aus seinem Gedächtnis rezitieren konnte. Und so sprachen sie darüber, indem sie es mit irrigen Phantasien ausschmückten. Dass diese Leute fern von Intelligenz waren, wird außerdem dadurch erkenntlich, dass sie die Wirkung der göttlichen Macht anhand der Teilung des Meeres gesehen hatten, daraufhin jedoch, als sie an Götzen vorbeikamen, sagten: *„O Musa, mache uns einen Gott, so wie sie Götter haben!"*[199] Und auch nachdem Musa ﷺ sie dafür getadelt hatte, blieb dieser Gedanke in ihren Herzen. Denn das, was verborgen war, kam ans Tageslicht, als sie das Kalb anbeteten -ein Verhalten, zu dem sie durch zwei Dinge getrieben wurden. Erstens war es ihr Unwissen über den Schöpfer und zweitens, ihr Verlangen nach etwas, dass die Sinne anspricht. So dominant war die Sinneswahrnehmung bei ihnen und so weit entfernt waren sie von der Vernunft. Wären sie bezüglich des „Objektes" der Verehrung (also Allah) nicht so unwissend gewesen, hätten sie es nicht gewagt, solch unangebrachte Ausdrücke

[199] *Qur'aan* (7/138).

über Ihn zu verwenden wie die Folgenden: *„Allah ist gewiß arm und wir sind reich."*[200] *„Allahs Hand ist gefesselt."*[201] Die Hand Allahs ist gefesselt?! Hocherhaben ist Allah darüber!

Sie wussten, dass in der Scharia Adams Geschwisterehen und andere (später) verbotene Verhaltensweisen, so wie auch das Arbeiten am Sabbat, erlaubt waren. Dies wurde dann durch die Scharia Musas ﷺ aufgehoben. Sie sagen: „Wenn Allah etwas vorschreibt, das weise ist, dann dürfte es nicht abgeändert werden." Ich erwidere: Zu gewissen Zeiten kann eine Veränderung Weisheit bedeuten. Die Veränderungen im Menschen von Gesundheit zu Krankheit und von Krankheit zum Tod stellen allesamt eine Weisheit dar. Er hat euch verboten, am Samstag zu arbeiten; und am Sonntag zu arbeiten, hat Er euch erlaubt. Und dies gehört zu der Kategorie dessen, was ihr missbilligt. Des Weiteren befahl Allah Ibrahim ﷺ, seinen Sohn zu opfern; und später verbot Er ihm, dies zu tun.

Eine weitere Irreführung, welcher er (Satan) sie anheimfallen ließ, stellt ihre folgende Aussage dar: *„Das (Höllen)feuer wird uns nur für gezählte Tage berühren."*[202] Dabei handele es sich um die Tage, an denen sie das Kalb anbeteten.

Ihre Schändlichkeiten sind wahrlich zahlreich. Schließlich brachte sie Satan dazu, eine pure Widerspenstigkeit an den Tag zu legen, so dass sie die in ihren Büchern befindliche Beschreibung unseres Propheten ﷺ leugneten und abänderten. Es war ihnen befohlen worden, an ihn zu glauben, doch sie gaben sich damit zufrieden, verdammt zu werden. Ihre Gelehrten waren ungehorsam, und die Unwissenden unter ihnen folgten ihren Anführern. Es ist in der Tat erstaunlich, dass sie das, was ihnen angeordnet wurde, änderten und umformten und mit ihrer Religion taten, was sie wollten. Wie kann noch die Rede von Gottesdienst sein, wenn jemand die Anweisungen missachtet und gemäß seinen Gelüsten handelt? Außerdem widersprachen sie Musa ﷺ und nörgelten an ihm herum, indem sie behaupteten, er habe ein körperliches Manko und ihn beschuldigten, er habe Harun ﷺ ermordet, so wie sie zuvor Dawud ﷺ beschuldigten, er habe Uriah dessen Frau weggenommen.

Das Folgende wurde uns mit einer auf Abu Hurayra ﷺ zurückgehenden Überliefererkette von Muhammed ibn Abdilbaqi al-Bazzaz erzählt. Er sagte: „Der

---

[200] *Qur'aan* (3/181)
[201] *Qur'aan* (5/64)
[202] *Qur'aan* (2/80)

Prophet ﷺ ging zur Schule der Juden und sagte: ‚Bringt mir denjenigen unter euch, der am meisten Wissen besitzt.' Da kam Abdullah ibn Suryah, woraufhin sie ein privates Gespräch führten." Daraufhin fragte ihn der Prophet, ob dieser wisse, dass er der Gesandte Allahs ist. „Daraufhin sagte er: ‚Ja, bei Allah! Und in der Tat wissen die Leute (die anderen Juden), was ich weiß und dass deine Beschreibung und (angekündigten) Eigenschaften, die sich in der Thora befinden, klar sind. Doch sind sie neidisch auf dich.'"[203]

Hibatullah ibn Muhammed ibn Abdilwahid erzählte mir Folgendes mit einer auf Salamah ibn Salamah ibn Waqsh zurückgehenden Überliefererkette, indem er sagte: „Wir hatten unter den Banu Abdu'l Ashhal einen jüdischen Nachbarn, der vor der Entsendung des Propheten ﷺ eines Tages aus seinem Haus zu uns hinaustrat und sich zu der Versammlung dieses Stammes hinzustellte. Ich (Salamah) war dort zu jener Zeit die jüngste Person und lag gerade auf meinem Gewand im Hof meiner Familie. Er sprach über das Versammeln (*Haschr*), die Wiederauferstehung, die Abrechnung, die Rangstufen, Paradies und Hölle; all dies erzählte er Polytheisten und Götzendienern, die an keinerlei Versammeln (*Haschr*) nach dem Tod glaubten. Diese sagten zu ihm: ‚Was denn, glaubst du wirklich, es wird wirklich dazu kommen, dass die Menschen nach dem Tod in einer Welt versammelt werden, in der es Paradies und Hölle gibt, und dass sie für ihre Taten entlohnt werden?' Er antwortete: ‚Ja, bei Dem, bei Dem die Menschen zu schwören pflegten [...]' Da sagten sie zu ihm: ‚Sag schon, was sind die Zeichen dafür?' Er antwortete: ‚Ein Prophet, der von einem Ort in den hier befindlichen Regionen entsendet werden soll.' Dabei deutete er mit seiner Hand in Richtung Mekka und den Jemen. ‚Und wann werden wir ihn sehen?', fragten sie da. Mich, den Jüngsten unter ihnen, anschauend, antwortete er: ‚Wenn dieser Bursche ein langes Leben hat, dann wird er ihn antreffen.'" Daraufhin sagte Salamah: „Und bei Allah, nicht ein Tag und eine Nacht vergingen, bis Allah uns Seinen Propheten ﷺ schickte; und jener Mann lebte noch und befand sich unter uns. Wir glaubten an ihn ﷺ, doch aus Arglist und Neid glaubte jener nicht. Wir sagten

[203] Da keine Angaben zur Authentizität vorhanden sind, wurde die Überlieferung nur gekürzt wiedergegeben. Im Buch wird keine Angabe dazu gemacht, ob es sich um eine authentische Überlieferung handelt oder nicht. Solange wir das nicht wissen, können wir solch eine Überlieferung nicht berherzigen und dem Propheten ﷺ zuschreiben. (Übers.)

zu ihm: ‚Verflucht seist du! Warst du nicht derjenige gewesen, der uns von ihm erzählte?' Er sagte: ‚Ja, das war ich, doch dies ist nicht der Mann.'"[204]

Die Methoden, mit denen er die Christen in die Irre führt

Nach einer der zahlreichen Methoden, mit denen Satan sie irreführt, lässt er sie glauben, , dass der Schöpfer eine Substanz sei. Die Jakobiten, die Anhänger Jakobs also und die Malekiten, also die Anhänger der Religion des Staates sowie die Nestorianer, die Anhänger Nestorius', behaupten, Allah sei eine Monosubstanz, die durch sich selbst besteht. Dabei sei Er einzig in seiner Substantialität, doch dreifaltig in der Personalität. Sie behaupten, eine der Personen sei der Vater, die andere der Sohn und eine weitere der Heilige Geist. Manche von ihnen meinen, die Personen seien Eigenschaften, andere meinen, sie seien Qualitäten und wieder andere meinen, sie seien Individuen. Diese Leute vergessen, dass, wenn Allah eine Substanz wäre, von den Dingen abhängig sein müsste, von denen Substanzen abhängig sind. Dazu gehören zum Beispiel die Eingrenzung durch den Raum, Bewegung und Stillstand sowie Farben. Des Weiteren suggerierte der Satan einigen von ihnen, der Messias sei Allah.

Abu Muhammed al-Naubakhti sagte: „Die Malekiten und die Jakobiten behaupteten, dass die Person, die von Mariam ﷺ geboren wurde, Gott sei. Einigen suggerierte der Satan, der Messias sei der Sohn Allahs. Manche von ihnen vertreten die Meinung, der Messias besitze zwei Wesensarten, eine alte und eine neue. Trotz dieser Behauptungen gestehen sie ein, dass er Essen benötigte. In Bezug darauf gibt es unter ihnen keine Meinungsverschiedenheiten, und auch nicht darüber, dass er gekreuzigt worden sei, ohne in der Lage gewesen zu sein, sich zu schützen. Dazu sagen sie, dass dies nur seiner menschlichen Seite zugefügt worden sei. Warum hat ihm dann die göttliche Seite nicht geholfen?

Des Weiteren täuschte er sie in Bezug auf unseren Propheten ﷺ, so dass sie ihn ablehnten, obwohl er im Evangelium erwähnt wird. Einige von den „Leuten der Schrift" gestehen ein, dass er ein Prophet war, doch sei er ausschließlich zu den Arabern entsandt worden. Dies ist eine der satanischen Täuschungen. Denn wenn

[204] Der Grund für seine Ablehnung war wahrscheinlich Neid. Und Allah weiß es am besten. (Übers.)

dem so ist, dass er ein Prophet ﷺ war, so kann ein Prophet nicht lügen; und der Prophet ﷺ übermittelte (durch den Qur'an), dass er an alle Menschen entsandt wurde. Und er schrieb Briefe an den Kaiser, an Chosroes und die übrigen ausländischen Herrscher.

Eine Beschreibung dessen, wie er die Juden und die Christen gleichermaßen täuscht

Dazu gehört zum Beispiel, dass sie sagen, „Allah wird uns um unserer Vorfahren willen" nicht bestrafen, denn sie sagen, „zu uns gehören Heilige und Propheten". Allah teilte uns mit, wie sie sagten: „*Wir sind Allahs Söhne und Seine Lieblinge.*"[205] Soll heißen: „Uzair und Isa ﷺ gehören zu uns." Diese Illusion wird behoben durch die Tatsache, dass jedes Individuum verantwortlich für die Erfüllung der Forderungen Allahs ist, wobei kein Verwandter dies abwenden kann. Wenn die Liebe zu einem Individuum aufgrund von Verwandtschaft übertragbar wäre, dann müsste auch Hass übertragbar sein. Unser Prophet ﷺ sagte (sinngemäß) zu seiner Tochter Fatima ﷺ: „Ich kann nichts, was von Allah kommt, von dir abwenden." Die Bevorzugung der geliebten Person ist in deren Frömmigkeit begründet und wem es daran mangelt, dem wird es an der göttlichen Liebe mangeln. Außerdem stellt die Liebe Allahs gegenüber einem Geschöpf keine Leidenschaft dar, so wie es bei der eines Menschen gegenüber einem anderen der Fall ist. Nur wenn dies der Fall wäre, könnte solch eine Übertragung zulässig sein.

Wie er die Sabäer in die Irre führt

Der Name Sabäer (*Saabiuun*) stammt von einem Verb, das so viel bedeutet wie „*aus einer Sache auszutreten und in eine andere überzugehen.*" Es wird für „heraustretende" Sterne verwendet und auch für Leute, die andere „herausbringen". Somit sind Sabäer Leute, die aus einer Religion „austreten" und in eine andere „eintreten". Unter den Gelehrten gibt es zehn Meinungen über ihr Glaubenssystem.

---

[205] Qur'aan (5/18).

1) Es handelt sich bei ihnen um eine Mischung aus Judentum und der Religion Zarathustras. Dies wurde verzeichnet von Salim, der dies von Sa'id ibn Jubayr und Layth übernahm und diese wiederum übernahmen es von Mujahid.

2) Sie stellen eine Mischung aus Judentum und der zarathustrischen Religion dar. Dies wurde von Ibn Abi Najih verzeichnet, der es von Mujahid übernahm.

3) Sie stehen zwischen Judentum und Christentum. Dies wurde festgehalten von al-Qasim ibn Abi Barrah, der dies von Mujahid überlieferte.

4) Es handelt sich um eine christliche Sekte, nur dass sie in ihrer Doktrin etwas moderater seien als die übrigen. Dies wurde verzeichnet von Abu Salih, welcher es von Ibn Abbas überlieferte.

5) Es handelt sich um Polytheisten, die kein heiliges Buch besitzen. Dies wurde ebenfalls von al-Qasim verzeichnet, der dies von Mujahid überlieferte.

6) Sie ähneln den Zarathustriern. Dies ist die Meinung von al-Hasan.

7) Es handelt sich um eine Gruppierung der „Leute der Schrift", welche die Psalmen zu lesen pflegt. Dies ist die Meinung von Abu'l Aliyah.

8) Es handelt sich um Leute, die sich beim Gebet der Qibla zuwenden, Engel anbeten und die Psalmen lesen. Diese Meinung wurde von Qatadah und Muqatil vertreten.

9) Es handelt sich um eine Sekte der Leute der Schrift. Dies war die Meinung al-Suddis.

10) Sie pflegen zu sagen: „Es gibt keinen Gott außer Allah." Doch haben sie keinerlei Rituale, noch ein Buch und auch keinen Propheten, sondern lediglich die genannte Formel. Dies war die Meinung von Ibn Zaid.

Dies sind die Meinungen der *Qur'aan*-Kommentatoren. Was jedoch die Gelehrten der *Aqida* betrifft, so meinen sie, dass die Sabäer verschiedenen Systemen folgen. Manche von ihnen glauben demnach an eine Materie, welche ewig ist, und daran, dass der Demiurg daraus seit Ewigkeiten die Welt forme. Die meisten jedoch behaupten, die Welt sei nicht erschaffen. Sie bezeichnen die Sterne als Engel, wobei einige unter ihnen sie als Götter bezeichnen und sich vor ihnen niederwerfen und Tempel für sie errichten. Sie behaupten, die Ka'ba sei einer dieser Tempel und gehöre zum Saturn. Manche von ihnen vertreten die Meinung, Allah könne keine Eigenschaften besitzen außer solchen, die nicht positiver, sondern verneinender Art sind. So könne man sagen, dass Er *nicht* erschaffen ist, *nicht* sterblich, *nicht* unwissend, *nicht* machtlos. Dies dient (ihrer Meinung nach) der Vermeidung eines Anthropomorphismus. Sie pflegen verschiedene religiöse Praktiken, wie zum Beispiel ihr täglich dreimaliges Gebet, zu dem sie sich verpflichtet sehen. Wobei das erste Gebet aus acht Rak'ah besteht und dabei jede Rak'ah drei Niederwerfungen enthält. Die Zeit zu dessen Verrichtung endet mit dem Sonnenaufgang. Das Zweite und Dritte besteht aus fünf Rak'ah. Ebenfalls als religiöse Pflicht gilt das einmonatige Fasten, welches am achten März beginnt und ein Siebentägiges, das am neunten Tag vor Ende des Dezember beginnt. Zusätzlich gibt es noch ein Siebentägiges, das am achten Februar beginnt. Sie beenden ihr Fasten mit Spenden und Opfergaben. Sie vertreten die Meinung, dass Kamelfleisch verboten sei, nebst anderen Dummheiten, deren Aufzählung Zeitverschwendung wäre.

Sie behaupten, dass die guten Seelen zu den Fixsternen und zum Licht aufsteigen und dass die bösen Seelen zur untersten Erde und zur Dunkelheit absteigen. Manche von ihnen sind der Meinung, diese Welt sei unvergänglich und dass Belohnung und Bestrafung während der Seelenwanderung stattfinden.

Lehren dieser Art sind ohne große Bemühungen widerlegbar, da es sich nur um Postulate ohne Beweise handelt. Daneben brachte der Satan manche von ihnen dazu zu glauben, dass Vervollkommnung darin bestehe, eine Verbindung zwischen ihnen und den „höheren geisterhaften Wesen“ herzustellen, nämlich durch den Gebrauch von Läuterungsmethoden, Regeln und Bittgebeten. Sie beschäftigen sich mit Astrologie und Ausräucherungen. Und sie vertreten die Meinung, dass es notwendigerweise einen Vermittler zwischen Allah und der Schöpfung geben muss, der Wissen vermittelt und zu dem leitet, was von Nutzen ist; doch müsse dieser Vermittler geisthafter Natur sein, nicht körperlicher. Sie sagen: „Wir bauen eine heilige Beziehung zwischen ihm und uns auf, die uns dazu dient, uns ihm zu nähern.“ Diese Leute lehnen die Wiederauferstehung der Körper nicht ab.

Wie der Satan die Zarathustrier in die Irre führt

Yahya ibn Bischr ibn Umar al-Nihawandi sagte: „Der erste König der Mazdäer war Kumart. Er führte diese Religion ein. Dann kamen unter ihnen sukzessive Personen auf, die behaupteten, Propheten zu sein, bis schließlich Zarathustra dafür bekannt wurde. Seine Anhänger pflegten zu sagen, Gott sei ein spirituelles Wesen, zeitgleich zu dessen Erscheinen die Dinge erschienen seien. Er sei geisthaft und vollkommen. Er habe gesagt: „Niemand anderes außer mir wird dazu in der Lage sein, das zu erschaffen, was ich erschuf." Und aus diesem Seinem Gedanken heraus sei die Dunkelheit hervorgegangen. Denn dieser Gedanke habe jedem anderen Wesen jegliche Macht aberkannt. Daraufhin habe die Dunkelheit mit ihm einen Wettkampf um den Sieg begonnen.

Zu den Dingen, die von Zarathustra angeordnet wurden, gehörte die Verehrung des Feuers und das Gebet in Richtung Sonne, wobei sie letztere Praktik damit begründeten, dass die Sonne die Königin der Welt sei, den Tag bringe und die Nacht hinwegschaffe; sie gebe den Pflanzen und Tieren Leben und erneuere die Hitze in deren Körpern.

Sie pflegten, ihre Toten aus Respekt vor der Erde nicht in ihr zu begraben, weil sie sagten, dass sie die Quelle der Lebewesen sei. So sei es uns (Menschen) nicht gestattet, sie zu beschmutzen.

Des Weiteren wuschen sie sich nicht mit Wasser, aus Respekt vor diesem Element - welches ihrer Meinungen nach das Leben einer jeden Sache beinhalte -, bevor sie nicht zuvor den Urin eines Ochsen oder etwas Entsprechendes verwendet hatten. Auch dort hinein zu spucken kam für sie nicht in Frage. Sie missbilligten das Schlachten oder Opfern von Tieren und wuschen ihre Gesichter mit Urin von Ochsen, die sie für glücklich hielten. Je älter sie waren, desto glücklicher seien sie. Sie billigten, dass ein Sohn Geschlechtsverkehr mit der Mutter hatte, wobei sie behaupteten, der Sohn sei die angemessenste Person, um die Wünsche der Mütter zu erfüllen und dass der Sohn, wenn der Ehemann gestorben war, ein Vorrecht auf die Ehefrau, also seine Mutter, habe. Wenn es keinen Sohn gab, wurde auf Kosten des Verstorbenen ein Mann „angeheuert". Sie gestatteten die Ehe mit einhundert, ja sogar tausend Frauen. [...][206]

---

[206] Ab hier schrieb der Autor auf Latein weiter. Daher wurde die Stelle gekürzt. (Übers.)

Dieses System wurde von Mazdak in den Tagen von Qubak verkündigt. Er erklärte freizügigen Geschlechtsverkehr mit häufig wechselnden Partnern für legitim; und er selbst heiratete die Frauen von Qubad, in der Hoffnung von den Menschen nachgeahmt zu werden. Diese taten dann das gleiche mit ihren Frauen. Als die Mutter von Anuschirwan an der Reihe war, sagte er: „Bringe sie zu mir heraus. Denn, wenn du meinen Wunsch ablehnst, wird dein Glaube unvollkommen sein. Der König dachte daran, sie herauszubringen. Doch Anuschirwan fing an, vor Mazdak zu weinen und küsste dessen Füße in Anwesenheit seines Vaters Qubad. Er flehte Mazdak an, er solle ihm seine Mutter lassen. Qubad sagte zu Mazdak: „Behauptest du nicht, dass dem Gläubigen sein Wunsch nicht verwehrt werden darf?" „So ist es", sagte er. Da sagte der König: „Warum verwehrst du dann Anurwischan seinen Wunsch?" Da erwiderte er: „Ich überlasse sie ihm."

Des Weiteren billigte er, Aas zu essen. Nachdem Anurwischan den Thron bestiegen hatte, rottete er die Anhänger Mazdaks bzw. die Mazdäer aus.

Zu den Lehren der Mazdäer gehört, dass die Erde nach unten hin unendlich sei und dass der Himmel eine von den Häuten der Dämonen sei und dass der Donner dem Schnarchen der Dämonen entstamme, die in einem Krieg gefangen und in den Sphären eingeschlossen wurden. Aus deren Knochen seien die Berge und aus deren Urin und Blut seien die Meere. In der Zeit des Übergangs von den Omayyaden zu den Abbasiden trat aus den Reihen der Zarathustrier ein merkwürdiger Mann hervor, der viele Menschen in die Irre leitete und über den viele Geschichten existieren, deren Wiedergabe zu viel Zeit in Anspruch nehmen würde. Er war der letzte bedeutungsvolle Mann, den die Zarathustrier hervorbrachten. Einige Gelehrte behaupten, dass die Zarathustrier eine Religion erfunden hatten und Bücher besaßen, welche sie zu studieren pflegten. Jedoch seien ihre Bücher beseitigt worden.

Eine der außergewöhnlichsten Täuschungen, welche Satan bei ihnen anwendete, war die Folgende: Aus der eigentlichen Feststellung, dass Taten sowohl Gutes wie auch Übles enthalten können, brachte er sie dazu, zu glauben, dass derjenige, der Gutes tue, nichts Übles tue. Daraus leiteten sie ab, dass es zwei Götter geben müsse, von denen einer leuchtend und weise sei und ausschließlich Gutes tue und der andere dämonisch und düster sei und nur Übles tue. Somit handelt es sich um eine Doktrin, die derjenigen ähnelt, die von den von uns erwähnten Dualisten vertreten wird.

Wir haben bereits ihre Trugschlüsse und deren Widerlegung erwähnt.

Manche von ihnen sagen: „Der Schöpfer ist ewig, und von ihm kommt nur Gutes. Der Dämon ist erschaffen und von ihm kommt nur Übles." Wir könnten ihnen sagen: „Wenn ihr behauptet, das Licht habe den Dämon erschaffen, dann hat es die Quelle des Übels erschaffen."

Einige von ihnen führen an, dass der Schöpfer Licht sei, jedoch einst einen üblen Gedanken gehabt habe, als er sagte: „Ich fürchte, dass in meinem Reich jemand entstehen könnte, der sich mir widersetzen wird." Dieser Gedanke sei übel gewesen und aus diesem sei der Satan hervorgegangen, welcher damit einverstanden war, dass man ihm, nachdem konstatiert wurde, dass er ein Anteilhaber am Reich war, das Üble zuschreiben sollte.

Naubakhti verzeichnete, dass einige von ihnen meinten, der Schöpfer habe einst bezüglich einer Sache einen Zweifel gehabt; und aus diesem Zweifel sei dann der Satan hervorgegangen. Er fügte hinzu, dass manche von ihnen die Meinung vertreten, dass Allah und der Dämon zwei urewige Körper seien, zwischen denen ein Raum bestand. Die Welt sei frei von Problemen gewesen und der Satan fern von ihr. Schließlich habe Satan geplant, mit seinen Heerscharen den Himmel zu durchstechen, woraufhin der Allmächtige vor ihrem Tun geflohen sei und seine Heiligkeit vor ihrer Rede bewahrt habe. Doch er sei vom Satan verfolgt worden, welcher ihn schließlich bestürmt und dreitausend Jahre lang bekämpft habe, ohne es zu schaffen, an den Allmächtigen heranzukommen; und der Allmächtige sei nicht in der Lage gewesen, ihn zurückzutreiben. Da habe der Allmächtige unter der Bedingung Frieden mit ihm geschlossen, dass sich der Satan und seine Heerscharen siebentausend Jahre auf der Erde aufhalten dürfen. Der Allmächtige habe gedacht, dass es der beste Weg sei, das Unheil des Satans bis zum Eintreffen des vereinbarten Termins hinzunehmen. Bis dahin müsse die Menschheit Prüfungen erdulden, bis sie schließlich in den Zustand der Glückseligkeit zurückkehre. Der Satan stellte die Bedingung, dass ihm erlaubt sein müsse, Übles in dieser Welt in Gang zu setzen. Des Weiteren sagte er (Naubakhti), dass die zwei, nachdem sie sich auf die Bedingungen geeinigt hatten, von zwei gerechten Personen, denen sie ihre Schwerter übergaben, eingesperrt worden seien, wobei sie jene darum baten, dass sie, wenn einer von ihnen dieser Abmachung zuwiderhandeln sollte, diesen niederschlagen sollten.

Es gibt noch eine Menge Unsinn, dessen Aufzählung Zeitverschwendung wäre und daher von uns weggelassen wurde. Und in der Tat ist dieser Unfug nur der Rede wert, um zu zeigen, welches Ausmaß die satanischen Täuschungen angenommen haben.

Es ist äußerst erstaunlich, dass sie den Schöpfer erst für gut erklären und dann meinen, es sei ein böser Gedanke von ihm ausgegangen. Ihrer Lehre zufolge kann ein Souverän, der Satan, aus einem Gedanken hervorgehen. Wir sollten sie einmal fragen: „Ist es möglich, dass der Satan sein Versprechen hält?" Wenn sie es verneinen, dann könnten wir sagen, dass es nicht der Weisheit entspricht, ihn am Leben zu lassen. Sollten sie es jedoch bejahen, dann gestehen sie ein, dass Treue (eine lobenswerte Sache) von jedem ausgehen kann, der böse ist. Wie kommt es außerdem, dass Satan den „zwei gerechten Personen" gehorchte, wenn er sich sogar seinem Herrn widersetzte? Wie kann Gott angegriffen werden? Wäre es nicht interessant, zu studieren, welche Verwüstung der Satan an der menschlichen Vernunft anrichtet, so hätte die Nennung solcher Absurditäten weder einen Nutzen noch würde sie einen Sinn machen.

Eine Darstellung, wie er die Astrologen und Astronomen in die Irre führt

Abu Muhammed al-Naubakhti sagte: „Einige behaupten, das Himmelsgewölbe sei urewig und nicht erschaffen, wohingegen Galen verzeichnete, dass einige der Meinung waren, dass nur der Saturn urewig sei. Manch einer meint, das Himmelsgewölbe stelle ein fünftes Element dar, welches weder Kälte noch Hitze und weder Feuchtigkeit noch Trockenheit enthalte, und außerdem nicht leicht und auch nicht schwer sei. Manche vermuteten, das Himmelsgewölbe sei eine feurige Substanz, die sich aufgrund der Drehung der Erde von ihr gelöst habe. Manch einer meint, die Sterne seien aus einer steinähnlichen Substanz. Andere wiederum meinen, sie seien aus Schatten bzw. wolkenartiger Substanz und werden jeden Tag vernichtet und erscheinen in der Nacht erneut, so wie Kohle, die auflodert und wieder erlöscht. Manche meinen, der Körper des Mondes sei aus feuergetrockneter Luft, andere sind der Meinung, dass das Himmelsgewölbe aus Wasser, Wind und Feuer bestehe und einer Kugel gleiche. Es bewege sich auf zwei Arten, von Ost nach West und von West nach Ost. Der Saturn, so meinen sie, bewege sich in dreißig Jahren einmal rund um das Himmelsgewölbe, der Jupiter in ca. zwölf Jahren, der Mars in etwa zwei Jahren. Die Sonne, die Venus, der Merkur benötigten ein Jahr und der Mond dreißig Tage. Einige meinen, die Umlaufbahnen der Sterne seien sieben an der Zahl, wobei diejenige, die uns am nächsten liegt, die Umlaufbahn des Mondes sei. Danach komme die des Merkur, nach ihm die der Venus, dann die der Sonne, als nächstes die des Mars, dann die des Jupiter, danach die des Saturn und schließlich die Sphäre der Fixsterne. Bezüglich der Größe der Sterne gibt es Meinungsunterschiede, wobei die meisten Philosophen die Sonne für den größten halten. Sie sei einhundertsechzigfach größer als die Erde. Die Fixsterne seien jeweils vierundneunzigfach größer als die Erde, der Jupiter zweiundachtzigfach und der Mars anderthalbmal so groß. Die Distanz zu jedem beliebigen Punkt im Himmelsgewölbe hin und zurück gemessen betrage 100.664 Maßeinheiten. Manche vertreten die Meinung, dass das Himmelsgewölbe lebendig sei, wobei der Himmel ein Tier sei und jeder einzelne Stern eine Seele trage. Die Philosophen der Antike glaubten, dass Sterne Gutes und Böses täten und dass sie gäben und zurückhielten, je nach ihrem Wesen. Es gäbe glückliche und unglückliche, und sie hätten einen Einfluss auf die Seele des Menschen, wobei sie selbst lebendig und aktiv seien.

Wie er diejenigen täuscht, die eine Wiederauferstehung ablehnen

Er verleitete viele Menschen dazu, die Wiederauferstehung abzulehnen und die Wiederherstellung (des Menschen) nach dem Zerfall als Phantasievorstellung zu betrachten. Er suggerierte ihnen dabei zwei Fehlschlüsse: Erstens machte er sie auf die Schwäche der Materie aufmerksam. Zweitens, wies er sie darauf hin, dass die in den Tiefen der Erde zerstreuten Teile (bei einer Wiederauferstehung) miteinander verwechselt werden würden. Sie sagen: „Ein Tier frisst das andere. Wie soll dann eine Wiederauferstehung möglich sein?“ Ihre Trugschlüsse wurden im *Qur'aan* erwähnt. Über den ersten sagt Allah (in ungef. Bed.):

„Verspricht er euch etwa, dass ihr, wenn ihr gestorben und zu Erde und Knochen geworden seid, (wieder) hervorgebracht werdet? Weit, weit entfernt ist das, was euch versprochen wird.“[207]

Und in Bezug auf den zweiten sagte Er:

„Und sie sagen: Sollen wir etwa, wenn wir uns in der Erde verloren haben, denn wirklich wieder in neuer Schöpfung (erstehen)?[...]“[208]

---

[207] *Qur'aan* (23/36).

Dies war in der Tat die Meinung der allermeisten Götzendiener. Einer von ihnen sagte:

Der Prophet sagt uns, wir werden wiederbelebt,

doch wie sollen tote Körper und Schädel lebendig werden?

Ein anderer sagte:

Zu leben, zu sterben und dann wieder aufzuerstehen,

das, meine liebe Frau, ist eitle Fiktion.

Die Widerlegung des ersten Trugschlusses lautet, dass die Annahme, die Materie, wie zum Beispiel Staub, sei zu schwach für eine Neuerschaffung, durch den Ursprung und die Entwicklung des Embryos als ungültiges Argument bloßgestellt wird. Außerdem wurde der erste Mensch, Adam, aus Erde erschaffen. Und tatsächlich erschafft Allah, der Allmächtige, stetig bewundernswerte Kreaturen aus verächtlicher Materie. Den Menschen erschafft er aus dem männlichen Samen, den Pfau aus einem muffigen Ei, die grüne Giraffe (?) aus einer faulig riechenden Schlange. Man sollte die Aufmerksamkeit auf die Kraft und Macht des Schöpfers richten, nicht auf die Schwäche der Materie. Und solch eine Aufmerksamkeit wird die Antwort auf den zweiten Trugschluss liefern. Außerdem hat Er (swt) uns mittels Beispielen gezeigt, wie etwas Zerstreutes wieder zusammengefügt werden kann. Wenn Goldstreifen über eine Menge von Staub zerstreut werden und eine kleine Menge an Quecksilber darauf geworfen wird, wird sich das zerstreut vorliegende Gold wieder zusammenfügen. Wieviel mehr kann doch durch die göttliche Kraft vollbracht werden, wo sie doch imstande ist, alles aus dem Nichts zu erschaffen? Könnten wir außerdem den Staub in das verwandeln, in das sich die Körper verwandeln, würde dies die Seele des Menschen nicht beeinflussen. Denn der Mensch lebt durch seine Seele, nicht durch seinen Körper. Er wird dick und dünn, ist zunächst klein und wird dann groß, doch ist er die ganze Zeit hindurch der gleiche.

Einer der stärksten Beweise für die Wiederauferstehung ist jener, dass Allah mittels Seiner Propheten ﷺ etwas noch Erstaunlicheres als die Wiederauferstehung

---

[208] *Qur'aan* (32/10).

vorführte. Dazu gehört die Verwandlung des Stabes in eine Schlange und die Entstehung eines weiblichen Kamels aus einem Felsen. Durch die Hand Isas ﷺ führte er sogar echte Fälle von Wiederauferstehung vor.

Dies haben wir in unserer Widerlegung der Philosophen eingehend erklärt. Daneben hat der Satan Leute verwirrt, welche die Macht des Schöpfers bezeugten, deren Gedanken jedoch von den zwei Trugschlüssen befallen wurden, welche wir bereits erwähnt haben. Infolgedessen waren sie skeptisch bezüglich der Wiederauferstehung. So sagte einer von ihnen: *„Und wenn ich zu meinem Herrn zurückgebracht werde, werde ich ganz gewiss etwas Besseres als ihn (d.h. als den diesseiten Garten) als Rückzugsort finden."*[209] Solche Dinge äußerten sie infolge ihrer Zweifel, durch die der Satan sie hinsichtlich dieser Sache verwirrt hatte. Was sie damit meinten, war: „Wenn es eine Wiederauferstehung geben sollte, dann wird es uns gut ergehen. Denn derjenige, der uns im Diesseits Reichtum beschert, wird uns diesen im Jenseits nicht verwehren."

Ich möchte darauf hinweisen, dass das falsch ist. Ein Geschenk könnte nämlich eine Form von Versuchung oder Bestrafung sein. Ein Mann könnte seinen Sohn bewachen, seinem Sklaven jedoch erlauben, seinen Gelüsten nachzugeben.

Wie er diejenigen täuscht, die an Seelenwanderung glauben

Er verleitete einige Leute dazu, an eine Seelenwanderung zu glauben und daran, dass die Seelen der Guten nach ihrem Verscheiden in gute Körper übergehen und sich ausruhen, wohingegen die bösen Seelen in böse Körper übergehen und dort Peinigungen erleiden. Diese Doktrin erschien in der Zeit des Pharao, zu welchem Musa ﷺ entsandt wurde. Abu'l Qasim al-Balkhi führte an, dass diejenigen dann an diese Doktrin glaubten, als sie sahen, welche Schmerzen Kinder ertragen mussten und ebenso wilde und zahme Tiere [...].

Daher schlussfolgerten sie, dass Sünden, die sie in einem (früheren) anderen Zustand begangen hatten, die Ursache dafür darstellen müssen.

---

[209] Qur'aan (18/36).

Yahya ibn Bischr ibn Umair al-Nihawandi führte an, dass den Hindus zufolge vier Wesen existieren: eine zusammengesetzte Materie (Hyle genannt, d.h. der formbare Urstoff), die Seele, der Verstand und eine freie Materie.oo Die Zusammengesetzte sei der untere Herr und die Seele sei die untere Hyle. Der Verstand sei der größere Herr und die Hyle sei noch größer. Wenn die Seelen die Welt verlassen, kommen sie (ihrer Meinung nach) zum unteren Herrn, also zur zusammengesetzten Hyle. Wenn sie tugendhaft und rein sind, lasse er sie in sein Wesen eingehen und läutere sie, bis er sie schließlich herausbringe und der unteren Hyle vorführe, so dass sie also zum höheren Herrn übergehen können, der sie wiederum zur höheren, zusammengesetzten Hyle emporhebe. Wenn eine Seele vollkommen tugendhaft ist, bleibe sie mit ihm in der „einfachen Welt". Wenn sie nur unvollkommen tugendhaft ist, werde er sie zurück zum hohen Herrn schicken, der sie wiederum zur niedrigeren Hyle zurückschicke und jener wiederum zum niederen Herrn, der sie herausbringe, wobei sie mit den Strahlen der Sonne vermischt werde, bis sie zu einem Gemüse werde. Diese werde dann von einem Menschen gegessen und in einen neuen Menschen verwandelt, der erneut in diese Welt geboren werde. Und all dies werde er (der Mensch) jedes Mal, wenn er stirbt, erneut erleben. Was die bösartigen (Seelen) betrifft, werden diese, wenn sie die niedrigere Hyle erreichen, in Kräuter verwandelt, die von Vieh gefressen werden. So dringen sie in ein Tier ein und werden nach dem Tod dieses Tieres in ein solches verwandelt. Diese Seele bleibe in dieser verwandelten Form, mache verschiedenste Erkrankungen durch und einmal in eintausend Jahren werde sie wiederum zum Menschen. Wenn sie sich in ihrem menschlichen Zustand als tugendhaft erweist, dann schließe sie sich den Tugendhaften an. Ich sagte: „Betrachte dir die Stufen, die der Satan gemäß ihren Gelüsten arrangierte, welche jeglicher Beweise entbehren."

Muhammed ibn Abi Tahir al-Bazzar überlieferte mir Folgendes von Ali ibn al-Muhassin und dieser wiederum von Abu'l Hasan Ali ibn Nazif, dem Metaphysiker:

„Es gab einen Shaykh der *Imamiyya* namens Abu Bakr ibn al-Fallas, der in Bagdad gemeinsam mit uns an Unterrichten teilzunehmen pflegte. Er erzählte uns, wie er einen Mann besuchte, der ihm als Schiite bekannt war, jedoch im Nachhinein die Lehre der Seelenwanderung (Reinkarnation) übernahm. Ich sah, wie sich eine schwarze Katze vor ihm befand und er sie zwischen ihren Augen streichelte und kraulte. Ich bemerkte, dass ihr Augen tränten , so wie es bei Katzen üblich ist. Der Mann weinte sehr stark. Als ich ihn fragte, warum er weinte, entgegnete er: „Siehst du nicht, dass diese Katze, wann immer ich sie streichle, Tränen vergießt? Zweifelsohne handelt es sich bei ihr um meine Mutter, und sie weint nur, weil sie traurig ist, wenn sie mich sieht." Er begann zu ihr in einer Weise zu sprechen, als verstehe sie ihn. Da begann die Katze ein wenig zu miauen. Ich sagte zu ihm: „Sie versteht, was du sagst, nicht wahr?" „Ja", antwortete er. Daraufhin sagte ich: „Verstehst du ihr Miauen?" „Nein", antwortete er. Hierauf sagte ich: „Dann bist du verwandelt und sie ist das menschliche Wesen."

Eine Darlegung dessen, wie er unsere Gemeinschaft in ihren Glaubensangelegenheiten und religiösen Praktiken täuscht

Er fand über zwei Wege einen Zugang zum Glauben dieser Gemeinschaft. Der Erste besteht aus dem Imitieren der Eltern und Vorfahren und der Andere aus dem Verlassen des Weges der Vorfahren (Salaf).

Auf diesem Weg führte er die Anhänger dieser Sektion in verschiedene Formen der Konfusion.

Zunächst zum ersten Weg: Er überzeugte die Nachahmer davon, dass Beweise anzweifelbar seien und dass die Wahrheit manchmal verborgen, das Imitieren hingegen sicher sei. Auf diesem Wege wurden viele Leute in die Irre geführt und ganze Menschenmassen wurden dadurch in den Ruin geführt. So imitierten Juden und Christen ihre Väter und Gelehrten. Dasselbe war der Fall bei den heidnischen Arabern. Doch das Argument, welches sie anführen, um das Imitieren gutzuheißen, ist kritikwürdig. Denn, wenn Beweise anzweifelbar sind und die Wahrheit manchmal verborgen ist, sollte das Nachahmen (erst recht) vermieden werden, damit es nicht zu Fehlern verleitet. Allah (swt) tadelt diejenigen, die sich in der Imitation ihrer Väter und Vorfahren festfahren, mit folgenden Worten:

„[...] Wahrlich, wir haben unsere Väter in einer Glaubensrichtung vorgefunden und auf ihren Spuren sind wir rechtgeleitet. [...]"[210]

---

[210] *Qur'aan* (43/22). Die Ermahnung und den Tadel Allahs erkennt man, wenn man diese *Aaya* als Ganzes und im Zusammenhang mit den darauffolgenden *Aayat* liest. Daher folgt nun die oben genannte Sequenz im Zusammenhang mit der *Aaya*, in der sie enthalten ist, und einigen darauffolgenden *Aayat* (in ungef. Bed.): *„Nein! Vielmehr sagen sie: 'Wir haben ja (bereits) unsere Väter*

Das heißt also: „Wollt ihr ihnen dennoch folgen?"

Und Allah sagte: *„Sie haben ja ihre Väter im Irrtum vorgefunden und so sind sie auf ihren Spuren eilig getrieben worden."*[211]

Der Nachahmer hat keine Garantie bezüglich dessen, was er nachahmt. Und solch ein Imitatieren frustriert den Verstand. Denn der Verstand wurde gegeben, auf dass damit nachgedacht und abgewogen werde. Es wäre eine Undankbarkeit, wenn jemand, dem eine Kerze gegeben wurde, auf dass sie ihm Licht spende, diese auslöscht und im Dunkeln laufen würde. Die Mehrheit der Anhänger bestimmter Systeme verehrt in ihren Herzen eine bestimmte Person und folgt ihren Aussagen, ohne darüber nachzudenken, was sie sagt. Und dies ist der Kern des Irrtums. Denn die Aufmerksamkeit sollte auf das Gesprochene und nicht auf den Sprecher gerichtet werden. Entsprechend dem, was Ali ﷺ zu al-Harith ibn Hut sagte, nachdem Letzterer zu ihm gesagt hatte: „Müssen wir der Meinung folgen, dass Talha und Zubayr (r.anhuma) sich im Irrtum befanden?" Da antwortete er: „Harith, du befindest dich in einem Irrtum. Erkenne die Wahrheit, dann wirst du die Leute erkennen, die der Wahrheit folgen!"

Ahmad ibn Hanbal pflegte zu sagen:

„Das Wissen eines Mannes, der den Glauben eines anderen Mannes imitiert, muss beschränkt sein."

Aus diesem Grund übernahm Ahmad ibn Hanbal die Meinung von Zaid ﷺ bezüglich des Großvaters und lehnte die von Abu Bakr al-Siddiq vertretene ab.

Vielleicht werden manche sagen: „Das normale Volk kann die Beweise nicht kennen. Was können sie dann anderes tun, als zu imitieren?" Die Antwort darauf lautet, dass die Beweise für den Glauben, worauf wir bereits bei unserer Beschreibung der

---

in einer (bestimmten) Glaubensrichtung vorgefunden, und auf ihren Spuren sind wir rechtgeleitet.' So haben Wir (auch) vor dir in eine Stadt keinen Warner gesandt, ohne daß diejenigen, die in ihr üppig lebten, gesagt hätten: ‚Wir haben ja (bereits) unsere Väter in einer bestimmten Glaubensrichtung vorgefunden, und auf ihren Spuren folgen wir ihrem Vorbild.' Er sagte: ‚Etwa auch, wenn ich euch bringe, was eine bessere Rechtleitung enthält als das, worin ihr eure Väter vorgefunden habt?' Sie sagten: ‚Wir verleugnen ja das, womit ihr gesandt worden seid.' Da übten Wir an ihnen Vergeltung. So schau, wie das Ende der Leugner war.'" (43/22-25)

[211] *Qur'aan* (37/69-70).

Materialisten hingewiesen haben, offenkundig sind und keiner intelligenten Person verborgen bleiben. Nur, wenn es um Details der Gesetzgebung geht, ist das Beste, was jemand wie sie tun kann, jemandem zu folgen, der sie tiefgründig studiert hat. Denn ihre Anwendungsformen sind zahlreich und für Laien schwer zu kennen, so dass sie von ihnen falsch verstanden werden können. Wo er Unabhängigkeit an den Tag legen muss, ist bei der Wahl der Person, welcher er folgt.

Nun zum zweiten Weg: Nachdem der Satan die Dummen unter seine Kontrolle gebracht, sie in Nachahmung gestürzt und wie Vieh getrieben hat, erkannte er unter ihnen einige, die etwas Scharfsinn und Intelligenz besaßen. Diese verleitete er je nach Ausmaß seiner Kontrolle über sie. Manche von ihnen missbilligten jene, die als Nachahmer (*Muqallidun*) gepriesen wurden. So wies Satan sie an, (selbst) nachzudenken. Hierauf verführte er jeden einzelnen von ihnen mit einer bestimmten Methode. Einigen von ihnen suggerierte er, dass es eine Inkompetenz darstelle, sich mit der wörtlichen Bedeutung der Scharia zufriedenzugeben. So verleitete er sie zum System der Philosophen und ließ sie nicht in Ruhe, bis er sie aus dem Islam herausführte. Dies haben wir bereits im Rahmen unserer Widerlegung der Philosophen behandelt.

Einige von ihnen brachte er dazu, an nichts anderes zu glauben als an das, was durch die Sinne wahrnehmbar ist. Zu ihnen könnten wir sagen: „Erkennt ihr durch Sinneswahrnehmung, dass eure Doktrin korrekt ist?" Wenn sie dies bejahen, stellt es eine kühne Behauptung dar, denn unsere Sinne sind nicht in der Lage wahrzunehmen, was sie sagen, und es kann in den Dingen, die von den Sinnen wahrgenommen werden, keinen Unterschied geben. Wenn sie sagen, dass sie „durch etwas anderes als die Sinne (die Wahrheit ihrer Doktrin) erkennen", dann widersprechen sie sich damit selbst.

Andere wurden von Satan dazu gebracht, Nachahmung zu verabscheuen, in die Metaphysik (*Ilmu'l Kalam*) einzutauchen und die Erfindungen der Philosophen zu studieren, um sich, wie sie dachten, von der großen Masse abzuheben.

Die Zustände der Metaphysiker (*Mutakallimun*) waren unterschiedlich, wobei die meisten von ihnen durch ihre Metaphysik zu Zweifeln geleitet wurden. Einige wurden zu Häretikern. Der Grund der früheren Fuqaha, über die Metphysik zu schweigen, lag nicht darin, dass sie sich nicht dazu hätten äußern können, sondern darin, dass sie erkannten, dass dieses Studium nicht zu Überzeugung bzw.

Zufriedenheit führte – vielmehr stellt es das Richtige als falsch dar. So wendeten sie sich davon ab und erklärten das Studium der Metaphysik für verboten. Es ging so weit, dass *asch-Schafi'i* sagte: „Es wäre besser, dass ein Mensch sich mit Ausnahme des Polytheismus aller Dinge schuldig macht, die Allah verboten hat, als dass er Metaphysik (*Ilmu'l Kalam*) studiert." Des Weiteren sagte er: „Wenn du jemanden sagen hörst, ‚der Name ist identisch mit dem Benannten', dann bezeuge, dass er ein Metaphysiker und nicht religiös ist.'" Er sagte: „Mein Urteil über die Metaphysiker (*Mutakallimun*) lautet, dass sie mit Palmenzweigen geschlagen und zu den Stämmen und Sippen geschleppt werden sollten, wo verkündet werde: ‚Dies ist die Strafe für jenen, der den *Qur'aan* und die *Sunna* vernachlässigt und sich mit dem *Ilmu'l Kalam* beschäftigt.'" Ahmad ibn Hanbal sagte: „Ein *Mutakallim* wird niemals rechtschaffen sein; die Experten auf diesem Gebiet sind Atheisten (*Zanadiqa* ?)."

Ich stelle die Frage: „Wie kann die Metaphysik (*Ilmu'l Kalam*) etwas anderes als sündhaft sein, wenn man weiß, dass sie die *Mu'tazila* zu der Behauptung führte, Allah wisse das Allgemeine über die Dinge, doch nicht die Einzelheiten? Jahm ibn Sawfan vertrat die Meinung, Allahs Wissen, Kraft und Leben seien allesamt erschaffen. Abu Ali al-Juba'i, Abu Haschim und ihre Anhänger unter den Leuten von Basrah meinten, dass das Nichtexistente eine Sache, eine Essenz, eine Seele, eine Substanz, Weiße, Gelbheit und Röte sei und dass der Schöpfer weder eine Essenz noch eine Akzidenz erschaffen könne, sondern nur dazu in der Lage sei, eine Essenz aus der Nichtexistenz in die Existenz zu bringen. Qadi Abu Ya'la verzeichnete in seinem Buch *al-Muqtabas*, dass der Mutazilite al-Allaf zu ihm gesagt habe: „Allah darf nicht die Fähigkeit zugeschrieben werden„ die Glückseligkeit der Paradiesbewohner und die Bestrafung der Höllenbewohner abzuwenden bzw. zu verhindern."

Wenn dem so wäre, dann dürfte es weder Hoffnung auf, noch Furcht vor Allah geben. Denn demnach hätte Er weder die Macht, (Seinen Geschöpfen) Gutes oder Übles zuzufügen noch, ihnen zu nützen oder zu schaden.

Er (al-Allaf) sagte weiter: „Daher werden die Leute des Paradieses bewegungslos und still bleiben, weder ein Wort äußern noch sich bewegen. Weder sie noch ihr Herr werden in der Lage sein, etwas Derartiges zu tun. Denn alle Ereignisse müssen notwendigerweise ein Ende haben, welches sie erreichen werden und nach dem nichts mehr sein wird."

Allah ist hocherhaben darüber!

Abu'l Qasim Abdullah ibn Ahmad ibn Muhammed al-Balkhi erwähnte in seinem Buch *Maqalat*, dass Abu'l Hudhail (Muhammed ibn al-Hudhail al-Allaf, geboren und Angehöriger des Stammes Abdu'l Qays) als Einziger behauptete, dass die Bewegungen der Leute des Paradieses zu einem Ende kommen und sie einen Zustand permanenten Schweigens erreichen werden und dass Allahs Macht und Fähigkeiten Grenzen unterworfen sei, wenn es sich (denn alles einmal) verwirklichen würde, was es jedoch nicht tun werde. Er hielt es für absurd, dass Ihm etwas über dies hinaus zugeschrieben werden solle. Er pflegte zu sagen, das Wissen Allahs sei Allah (selbst) und die Kraft Allahs sei Allah (selbst).

Abu Haschim sagte: „Wer auch immer sich reumütig von allem außer dem Trinken eines Schluckes Wein abwendet, der wird für alle Ewigkeit mit der für die Ungläubigen geltenden Strafe gepeinigt werden."

Nazzam behauptete, Allah sei nicht in der Lage, irgendetwas Übles zu erschaffen, wohingegen der Satan sowohl Gutes als auch Übles tun könne.

Hischam al-Ghuti[212] sagte: „Das Attribut ‚von Urewigkeit her wissend' darf Allah nicht zugeschrieben werden."

Manche Mutaziliten behaupteten, es sei zulässig zu sagen, Allah könne lügen, doch sei dies nie geschehen.

Die Deterministen (*Jabriyya*) meinten, der Mensch habe keine Macht und sei leblos wie die Materie, ohne die Wahl oder die Kraft zu handeln.

Dic Murjia vertreten die Meinung, dass ein Mensch, der die zwei Glaubensbekenntnisse (Schahaadatayn) aufsagt und daraufhin alle Sünden begeht, dennoch keinesfalls in die Hölle eintreten werde. Damit widersprechen sie den authentischen Überlieferungen, die besagen, dass diejenigen, die Allahs Einheit und Einzigartigkeit bekundeten (Muwahhidun) aus der Hölle entfernt werden.

Ibn Aqil sagte: „Es ist sehr wahrscheinlich, dass der Gründer des Murjia-Systems ein Atheist gewesen ist. Denn das diesseitige (und jenseitige) Wohlergehen liegt in der Beachtung der Drohungen und dem Glauben an die Belohnung. Da die *Murjia* dank

[212] Ein mutazilitischer Arzt, dessen Ansichten von al-Schahristani wiedergegeben wurden.

der Missbilligung durch die Menschen und der Tatsache, dass solch eine Lehre dem Verstand widerspräche, nicht in der Lage waren, den Schöpfer zu leugnen, annullierten sie den Vorteil, der in dem Glauben an Seine Existenz liegt, nämlich die Furcht und die Hoffnung. So zerstörten sie (aus der subjektiven Sicht derjenigen, die an diese Doktrin glauben) diesen Grundsatz der Scharia und stellen die Sekte dar, die dem Glauben der Muslime am meisten Schaden zufügt."

Der Autor fährt fort: „Abu Abdullah Muhammed ibn Karram wählte das Übelste aller Systeme und die Schwächsten aller Überlieferungen und folgte ihnen. Außerdem tendierte er zum Anthropomorphismus, wobei er behauptete, dass das Wesen (*Dhaat*) des Schöpfers von Akzidenzien befallen werden könne. Er behauptete, Allah sei nicht in der Lage, Körper und Substanzen wiederherzustellen. Er könne sie nur erschaffen.

Die *Salimiyyah* behaupteten, Allah werde sich am Tag der Abrechnung allen Dingen entsprechend ihrem jeweils eigenen Wesen offenbaren, also den Menschen als Menschen, den *Jinn* als *Jinn*. Daneben behaupten sie noch, Allah besäße ein Geheimnis, dessen Offenbarung die Ordnung der Welt zerstören werde.

Ich persönlich suche vor Studien und Wissenschaften, die solch abscheuliche Lehren enthalten, Zuflucht bei Allah. Die Metaphysiker (*Mutakallimun*) behaupten tatsächlich, dass der Glaube ohne das Wissen über ihr System unvollkommen sei. Sie irren, denn der Prophet ﷺ befahl den Menschen zu glauben, er befahl jedoch nicht, Metaphysik zu studieren. Und in genau solch einem Zustand starben die Prophetengefährten, die vom Gesetzgeber (Allah) die Bestätigung bekamen, dass sie die Besten der Menschheit waren.

Wie wir bereits aufgezeigt haben, wurde das Studium der Metaphysik (*Ilmu'l Kalam*) von der (wissenschaftlichen) Tradition missbilligt. Man berichtete uns von Fällen, in denen Metaphysiker sich von ihrer Betätigung zurückzogen, nachdem sie den Schaden, zu welchem sie führte, erkannt hatten.

Abu Mansur al-Qazzaz berichtete mir mittels einer Überliefererkette, die bei Ahmad ibn Sinan endet, dass Letzterer gesagt habe: „Al-Walid ibn Aban al-Karabisi war mein Onkel mütterlicherseits und als er im Begriff war zu sterben, sagte er zu seinen Söhnen: ‚Kennt ihr jemanden, der in Sachen Metaphysik sachkundiger ist als ich?' Sie antworteten: ‚Nein.' Da sagte er: ‚Misstraut ihr mir?' ‚Nein', antworteten sie.

Hierauf sagte er: ‚Wenn ich euch eine Aufgabe gebe, werdet ihr sie akzeptieren?' Sie antworteten: ‚Ja.' Da sagte er: ‚Folgt dem Weg der Traditionalisten (*Ahlu'l Hadith*), denn ich sehe, dass sie sich im Recht befinden.'"

Abu'l Ma'ali al-Juwayni pflegte zu sagen: „Ich durchquerte die Welt des Islam und seiner Wissenschaften, segelte über die Ozeane und tauchte ein in alles, was ihnen verboten wurde. All dies, um nach der Wahrheit zu suchen und der Nachahmung zu entkommen. Nun kehrte ich von all dem zurück zum Wort der Wahrheit und folge der gesetzmäßigen Religion. Wenn Allah mich nicht mit Seiner liebevollen Güte so zu Sich holt, dass ich im Zustand des Glaubens alter Frauen sterbe und ich meine Zeit am Tage, da ich gehen muss, nicht mit dem Wort der Aufrichtigkeit (*Kalimatu'l Ikhlas*) beende, dann so wehe (mir) Ibnu'l Juwayni!"

Er pflegte seinen Freunden zu sagen: „Freunde, beschäftigt euch nicht mit der Metaphysik. Hätte ich gewusst, wozu sie führt, dann hätte ich mich nie mit ihr beschäftigt."

Abu'l Wafa ibn Aqil sagte zu einem seiner Freunde: „Ich bin sicher, dass die Gefährten des Propheten starben, ohne dass sie etwas von Substanz (Jauhar) und Akzidenz (Arad) wussten. Wenn du damit zufrieden bist, so zu sein wie sie, dann sei so. Doch wenn du denkst, dass der Weg der Metaphysiker (*Mutakallimun*) besser ist als der, den Abu Bakr und Umar gingen, dann ist das eine falsche Meinung." Er fügte hinzu:

„Denn die Metaphysik ließ ihre Anhänger in Zweifel geraten und viele von ihnen in Häresie. Außerdem liegt über den leichtfertigen Aussagen der Metaphysiker der Geruch der Häresie. Die Ursache dafür ist, dass sie mit dem, was die Scharia enthält, nicht zufrieden sind; sie suchen nach tieferliegenden Wahrheiten. Doch ist der Verstand nicht in der Lage, die Weisheit zu erlangen, die Allah allein besitzt. Außerdem hat Allah die tieferliegenden Wahrheiten, die Er kennt, Seinen Geschöpfen nicht offenbart."

Er fügte hinzu: „Nun, da ich ein Leben lang in Letzterer[213] (d.h. dem Studium der Metaphysik) alles Erdenkliche getan habe, möchte ich wieder zurück zum System der Bücher."[214]

---

[213] Im Studium der Metaphysik.

Dass sie sagen, das System der „alten Frauen“ sei sicherer, liegt allein daran, dass sie, nachdem sie die Spitzfindigkeit in der Forschung bis zu ihrer äußersten Grenze getrieben hatten, keine Beweise mehr für jene vom Verstand missbilligten Begründungen und Erklärungen fanden und daher bei dem, was die Scharia an Bedeutungen und Hinweisen lieferte, haltmachen mussten. So legten sie die Theorie der Motivation ab, wobei der Verstand eingesteht, dass dahinter (hinter den Bestimmungen) eine göttliche Weisheit steckt, der sie unterliegt. Das kann man wie folgt belegen: Du sagst: „Er wollte wissen, er wünschte es zu erwähnen.“ Daraufhin sagt jemand anderes: „War er erfasst von dem Wunsch, Gutes zu bescheren? Gab es ein Motiv, das ihn dazu bewegte zu belohnen?“ Nun ist es wohlbekannt, dass ein Motiv die eine oder andere Sache ist, die einer Person in den Sinn kommt. Es handelt sich um gewisse Wünsche des *Nafs*. Und all dies bedeutet, dass die Person von einem Verlangen erfasst wird, etwas herbeizuführen, was sie nicht besitzt, aber haben will. Wenn dann diese Sache erlangt wurde, beruhigen sich die Gefühle und der Beweggrund ist abgeschwächt. Die dumme Person, die solche Fragen stellt, wird als „*Weil*er“[215] bezeichnet. Und es ist wohlbekannt, dass der Ewige („*al-Baaqii*“) Sich Suffizienz zuschreibt, dass Er also unabhängig (von den Geschöpfen und von Bedürfnissen) ist, keinerlei Hinzugabe benötigt und keinem Ereignis unterliegt. Betrachten wir uns nun Seine Gaben, dann sehen wir, dass sie mit Leid und Verlusten (von Geschöpfen) sowie mit von Tieren ausgestandenen Schmerzen verbunden sind. Wenn der Verstand imstande ist, einen mit Freigiebigkeit vereinbarten Grund dafür zu finden, dann geht die (auf dem Verstand basierende) Erforschung weiter und führt zur Erkenntnis, dass derjenige, der so etwas tut, (theoretisch) entweder gütig oder ungütig sein kann. Zusätzlich erkennt er mittels rationalen Beweises, dass Er (Allah) über Geiz, welcher Ihn dazu führen könnte, zurückzuhalten, was Er geben kann, hocherhaben ist. Ebenfalls hocherhaben muss Er (aus Sicht einer rationalen Beweisführung) darüber sein, das (scheinbare) Übel, welches jene Geschöpfe trifft, nicht abwehren zu können. Weil man dann schließlich keine Begründungen findet, ist es besser, sich zu unterwerfen.

Dieser Unfug entstand durch die Annahme, der Schöpfer mache, *soweit es in Seiner Macht stehe,* geltend, was nützlich ist und verbiete bzw. verhindere, was schädlich ist.

---

[214] Also zurück zum *Qur'aan* und zur *Sunna* nach dem Verständnis der rechtschaffenen Vorfahren. (Übers.)

[215] Dies scheint die Bedeutung zu sein. Das Wort ist von der Präposition abgeleitet, die für das Motiv verwendet wird; von „weil“, im Sinne von „Begründer“. (Übers.)

Hätten sie in ihre Wissenschaft die Erkenntnis miteingebracht, dass Er allweise ist, dann hätten sie sich gezwungen gesehen, sich aufgrund Seiner Weisheit Seinem Willen zu unterwerfen. Und so hätten sie das Behagen genossen, die Angelegenheit Ihm zu überlassen, ohne zu widersprechen.

Manche Leute haben sich auf die wortwörtliche Bedeutung der Texte fixiert und sie wortwörtlich interpretiert.[216] Manche von diesen behaupteten, Allah sei ein Körper (Allah bewahre!). Dies war die Ansicht von Hischam ibn al-Hakam, Ali ibn Mansur, Muhammed ibn al-Khalil und Yunus ibn Abdirrahman. Unter ihnen kamen Meinungsunterschiede auf. Einige waren der Ansicht, Er sei ein Körper (*Jism*) wie die anderen Körper, wohingegen andere meinten, er unterscheide sich von anderen Körpern. Und auch bezüglich Letzterem gab es Meinungsverschiedenheiten. Manch einer meinte, Er sei Licht, andere meinten Er sei wie ein weißer Ingot. Letzteres war die Meinung von Hischam ibn al-Hakam, welcher außerdem behauptete, Allah sei einer Seiner sieben Ausgeburten (Allah bewahre!) und dass Er das, was sich unterhalb der Erde befindet, mittels eines Strahls sehe, der sich von Ihm bis zum gesehenen Objekt erstrecke.

Abu Muhammed al-Naubakhti überlieferte von Jahiz und dieser von al-Nazzam, dass Hischam ibn al-Hakam innerhalb eines Jahres fünf verschiedene anthropomorphistische Ansichten formulierte und sich schließlich dafür entschied, dass Allah einer Seiner sieben Ausgeburten sei. Außerdem behaupteten einige, Er habe die Form eines Ingot, andere wiederum meinten, Er habe die Form einer klaren Kristallkugel, welche immer dieselbe Form aufweise, egal von wo man sie betrachte. Hischam behauptete, Er besäße einen begrenzten Körper und ein Berg sei größer als Er. Seine Substanz bzw. Seinen Körper, fügte er hinzu, kenne nur Er (swt) selbst.

Meine Anmerkung dazu: Diese Ansicht schreibt Ihm Eigenschaften zu, die mit dem *Tauhid* nicht zu vereinbaren sind. Es steht fest, dass die Betastbarkeit nur einer Sache zugeordnet werden kann, die zu einer Kategorie gehört, zu der andere, ihr

---

[216] Die Aqida der *Ahlu's Sunna* bezüglich der religiösen Texte, welche Eigenschaften Allahs betreffen, kann man wie folgt zusammenfassen: Bestätigung (*Tathbiit*) ohne Vergleich mit der Schöpfung (*Taschbiih*) und Für-Erhaben-Erklären (*Tanziih*) ohne Aufhebung einer Eigenschaft (*Ta'tiil*). Für nähere Details siehe zum Beispiel *Usulu's Sunna* von Ahmad ibn Hanbal. Wenn der Autor mit wortwörtlicher Interpretation das meint, was wir gerade kurzgefasst dargelegt haben, dann ist die Kritik unangebracht. Wenn er jedoch meint, dass man durch die wortwörtliche Interpretation Allah mit der Schöpfung vergleicht, dann ist die Kritik angemessen. Und Allah weiß es am besten. (Übers.)

ähnliche Objekte gehören, von denen sie getrennt und unterschieden werden muss. Doch Allah, der Allmächtige, ist weder einer Kategorie von Dingen zugehörig, noch gibt es etwas, das Ihm gleicht. Außerdem kann man Seinem Wesen (*Dhaat*) nicht die Eigenschaft der Endlichkeit zuschreiben. Damit meinen wir nicht, dass Er sich unendlich in alle Richtungen ausstreckt, sondern dass Er weder ein Körper (*Jism*) ist noch eine Substanz, welchen ja die Eigenschaft der Endlichkeit eigen ist.[217]

Des Weiteren führte al-Naubakhti an, dass viele Metaphysiker behaupteten, Muqatil ibn Sulayman, Nu'aim ibn Hammad und Dawud al-Hawari seien der Meinung gewesen, Allah habe eine Form und Körperteile.

Nun frage ich: ie können dann diese Leute Ihm Unendlichkeit zuschreiben, doch menschlichen Wesen nicht? Warum räumen sie nicht ein, dass es möglich ist (als Konsequenz ihrer Meinung so sein müsste, aber eben nicht so ist), dass die gleichen Dinge, die mit Menschen geschehen, nicht auch mit Ihm geschehen, wie zum Beispiel Krankheit und Zerstörung?[218] Jemanden, der behauptet, Allah habe einen Körper, könnte man fragen: „Durch welchen Beleg beweist du, dass Körper nicht ewig sind?“ So könnten wir nämlich beweisen, dass der Gott, von dem einige glauben, dass Er ein Körper sei, nicht ewig ist. Einige, die glauben, Allah sei ein Körper, meinen, Er könne gefühlt und somit betastet werden. Ihnen antworten wir: „Dann kann man Ihn eurer Meinung nach auch umarmen, nicht wahr?“ Andere wiederum behaupten, Er sei ein Körper, der einen Raum darstelle, in dem sich alle anderen Körper befänden. Bayan ibn Sam'an behauptete, das Objekt seiner Anbetung sei vollständig aus Licht und besitzedie Form eines Menschen, wobei er sämtliche Körperteile mit Ausnahme eines Gesichtes besitze. Er wurde von Khalid ibn Abdillah hingerichtet. Al-Mughirah ibn Sa'id al-Ijli behauptete, das Objekt seiner Anbetung sei ein Mensch, welcher aus Licht bestehe, auf dessen Kopf sich eine Krone aus Licht befinde und welcher Körperteile sowie ein Herz besitze, aus dem Weisheit ströme. Seine Körperteile entsprächen den Buchstaben des Alif-Ba. Diese Person vertrat die Meinung, dass Muhammed ibn Abdillah ibn al-Hasan ibn

---

[217] Die Frage, ob Allah ein Körper (*Jism*) ist, und andere ähnliche Fragen, lassen sich nur beantworten, wenn Allah und Sein Gesandter (saws) uns dazu etwas mitgeteilt haben. Andernfalls darf man darüber keine Aussagen treffen. Schon gar nicht auf Basis rein rationeller Überlegungen. Und Allah weiß es am besten. (Übers.)

[218] Mit diesen Fragen kritisiert der Autor die andere Meinung. Zweifellos unterliegt Allah nicht Dingen wie Zerstörung etc. (Übers.)

al-Husayn der *Imam* sei. Zurarah ibn A'yan behauptete, der Schöpfer sei nicht urewig wissend, mächtig oder lebendig, sondern habe diese Eigenschaft für Sich erschaffen (Allah bewahre uns davor, solch eine Meinung zu vertreten!). Dawud al-Hawari sagte, Sein Körper sei aus Fleisch und Blut und besitze Gliedmaßen, sei vom Mund bis zur Brust hohl und im restlichen Bereich massiv.

KAPITEL VI

Wie der Satan die Gelehrten der verschiedenen Wissensbereiche täuscht

Man sollte wissen, dass der Satan auf unterschiedlichen Wegen mit seinen Irreführungen in die Leute eindringt. Einer davon ist offenkundig. D Er überwältigt den Menschen einfach mit der Anregung seiner Leidenschaften und führt ihn dazu, unbeachtet zu lassen, was er weiß. Der andere hingegen ist verborgen und bleibt somit von den meisten der Gelehrten unerkannt. Wir möchten folgend auf verschiedene Formen seiner Täuschung hinweisen. Diejenigen, die wir nennen, sollen eine Idee von jenen vermitteln, die wir weglassen. Denn alle Methoden (der Täuschung) ausgiebig zu erklären, würde zu lange dauern. Möge Allah uns vor Irrtümern bewahren!

Wie er die *Qur'aan*-Rezitatoren (*Qurraat*) täuscht

Dazu gehört, dass sich die Person mit den nicht-kanonischen Lesearten beschäftigt und sie erlernt, wobei sie die meiste Zeit ihres Lebens damit vergeudet, sie zu sammeln, schriftlich festzuhalten und anderen beizubringen. Dies lenkt sie davon ab, Vorschriften und Pflichten zu erlernen. Man kann oft erleben, dass der Vorbeter in einer Moschee es auf sich nimmt, zu lehren, wie man den Qur'aan rezitiert, doch noch nicht einmal weiß, was das Gebet ungültig werden lässt. Und oft bringt ihn das Verlangen, im Vordergrund zu stehen, dazu, dass er aus purem Unwissen, eine rechtliche Frage mit dem ersten Gedanken, der ihm einfällt, beantwortet, obwohl dies in seinem *Madhhab* sogar unzulässig wäre.[219]

Hätten diese Leute nachgedacht, dann hätten sie erkannt, dass vielmehr gefragt ist, den Qur'aan (zumindest zu einem Teil) auswendig zu können, seine Aussprache zu korrigieren, ihn zu verstehen und nach ihm zu handeln sowie sich zusätzlich zu bemühen, das Ego zu disziplinieren und den Charakter zu läutern als auch einige (für die jeweilige Person) wichtige Themen der Scharia zu studieren. Es stellt eine große Dummheit dar, die Zeit mit Dingen zu verschwenden, die nicht erstgradig wichtig sind. Hasan al-Basri sagte: „Der Qur'aan wurde offenbart, auf dass die

[219] Wie der Wortlaut an dieser Stelle zu lesen ist, ist unklar.

Menschen ihm entsprechend handeln." Tut man das, wenn man in seiner Moschee eine nicht-kanonische Lesart rezitiert und der anerkannten Lesart widerspricht?

Die Gelehrten sind sich einig, dass das Gebet nicht gültig ist, wenn man eine nicht anerkannte Lesart darin rezitiert. Das Ziel ist dabei, den Leuten ungewöhnliches Wissen zu präsentieren, um somit von ihnen gelobt zu werden[220] und, damit sie sich daraufhin um einen herum scharen. Dabei wird jener behaupten, dass er den *Qur'aan* studiere. Manche von ihnen kombinieren Lesarten, indem sie (beispielsweise) wie folgt rezitieren: „Malik, Maalik, Mallaak...".[221] Doch dies ist nicht erlaubt, da es der Anordnung des *Qur'aan* widerspricht. Manche fügen noch Niederwerfungen und das Aussprechen des Glaubensbekenntnisses hinzu und wiederholen die Formel „Allahu Akbar". Auch diese Praxis ist aus Sicht des *Fiqh* in Ordnung.

Sie haben auch begonnen, zahlreiche Feuer zu entzünden, wenn sie die Lesung des gesamten *Qur'aan* vollenden. Dies stellt eine Kombination von Materialverschwendung und der Nachahmung der Zarathustrier dar. Außerdem liefert es eine Gelegenheit für die nächtlichen Versammlungen von Männern und Frauen mit verderblichen Folgen. Der Satan lässt sie glauben, dass dies eine Ehrung des Islam darstelle. Dies ist eine ernsthafte Täuschung, denn die Scharia wird dadurch geehrt, dass man umsetzt, was sie vorschreibt.

Zu dieser Kategorie gehören auch diejenigen, die es für sich selbst für legitim erklären, zu behaupten, sie hätten von Personen gelernt, von denen sie eigentlich nicht gelernt hatten, auch wenn sie eine Lizenz (*Ijaaza*) von ihnen erhalten haben. Solch eine Person wird fälschlicherweise sagen : „Es berichtete mir der Soundso." Dabei betrachtet er es als eine kleine Sache, da er ja Lesarten schriftlich festhalte und das für eine tugendhafte Tat hält. Dabei vergisst er, dass es sich um eine Lüge handelt, welche die Strafe verdient, die für Lügner vorgesehen ist.

Ebenso gehört zu dieser Kategorie ein kompetenter Rezitationslehrer, welcher mit zwei oder drei Lehrern (gleichzeitig) lernt, dabei mit jedem Besucher spricht, wobei

[220] Grundsätzlich kennt nur Allah die Absichten des Menschen, es sei denn, sie werden klar erkenntlich. (Übers.)

[221] Das bezieht sich auf die erste Sure (*al-Fatiha*), in der dieses Wort je nach Rezitationsart unterschiedlich gelesen wird. Offensichtlich pflegten die Leute, die gemeint sind, die verschiedenen Lesarten zu kombinieren.

sein Geist nicht all diese Dinge (gleichzeitig) erfassen kann. Hierauf erklärt er dann, er habe mit diesem und jenem Lehrer die Rezitationsart des Soundso gelesen.

Später kamen einige gewissenhafte Leute auf und vertraten die Meinung, dass sich zwei oder drei zusammentun und mit einem (Lehrer) lernen sollten.

Auch Rezitatoren, die miteinander bezüglich der Menge wetteifern, die sie am Stück lesen können, gehören dazu. Ich habe unter ihnen Lehrer gesehen, die Treffen veranstalten und eine Person präsentieren, die an einem langen Tag dreimal den gesamten Qur'aan liest. Wenn er es nicht schafft, dann wird ihm Mut gemacht; falls er es schafft, wird er gelobt. Das Volk versammelt sich zu solchen Anlässen und bewundert den Mann, so wie sie es bei einem Läufer tun würden. Der Satan redete ihnen zu, dass man durch vieles Rezitieren Belohnungen im Jenseits bekommt. Doch sollte das Rezitieren für Allah erfolgen, nicht um bewundert zu werden. Außerdem sollte es in gemäßigtem Tempo erfolgen [...]. Zu dieser Kategorie gehört außerdem der Fall von einigen Rezitatoren, die eine musikalische Art des Lesens erfunden haben, welche zuvor auch schon in einer moderateren Art praktiziert wurde. Ahmad ibn Hanbal missbilligte dies, al-Schafi'i jedoch nicht. Muhammed ibn Nasir berichtete uns in einer auf al-Rabi ibn Sulayman zurückgehenden Überlieferung, al-Schafi'i habe gesagt: „Es ist nichts Verwerfliches daran, wenn man der Musik von Kameltreibern oder der Satzmelodie der Beduinen oder der Rezitation des Qur'aan mittels Gesang und Modulation der Stimme zuhört."

Meiner Meinung nach, bezog sich al-Schafi'i lediglich auf die damalige Praxis, in welcher nur eine geringe Modulation angewendet wurde, wohingegen man es in der heutigen Zeit gemäß den Regeln der Vokalmusik tut. Je mehr es in die Nähe von Gesang rückt, desto missbilligender wird es. Wird der *Qur'aan* entgegen seiner ursprünglichen Struktur verlesen, so wird es (laut Meinung des Autors) *haram*.

Zur selben Kategorie gehört der Fall von Rezitatoren, die sich einige bestimmte Sünden für erlaubt erklären. Dazu gehören beispielsweise die Schmähung von Rivalen oder noch größere Sünden. Dabei glauben sie, dass die Tatsache, dass sie den *Qur'aan* auswendig können, sie vor der Strafe bewahren werde. Dazu führen sie an, der Prophet ﷺ habe (angeblich) gesagt: „Würde man den *Qur'aan* in eine Haut (Leder) einwickeln, so würde sie (bzw. er) nicht verbrennen (wenn man die Haut bzw. ihn anzünden würde).“[222] Dies ist eine der satanischen Täuschungen; denn die Strafe für jemanden, der Wissen besitzt, ist größer als die für den Unwissenden. Das Vorhandensein von mehr Wissen verstärkt die Anschuldigungen gegen ihn weiter. Ein zusätzliches Fehlverhalten besteht darin, dass der Rezitator das, was er in sein Gedächtnis aufgenommen hat (d.h., den *Qur'aan*) nicht respektiert. Allah sagte (in ungef. Bed.):

„[...] Sag: Sind etwa diejenigen, die wissen und diejenigen, die nicht wissen, gleich? [...]“[223]

Und bezüglich der Frauen des Propheten ﷺ sagte Er (in ungef. Bed.):

„O Frauen des Propheten, wer von euch etwas klar Abscheuliches begeht, derjenigen wird die Strafe verzweifacht. Und das ist Allah ein Leichtes.“[224]

Wie der Satan die *Muhaddithun* in die Irre führt

Zu dieser Kategorie gehört der Fall von Leuten, die ihr Leben damit verbracht haben, Überlieferungen zu hören, ihretwegen herumzureisen, unterschiedliche Überlieferungswege (des gleichen) *Hadith* zu sammeln und nach authentischen Überlieferungen sowie ungewöhnlichen Texten Ausschau zu halten. Sie lassen sich in zwei Gruppen einteilen.

Eine Gruppe hat das Ziel, die Scharia zu schützen, indem sie sicherstellt, welche Überlieferungen authentisch sind [...]. Und sie verdienen Dank für ihre Bemühungen. Es ist nur so, dass der Satan diese Leute (wohl eher einen Teil von ihnen) irreführt, indem er sie durch diese Dinge von der Aufgabe ablenkt, die für jede Person gilt, nämlich ihre religiösen Verpflichtungen zu erlernen. Er bringt sie dazu, sich zu bemühen, diese (Verpflichtungen) außer Kraft zu setzen, indem sie diese Überlieferungen, die eine Quelle der Gesetzgebung darstellen, dazu benutzen. Sagt man, dass viele unserer Vorfahren, wie zum Beispiel Yahya ibn Ma'in, Ibnu'l Madini, al-Bukhari und Muslim, dies zu tun pflegten (d.h., sich im Dienste der Scharia mit Ahadith beschäftigten), so lautet die Antwort, dass diese Personen das

---

222 Weder die Authentizität wird angegeben noch der Überlieferer noch eine Quelle.

223 Qur'aan (39/9).

224 Qur'aan (33/30).

Erlernen wichtiger Themen der Religion und der Urteile, die sie betreffen, mit der Suche nach Überlieferungen kombinierten. Hilfreich war ihnen dabei, dass die Überliefererketten kurz und die Anzahl der Überlieferungen gering gewesen ist, so dass sie Zeit für beides hatten. In unserer Zeit sind die Überlieferungswege lang und die Werke, die das Thema behandeln und lediglich unterschiedliche Überliefererketten behandeln, sehr umfangreich. Es ist selten möglich, dass jemand beides gleichzeitig tun kann. So wird man einen Traditionalisten (Muhaddith) finden, der seit fünfzig Jahren (Überlieferungen) schreibt, hört und in Büchern zusammenträgt, ohne zu wissen, was die Bücher enthalten. Wenn es Fragen zum Gebtet gibt, wird er den Rat der jungen Studenten des Wissens benötigen, die zu ihm kommen, um Überlieferungen zu hören. Dies bietet den Angreifern der Traditionalisten eine Handhabe. Jene bezeichnen diese als bücherbeladene Tiere, die nicht wissen, was sie tragen. Wenn einer von ihnen glücklich genug ist, um einen Blick in die Überlieferungen zu werfen, ist es sehr wahrscheinlich, dass er einen abrogierten *Hadith* zur Handlungsgrundlage nimmt oder den *Hadith* so versteht wie das allgemeine Volk ihn verstehen würde und dementsprechend handelt, auch wenn dies nicht das gewesen ist, was mit der Überlieferung gemeint war. So erzählte man uns, dass ein gewisser Traditionalist verlesen habe, der Prophet ﷺ habe verboten, dass ein Mann das Wasser vom Acker eines anderen Mannes bekommt. Einige der Zuhörer sagten: „Wir pflegten, wenn wir in unseren Gärten mehr Wasser hatten als wir brauchten, dieses zu unseren Nachbarn umzuleiten. Wir bitten Allah um Vergebung dafür, dass wir so etwas getan haben." Weder der Lesende noch die Hörer verstanden oder erkannten, dass sich dies auf den Geschlechtsverkehr mit schwangeren Frauen bezog.

Al-Khattabi sagte: „Einer unserer Lehrer pflegte eine Überlieferung zu rezitieren, der zufolge der Prophet ﷺ verboten habe, freitags vor dem Gebet die Haare zu schneiden (*Halq*). Und er teilte mir mit, dass er vierzig Jahre lang niemals die Haare vor dem Gebet geschnitten habe. Ich sagte zu ihm: „Das Wort lautet *Halaq* (Gesprächs- bzw. Unterrichtsrunden) und der Tadel bezieht sich darauf, dass Leute sich treffen, um zu lernen und zu diskutieren. Was der Prophet ﷺ befahl, war, seine Aufmerksamkeit dem Gebet zu widmen und der Predigt zuzuhören." Der Mann sagte zu mir: „Du hast mich wirklich erleichtert." Dabei war er ein frommer Mann.

Ibn Ra'id war unter den Traditionalisten von hohem Rang. Da er nur wenig Kontakt zu den Fuqaha hatte, war er nicht imstande, eine rechtliche Frage zu beantworten.

Abu Mansur al-Bazzar berichtete uns in einer Überlieferung, die auf den *Faqih* Abu Bakr al-Akhbari zurückgeht, dass dieser Folgendes gesagt habe:

„Ich befand mich bei Yahya ibn Muhammed ibn Ra'id ibn Abdillah, als eine Frau zu ihm kam und sprach: ‚Shaykh, was sagst du bezüglich eines Brunnens, in den ein Huhn gefallen ist und starb. Ist er unrein oder rein?' Da sagte Yahya: ‚Erzähle mir, wie es dazu kam, dass das Huhn in den Brunnen gefallen ist.' Sie sagte: ‚Er war nicht abgedeckt.' Da sagte er: ‚Warum habt ihr den Brunnen nicht abgedeckt, so dass es nicht hätte hineinfallen können?' Al-Akhbari sagte: ‚Mein Freund, wenn das Wasser sich verändert hat, ist es unrein, anderenfalls ist es rein.'"

Einer von ihnen verfasste viele *Hadith*-Werke, von denen das kleinste einbändig war und das größte ein Kommentar mit einem Umfang von eintausend Bänden. Doch wusste er nichts über *Fiqh*.

Manche von ihnen wagten es, Fatawa zu erteilen, die falsch waren, weil sie befürchteten, für unwissend gehalten zu werden.

Einem von ihnen wurde eine Frage bezüglich der Verteilung des Erbes gestellt und er schrieb als Antwort, es möge entsprechend den Anweisungen Allahs verteilt werden.

Muhammed ibn Abi Mansur berichtete uns von einer Überlieferung, die auf Ibrahim al-Harbi zurückgeht, dass dieser berichtet habe:

„Mir wurde erzählt, dass eine Frau zu Ali ibn Dawud kam, als er gerade Überlieferungen wiedergab während sich einige Tausend Leute bei ihm versammelt hatten. Sie sagte zu ihm: ‚Ich habe geschworen, meinen Umhang als Spende wegzugeben.' Da fragte er: ‚Wie viel hast du dafür bezahlt?' ‚Zweiundzwanzig *Dirham*', erwiderte sie. Da sagte er: ‚Dann gehe und faste zweiundzwanzig Tage!' Nachdem sie weggegangen war, begann er zu klagen, indem er sagte: ‚Leider haben wir einen Fehler gemacht. [...]'"

Mein Kommentar: Betrachtet euch diese zwei Schandtaten! Eine davon besteht aus Unwissenheit und die andere daraus, dass man es wagt, solch einen Durcheinander als *Fatwa* zu erteilen.

Wisset, dass die Mehrheit der Traditionalisten die Eigenschaften Allahs wortwörtlich und materiell aufgefasst und somit die Doktrin der Anthropomorphisten übernommen haben.[225] Denn sie haben keinen Kontakt zu den *Fuqaha* gepflegt, um zu lernen, wie mehrdeutige Texte im Einklang mit den feststehenden Urteilen zu verstehen sind.

In unserer Zeit haben wir eine Person dieser Art gesehen. Sie sammelt Bücher und hört sich vieles an (d.h. viele Überlieferungen), ohne zu verstehen, was sie überliefert hat. Manche von ihnen können den *Qur'aan* nicht auswendig oder sind der Regeln des Gebetes unkundig. Diese Leute meinen, dass sie sich mit etwas beschäftigen, das *Fardu Kifaya* ist, anstelle von Dingen, die *Fardu Ayn* sind. Doch etwas weniger Wichtiges dem vorzuziehen, was wichtiger ist, stellt eine Irreleitung des Satans dar.

Die zweite Gruppe besteht aus Leuten, die viele Überlieferungen gehört haben, wobei deren Absicht jedoch nicht korrekt war. Durch das Sammeln von Überlieferungswegen wollten sie nicht sicherstellen, was authentisch ist und was nicht. Was sie wollten, waren Überlieferungen hohen Alters und solche, die nicht sehr bekannt waren. Und daher gingen sie in den Ländern umher, damit sie sagen konnten: „Ich habe die Person Soundso getroffen und ich bin im Besitz von Überliefererketten, die sonst niemand besitzt. Und es befinden sich bei mir Überlieferungen, die niemand kennt außer mir."

Einst kam ein Student der Überlieferungen zu uns nach Bagdad. Er nahm sich einen Lehrer und ließ ihn in al-Raqqah[226], einem Garten am Ufer des Tigris, Platz nehmen. Dann las er mit ihm. Danach pflegte er in seinen Sammlungen Folgendes zu sagen: „Ich wurde in al-Raqqah informiert von Soundso, dem Sohn des Soundso." So brachte er die Menschen dazu zu glauben, es handele sich bei *al-Raqqah* um einen Ort in Richtung Syrien und zu denken, er habe auf der Suche nach Überlieferungen mühsame Reisen auf sich genommen. Oder aber ließ er ihn zwischen den Flüssen Isa und Euphrat Platz nehmen und sagte: „Ich wurde von Soundso in „Hinter-Dem-Fluss" (*Mawaraunnahr*) informiert." So wollte er die Leute glauben lassen, er habe

[225] Dies ist die Meinung des Autors. Doch die Hadithgelehrten der Ahlu's Sunna waren bestimmt keine Anthropmorphisten. Sie bestätigen die Eigenschaften Allahs, so wie sie in den Texten genannt sind, doch ohne Ihn mit den Geschöpfen zu vergleichen. (Übers.)

[226] Siehe Le Strange, Baghdad, S.261.

den Oxos überquert,[227] um nach Überlieferungen zu suchen. Oder er sagte: „Ich wurde von Soundso auf meiner zweiten oder meiner dritten Reise informiert." So sollen die Leute sehen, welche Mühen er beim Streben nach Überlieferungen auf sich genommen hatte. Er hat keine einzige lobende Bestätigung erhalten, da er noch starb, als er ein Schüler war.

Dazu möchte ich anmerken, dass all dies weit entfernt von Aufrichtigkeit (Ikhlas) ist. Ihr Ziel ist, im Vordergrund zu stehen und zu prahlen. Und das ist der Grund, warum sie seltenen und merkwürdigen Überlieferungen hinterherlaufen. Es kommt oft vor, dass einem von ihnen ein Notizbuch in die Hände fällt, welches Überlieferungen enthält, die irgendein zeitgenössischer Muslim gehört hatte, und dieser (d.h. der Fündige) dann diese Tatsache verheimlicht, um das Monopol über dessen Überlieferung zu behalten. Dabei kann es passieren, dass er stirbt, ohne den Inhalt überliefert zu haben. So haben beide Personen einen Verlust an Belohnung.

Oft kommt es auch vor, dass sie zu einem Überlieferer reisen, dessen Name mit „Qaf", aber auch mit „Kaf" beginnen kann, nur um diese Tatsache in ihr Manuskript zu schreiben.

Zu den Täuschungen, die der Satan bei den Traditionalisten anwendet, gehört ihre gegenseitige Fehlersuche aufgrund persönlicher Missgunst, die sie in Form des *Jarh wa Ta'dil*[228] austragen. Die früheren Repräsentanten dieser Disziplin praktizierten dies, um die Scharia zu schützen. Allah kennt die Absichten der Menschen am besten. Doch der Beweis dafür, dass es die Absicht dieser Leute war, niederträchtige Lügen zu verbreiten, ist die Tatsache, dass sie über diejenigen, von denen sie selbst (Überlieferungen) entgegengenommen hatten, nichts sagten. Die Früheren handelten nicht so. Wenn Ali ibn al-Madini von seinem Vater zu überliefern pflegte,

---

[227] Hier geht es um Folgendes: *Mawaraunnahr* ist der arabische Begriff für Transoxianien, eine aus Sicht der islamischen Wissenschaften bedeutende historische Region im westlichen Zentralasien, das heute größtenteils zum heutigen Uzbekistan gehört. Das Wort *Mawaraunnahr* bedeutet wortwörtlich „Das, was hinter dem Fluss liegt". Genau diese wörtliche Bedeutung missbrauchten einige, um das oben genannte Wortspiel zu vollziehen. Sie setzen jemanden hinter einen anderen Fluss, sagten dann, sie seien „Hinter-Dem-Fluss" (*Mawaraunnahr*) gewesen und täuschten so vor, dass sie im wichtigen Transoxianien gewesen seien. (Übers.)

[228] Bezeichnung für die Wissenschaft, die sich mit der kritischen Betrachtung der Überlieferer beschäftigt und dabei einen Überlieferer entweder kritisiert (Jarh) oder seine Verlässlichkeit bestätigt (Ta'diil). (Übers.)

der nicht vertrauenswürdig war, fügte er jedoch hinzu, dass die „Berichte dieses Shaykhs so sind wie sie sind.“[229]

Abu Bakr ibn Habib al-Amiri berichtete uns mittels einer Überlieferung, die auf Yusuf ibn al-Husayn zurückgeht, dass dieser gesagt habe:

„Ich fragte Harith al-Muhasibi nach der üblen Nachrede. Da sagte er: ‚Nimm dich vor ihr in Acht, denn sie ist das Übelste, was du erwerben kannst. Was denkst du über eine Sache, die dich deines Verdienstes beraubt, deine Gegner aber zufriedenstellt? Wie willst du es schaffen, jemanden, den du im Diesseits verabscheust, zufriedenzustellen, wenn er am Tag des Gerichts dein Gegner sein wird? Entweder wird er einen Teil deines Verdienstes wegnehmen oder du wirst einen Teil seiner Fehltaten übernehmen[230], denn dort wird es weder Dinare noch Dirhams geben. Nimm dich daher vor ihr (der üblen Nachrede) in Acht und wisse um ihre Ursachen.‘

Die üble Nachrede des allgemeinen Volkes und der Unwissenden rührt her vom Verlangen, seine Wut zu stillen oder von Böswilligkeit, Missgunst bzw. Argwohn. All dies sind Eigenschaften, die offenkundig sind und nicht verborgen. Die üble Nachrede von Gelehrten hingegen entspringt einer Selbsttäuschung, bei der die Person denkt, dass sie aufrichtige Sorge um andere an den Tag legt und um die Interpretation eines Berichtes, der nicht vertrauenswürdig ist und wenn er es wäre, die üble Nachrede nicht rechtfertigen würde. Bei diesem Bericht handelt es sich um die folgende ihm (dem Propheten ?) zugeschriebenen Aussage:

„Magst du nicht, es aufzuschreiben? Verzeichne es, wobei du die darin zu kritisierenden Punkte erwähnst, so dass die Leute sich vor ihr in Acht nehmen können.“

Wenn dieser Bericht authentisch und korrekt wäre, würde er dennoch nicht aussagen, dass man einen muslimischen Bruder öffentlich diffamieren darf. Es sei denn, man wird nach ihm befragt, wenn zum Beispiel ein Mann kommt und nach

---

[229] Dies soll wohl entweder einen Hinweis darauf darstellen, dass sein Vater als Überlieferer nicht geeignet war oder dass es sich bei den Hadithen, die Ali ibn al-Madini von ihm überliefert hatte, trotz der eigentlich fehlenden Vertrauenswürdigkeit des Überlieferers, um korrekte Hadithe handelte. Und Allah weiß es am besten. (Übers.)

[230] Der Beweis, der dieser Aussage als Grundlage dient, wurde nicht erwähnt. (Übers.)

Rat fragt, indem er sagt: „Ich möchte meine Tochter an den Soundso verheiraten, und du weißt, ob der Mann zu den *Ahlu'l Bid'a* gehört bzw. ob man ihm eine muslimische Frau anvertrauen kann." In solch einem Fall sollte man dem Elternteil gegebenenfalls so freundlich wie möglich abraten. Ein anderer möglicher Fall wäre, wenn jemand kommt und sagt: „Ich möchte bei der Person Soundso eine Summe an Geld hinterlegen." Wenn jene Person nicht dafür geeignet ist, bei ihr Geld zu hinterlegen, sollte man demjenigen, der die Absicht hat, das Geld zu hinterlegen, so freundlich wie möglich davon abraten.

Ein weiterer möglicher Fall wäre der, dass ein Mann sagt:

„Ich möchte hinter der Person Soundso beten oder sie in einem bestimmten Wissenszweig zum Lehrer nehmen." Auch hier sollte man gegebenenfalls so höflich wie möglich abraten und nicht seinem Ärger freien Lauf lassen, indem man übel nachredet.

Im Falle der *Qur'aan*-Rezitatoren und *Aabidun* entspringt sie (die üble Nachrede) der Arroganz. So kommt es vor, dass ein Mann einen Fehler seines Glaubensbruders enthüllt und sich dann damit brüstet, dass er insgeheim für ihn bete. Erst geht er großzügig mit dem Fleisch seines Bruders um und dann rühmt er sich selbst damit, dass er für ihn ein Gebet spricht.

Im Falle hoher Amtsträger, die als *Ustadh* bezeichnet werden, entspringt sie dem Wunsch, Güte zur Schau zu stellen. So kommt es vor, dass solch ein Mann sagt: „Armer Kerl, er leidet an diesem und jenem Manko. Welch eine Prüfung!" Möge Allah uns vor solch einer Hemmungslosigkeit bewahren! Dieser Mann rühmt sich selbst mit der Güte gegenüber seinem Glaubensbruder. Nachdem er dann in der Gegenwart seiner Gefährten für ihn gebetet hat, wird er sagen: „Ich habe es nur offengelegt, damit ihr viel für ihn betet." Wir suchen Zuflucht bei Allah vor direkter und auch indirekter übler Nachrede. Nehmt euch davor in Acht, denn im *Qur'aan* wurde verkündet, dass es sich um etwas Abscheuliches handelt. Allah sagt: *„[...] Möchte denn einer von euch gern das Fleisch seines Bruders, wenn er tot sei, essen?[...]"*[231]

---

[231] Qur'aan (49/12).

Es wurden zahlreiche Aussagen vom Propheten ﷺ überliefert, die auf das Gleiche hindeuten.

Zu den Wegen, mittels derer der Satan die Traditionalisten in die Irre führt, gehört, dass sie unechte Hadithe überliefern, ohne zu vermerken, dass sie nicht echt sind. Dies stellt ein gegen die Scharia gerichtetes Verbrechen dar. Ihr Ziel ist dabei, ihre Überlieferungen und das Ausmaß ihres Wissens zur Schau zu stellen. [...] Zu dieser Kategorie gehört ihr Verfälschen von Überliefererketten, indem beispielsweise jemand sagt „X von Y“ oder „X überlieferte von Y“ und somit suggeriert, der eine habe von dem anderen eine Überlieferung entgegengenommen, wobei jedoch ein Glied in der Überliefererkette fehlt, da der eine (X) es nicht (direkt von Y) hörte. Und so etwas ist tadelnswert, denn dadurch wird einer unterbrochenen Überliefererkette die Überlieferungsstärke einer ununterbrochenen Überliefererkette zugeschrieben.

Manche von ihnen überliefern von einem „schwachen“ Überlieferer oder einem Lügner, wobei sie ihn entweder benennen oder ihm einen Namen geben, der nicht der Seinige ist oder, indem sie ihn mittels seines Kosenamens (*Kunya*) oder eines Vorfahren benennen, um zu vermeiden, dass er erkannt wird. Dies stellt ein Verbrechen dar, das gegen die Scharia gerichtet ist. Denn auf diesem Wege wird ein Urteil etabliert, für das es eine einwandfreie Basis gibt.

Was den Fall betrifft, in dem der genannte Überlieferer zwar eine vertrauenswürdige Person ist, wobei er jedoch nur in Form seines Verhältnisses zu einem Vorfahren oder mittels seiner *Kunya* angeführt wird, um nicht den Anschein zu erwecken, dass dieselbe Person zu oft zitiert wird, oder den Fall, bei dem der entgegennehmende Überliefer und der vermittelnde Überlieferer zur gleichen Schicht (Tabaqa) gehören und der entgegennehmende Überlieferer sich schämt, Ersteren zu nennen, dann ist solch ein Vorgehen zwar missbilligt und fern von korrektem Verhalten, jedoch immer noch verzeihlich, da der Überlieferer vertrauenswürdig ist. Möge Allah uns rechtleiten!

Wie der Satan die *Fuqaha* in die Irre führt

Früher waren die Fuqaha Leute, die den Qur'aan und die Ahadith studierten. Doch diese Praxis verfiel immer mehr, bis die späteren Generationen sagten: „Es genügt uns, die gesetzlich normativen Texte des Qur'aan zu kennen und uns auf die berühmten Hadith-Werke, wie zum Beispiel das Sunan von Abu Dawud zu stützen. Ein wenig später vernachlässigten sie auch das, bis es so weit gekommen ist, dass ein *Fiqh*-Gelehrter eine *Aaya* anführt, deren Bedeutung er nicht versteht oder einen *Hadith*, bezüglich dessen er vielleicht nicht mehr zwischen „gesund" und „gefälscht" unterscheiden kann.

Oft stützt er sich auf einen Analogieschluss, welcher einer authentischen Überlieferung widerspricht, er sich dessen jedoch nicht bewusst ist. Dies rührt daher, dass er dem Thema der Überlieferung zuvor nur wenig Aufmerksamkeit gewidmet hatte.

Fiqh besteht jedoch nun einmal aus dem Ableiten aus dem *Qur'aan* und der *Sunna*. Wie kann jemand etwas aus einer Sache ableiten, mit der er nicht vertraut ist? Es ist tadelnswert, ein Urteil auf Basis einer Überlieferung zu formulieren, deren Verlässlichkeit bzw. Unverlässlichkeit nicht ermittelt wurde. Die Ermittlung solch einer Information war einst mit Schwierigkeiten verbunden. Man musste weite Reisen unternehmen und schwere Anstrengungen durchmachen, um sie zu erlangen. Später wurden Bücher verfasst, die Sunan-Werke angefertigt und das Authentische wurde vom Unauthentischen getrennt. Doch die späteren Generationen waren zu bequem, um die *Hadith*-Literatur zu studieren. Dies ging so weit, dass ich sogar gesehen habe, wie ein großer *Faqih* in einem seiner Werke bezüglich einiger Aussagen, die in den Sammlungen authentischer *Hadithe* vorkommen, sagte: „Der Prophet kann dies nicht gesagt haben." Und bezüglich einer gewissen Fragestellung stellte ich folgende Aussage fest: „Unser Beweis ist der Bericht gewisser Leute, dass der Prophet Folgendes sagte [...]" Doch als sein Widersacher einen authentischen *Hadith* zitierte, sagte er dazu: „Diese Überlieferung ist unbekannt." All dies stellt ein Verbrechen gegen den Islam dar.

Zu den Täuschungen, die der Satan bei den *Fuqaha* anwendet, gehört ihr zuversichtliches Zurückgreifen auf die Kunst der Widerlegung in wobei sie behaupten, dass sie nach der korrekten Art der Ermittlung und nach dem Beweis für ein Urteil sowie nach der Ableitung einiger Feinheiten des *Fiqh* und den Grundlagen von Prinzipien suchen. Wäre ihre Behauptung wahr, dann würden sie sich mit allen Fragen beschäftigen. Doch sie beschränken sich lediglich auf große Fragen, die sie ausdehnen können, damit der Disputant im Verlauf der Diskussion das Ansehen der Öffentlichkeit gewinnt. So manch einer kümmert sich um die Gestaltung seiner

Disputation und der Suche nach Widersprüchen (seitens des Gegners), um Ruhm zu erlangen und die Rivalen zu besiegen. Oft hat er keine Ahnung von Urteilen, die „kleinere" Fragestellungen betreffen, jedoch zu großen Schäden führen können.

Eine Darlegung dessen, wie der Satan sie dazu verleitet, die Aussagen der Philosophen in ihre Debatten miteinzubringen und sich auf deren Fabrikationen zu stützen

Zu dieser Kategorie gehört, dass sie dem Analogieschluss Vorzug vor einer Überlieferung gewähren, die einen Beweis für die zur Debatte stehende Fragestellung liefert, um damit einen größeren Spielraum für ihre Diskussion zu gewinnen. Führt einer von ihnen eine Überlieferung als Beweis an, so gerät er in Verruf, obwohl Rechtschaffenheit erfordern würde, dass dem Anführen der Überlieferung der Vorrang gewährt wird.

Zu dieser Kategorie gehört des Weiteren, dass sie das Diskutieren zu ihrer Hauptbeschäftigung machen unter Ausschluss der Dinge, die bekannterweise das Herz erweichen, wie beispielsweise das Rezitieren des *Qur'aan* und das Anhören von Ahadith sowie der Biographie des Propheten und seiner Gefährten. Es ist wohlbekannt, dass das Herz durch das wiederholte Beseitigen von äußerer Unreinheit und dem unreinen Wasser keine Demut erlangt. Was das Herz braucht, ist Erinnerung und Ermahnung, so dass es sich zur Aufgabe macht, im Jenseits zu den Gewinnern zu gehören.

Umstrittene Themen mögen zwar in der Tat zum Fiqh gehören, doch reicht es nicht aus, nur diese zu kennen. Wer keinen Einblick in das Wissen der Rechtschaffenen hat und nicht die Methodik kennt, der sie folgten, wird nicht in der Lage sein, ihren Weg zu beschreiten. Es muss verstanden werden, dass das Wesen des Menschen räuberisch ist. Und wenn er mit seinen Zeitgenossen alleine gelassen wird, übernimmt er von ihren Charakterzügen und wird wie sie. Wenn er jedoch das Leben der Vorfahren (Salaf) studiert, eifert er ihnen nach und passt sich ihrem Charakter an. Einer der Salaf sagte: „Ein Hadith (bzw. eine Erzählung), der (bzw. die) mein Herz erweichen lässt, ist mir lieber als hundert Urteile von

Schurayh[232]." Dies sagte er nur, weil (in diesem Zusammenhang) das Erweichen des Herzens (in diesem Zusammenhang) erwünscht ist und Mittel existieren, die dazu führen.

Zur gleichen Kategorie gehört, dass sie sich auf das Debattieren beschränken und es vernachlässigen, sich das System (*Usul, Madhhab*) einzuprägen und andere mit der Scharia verbundene Dinge zu studieren. So wird man auf einen Mufti treffen können, dem eine Frage bezüglich des Qur'aan oder einer Überlieferung gestellt wird und der darüber keinerlei Wissen besitzt. Das ist Betrug. Doch Stolz gibt keine Mängel zu.

Außerdem war der ursprüngliche Sinn wissenschaftlicher Debatten, die Wahrheit ans Tageslicht zu bringen. Und das Ziel unserer Vorfahren war es, die Leute dabei zu unterstützen, die korrekte Meinung zu erkennen. So betrachteten sie ein Argument nach dem anderen, und wenn jemand einen Aspekt übersehen hatte, dann wies ihn ein anderer darauf hin. Ihr Ziel bei all dem war die richtige Meinung herauszuarbeiten. Wenn daher einer dieser früheren *Fuqaha* auf Basis einer von ihm vermuteten *Illa* ein Urteil mittels eines Vergleiches mit einem feststehenden Urteil formulierte und dann gefragt wurde, was denn sein Beweis dafür sei, dass das Urteil im Falle des feststehenden Urteils auf dieser *Illa* basiert, so pflegte er zu sagen: „So sehe ich die Angelegenheit. Wenn du eine vorzugswürdigere Meinung hast, dann nenne sie. Denn mein Widersacher kann mich nicht dazu verpflichten, sie (d.h., eine Meinung, die ich nicht vertrete) zu nennen."

Er ist im Recht damit, sie nicht nennen zu müssen. Nur dort, wo es um das Erteilen eines aufrichtigen Ratschlages geht und darum, die Wahrheit ans Tageslicht zu bringen, ist er dazu verpflichtet."[233]

---

[232] Ein bekannter Richter. Verstorben im Jahr 96 n.H..

[233] Die ganze letzte Passage inkl. Zitat soll wohl Folgendes bedeuten: Die früheren *Fuqaha* haben ihre Meinung genannt, wenn es um Fragen des *Ijtihad* ging und waren dabei bescheiden genug, um zu sagen, dass es ihre subjektive Meinung war und dass sie bereit waren, sich eine Gegenmeinung anzuhören. Dabei gilt laut Aussage des zitierten *Faqih*: Wenn es um ein Thema geht, in dessen Zusammenhang ein Analogieschluss auf Basis einer nicht offenkundigen *Illa* gezogen wird, dann ist der *Mujtahid* nicht dazu verpflichtet, neben seiner subjektiven Meinung eine andere alternative Meinung zu äußern, die er aber nicht für richtig hält. Wenn es jedoch darum geht, eine offenkundige, unstrittige, aber den anderen entgangene Wahrheit zu verkünden und einem anderen *Faqih* oder den Zuhörern mitzuteilen, dann muss er dies tun. Und Allah weiß es am besten. (Übers.)

Zur gleichen Kategorie gehört der Fall, wenn einem von ihnen deutlich dargelegt wurde, dass der Gegner im Recht ist, doch er nicht fähig ist, seine Meinung zurückzunehmen, weil ihn der Gedanke bedrückt, dass erkannt wird, dass der Widersacher im Recht ist. So wird er sich tatsächlich oftmals stark darum bemühen, seinen Widersacher zu widerlegen, obwohl er sich bewusst ist, dass dieser sich im Recht befindet. Das ist wirklich abscheulich. Denn der Zweck einer wissenschaftlichen Diskussion ist einzig und allein, die Wahrheit herauszufinden. Asch-Schafi'i sagte: „Wann auch immer eine Person, mit der ich diskutiert habe, sich weigerte, einen authentischen Beweis (bzw. ein treffendes Argument) zu akzeptieren, habe ich ihn verachtet, und wenn er ihn (bzw. es) akzeptierte, habe ich ihn respektiert. Außerdem habe ich mich, wenn ich mit jemandem diskutierte, niemals darum geschert, welche Seite gewinnen würde. Wenn es die meines Widersachers wäre, würde ich seine Meinung übernehmen."

Des Weiteren ist es so, dass ihr Verlangen, mittels des Debattierens die Oberhand zu gewinnen, den in ihrem Wesen verankerten Ehrgeiz erweckt. Wenn daher einer von ihnen in seiner Rede eine Schwäche entdeckt, die den Widersacher befähigen könnte, ihn zu besiegen, beginnt er, eifrig die absurdesten Sätze zu formulieren. Und wenn er sieht, dass der Widersacher öffentlich bekundet, er sei ihm überlegen und somit dem Feuer des Stolzes den Weg freimacht, wird er dem mit Beleidigungen begegnen, so dass die Diskussion in eine Schlägerei umkippt.

Zur selben Kategorie gehört ihre Aufmüpfigkeit, wenn der Widersacher nicht anwesend ist. Unter dem Vorwand, er berichte von einer Diskussion, sagt dann einer von ihnen: „Ich redete mit der Person Soundso und sie sagte überhaupt nichts." Unter diesem Vorwand verwendet er eine Sprache, die ihn befähigt, sich selbst auf Kosten der Ehre des Widersachers zufriedenzustellen.

Ferner verleitete sie der Satan dazu zu denken, dass der *Fiqh* für sich allein unter Ausschluss aller anderen die einzige Wissensbranche darstellt, die mit der Scharia zu tun hat. Wenn daher ein Traditionalist (*Muhaddith*) in ihrer Gegenwart erwähnt wird, sagen sie: „O, dieser Mann versteht nicht." Dabei vergessen sie, dass die Überlieferungen eine Quelle (der Scharia) darstellen. Wenn ihnen ein Hadith (bzw. eine Aussage) genannt wird, die dazu dienen soll, das Herz erweichen zu lassen, sagen sie: „O, das ist, was Prediger erzählen."

Ebenfalls zu dieser Kategorie gehört, dass sie sich wagen, *Fatawa* zu erteilen, ohne die Stufe erreicht zu haben, die dies rechtfertigen würde. Oft improvisierend erteilen sie *Fatawa*, die den Texten (des *Qur'aan* und der *Sunna*) widersprechen. Es wäre besser, wenn sie sich für schwierige Fragen Zeit lassen würden.

Ismail ibn Ahmad al-Samarqandi berichtete mir von einer Überlieferung, die auf Abdurrahman ibn Abi Layla zurückgeht, dass dieser gesagt habe:

„Ich war ein Zeitgenosse von einhundertundzwanzig Prophetengefährten. Und wenn einem von ihnen eine Frage zu einem bestimmten Thema gestellt wurde, pflegte er, sie an einen anderen weiterzuleiten und dieser wiederum an einen anderen und dieser an einen dritten, bis sie wieder beim Ersten ankam."

Es wird berichtet, Ata ibn al-Saib habe gesagt:

„Ich hörte ebenfalls, wie Abdurrahman ibn Abi Layla sagte: ‚In dieser Moschee traf ich einhundertundzwanzig von den *Ansar*, welche zu den Gefährten des Propheten ﷺ gehörten, von denen keiner einen Hadith wiedergab, sondern sich wünschte, dass sein Bruder ihn an seiner Stelle überlieferte. Und wenn ihm eine Frage gestellt wurde, wünschte er sich, dass sein Bruder an seiner Stelle eine Meinung äußern sollte."

Man berichtete uns, dass Ibrahim al-Nakhai, wenn ihm eine Frage gestellt wurde, zu antworten pflegte:

„Konntet ihr keinen anderen außer mir finden, um eine Frage zu stellen?"

Es wird überliefert, Malik ibn Anas habe gesagt:

„Ich habe niemals eine Fatwa erteilt, ohne dass ich vorher siebzig Lehrmeister gefragt habe, ob sie damit einverstanden waren, dass ich sie erteilte und sie einwilligten." Da wurde er gefragt: „Und was, wenn sie es dir untersagt hätten?" „Hätten sie dies getan", sagte er, „dann hätte ich es unterlassen."

Ein Mann sagte zu Ahmad ibn Hanbal: „Ich habe geschworen und ich weiß nicht, wie ich geschworen habe." Da sagte er (Ibn Hanbal): „Wenn du wüsstest, wie du geschworen hast, dann wüsste ich, was für eine *Fatwa* ich dir erteilen kann."

Das, möchte ich anmerken, war die Methode unserer Vorfahren (Salaf), die in ihrer *Taqwa* gegenüber Allah und ihrer Ehrfurcht vor Ihm begründet war. Jemand, der ihre Lebensläufe studiert, wird erleuchtet werden.

Einer der Wege des Satan, die *Fuqaha* in die Irre zu führen, ist ihr Umgang, den sie mit Prinzen und Sultanen pflegen sowie die Schmeicheleien, die sie jenen entgegenbringen und ihre Weigerung, sie zu kritisieren, obwohl sie dazu in der Lage wären. Oft erteilen sie ihnen die Erlaubnis, Dinge zu tun, die sie normalerweise nicht tun dürften, um dadurch einige zeitweilige Vorteile zu erlangen. Dadurch entsteht Unheil in dreifacher Hinsicht. Erstens wird der Prinz sagen: „Wäre ich nicht im Recht, dann hätte der Faqih mich kritisiert. Mit Sicherheit muss ich mich im Recht befinden [...]“[234] Zweitens wird der Durchschnittsbürger sagen: „Bezüglich des Prinzen, seines Reichtums und seiner Taten gibt es nichts auszusetzen, denn dieser bestimmte *Faqih* bleibt stets bei ihm.“ Drittens ist da der *Faqih*, der dadurch seinen Glauben ruiniert.

Der Satan hat sie bezüglich ihres Erscheinens vor dem Herrscher einer Täuschung anheimfallen lassen. So sagt einer von ihnen: „Wir treten nur vor ihn, um Fürsprache für einen Muslim einzulegen.“ Diese Täuschung wird behoben durch die Feststellung, dass es dem Faqih nicht gefallen hätte, wenn jemand anderer zum Sultan gegangen wäre, um Fürsprache einzulegen, so dass er solch eine Person sehr wahrscheinlich stark dafür kritisiert hätte, dass sie die Aufmerksamkeit des Herrschers allein für sich beanspruche.

Ferner täuscht ihn der Satan hinsichtlich der Tatsache, dass er das Geld vom Herrscher bekommt, indem er sagt: „Du hast das Recht dazu.“ Doch ist es wohlbekannt, dass der Mann, sollte das Geld aus einer illegalen Quelle stammen, nicht das Recht hat, irgendetwas davon zu nehmen. Und wenn es aus einer zweifelhaften Quelle stammt, stellt es ein besseres Verhalten dar, wenn man sich davon fernhält. Wenn es jedoch aus einer legitimen Quelle stammt, dann ist dem Faqih (nach Meinung des Autors) erlaubt, so viel davon zu nehmen, wie es die Religion gestattet und nicht so viel, dass man es zur Aufrechterhaltung einer luxuriösen Einrichtung aufwendet. Und oft macht die Bevölkerung das nach, was sie den *Faqih* tun sieht und betrachtet Dinge als legitim, die es nicht sind.

---

[234] Leicht gekürzt.

Der Satan täuscht auch Gelehrte, die sich vom Herrscher fernhalten. Er bringt sie dazu, die Gelehrten, die sich dem Herrscher präsentieren schlecht zu machen und macht sie dadurch zu Opfern zweier Missetaten: der Diffamierung anderer und des Eigenlobs.

Im Allgemeinen kann man sagen, dass die Übernahme einer Aufgabe bei den Gerichten eine ernsthafte Gefahr darstellt, wobei die Absicht zu Beginn gut sein kann, sich jedoch durch die Verleihung von Ehrentiteln und Geschenken oder durch Habsucht ändern kann. Dies hat zur Folge, dass die Person nicht davon ablassen kann, dem Herrscher zu schmeicheln und dessen Kritisierung zu vermeiden. Sufyan al-Thauri sagte: „Ich fürchte mich nicht davor, dass sie mich erniedrigen werden. Ich fürchte nur, dass sie mich ehren könnten, so dass sich mein Herz ihnen zuneigt."

Die früheren Gelehrten hielten sich von den Herrschern aufgrund ihrer offenkundigen Missetaten fern. Daher pflegten die Herrscher sie herbeizurufen und nötigten sie, *Fatawa* zu erteilen und Verwaltungsaufgaben zu übernehmen. So kam eine Klasse von Männern auf, die äußerst begierig nach weltlichem Wohlstand trachtete. Sie studierten die Wissensbranchen, die den Herrschern von Nutzen waren und stellten ihnen ihr Wissen zur Verfügung, um dadurch weltliche Vorteile zu erlangen. Der Beweis dafür, dass sie den Willen der Herrscher vor Augen behielten, ist die Tatsache, dass die Herrscher manchmal Interesse daran zeigten, sich die Diskussionen über die Grundprinzipien der Religion (*Usulu'd Din*) anzuhören. So begannen die Leute, die „Wissenschaft" der metaphysischen Theologie zu erlernen und weiterzuentwickeln. Dann zeigten einige unter ihnen Interesse an juristischen Diskussionen, so beschäftigten sich die Menschen mit der Eristik. Hierauf zeigten einige von ihnen eine Sympathie für Moralpredigten. Und so gingen viele Studenten dieser Beschäftigung nach. Und als die Masse der Bevölkerung sich für Anekdoten interessierte, nahm die Anzahl an Anekdoten-Erzählern zu und die Anzahl an *Fuqaha* ab.

Zu den Methoden, mittels derer der Satan die *Fuqaha* irreführt, gehört die Folgende: Es kommt vor, dass einer von ihnen von einem für Studenten eingerichteten Treuhänderfond einer bestimmten Schule lebt und sich an dieser Schule Jahre lang aufhält, ohne zu studieren. Entweder weil er sich mit dem, was er bereits weiß, zufriedengibt oder sein Studium tatsächlich schon abgeschlossen hat. So hätte er eigentlich keine Recht mehr auf das Fördergeld, das ursprünglich für Personen vorgesehen war, die tatsächlich studieren. Es sei denn, es handelte sich um Rezitatoren oder Lehrer, die als dauerhafte Angestellte arbeiteten.

Ebenfalls zur gleichen Kategorie gehört das, was über einige jüngere Studenten des *Fiqh* berichtet wird. Nämlich, dass sie sich verbotene Dinge für erlaubt erklären, so dass manche von ihnen Seide oder Goldschmuck tragen. Dies tun sie auf Kosten der Schule, in der sie ihren Aufenthalt in die Länge ziehen und deren Fördergelder sie ebenso für andere unrechtmäßige Dinge verwenden. Die Gründe für ihre Zügellosigkeit sind unterschiedlich. Manche von ihnen glauben nicht richtig an die Grundlagen der Religion und studieren Fiqh, um Ansehen zu erlangen oder, um einen Anteil an den Fördergeldern zu erlangen oder, um berühmt zu werden oder aber, um zu diskutieren. Andere hingegen glauben zwar wirklich, werden aber von Leidenschaft und Begierde überwältigt, wobei sie nichts haben, das sie ablenken könnte. Denn bloßes Streiten und Diskutieren fördert Selbstgefälligkeit und Stolz und ein Mensch kann seine Aufrichtigkeit und Taqwa nur (bzw. unter anderem dadurch) bewahren, wenn er sich in Enthaltsamkeit übt und das Leben der Salaf sorgfältig studiert. Das sind Taten, von denen die meisten von ihnen weit entfernt sind. Alles, was sie zu tun pflegen, sorgt dafür, dass der natürlich veranlagte Stolz erweckt wird und der Leidenschaft somit keine Grenzen gesetzt sind.

Manche von ihnen werden vom Satan getäuscht, indem sie denken, dass sie Gelehrte, Fuqaha und Muftis sind und dass Wissen diejenigen, die es besitzen, vor schädlichen Konsequenzen schütze. Doch das tut es nicht. Denn das Wissen der Person erklärt sie in solch einem Fall für schuldig und führt zu Verdoppelung ihrer Strafe, wie wir es bereits im Zusammenhang mit den Rezitatoren erwähnten.

Hasan al-Basri sagte: „Nur der, der Allah fürchtet, ist ein Faqih."

Ibn Aqil sagte: „Ich sah einen *Faqih* aus dem Chorasan, der Seide und Goldringe trug und sagte zu ihm: ‚Was ist das?' Er sagte: ‚Geschenke des Herrschers und ein Ärgernis für die Feinde.' Da sagte ich: ‚Im Gegenteil, wenn du ein Muslim bist, dann ist dies der Sieg der Feinde über dich. Denn der Satan ist dein Feind, und wenn er dich dazu gebracht hat, etwas zu tragen, was von der Scharia missbilligt wird, dann hast du ihn über dich siegen lassen. Lässt das Verbot Allahs es zu, die Geschenke des (tyrannischen) Sultan anzunehmen (wenn das Geld aus nicht legitimer Quelle stammt), du Elender? Der Sultan hat dich gekleidet, doch man hat dir den Glauben ausgezogen. Besser wäre es gewesen, hätte der Sultan dich dazu gebracht, den Leuten das Kleid der Sündhaftigkeit auszuziehen und dir selbst das Kleid der *Taqwa* anzuziehen. Möge Allah Schande über dich kommen lassen, weil du Seine Befehle missachtet hast! Wahrscheinlich sagst du jetzt: Das sind natürliche Eitelkeiten! Wie es aussieht, ist deine Verdammnis (bzw. dein Unglaube) vollkommen; denn deine Widerspenstigkeit beweist, dass du innerlich verrottet bist.'"

Eine weitere Methode, mittels derer er sie in die Irre führt, ist die, dass er sie dazu bringt, Prediger zu verachten und den Kontakt mit ihnen zu untersagen. Sie sagen: „Wer sind diese Leute, diese Geschichtenerzähler!" Das Ziel des Satans ist es, die Fuqaha zu hindern, sich an Orten aufzuhalten, an denen die Herzen mit Demut erfüllt werden und erweichen. Die Geschichtenerzähler (*Qassaasun*) sollten aufgrund dieses Namens nicht getadelt werden, denn Allah sagt: „*Wir berichten dir die schönsten Geschichten (bzw. die schönste der Geschichten) [...]*"[235] Die Geschichtenerzähler sollten lediglich getadelt werden, weil sie dazu tendieren, (Erzählungen) auszudehnen, ohne nützliches Wissen zu vermitteln, und die meisten von ihnen vermischen in ihren Erzählungen die Dinge miteinander oder beharren auf Absurditäten. Wenn aber die Geschichten wahr und erbauend sind, ist der Geschichtenerzähler des Lobes würdig.

Ahmad ibn Hanbal sagte: „Wie sehr die Menschen einen vertrauenswürdigen Geschichtenerzähler brauchen!"

Wie er die Prediger und Geschichtenerzähler täuscht

In früheren Zeiten waren die Prediger Gelehrte und *Fuqaha*. Abdullah ibn Umar pflegte die Unterrichtskreise von Ubayd ibn Umar zu besuchen. Ebenso pflegte Umar ibn Abdilaziz, die Gesprächskreise eines Geschichtenerzählers zu besuchen. Später wurde dieser Beruf verschandelt und von unwissenden Personen eingenommen, woraufhin kluge Leute nunmehr ihre Gesellschaft, die von den Durchschnittsbürgern und Frauen aufgesucht wurde, mieden. Diese Leute investierten keinerlei Zeit, um Wissen zu erwerben, sondern konzentrierten sich auf Anekdoten und auf Dinge, die dem Geschmack der Durchschnittsbürger

[235] *Qur'aan* (12/3).

entsprachen. Zahlreiche religiöse Neuerfindungen (*Bid'a*) wurden in diesen Beruf eingeführt.

Wir haben ihre Fehltritte bereits erwähnt, werden an dieser Stelle jedoch einige davon wiedergeben.

Dazu gehört, dass einige von ihnen Überlieferungen erfinden, die dazu dienen sollen, zu ermutigen oder zu warnen. Dabei sind sie der Täuschung des Satans anheimgefallen und bilden sich ein, ihre Absicht sei es, zu tugendhaftem Verhalten anzuhalten und sie (die Zuhörer) von Sünden abzuhalten. Jedoch stellt dies ein gegen die Scharia gerichtetes Verbrechen dar. da solch ein Verhalten, das sie an den Tag legen, impliziert, sie sei mangelhaft und benötige eine Ergänzung. Außerdem vergessen sie den *Hadith* des Propheten ﷺ, der da (in ungef. Bed.) besagt:

„Wer absichtlich über mich lügt, der soll seinen Platz im Höllenfeuer einnehmen."

Ebenfalls zu dieser Kategorie gehört ihr Ausschauhalten nach Dingen, die auf den Geist der Menschen anregend wirken und ihre Herzen befriedigen. Dies führt dazu, dass sie dementsprechend ihren Stil ändern. Und so wirst du sehen, wie sie reizvolle erotische Lieder singen. Dabei verleitete sie der Satan zu der Überzeugung, der Sinn dessen sei es, auf die Liebe zu Allah hinzuweisen. Dabei handelt es sich bei der Mehrheit ihrer Zuhörer jedoch um Durchschnittsbürger, deren Inneres mit der Liebe zur Leidenschaft erfüllt ist. Auf diese Art und Weise wird der Geschichtenerzähler irregeführt, und durch sein Tun werden auch diejenigen in die Irre geführt, die mehr Emotionen und Demut zeigen, als sie eigentlich fühlen.

Eine größere Zuhörerschaft erfordert zusätzliches Simulieren und so wird das *Nafs* noch mehr Tränen und mehr Demut zulassen. Wer von ihnen simuliert, der verscherzt sich sein Jenseits und wer nicht vortäuscht, kann dennoch seine Aufrichtigkeit nicht vor einer Beimischung von Heuchelei bewahren.

Einige von ihnen machen Bewegungen, mit denen normalerweise die Melodien von Liedern begleitet werden. Und ihre Satzmelodien, die sie heutzutage von sich geben, ähneln Gesängen und kommen eher dem näher, was verboten ist, als dem, was „lediglich" unerwünscht ist. So singen die Rezitatoren und die Geschichtenerzähler, rezitieren erotische Verse, klatschen dabei in die Hände und stampfen mit den Füßen, so dass die Darbietung einem Saufgelage ähnelt und zu geistiger Erregung und Erheiterung führt. Männer und Frauen begleiten das Ganze mit Geschrei und zerreißen ihre Kleidung aufgrund der Lust, die sich in den Gemütern verbirgt. Dann gehen sie weg und sagen, es sei eine angenehme Versammlung gewesen. Etwas Verbotenes wird somit als „angenehm“ bezeichnet.

Einige von denen, die sich so verhalten, wie wir es beschrieben haben, rezitieren Totenklagen über Verstorbene, in denen sie die Leiden beschreiben, die jene (angeblich) ertragen müssen und die von Reisen sowie von Leuten berichten, die (angeblich) die Verstorbenen in einem fremden Land getroffen haben. So bringen sie Frauen zum Weinen, bis der Ort zu einem mit Geheule erfüllten Raum wird. Doch wäre eine Rede darüber angemessener gewesen, den Verlust des Verstorbenen ergeben hinzunehmen, anstatt über Dinge, welche die Leute nur zur Verzweiflung führen. Manche von ihnen (den Geschichtenerzählern) sprechen über die Feinheiten der Enthaltsamkeit und der Liebe Allahs. Und der Satan täuscht sie mit folgender Einflüsterung: „Ihr seid diejenigen, auf die diese Eigenschaft zutrifft. Denn ihr wäret nicht in der Lage gewesen, all dies zu beschreiben, wenn ihr nicht kennen würdet, was ihr beschreibt und den Weg nicht beschritten hättet.“ Die Beseitigung dieser Täuschung erfolgt mittels der Tatsache, dass eine Beschreibung etwas mit Wissen zu tun hat, wobei das Beschreiten (des Weges) etwas anderes ist als Wissen.

Manche von ihnen sprechen über Katastrophen oder illegales Berauschtsein und zitieren dazu Liebesverse, um dadurch den Applaus der Gefolgschaft zu verstärken, obwohl das Thema anstößig ist.

Viele von ihnen geben ausgeschmückte Floskeln von sich, denen keine Bedeutung unterliegt. Heutzutage bezieht sich ihre Rede meistens auf Musa عليه السلام und den Berg oder auf Yusuf عليه السلام und Zulaykha. Es kommt äußerst selten vor, dass sie über die Gebote Allahs sprechen oder Sünden verbieten. Wann bitte soll dann der Unzüchtige oder Zinshändler reumütig umkehren oder eine Frau die Rechte ihres Ehemannes und die ihrer Verwandten kennen?

Leider haben diese Leute die Gesetze Allahs vernachlässigt und das ist der Grund, warum ihre Ware auf dem Markt so beliebt ist. Denn die Wahrheit ist schwer, die Falschheit hingegen leicht.

Manche von ihnen ermahnen die Leute zu Enthaltsamkeit und nächtlichem Gebet, ohne den Menschen den Zweck solcher Taten zu erklären. Infolgedessen kann es passieren, dass sich ein Mann (von seinem sündhaften Leben) reumütig abwendet und sich in eine Eremitenklause oder auf einen Berg zurückzieht, ohne der Familie etwas für den Unterhalt zu hinterlassen.

Einige von ihnen reden über Hoffnung und Verlangen, erwähnen aber nie Dinge, die Furcht und aufmerksames Verhalten herbeiführen könnte. Dadurch ermutigen sie die Leute lediglich, noch mehr Sünden zu begehen und helfen dem noch durch ihre eigene Vorliebe für weltliche Güter nach, wie zum Beispiel feine Pferde und prächtige Kleidung,.[236] Auf diesem Wege verderben ihre Worte und Taten die Herzen der Menschen.

Der Prediger kann in der Tat eigentlich aufrichtig und wohlmeinend sein, doch einige von ihnen werden im Laufe der Zeit mit Begierden erfüllt und wollen geehrt werden. Das lässt sich daran erkennen, dass es diesem Prediger missfällt, wenn ein anderer Prediger kommt, um die Stelle dieses Mannes zu übernehmen oder ihm bei der Versammlung beizustehen. Wäre er nämlich aufrichtig, so hätte er nichts daran auszusetzen, wenn ihm bezüglich der charakterlichen Erziehung der versammelten Menge geholfen wird.

Einige Geschichtenerzähler lassen es zu, dass sich bei ihren Veranstaltungen Männer und Frauen gemeinsam in einem Raum aufhalten. Und so kann es vorkommen, dass man Frauen sieht, die zahlreiche Schreie von sich geben. Der Erzähler denkt, dass sie dies aufgrund ihrer Emotionen tun und kritisiert dieses Geschrei nicht in der Hoffnung, ihre Herzen zu gewinnen.

In unserer Zeit verhalten sich die Geschichtenerzähler auf eine Art und Weise, die nichts mehr mit (satanischen) Täuschungen zu tun hat. Vielmehr ist es eine offenkundige Methode geworden, um mit den Geschichten seinen Lebensunterhalt zu verdienen und von tyrannischen Herrschern Geschenke zu erlhalten oder um Ähnliches von Eintreibern unzulässiger Steuern zu bekommen beziehungweise, um in den Provinzen damit Geld zu verdienen.

Manche von ihnen gehen zu den Friedhöfen, wo sie ausgiebig über Heimsuchungen und die Trennung von Freunden sprechen und somit die Frauen zum Weinen bringen, doch ohne sie dazu zu ermahnen, eine Lektion (aus diesen Dingen) zu ziehen.

---

[236] Auch wenn diese Dinge halaal sind, nehmen sich Sünder die Tatsache, dass einige Gelehrte diese Dinge offenkundig begehren, zum Vorwand, weiter dem Diesseits zu verfallen. (Übers.)

Sogar den gewissenhaften Prediger täuscht der Satan, indem er ihm zuredet: „Du bist nicht die Person, die predigen sollte. Das sollte jemand tun, der sehr wachsam ist." Somit drängt er den Mann zu Verschwiegenheit und Rückzug. Es handelt sich dabei um eine Einflüsterung des Satans, der dadurch verhindert, dass Gutes getan wird. In diesem Sinne sagt er weiterhin: „Du hast Vergnügen an dem, was du erzählst und findest Trost darin. Doch es könnte passieren, dass sich Heuchelei in deine Rede mischt. Daher ist der Weg der Einsamkeit sicherer. Das Ziel des Satans ist dabei, den Weg zum Guten zu versperren.

Thabit überlieferte, das sich al-Hasan auf einer Veranstaltung befand und zu al-Alaa sagte: „Sprich!"Al-Alaa sagte: „Wir werden vielleicht deine Autorität etwas schwächen." Dann fuhr er fort und sprach über die Gefahren des Sprechens und seine Konsequenzen. „Das gefiel mir", sagte Thabit. Als wir uns gerade in diesem Bewusstseinszustand befanden, sprach al-Hasan: „Der Satan würde sich wünschen, dass ihr seine Ansicht übernehmt, auf dass niemand das Gute gebietet und das Schlechte verbietet."

Wie er die Sprachwissenschaftler und Gelehrten täuscht

Die meisten von ihnen hat er verführt, indem er sie mittels Studium der Grammatik und der Wörterbücher von jenen wichtigen Themen abgelenkt hat, die für das Individuum verpflichtend sind, wie zum Beispiel das Wissen über die religiösen Verpflichtungen, und von nützlicherem Wissen (als dem Sprachwissen), wie zum Beispiel der Lehre vom Charakter und der Heilung des Herzens und von exzellenterem Wissen, wie zum Beispiel Koran-Erläuterung, *Hadith*-Wissenschaft und *Fiqh*. Sie verbringen ihre gesamte Zeit mit Studien, die nicht für sie selbst erforderlich sind, sondern für andere. Wenn nämlich ein Mensch die Bedeutung eines Wortes versteht, sollte er dementsprechend handeln, denn dafür ist Ersteres gedacht.

So lassen sich Leute unter ihnen finden, die kaum mehr als nur sehr wenig von der Lehre der Scharia und vom *Fiqh* verstehen und der Läuterung der Seele sowie der Heilung des Herzens keine Beachtung schenken. Und obendrein sind sie noch außerordentlich stolz und wurden vom Satan dazu verleitet zu glauben, sie seien Gelehrte des Islam, da die Grammatik und Lexikographie islamische Wissenschaften seien und die Bedeutung des *Qur'aan* durch sie festgestellt werde. Letzteres kann in der Tat nicht bestritten werden. Doch die benötigte Menge an Grammatikkenntnissen, um seine Sprache zu korrigieren und an lexikographischen Kenntnissen für die Erklärung des *Qur'aan* und der *Ahaadiith* ist leicht zu erwerben und tatsächlich (nach Meinung des Autors) obligatorisch. Alles, was darüber hinausgeht, ist überflüssig und unnötig. Und es ist ein Fehler, Zeit für den Erwerb dieser überflüssigen Sache aufzuwenden und dabei das zu vernachlässigen, was wichtig ist. Es stellt eine Verschwendung dar, Überflüssiges dem vorzuziehen, was nützlicher und vorzüglicher ist, wie beispielsweise der *Fiqh* oder die *Hadith*-Wissenschaft. Wäre das Leben lang genug, um sich jegliche Art von Wissen anzueignen, wäre es in Ordnung; da jedoch ist das Leben von kurzer Dauer und es daher angemessen, das Wichtigere und Vorzüglichere vorzuziehen.

Der Autor fährt fort, indem er anhand von Beispielen erteilter Fatawa zeigt, wo man im Rahmen der Urteilsfindung zwischen zwei verschiedenen Bedeutungen des gleichen Wortes unterscheiden muss. Sie eignen sich nicht für die Übersetzung. (Anm. d. engl. Übers.)

Da sie hauptsächlich mit der heidnischen Poesie beschäftigt sind und die Instinkte des Egos durch das fehlende Studieren der *Ahaadiith* und der Biographien der früheren Gottesfreunde nicht gehemmt werden, trägt es sie hinfort in die Abgründe der Leidenschaft und die Schleusentore der Leichtsinnigkeit stehen offen.

Selten wird man unter ihnen jemanden finden, der sich um Frömmigkeit bemüht oder gewissenhaft mit Nahrung umgeht. Der Grammatiker ist ein Höfling und wird die verbotene Nahrung des Herrschers verzehren. So war es unter anderem bei Abu Ali al-Farisi, der unter dem Schutz Adudu'd Daulah stand. Aufgrund mangelnden Verständnisses halten sie Dinge für legitim, die es nicht sind, so wie es bei Abu Ishaq Ibrahim ibn al-Sari al-Zajjaj der Fall war. Er sagte: „Ich war der Hauslehrer von al-Qasim ibn Ubaydillah und einst sagte ich zu ihm: ‚Wenn Sie die Position Ihres Vaters übernehmen und als Wasir eingesetzt werden, was werden Sie dann für mich tun?' ‚Was hättest du denn gerne?', fragte er. Da sagte ich: ‚Ich würde mir wünschen, dass Sie mir zwanzigtausend Dinar geben.' Dies war mein größter Wunsch und nur wenige Jahre vergingen, bis er in das Amt des *Wasirs* eingesetzt wurde, während ich noch immer bei ihm angestellt war. Ich war mittlerweile zu seinem Kameraden geworden und verspürte den Wunsch, ihn an sein Versprechen zu erinnern; doch ich fürchtete mich vor ihm. Am dritten Tag seiner Amtszeit als Wasir sagte er zu mir: ‚Abu Ishaq, warum hast mich noch nicht nach dem Gelöbnis gefragt?' Da erwiderte ich: ‚Ich vertraute auf den guten Willen des Wasirs, der es nicht benötigt, an ein Gelöbnis erinnert zu werden, das er in Bezug auf einen verdienstvollen Bediensteten abgelegt hat.' Da sagte er: ‚Es gehört Mu'tadid. Wäre es nicht seins, so wäre es nicht schwierig für mich, dir diese Summe auf Anhieb zu geben. Doch ich befürchte, er könnte mich darauf ansprechen. So nehme es bitte in Raten.' ‚Ganz recht', sagte ich. Dann sagte er: ‚Du musst Platz nehmen und die Bittschriften, die dir die Leute in Bezug auf wichtige Angelegenheiten übergeben, entgegennehmen. Und kümmere dich schnell um sie, ohne es zu versäumen, mich bezüglich einer Sache, mit der du konfrontiert wirst, zu fragen, ganz gleich ob sie angemessen ist oder nicht. Dies tust du, bis du die versprochene Summe vollständig erhalten hast.' Ich tat es und pflegte ihm jeden Tag Papiere vorzulegen, die er unterschrieb, wobei er mich hin und wieder fragte, wie viel mir angeboten worden war, um es durchzusetzen. Wenn ich es ihm mitteilte, pflegte er mir zu sagen: ‚Du wurdest reingelegt. Das ist so und so viel wert; so bringe sie dazu, mehr zu zahlen!' Daraufhin ging ich zu den Leuten zurück und feilschte mit ihnen, bis sie ihre Angebote auf den Betrag erhöhten, den er festgelegt hatte.' So hatte ich in kurzer Zeit die zwanzigtausend Dinar und noch mehr angehäuft. Nach einem Monat fragte er mich, ob ich den von ihm versprochenen Betrag zusammengetragen hätte. ‚Nein', antworete ich und fuhr fort, die Papiere vorzulegen. Und etwa einmal im Monat stellte er mir die gleiche Frage, wobei ich stets verneinte, weil ich befürchtete, dass das Einkommen zu Ende gehen könnte.' Dies lief so weiter, bis ich das Doppelte des Betrages angehäuft hatte. Und eines Tages, als er mich fragte, schämte ich mich, weiterhin zu lügen. Daher erwiderte ich: ‚Dank des *Wesires* Glück wurde die Summe nun zusammengetragen.' Da sagte er: ‚Du hast mich erleichtert. Bei Allah, war besorgt.' Hierauf nahm er sein Tintenfass und forderte schriftlich von seinem Schatzmeister dreitausend *Dinar* als Bonus an. Diese nahm ich entgegen und hörte auf, ihm Dokumente vorzulegen, ohne zu wissen, was er darüber sagen würde. Am nächsten Tag ging ich zu ihm und setzte mich auf meinen gewöhnlichen Platz. Da wies er mich an herzubringen, was ich bei mir hatte, also wie gewöhnlich die Forderungen vorzulegen. Da sagte ich: ‚Ich habe von niemandem Papiere angenommen, da das Gelöbnis bereits erfüllt wurde. Und ich wusste nicht, was der Wesir zu tun gedachte.' Er sagte: ‚Bei Allah, meinst du, ich würde dir eine Aufgabe wegnehmen, die deine Arbeit geworden ist, welche den Leuten vertraut ist und dir ihren Respekt eingebracht hat und sie dazu brachte, morgens und abends an deiner Tür zu stehen? Der Grund für die Niederlegung des Amtes wird nicht verstanden werden und die Leute werden vermuten, dass eine Schwächung deiner Beziehung zu mir oder ein Wechsel deiner Position dazu führte. So lege die Bittschriften vor wie gewohnt und nimm dir dein Honorar, ohne Rechenschaft dafür abzulegen!' Da küsste ich seine Hand und brachte ihm am nächsten Morgen die Bittschriften. Bis er starb, fuhr ich fort, ihm jeden Tag etwas zu bringen, und ich hatte einen festen Stellenwert für ihn.'"

Dazu möchte ich anmerken, dass wir hier sehen, welche Leistung die Unkenntnis über die Scharia fähig ist zu erbringen. Hätte dieser großartige Grammatiker und Sprachwissenschaftler gewusst, dass dieses Vorgehen verboten war, hätte er davon nicht mit derartigem Stolz berichtet. Die Darlegung von Beschwerden ist verpflichtend und es ist nicht legitim, dafür oder für irgendeine andere der ihm durch den Wasir übergegebenen öffentlichen Aufgaben Bestechungsgelder zu nehmen. Und dies legt die Überlegenheit des *Fiqh* gegenüber anderen Wissensbereichen dar.

Wie er die Dichter täuscht

Er verleitet sie zu dem Gedanken, sie seien Männer des Wissens und im Besitz von Verstandesschärfe, die sie gegenüber ihren Mitmenschen auszeichnet und dass Er (swt), Der ihnen diese Verstandesschärfe bescherte, ihre Fehltritte bestimmt vergeben werde. Daher wirst du sie „tändelnd in den Tälern" der Lüge und Verleumdung, des Spottes und der Schmähung sowie der Geständnisse von Abscheulichkeiten sehen.

Die Mildeste ihrer Methoden besteht aus dem Preisen eines Menschen, welcher ihm dann Geld gibt, aus Furcht, der Dichter könne ihn zum Thema einer Satire machen. Er tut dies entweder aus Angst oder, weil er sich vor seinen Gefolgsleuten schämt. All dies ist eine Form von Erpressung.

Und man wird viele Dichter und Literaten sehen, wie sie ohne Skrupel Seide tragen und in ihren Lobesreden die Grenzen überschreiten. Sie berichten von Liebesessen und Trinkgelagen und sagen Dinge wie: „Ich und andere Literaten veranstalteten ein Fest und taten dieses und jenes." Solch ein Vorgehen ist weit entfernt von „Wissen". Wissen besteht vielmehr aus der „Ehrerweisung" gegenüber Allah, die durch ausgelebte Frömmigkeit bewiesen wird.

Und sobald sie in angespannte Lebensumstände geraten, beginnen viele dieser Dichter und Literaten zu meckern, fallen in Unglauben und beginnen die göttliche Bestimmung zu kritisieren. [...]

Diese Menschen vergessen, dass ihr eigenes Fehlverhalten der Grund für ihre Bedrängnis ist. Sie denken, dass sie es wert sind, Gunsterweisungen zu erhalten und dass sie es verdienen, vor Prüfungen verschont zu werden. Völlig außer Acht lassen sie dabei ihre Verpflichtung zur Befolgung der schariagemäßen Anweisungen. Bezüglich dieser Nachlässigkeit hat sich ihr „Scharfsinn" geirrt.

Wie der Satan die am besten ausgebildeten und fähigsten Gelehrten täuscht

Gewisse ehrgeizige Personen haben sich jegliche mit der Scharia verbundenen Wissenschaften, wie zum Beispiel die *Qur'aan*-Erklärung, die *Hadith*-Wissenschaft, *Fiqh*, die Sprachwissenschaft etc. angeeignet. In Anbetracht ihrer Errungenschaften und der Dienste, die sie ihren Mitmenschen erwiesen, wurden sie vom Satan dahingehend getäuscht, dass sie „mehr von sich halten, als sie es tun sollten".

Manche von ihnen bläht er auf, indem er sie daran denken lässt, wie lange sie sich schon dem Studieren hingegeben haben und empfiehlt ihnen, sich Genüssen zu widmen, indem er sagt: „Wie lange soll diese Arbeit noch gehen? Gönne deinen Gliedern, dass sie sich von diesen mühsamen Beschäftigungen etwas ausruhen und gib deinem *Nafs* hinsichtlich seiner Wünsche etwas nach. Solltest du einen Fehler begehen, so wird dein Wissen die Bestrafung abwenden." So redet er in ausgedehnter Form auf ihn ein, indem er auf die Überlegenheit der Gelehrten hindeutet.

Wenn die Person es akzeptiert und auf die Täuschung eingeht, hat sie verloren. Doch wenn Allah ihr hilft, hat Satan verloren. Wenn Allah ihr hilft, sollte sie wie folgt antworten: „Was du sagtest, lässt sich dreifach widerlegen. Erstens liegt die Überlegenheit der Gelehrten darin, dass sie ihrem Wissen gemäß handeln. Es würde keinen Sinn machen, solange es nicht in die Tat umgesetzt wird. Wenn ich nicht meinem Wissen entsprechend handele, dann bin ich gleich jenem, der dessen Bedeutung nicht versteht. So könnte ich mit einer Person verglichen werden, welche Nahrung anhäuft, jedoch nichts isst, so dass ihr Hunger dadurch nicht gestillt wird.

Als zweite mögliche Art von Antwort kann man ihn mit den religiösen Texten konfrontieren, welche denjenigen tadeln, der sein Wissen nicht in die Tat umsetzt. [...]

Dazu gehört auch der *Hadith* über den Mann, der in die Hölle gesteckt wird und dessen Eingeweide hervorquellen. [...]

Drittens kann man ihm von der Strafe derjenigen erzählen, die zu Grunde gingen, obwohl sie Wissen besaßen, jedoch nicht danach handelten, wie zum Beispiel Satan und Balaam. Ausreichender Tadel für denjenigen, der Wissen besitzt, jedoch nicht danach handelt, ist in den folgenden Worten Allahs zu finden:

„Das Gleichnis derer, denen die Thora auferlegt wurde, und die ihr dann nicht nachlebten, ist wie das Gleichnis eines Esels, der Bücher trägt. Übel steht es um die Leute, die Allahs Zeichen leugnen. Und Allah rechtleitet kein ungerechtes Volk." [237]

Der Satan täuschte einige von denen, die sowohl hinsichtlich des Wissens als auch bezüglich ihrer Taten ordentlich waren, auf eine andere Weise. Er brachte sie dazu, aufgrund ihres Wissens der Arroganz zu verfallen und Rivalen zu beneiden sowie Eigenschaften vorzutäuschen, um auf diesem Wege eine Vorrangstellung zu erlangen. Dabei lässt er sie manchmal denken, dass es sich um etwas handelt, dass sie tun müssen. Manchmal erweckt er in ihnen das Verlangen danach, welches sie nicht zügeln, obwohl sie wissen, dass es sich um eine Sünde handelt. Das Heilmittel für diejenigen, denen Allah beisteht, ist in diesem Fall, gründlich über die Sündhaftigkeit von Arroganz, Neid und Heuchelei nachzudenken und sich völlig klar zu machen, dass Wissen das Unheil, welches diese Taten anrichten, nicht abwenden wird. Im Gegenteil, ihre Strafe wird verdoppelt werden, weil es zwei Gründe dafür gibt.

Derjenige, der das Leben der Vorfahren (*Salaf*) studiert, welche sowohl Wissen besaßen als auch praktizierten, wird sich selbst schmähen und den Stolz ablegen. Und wer Allah kennt, wird kein Heuchler sein. Und wer begreift, dass die Bestimmung (*Qadar*) Seinem Willen unterliegt, wird keinen Neid verspüren.

---

[237] *Qur'aan* (62/5).

Der Satan nähert sich diesen Leuten mit einem sonderbaren Trugschluss. Er wird sagen: „An eurem Bestreben nach einer höheren Stellung ist nichts auszusetzen. Denn ihr seid die Repräsentanten der Scharia und euer einziges Ziel ist die Ehrung der Religion und die Verhinderung religiöser Neueinführungen (*Bid'a*). Dass ihr euren Zungen bezüglich euren Neidern freien Lauf lasst, zählt als Verärgerung im Namen der Scharia. Denn jene Leute tadeln ihre Unterstützer (d.h. der Scharia). Und was ihr für Heuchelei haltet, hat damit überhaupt nichts zu tun. Denn wer sich demütig gibt und in der Öffentlichkeit weint, der wird von den Menschen nachgeahmt werden, so wie sie einen Arzt, der sich selbst kauterisiert, eher nachahmen als einen, der dies nur verschreibt.

Diese Täuschung kann folgendermaßen beseitigt werden: Wenn jemand aus ihren Reihen behaupten würde, er sei einem anderen überlegen und nähme bei der Versammlung einen höheren Platz ein oder von einem Neider verleumdet werden würde. In solch einem Falle wäre dieser Gelehrte nicht so sehr empört wie er es in seinem eigenen Falle wäre, obwohl jenes Opfer ein Repräsentant der Scharia ist, so dass man davon ausgehen müsste, dass seine Verärgerung nicht seinetwegen, sondern der Scharia wegen erfolgte.

Was die Heuchelei betrifft, so ist sie in allen Fällen unentschuldbar und damit auch nicht geeignet, um Leute zu bekehren.

Ayyub al-Sakhtiyani pflegte zu schwitzen, wenn er einen *Hadith* wiedergab. Dann trocknete er stets sein Gesicht ab und sagte: „Was für eine schlimme Erkältung ich habe!"

Außerdem werden Taten nach den Absichten beurteilt und Kritiker haben scharfe Blicke.

Es gibt viele Menschen, die zwar persönlich keine Muslime beleidigen, sich jedoch im Herzen daran erfreuen, wenn diese in ihrer Gegenwart verleumdet werden. Dadurch machen sie sich dreifach schuldig. Erstens, weil sie Freude daran hatten. Denn sie war auch das, was den Verleumder dazu führte, diese Sünde zu begehen. Zweitens, genossen sie es, dass Muslime verleumdet wurden. Und drittens haben sie nicht protestiert.

Der Satan hat diese Experten, welche die Nächte mit Gebeten verbringen und den ganzen Tag über mit der Zusammenstellung wissenschaftlicher Werke beschäftigt sind, sogar noch mehr getäuscht, in dem er ihnen suggerierte, dass sie all dies täten, um den Glauben zu verkündigen. Doch ihr verborgenes Ziel ist die Verbreitung ihres Ruhmes und die Steigerung ihres Ansehens. Außerdem wollen diese Autoren Schüler aus verschiedensten Regionen anziehen.[238]

Diese Täuschung kann wie folgt beseitigt werden. Wenn einer dieser Schüler diesen Autor verlassen würde, um zu jemandem zu gehen, der mehr Wissen besitzt als er, würde dies Ersteren verärgern. Und das ist nicht die Eigenschaft eines aufrichtigen Lehrers. Ein aufrichtiger Lehrer sollte wie ein Arzt sein, der die Patienten behandelt, um Allahs Wohlgefallen zu erlangen und sich freut, wenn der Patient mittels eines anderen Arztes erfolgreich behandelt wurde.

Weiter vorne haben wir bereits die Überlieferung von Ibn Abi Layla erwähnt. Diese werden wir mit einer anderen Überliefererkette, die auf seinen Sohn Abdurrahman zurückgeht, wiederholen. Er sagte:

„Ich war ein Zeitgenosse von einhundertundzwanzig Prophetengefährten, die zu den *Ansar* gehörten. Und es gab keinen unter ihnen, der sich, wenn ihm bezüglich irgendeines Themas eine Frage gestellt wurde, nicht gewünscht hätte, dass sein Glaubensbruder sie beantwortet. Und das gleiche galt für die Überlieferung von *Ahadith*."

Nun ist es so, dass diese Experten hin und wieder den satanischen Täuschungen, die ihnen bekannt sind – ja manchmal sogar denjenigen, die er verborgen hält – , entfliehen können. Zu solchen sagt der Satan: „Niemals habe ich deinesgleichen getroffen. Wie gut du mein Ein- und Ausgehen kennst!" Wenn der Mann dies annimmt, dann ist er dank seiner Arroganz ruiniert. Weigert er sich jedoch, es zu akzeptieren, so kann er entfliehen.

Al-Sari al-Saqati sagte: „Würde ein Mensch einen Garten betreten, in dem sich alle Bäume befinden, die Allah erschaffen hat und alle Vögel, die Allah erschuf, sich dort auf ihnen niedergelassen hätte und jeder Vogel ihn in seiner Sprache ansprechen würde, indem er sagt „Heil sei Dir, o Freund Allahs!" und er dies stillschweigend billigen würde, so wäre er ein Gefangener in ihren Händen. Allah ist Der, Der rechtleitet und es gibt keinen Gott außer Ihm!"

---

[238] Die Absicht eines Menschen kennt grundsätzlich nur Allah. (Übers.)

KAPITEL VII

Wie der Satan die Gouverneure und Anführer täuscht

Er täuscht sie mittels zahlreicher Methoden, von denen wir nur die Hauptkategorien erwähnen möchten.

Die Erste besteht darin, dass er sie glauben lässt, dass Allah sie liebe und dass Er, wenn es nicht so wäre, solch einen Menschen nicht in sein Amt eingesetzt und ihn zu Seinem Abgeordneten über Seine Diener gemacht hätte.

Diese Täuschung wird beseitigt, indem man bedenkt, dass sie, wenn sie wirklich Seine Abgeordneten wären, besser gemäß Seiner Scharia regieren und Seinem Wohlgefallen entsprechend handeln sollten. Dann wird Er sie für ihren Gehorsam lieben. Was die Titel „König" und „Anführer" betrifft, so hat Allah sie auch Leuten zuteilwerden lassen, die Er nicht liebt. Tatsächlich hat Er weltliches Wohlergehen vielen beschert, die Er (am Tage des Gerichts) nicht anschauen wird. Einem Teil jener Leute verleiht er sogar Autorität über rechtschaffene und fromme Menschen, denen sie Leid zufügen und die sie ermorden. Solch eine Gabe ist jedoch nicht zu ihrem Vorteil, sondern zu ihrem Nachteil. Sie gehört in die folgende Kategorie:

„[...] Wir gewähren ihnen nur Aufschub, damit sie an Sünde zunehmen [...]"[239]

Die zweite Methode besteht darin, dass sie ihnen einreden, jemand, der regiert, müsse Furcht einflößen. Daher sind sie zu stolz, um nach Wissen zu streben und sich die Gelehrten zu sachverständigen Beratern zu nehmen, um gemäß deren Anweisungen zu handeln oder bezüglich der Religion belehrt zu werden. Es ist jedoch eine wohlbekannte Tatsache, dass das Wesen des Menschen die Eigenschaften derer übernimmt, die ihn stetig umgeben. Und wenn Menschen ständig bei Leuten ein- und ausgehen, die vorrangig nach weltlichem Wohlergehen streben und die Gebote der Scharia nicht kennen, so werden sie die Eigenschaften dieser Leute übernehmen, zusätzlich zu dem, was sie bereits an Ähnlichem besitzen. Infolgedessen werden sie alles, was dem zuwiderläuft und davor warnt, missbilligen; und das wird sie ruinieren.

---

[239] *Qur'aan* (3/178).

Die dritte Methode besteht darin, ihnen Furcht vor Gegnern einzuflößen. So bringt er sie dazu, sich sicher abzuschirmen, so dass keinerlei Beschwerden zu ihnen gelangen. Infolgedessen kann der Beamte, der dazu bestimmt wurde, Ungerechtigkeiten zu beheben, seine Aufgaben vernachlässigen.

[...]

Die vierte Methode besteht darin, sie dazu zu bringen, ungeeignete, unwissende und sündhafte Personen in Ämter einzusetzen. Die Rechtsverletzungen, die von Beamten an den Leuten verübt werden, führen dazu, dass Letztere den Anführer verfluchen. Ferner vermittelt der Satan ihnen illegalen Profit aus ungesetzlichen Verkäufen und Strafgeldern, die von unschuldigen Leuten eingezogen werden. Sie denken, sie seien von der Verantwortlichkeit vor Allah befreit, weil sie Abgeordnete mit diesen Dingen beauftragen. Doch sie irren sich. Wenn der Minister, der für die *Zakah* verantwortlich ist, Gauner damit beauftragt, sie zu verteilen und jene dann einen Betrug begehen, so ist er dafür verantwortlich, ihre Unterschlagungen wiedergutzumachen.

Die fünfte Methode besteht darin, dass er sie dazu verleitet, willkürlich zu handeln, indem sie Hände amputieren lassen, die aus Sicht der Scharia nicht amputiert werden dürften und Leute hinrichten, die nicht hingerichtet werden dürften. Er lässt sie glauben, es handele sich um politisches Vorgehen. Dem unterliegt der Gedanke, die Scharia sei unvollkommen und benötige Ergänzungen, so dass wir sie durch unsere eigenen Ansichten ergänzen müssten. Dies ist in der Tat die Schlimmste aller Täuschungen - denn die Scharia ist ein göttliches, politisches (*siyasi*) System.[240] Und zu glauben, in Allahs politischem System könnte irgendein Mängel kenntlich werden, der durch menschliche Politik behoben werden muss, ist absurd.[...]

Wer daher behauptet, er handele politisch, der behauptet, dass die Scharia mit Mängeln behaftet sei.

Man erzählte uns, wie sich Adud ad-Daulah einst in eine Sklavin verliebte. Als er bemerkte, dass sie seine Gedankenwelt beschäftigte, gab er die Anweisung, man solle

---

[240] Das Wort *Siyasa* bezeichnet lexikalisch gesehen eine Tätigkeit, bei der zum Beispiel Menschen geführt, verwaltet geleitet werden. In diesem Sinne ist die Scharia ein *Siyasa*-System, weil es für alle Bereiche des Menschen regelt, was der Mensch zu tun hat, um ein wohlgefälliges Leben zu führen. Und Allah weiß es am besten. (Übers.)

sie ertränken, damit sie nicht seine Gedanken davon ablenkte, sein Reich zu regieren. Dies ist schierer Wahnsinn. Es ist nicht erlaubt, einen Muslim für etwas anderes als ein Verbrechen zu töten. Wenn er glaubte, dass solch eine Tat legitim sei, hat er Unglauben (*Kufr*) begangen. Glaubte er jedoch, dass es etwas Ungesetzliches war und es „lediglich" als Vorteil ansah, dann muss gesagt werden, dass etwas, das der Scharia widerspricht, nicht von Vorteil sein kann.

Die sechste Methode besteht darin, dass Satan die Herrscher dazu verleitete, verschwenderisch mit Geld umzugehen, da sie glaubten, es unterliege ihrer Verfügungsgewalt. Diese Täuschung lässt sich beseitigen, indem man anmerkt, dass diese Verfügungsgewalt sogar einem Menschen entzogen werden kann, der verschwenderisch mit seinem eigenen Besitz umgeht. Wie sehr so etwas wohl derjenige verdient, der damit beauftragt wurde, das Eigentum der Menschen zu schützen. Nur so viel von dem Geld, wie es in Anbetracht der Arbeit, die er verrichtet, angemessen erscheint gehört ihm. Sie besitzt kein Recht auf Verschwendung.

Ibn Aqil sagte: „Es wurde verzeichnet, dass Hammad, der Rezitator, Walid ibn Yazid einige Ayaat vorlas. Daraufhin hat dieser ihm fünfzigtausend Dirham und zwei Sklavinnen geschenkt."

„Dies", so fährt er fort, „wurde im Sinne eines Lobes verzeichnet. Doch in Wirklichkeit ist es ein ernsthaftes Vergehen, da es sich hierbei um die Verschwendung der Gelder der Muslime handelt."

Ferner verführt der Satan einige von ihnen dazu, die ihrem Lohn entsprechende Arbeit nicht abzuleisten. Und dies ist genauso schlimm wie Verschwendung.

Die siebte Täuschung besteht darin, dass Satan den Anführern suggeriert, sie könnten sich ruhig einigen Sünden hingeben. Dabei täuscht er sie mit der Idee, dass die Tatsache, dass sie die Straßen bewachen und im Land für Sicherheit sorgen, vor der Bestrafung bewahren werde. Um dies zu widerlegen, erklärt man ihnen, dass ihnen die Regierungsgewalt übergeben wurde, damit sie das Land schützen und für Sicherheit auf den Straßen sorgen. Zur Erfüllung dieser Aufgaben sind sie verpflichtet. Die Sünden hingegen, die sie begehen, sind unerlaubt und die Tatsache, dass sie ihre Verpflichtungen erfüllen, wird die Strafe nicht abwenden.

Die achte Methode besteht darin, dass Satan die meisten Anführer darin täuscht, dass er sie denken lässt, sie hätten ihre Aufgaben erfüllt, nur weil die Dinge oberflächlich betrachtet in Ordnung zu sein scheinen. Würden sie jedoch eine gewissenhafte Untersuchung durchführen, würden sie erkennen, dass eine Menge an Unordnung herrscht.

Es wurde berichtet, dass al-Qasim ibn Talhah ibn Muhammed Folgendes sagte:

„Ich habe beobachtet, wie der Wasir Ali ibn Isa einen bezahlten Beamten mit der Aufsicht über das *Melonenhaus*[241] beauftragte. Seine Aufgabe war es, die Traubenhändler zu beaufsichtigen. Kaufte ein Mann einen Korb Trauben, die sich für Wein eignen würden, so sollte er nicht eingreifen. Wenn er jedoch zwei oder mehr Körbe kaufte, sollte er Salz über sie verstreuen, um zu verhindern, dass der Mann Wein aus ihnen herstellen könnte."

Er fuhr fort:

„Ich habe Anführer gesehen, die es den Astrologen untersagten, in den Straßen zu sitzen, damit sich die Praxis im Handel der Sterndeutung nicht verbreiten würde. Auch kannte ich die Armee als eine, in der sich kein einziger bartloser Junge mit Zöpfen befand, bis Bachkam, der Ausländer, erschien.

Die neunte Täuschung beinhaltet, die Anführer zu verleiten, Geld einzutreiben oder es durch gewaltsame Auspeitschungen zu erzwingen oder unehrlichen Beamten all ihre Besitztümer zu beschlagnahmen, so lange bis sie schwören: „Es gibt nichts mehr."

Man berichtete uns, dass Umar ibn Abdilaziz einst von einem Bediensteten einen Brief erhielt, in dem es hieß, dass gewisse Personen das *Geld Allahs*[242] veruntreuten und dass er es nicht schaffe, sie dazu zu bringen, es herauszugeben, ohne dass er sie folterte. Daraufhin schrieb ihm der Kalif: „Ich bevorzuge es, dass sie Allah mit ihrer Unehrlichkeit antreffen, als dass ich Ihn mit ihrem Blut antreffe."

Die zehnte Methode besteht darin, dass er den Anführern einflüstert, sie sollten Sadaqa verteilen, nachdem sie etwas geplündert haben. Er macht ihnen vor, dass ein

[241] Das Melonenhaus befand sich in der Nähe der Stelle, an welcher der Tabik Kanal in den Nahr Isa mündet. (Le Strange, Baghdad, S.85)

[242] Gemeint ist das Geld aus der Staatskasse (*Baytu'l Mal*). (Übers.)

Dirham, der als *Sadaqa* vergeben wird, zehn Sünden wegwische, die man durch Plünderung auf sich geladen hat. Das ist absurd. Die Sünde der Plünderung bleibt bestehen,[243] wohingegen ein *Dirham*, der als *Sadaqa* vergeben wird, nicht akzeptiert werden wird, wenn er durch Diebstahl erworben wurde. Sollte er aus einer zulässigen Quelle erworben worden sein, wird er die Schuld für den Diebstahl nicht verhindern. Denn das Geschenk an einen armen Menschen wird das Recht des anderen Menschen nicht aufheben.

Die elfte Methode der Täuschung besteht darin, sie, während sie weiterhin ihre Sünden begehen, dazu zu motivieren, rechtschaffene Menschen zu besuchen und um ihre Bittgebete zu bitten. So wird ihnen suggeriert, dies werde ihre Schuld abmildern. Diese gute Tat wird ihre andere schlechte Tat nicht aufheben.[244]

Mani[245] sagte: „Ein Kaufmann kam an einem Dezem-Einsammler vorbei, woraufhin sein Seefahrzeug beschlagnahmt wurde. Der Kaufmann ging zu Malik ibn Dinar und berichtete ihm davon. Malik erhob sich und ging gemeinsam mit ihm zu jenem Dezem-Einsammler. Als die Leute Malik sahen, sagten sie zu ihm: ‚O Abu Yahya, warum hast du nicht jemanden mit deinem Anliegen zu uns geschickt?' Er sagte: ‚Mein Anliegen ist es, dass ihr das Seefahrzeug dieses Mannes freigebt.' Da erwiderten sie: ‚Schon geschehen.' Sie hatten dort eine Urne, in die sie die *Dirhams* warfen, die sie von den Händlern eingesammelt hatten. Sie baten Malik, für sie zu beten. Da sagte er: ‚Ihr hättet besser die Urne gebeten, für euch zu beten. Wie kann ich für euch beten, wenn tausend andere euch verfluchen?' Denkt ihr, das Bittgebet eines Mannes werde erhört und das von Tausenden bleibe unbeantwortet?'"

Die zwölfte Täuschung bezieht sich auf Beamte, die sich im Dienste eines Vorgesetzen befinden und falsche Dinge tun, wenn sie dazu angewiesen werden. Der Satan täuscht sie mit dem Gedanken, es treffe sie keine Schuld, sondern den Vorgesetzten. Das ist falsch, da solch eine Person im Rahmen eines Vergehens Hilfe leistet. Und wer auch immer eine Missetat unterstützt, gilt selbst als Missetäter. Im Falle von Wein hat der Prophet ﷺ nämlich zehn Personen für verflucht erklärt

[243] Solange dem Bestohlenen sein Recht nicht gegeben wird. (Übers.)

[244] Der Autor meint wahrscheinlich, dass die gute Tat die andere schlechte Tat nicht aufhebt, weil die Rechte anderer Personen verletzt wurden und die Sünde fortbesteht. Und Allah weiß es am besten. (Übers.)

[245] Wahrscheinlich gemeint ist Mani' ibn Majid ibn Matar (*Lisanu'l Mizan*) gemeint.

(oder verflucht)[246]; und verfluchte (oder erklärte für verflucht) denjenigen, der Zinsen nimmt, und denjenigen, der es zulässt, dass er sie nimmt und denjenigen, der die Angelegenheit bezeugte. Zur gleichen Kategorie gehört das Einsammeln von Steuern für einen Vorgesetzten, der sie bekanntlich vergeuden und unterschlagen wird. Auch dies ist ein Fall von Hilfeleistung zu einem Verbrechen. Es wurde berichtet, dass Ja'far ibn Sulayman sagte:

„Ich hörte Malik ibn Dinar sagen: ‚Es genügt einem Menschen an Unehrlichkeit, der vertraute Vertreter eines unehrlichen Menschen zu sein."

Es ist Allah, der uns zur Wahrheit führt.

[246] Ob der Prophet selbst verfluchte oder erklärte, dass die Person verflucht ist, ist uns nicht bekannt, weil uns der Original-Wortlaut nicht vorliegt. (Übers.)

KAPITEL VIII

Wie der Satan die *'Aabiduun*[247] und ihre Gottesdienste in die Irre führt

Man sollte wissen, dass die größte Eingangspforte, durch die der Satan eintritt, die Unwissenheit ist. Er kann an den Unwissenden mühelos herantreten, doch an den Wissenden nur mit Schwierigkeiten. Der Satan hat viele *'Aabiduun* aufgrund ihrer Unwissenheit in die Irre geführt. Denn die meisten von ihnen sind mit rituellen Gottesdiensten beschäftigt und haben sich kein profundes Wissen angeeignet. Rabi' ibn Kathaim sagte: „Studiere *Fiqh* und werde dann ein Asket (*Zahid*)."

Seine erste Täuschung ist die Vorstellung, dass die Ausübung ritueller Gottesdienste dem Wissen überlegen sei, obwohl Wissen vorzüglicher ist als freiwillig ausgeübte gottesdienstliche Taten. Er gibt ihnen den Gedanken ein, dass das Ziel des Lernens die praktische Umsetzung ist. Doch die einzige praktische Umsetzung, die sie kennen, ist das, was mit den Körpergliedern praktiziert wird. Dabei wissen sie nicht, dass die Taten des Herzens ebenfalls Taten sind und dass die Taten des Herzens den Taten der Körperglieder vorangestellt sind. Mutarrif ibn Abdillah sagte: „Vortrefflichkeit in Bezug auf Wissen ist besser als die Vortrefflichkeit in Bezug auf rituelle Gottesdienste." Yusuf ibn Asbat sagte: „Ein Kapitel an Wissen zu erlernen ist besser als Niederwerfungen." Al-Mu'afa ibn Imran sagte: „Das Herausschreiben eines einzigen *Hadith* ist meines Erachtens vorzüglicher als eine ganze Nacht mit Gebeten zu verbringen."

Ich möchte dazu anmerken, dass jene Leute dieser Täuschung anheimfielen und infolgedessen mit ihren Körpergliedern ausgeführte rituell-gottesdienstliche Taten dem Wissenserwerb vorzogen. Somit war der Satan in der Lage, sie in Bezug auf verschiedene Formen von Gottesdiensten in die Irre zu führen.

[247] Als *'Aabid* (Pl. *'Aabiduun*) werden in diesem Zusammenhang Menschen bezeichnet, die sich verstärkt den rituellen Gottesdiensten, wie zum Beispiel dem Gebet, dem Fasten etc., widmen und den Großteil ihrer Zeit damit verbringen. (Übers.)

Eine Beschreibung seiner Täuschungen in Bezug auf die rituelle Waschung

Es gibt einige, die er hinsichtlich der Absicht (*Niyya*) in die Irre führt. Und so hört man solch eine Person sagen „die Unreinheit ist behoben“, wonach sie dann sagt „das Gebet ist zulässig“. Dann sagt sie: „Ich werde die Unreinheit beheben.“ Die Ursache für diese Täuschung ist die Unkenntnis über die Scharia. Denn die Absicht befindet sich im Herzen, nicht in den Worten und es gibt keinen Grund, sich die Mühe zu machen, etwas verbal zu äußern, und die Wiederholung der Äußerungen macht auch keinen Sinn.

Einige von ihnen täuscht er, indem er sie das Wasser für die rituelle Waschung überprüfen lässt, wobei er zu solch einem Menschen sagt: „Woher weißt du, dass es sauber ist?“ Er flüstert ihnen diesbezüglich die verschiedensten und abwegigsten Dinge ein. Sie sollte sich zufriedengeben mit dem Urteil der Scharia, dass Wasser von seinem Wesen her prinzipiell rein ist. Und eine essentielle Eigenschaft kann durch eine Wahrscheinlichkeit nicht verworfen werden.

Manche werden dazu verführt, (bei der rituellen Waschung vor dem Gebet) eine große Menge an Wasser zu verwenden. Daran gibt es vier Dinge zu kritisieren: a) Die Verschwendung von Wasser. b) Vergeudung unschätzbarer wertvoller Lebenszeit für eine Sache, die weder notwendig noch empfehlenswert ist. c) Es handelt sich um einen Eingriff in die Scharia, da sich solch eine Person mit der kleinen Menge an Wasser, die laut Scharia genügt, nicht zufriedengibt. d) Einschlagen eines durch die Scharia untersagten Weges, indem er über die dreifache Waschung der Hände hinausgeht.

Oft braucht solch eine Person so lange für die rituelle Waschung, dass sie die Zeit für das Gebet bzw. dessen Beginn verpasst, was jedoch höchst wichtig ist, weil sie sonst Gefahr läuft, das Gemeinschaftsgebet zu versäumen.

Eine Beschreibung dessen, wie er die Menschen bezüglich des Gebetsrufes täuscht

Ein Beispiel für diese Form von Täuschung ist die Melodisierung des Gebetsrufes. Malik ibn Anas und andere Gelehrte hielten diese Praxis für äußerst missbilligend. Denn sie entfremdet den Gebetsruf von seiner eigentlichen Eigenschaft als Gottesdienst und macht ihn zu einer Art Gesang.

Ein weiteres Beispiel liegt im Ruf zum Fajr-Gebet, welchen sie durch Hinzufügungen mit Ermahnungen, Lobpreisungen und Predigten vermischen. Die Gelehrten hielten alle Ergänzungen zum Gebetsruf für missbilligt.Wir haben Leute gesehen, die nachts auf das Minarett steigen und ermahnende Worte sprechen bzw. predigen. Einige lesen mit lauter Stimme Suren aus dem Qur'aan, wodurch sie die Menschen beim Schlafen stören oder diejenigen, welche nachts beten, bei ihrer Rezitation stören. All diese Praktiken sind tadelnswert.

Eine Beschreibung dessen, wie er sie bezüglich des Gebetes täuscht

Zum Beispiel täuscht er sie in Bezug auf die Kleidung, mit welcher sie sich bedecken. So kann man beobachten, wie einer von ihnen ein sauberes Kleid mehrere Male wäscht und es sogar wäscht, wenn es von einem Muslim berührt wurde. Manche von ihnen waschen ihre Kleidung im Tigris, weil sie denken, dass es nicht genüge, sie zu Hause zu waschen. Einige unter ihnen tauchen die Kleidung in einen Brunnen ein, so wie es die Juden zu tun pflegen. Die Gefährten des Propheten (r.anhum) taten so etwas nicht. Vielmehr beteten sie sogar in der Kleidung der Perser. Nachdem sie das Land erobert hatten, verwendeten sie die persischen Teppiche und trugen ihre Kleidung. Manche von ihnen waschen das ganze Kleidungsstück, wenn sie es versehentlich mit Urin bespritzen, was manchmal dazu führt, dass sie zu spät zum Gemeinschaftsgebet gelangen. Einige unter ihnen vernachlässigen das Gemeinschaftsgebet aufgrund ein wenig Regen, weil sie befürchten, er könne auf ihre Kleidung tropfen.

Niemand sollte denken, dass ich etwas an Sauberkeit und Schicklichkeit auszusetzen hätte. Ich rate lediglich von der Übertreibung ab, die über die Grenzen der Scharia hinausgeht und zusätzlich Vergeudung von Zeit mit sich bringt.

Des Weiteren führt Satan sie in Bezug auf die Absicht im Gebet in die Irre. So sagen manche von ihnen: „Ich werde das Gebet Soundso verrichten." Kurz danach wiederholt er dies noch einmal, weil er denkt, seine Absicht sei schwächer geworden. Jedoch wird eine Absicht aufgrund seiner Unzufriedenheit mit den ausgesprochenen Worten nicht abgeschwächt.

Manche von ihnen sagen „*Allahu Akbar*" (zur Eröffnung des Gebets) und brechen daraufhin wieder ab. Wenn jedoch ein Vorbeter bereits eine Verbeugung macht, dann sagt diese irregeführte Person jene Worte („Allahu Akbar)“ und verneigt sich zeitgleich (mit dem *Imam*). Ich würde gerne wissen, was dazu führte, dass die Absicht in letzterem Fall zustande gekommen ist, aber nicht beim ersten. Es war nichts anderes, als der Wunsch Satans, dass die Person die Belohnung (des pünktlichen Beginnens mit dem Gebet) verpasst.

Es gibt irregeleitete Menschen, die sagen: „Bei Allah, ich werde nicht „*Allahu Akbar*“ sagen, außer genau in diesem Moment.“ Und manche schwören und sagen, sie mögen ihr Vermögen verlieren oder geschieden sein, wenn sie es nicht erfüllen. All dies sind satanische Täuschungen.

Die Scharia ist tolerant, leicht und frei von solchen Schwierigkeiten. Weder der Prophet ﷺ noch seine Gefährten haben etwas Derartiges getan.

Es wurde uns berichtet, dass Abu Hazim einst die Moschee betrat und der Satan ihm einflüsterte, er sei gerade im Begriff zu beten, ohne sich vorher gewaschen zu haben. Da sagte er (Abu Hazim): „So sehr bist du um meinen Vorteil nicht besorgt.“

Dabei hebt man die Täuschung auf, indem man (sich oder dem Betroffenen) sagt: „Wenn es dir darum geht, die Absicht zu fassen, so ist die Absicht bereits vorhanden, weil du gerade im Begriff bist, die Waschung durchzuführen. Dies stellt bereits eine Absicht dar. Außerdem ist das Herz der Sitz der Absicht, nicht Worte. Daher sind verbale Äußerungen unnötig. Außerdem hast du es korrekt ausgesprochen. Warum wiederholst du es dann noch einmal? Denkst du, du hast vergessen, was du sagtest? Das wäre wirklich krankhaft.

Ein gewisser Shaykh erzählte mir eine seltsame Geschichte über Ibn Aqil. Ein Mann traf ihn an und sagte: „Ich wasche einen Teil meines Körpers und sage dann, ich hätte ihn nicht gewaschen. Und ich sage „Allahu Akbar“ und meine dann, ich hätte es nicht gesagt.“ Ibn Aqil sagte zu ihm: „Bete nicht, denn es ist für dich nicht verpflichtend.“ Manche fragten Ibn Aqil: „Wie kannst du so etwas sagen?“ Er erwiderte ihnen: „Der Prophet lehrte, dass ein Verrückter nicht verantwortlich für seine Taten ist, bis er wieder zu sich kommt. Ein Mann, der „Allahu Akbar“ sagt und dann sagt, er habe es nicht gesagt, ist nicht zurechnungsfähig und das Gebet ist für einen Verrückten nicht verpflichtend.“

Ich möchte darauf hinweisen, dass man wissen sollte, dass solch eine Täuschung in geistiger Krankheit und dem Unwissen über die Scharia begründet ist.

Zweifelsfrei würde man einen Mann als geistig beeinträchtigt ansehen, wenn er aufstünde, um einem Gelehrten Respekt zu erweisen und dabei Folgendes sagen würde, bevor er hervortritt, um ihn zu grüßen: „Ich werde nun anlässlich des Besuches dieses Gelehrten als Zeichen des Respektes zu Ehren seines Wissens aufstehen.“ Denn der Mann muss diesen Gedanken schon im Sinn gehabt haben, als er den Gelehrten gesehen hat. Dementsprechend ist das Aufstehen eines Mannes mit dem Ziel, sein Gebet zu verrichten und somit seine religiöse Pflicht zu erfüllen, ein Gedanke, der in einem einzigen, quasi „keine Zeit“ in Anspruch nehmenden Moment in seinem Sinn Form annimmt. Zeit in Anspruch genommen wird leidglich durch das Aneinanderreihen jener Worte, die nicht verpflichtend sind. Diese Täuschung basiert auf schierem Unwissen. Des Weiteren zwingt sich die irregeführte Person, zeitgleich mit verschiedenen verbalen Äußerungen, die sie von sich gibt, an Reinheit, an Ausführung und an Verpflichtung zu denken. Doch das ist nicht möglich. Würde sie das Gleiche versuchen, wenn es darum ginge, sich vor dem Gelehrten zu erheben, so wäre sie dazu nicht imstande. Ein Mensch, der das weiß, weiß was es heißt, eine Absicht (*Niyya*) zu fassen. [...]

Es wird berichtet, Musawwir habe gesagt: „Ma’n ibn Abdirrahman zeigte mir ein Dokument, von dem er schwor, dass es sich im Manuskript seines Vaters befunden habe, welches besagte, dass Abdullah رضي الله عنه gesagt habe: „Bei Dem, neben Dem es keinen anderen Gott gibt, ich habe nie jemanden gesehen, der vehementer gegen die Ausschweifenden bzw. Übertreiber war als der Prophet und niemanden, der mehr um sie besorgt war als Abu Bakr. Und ich denke, Umar رضي الله عنه machte sich mehr Sorgen um sie als jeder andere auf der Welt.“

Es gibt einige irregeführte Menschen, die zuerst eine aufrichtige Absicht fassen und dann „Allahu Akbar“ sagen, in Bezug auf den Rest des Gebetes jedoch sehr achtlos sind, als ob es beim ganzen Gebetsritual nur um die Anfangsformel ginge. Die Beseitigung dieser Täuschung erfolgt durch den Gedanken daran, dass die Eingangsformel den Sinn hat, den Gottesdienst zu beginnen. Wie kann es dann sein, dass das (restliche) gottesdienstliche Ritual, welches (metaphorisch ausgedrückt) einer (betretenen) Wohnstätte entspricht, vernachlässigt wird, indem die Person sich damit zufriedengibt, vorsichtig die Tür zu bewachen?

[...]

Ich möchte darauf hinweisen, dass ich in meiner Jugend hinter unserem Lehrmeister dem Faqih al-Dinawari zu beten pflegte. Als er mich einst dabei sah, sagte er zu mir: „Mein Junge, die *Fuqaha* haben unterschiedliche Meinungen bezüglich der Rezitation der *al-Fatiha* hinter dem *Imam*, doch gibt es unter ihnen keine Meinungsverschiedenheit darüber, dass die Anfangsformel eine *Sunna* ist. So widme mehr deiner Aufmerksamkeit auf die verpflichtenden Dinge als auf jene, die *Sunna* sind."[248]

Ferner hat der Satan verschiedene Leute dazu verleitet, aufgrund einiger Einbildungen, die ihnen in den Sinn kamen, viele Sunna-Handlungen zu vernachlässigen.

Manche von ihnen halten sich von der vordersten Reihe fern. Solch eine Person sagt dann, ihre Absicht sei die Erlangung der Nähe (zu Allah) mit dem Herzen (und nicht mit dem Stehen in der vordersten Reihe). Manch einer legt seine (rechte) Hand nicht auf die andere (linke) und sagt: „Ich möchte keine Demut zur Schau stellen, die sich nicht in meinem Herzen befindet." Uns erreichten auch Berichte von (sogenannten) „Gottesfreunden", welche diese zwei Verhaltensweisen an den Tag legten. Das muss am Wissensmangel gelegen haben. [Es gibt Überlieferungen vom Propheten ﷺ, die das Stehen in der ersten Reihe sehr empfehlen.]

Was das Legen der einen Hand auf die andere betrifft, so handelt es sich um eine Sunna. Abu Dawud berichtete in seinem *Sunan*, dass Ibn Zubayr gesagt habe: „Die eine Hand auf der anderen Ruhen zu lassen, ist eine *Sunna*." Außerdem habe Ibn Mas'ud einst gepflegt, mit der linken Hand auf der rechten zu beten. Doch als der Prophet ﷺ gesehen habe, dass er dies tat, habe er dessen rechte Hand auf der linken platziert.

Ich möchte - egal welch großartiger Mann er auch sein mag - meine Kritik an dem Mann bekunden, welcher sagte, er bezwecke die Nähe des Herzens und werde außerdem nicht die eine Hand auf die andere legen. Die Kritik stammt von der Scharia, nicht von uns. Jemand sagte zu Ahmad ibn Hanbal, Ibn Mubarak habe irgendetwas gesagt. Daraufhin sagte Ahmad ibn Hanbal, dass Ibn Mubarak nicht vom Himmel herabgestiegen ist. Jemand zitierte ihm (Ibn Hanbal) Aussagen von

---

[248] Diese Stelle wurde leicht verändert wiedergegeben, da diese Bedeutung naheliegender zu sein schien. (Übers.)

Ibrahim bin Adham. Daraufhin sagte er: „Ihr habt mir Argumente des *Madhhab* gebracht. Was ihr bringen solltet, sind die Beweise aus den Quellen."[249]

Dies sollte in Bezug auf jemanden, den man persönlich respektiert, nicht vernachlässigt werden, denn die Scharia ist übergeordnet, und es kommt vor, dass Dinge falsch interpretiert werden. Es könnte jedoch sein, dass solch eine Person die Überlieferungen nicht kannte.

Ferner täuschte der Satan gewisse Leute hinsichtlich der Aussprache von Buchstaben im Gebet. So kann man Leute beobachten, die das Wort *al-Hamd* zweimal aussprechen. Solch eine Wiederholung läuft der korrekten Ausführung des Gebetes zuwider. Manchmal täuscht er Menschen in Bezug auf die Verdopplung eines Buchstaben bzw. die doppelte Aussprache eines Buchstaben oder bei der Aussprache des Wortes *maghḍuub* (an der Stelle: *„ghayril maghḍuubi ʻalayhim"*). Ich habe Leute gehört, die es als *maghsuub* aussprechen, weil sie das *„ḍ"* besonders betonen wollen. Jedoch ist nichts anderes als die richtige Aussprache des Buchstabens gefordert. Der Satan führt sie durch eine gesteigerte Bemühung weg von dem, was richtig ist. Außerdem lenkt er sie durch das übertriebene Konzentrieren auf die Buchstaben davon ab zu verstehen, was sie rezitieren. All dies sind Täuschungen.

Es wurde verzeichnet, dass Sa'id ibn Abdirrahman berichtete, dass Abu'l Amya seitens Sahl ibn Abi Umamah Folgendes erzählt wurde:

Er und sein Sohn haben einst Anas ibn Malik ﵁ besucht, als er gerade ein verkürztes Gebet gleich dem eines Reisenden verrichtete. Da sagten sie zu ihm: „Möge Allah sich deiner erbarmen! Ist das für dich das Pflichtgebet!? Ist es das Gebet, so wie es der Prophet verrichtete (d.h., ein Pflichtgebet) oder ein freiwilliges Gebet?" Er erwiderte: „Es ist das Gebet, so wie es der Prophet verrichtete. Wenn ich einen Fehler gemacht habe, dann habe ich es unabsichtlich getan. Der Prophet ﷺ soll gesagt haben: „Macht euch die Dinge nicht selbst schwer, damit sie Allah nicht schwer macht."[250]

Dies widerfuhr einigen Leuten, deren Überreste sich nun in Klausen und Klöstern befinden. [...]

---

[249] Mit „Argumente des *Madhhab* (*evidences of the way*)" sind wahrscheinlich die Belege einer spezifischen Wissensdisziplin bzw. eines Madhhab gemeint. Und Allah weiß es am besten.

[250] Leider wurde hierzu keine Quelle angegeben und auch kein Angabe zur Authentizität. (Übers.)

Des Weiteren verleitete der Satan eine Anzahl von unwissenden *'Aabiduun* zu glauben, Gottesdienst bestehe lediglich aus Stehen und Sitzen. Da sie nichts anderes kennen, sind sie im Verrichten dieser Dinge sehr fleißig. Ich habe beobachten können, wie einige Leute den *Taslim* („*Salam*" am Ende des Gebets) ausführen, wenn der *Imam* es tut, obwohl sie noch nicht das obligatorische Glaubensbekenntnis zu Ende rezitiert haben. Doch diese Verpflichtung kann nicht stellvertretend vom Vorbeter erfüllt werden.

Andere hat er dazu verleitet, das Gebet in die Länge zu ziehen und mehr zu rezitieren, wodurch er das vernachlässigt, was durch die Sunna vorgeschrieben wurde und das begeht, was durch sie für missbilligend erklärt wurde.

Einst besuchte ich einen *'Aabid*, welcher tagsüber ein freiwilliges Gebet verrichtete und dabei laut rezitierte. Da sagte ich zu ihm: „Du solltest die Anweisungen der Sunna nicht vernachlässigen, weil du nachts wach bleibst. Wenn dich also der Schlaf überkommt, dann schlafe. Denn dein Nafs hat gewisse Rechte an dir."

[...]

Der Satan verleitete eine Anzahl von *Aabiduun* dazu, nachts lange zu beten, so dass manche von ihnen die ganze Nacht lang wach bleiben, wobei sie mehr Genuss daran haben, wach zu bleiben und mitternachts zu beten als die verpflichtenden Gebete zu verrichten. Doch solch eine Person schläft möglicherweise kurz vor der Morgendämmerung ein und verpasst dadurch ihr Pflichtgebet. Oder sie wacht zwar auf und bereitet sich dafür vor, doch verpasst sie das Gemeinschaftsgebet. Oder sie fühlt sich morgens träge und ist nicht in der Lage, Einkommen für ihre Familie zu erwerben.

Ich sah einen alten Aabid namens Hassan Al-Qaswaani, der den Großteil des Tages in der Moschee von Al-Mansuur umherzugehen pflegte. Ich fragte ihn, warum er hin- und herging und er erwiderte, dass es dem Zweck diene, nicht einzuschlafen. Da sagte ich: „Das ist Unwissen über das, was die Scharia fordert und über den Verstand." [...]

Was den Verstand betrifft, so gilt Folgendes: Da durch den Schlaf die Kräfte erneuert werden, die durch das Wachsein aufgebraucht wurden, wirkt es sich sowohl auf den Körper als auch den Geist aus, wenn ein Mensch den Schlaf dann, wenn er ihn benötigt, ausfallen lässt. Daher bitten wir Allah (swt), uns vor Unwissenheit zu bewahren. Wenn jemand sagt: ‚Du hast uns aber berichtet, dass eine Anzahl der Vorfahren (*Salaf*) die ganze Nacht wach zu bleiben pflegten.', lautet die Antwort darauf, dass diese Personen Schritt für Schritt die Kapazität erlangten, dies tun zu können und konnten daher zuversichtlich sein, dass sie schaffen würden, am gemeinsamen *Fajr*-Gebet teilzunehmen. Dabei war ihnen außerdem behilflich, dass sie einen Mittagsschlaf zu halten pflegten und dass ihnen nur eine geringe Menge an Essen zur Verfügung stand. Daher konnten sie dies tun, ohne dass es ihnen schadete. Hinzu kommt, dass uns kein Bericht darüber vorliegt, dass der Prophet ﷺ jemals die gesamte Nacht wach blieb, ohne zu schlafen. Und dies ist die Praxis, die befolgt werden sollte.

Einige von denen, die nachts wach zu bleiben pflegen, verführte der Satan dazu, tagsüber davon zu erzählen. So eine Person wird zum Beispiel sagen: „Der Gebetsrufer Soundso rief zu dieser und jener Zeit zum Gebet." Dies tut er, damit die Leute wissen, dass er zu jener Zeit wach gewesen ist. Die geringste Form der Kritik, die man daran ausüben kann, wenn man einmal davon ausgeht, dass es frei von Heuchelei geschah, ist, dass es die Tat von der Sphäre der Verborgenheit in die der Öffentlichkeit trägt und somit die göttliche Belohnung verringert.

Andere, die sich zum Beten und für andere Gottesdienste in die Moscheen zurückziehen und dafür bekannt sind, hat er dadurch in die Irre geführt, dass sich die Leute um sie herum versammelten und ihnen im Gebet folgten und sie dadurch berühmt wurden. Dies ist eine Verlockung des Satans, infolge derer sich das *Nafs* dem Gottesdienst widmet, wobei es sich dessen bewusst ist, dass sich dies herumsprechen und Lobesreden einbringen wird.

[...]

Amir Ibn Abdi Qais[251] mochte es nicht, betend gesehen zu werden und verrichtete daher keine freiwilligen Gebete in der Moschee. Doch er betete jeden Tag tausende *Rak'a*.

Wenn jemand Ibn Abi Layla besuchte, während er betete, pflegte er sich hinzulegen.

Einige *Aabiduun* wurden dazu verleitet zu weinen, wenn sich Menschen um sie herum befanden. So ein Anfall kann einen Menschen überkommen, ohne dass er in

[251] Ein Gefährte des Propheten ﷺ.

der Lage ist, dies zu unterdrücken. Ein Mensch, der dies zur Schau stellt, obwohl er es hätte verbergen können, setzt sich selbst dem Vorwurf der Heuchelei aus. Aasim überlieferte, dass Abu Wa'il oft stark weinte, wenn er zu Hause betete. Jedoch hätte er es niemals in Anwesenheit anderer getan; auch wenn man ihm die ganze Welt dafür bieten würde. Ayyub Al-Sakhtiyani pflegte aufzustehen und zu gehen, wenn ihn ein Weinanfall überkam.

Ferner wurde eine Anzahl von *Aabiduun* dazu verleitet, Tag und Nacht zu beten, ohne sich darum zu bemühen, verborgene Makel (ihrer Person) zu beheben oder sich Gedanken um Nahrung zu machen. Es wäre ihre Aufgabe, solchen Themen Aufmerksamkeit zu schenken, statt unzählig viele Gebete zu verrichten.

Eine Beschreibung dessen, wie er sie in Bezug auf die Rezitation des Qur'aan täuscht

Eine Anzahl von Leuten wurde dazu verleitet, den Qur'aan übermäßig viel zu rezitieren, so dass sie ihn ohne jegliche Mobilisation der Stimme und ohne Pausen herunterlesen, doch solch eine Tat ist nicht lobenswert. Es wurde zwar berichtet, dass einige Vorfahren (*Salaf*) den Qur'aan an einem Tag oder in einer Rak'a rezitierten, doch dies waren Ausnahmen. Wenn Leute auf dieser Vorgehensweise beharren, so könnte sie zwar eventuell erlaubt sein, doch wird es von den Gelehrten bevorzugt, dass dabei die Stimme moduliert wird und Pausen eingelegt werden.

Einige Rezitatoren verleitete der Satan dazu, nachts gemeinsam auf einem Minarett mit lauter Stimme bis zu zwei oder drei *Juz* des *Qur'aan* zu rezitieren. Diese Leute verärgern einerseits die Öffentlichkeit, indem sie Leute vom Schlaf abhalten und setzen sich andererseits dem Vorwurf der Heuchelei aus.

Manche rezitieren in der Moschee, wenn der Gebetsruf beginnt, weil sich zu diesem Zeitpunkt die Gemeinschaft versammelt.

Das kurioseste Beispiel dieser Art, das ich gesehen habe, war das eines Mannes, der freitags das *Fajr*-Gebet zu leiten pflegte, sich daraufhin umdrehte und die letzten zwei Suren rezitierte und schließlich das Bittgebet aufsagte, dass die Menschen aufzusagen pflegen, wenn sie den *Qur'aan* einmal vollständig gelesen haben. Dies tat er (nur Allah weiß, was in den Herzen ist), damit die Leute wussten, dass er dies tat (also den *Qur'aan* vollständig las). Doch das pflegten die *Salaf* nicht zu tun. Sie pflegten ihre Gottesdienste veborgen zu halten und jegliche Taten, die Rabi' ibn Khaytham verrichtete, blieben verborgen. Manchmal kam ein Besucher vorbei, wenn er gerade den *Qur'aan* rezitierte. In solch einem Fall verdeckte er ihn mit seinem Gewand.

Ahmad ibn Hanbal pflegte, ständig den *Qur'aan* zu lesen. Doch niemand wusste davon, wenn er ihn vollständig durchgelesen hatte.

Wir haben nun verschiedene Wege erwähnt, mittels derer der Satan die Rezitatoren des *Qur'aan* zu täuschen pflegt. Allah weiß am besten, was rechtens ist und Er ist es, Der rechtleitet.

Eine Beschreibung dessen, wie er die Menschen in Bezug auf das Fasten täuscht

Er brachte Leute dazu, ununterbrochen zu fasten, was dann (unter Umständen) zulässig ist, wenn das Fasten an den Tagen gebrochen wird, an denen es nicht gestattet ist. Doch entstehen daraus (eventuell) zwei Schwierigkeiten. Die eine davon ist, dass diese Verhaltensweise (auf Dauer) wahrscheinlich zu Entkräftung führen wird, so dass die Person nicht fähig ist, Einkommen für ihre Familie zu erwerben und ihre ehelichen Aufgaben zu erfüllen. In beiden Sahih-Werken befindet sich eine Überlieferung, der zufolge der Prophet ﷺ sagte, dass die Familie (*Ahl*) ein Recht auf den Ehemann hat.

Solch übermäßige Taten führen oft dazu, dass Verpflichtendes vernachlässigt wird.

Die zweite (Schwierigkeit) liegt darin, dass der Mann es versäumt, das zu tun, was vorzüglicher wäre. Es existiert nämlich eine authentische Überlieferung, der zufolge der Prophet ﷺ sagte, dass das beste Fasten das „Fasten Dawuds" sei.

[...]

Wenn jemand aufgrund von Überlieferungen entgegnet, einige der *Salaf* hätten ununterbrochen gefastet, lautet die Antwort, dass jene in der Lage waren, zu fasten und dabei ihren Verpflichtungen gegenüber ihren Familien nachzukommen. Und in den meisten Fällen hatten sie gar keine Familie und mussten somit auch nicht (viel) arbeiten. Einige wiederum von ihnen taten dies gegen Ende ihres Lebens. Außerdem werden solche Geschichten durch die Aussage des Propheten entkräftet, welche besagt; „Es gibt keine bessere Form des Fastens als diese."

Viele der *Salaf*, die stetig fasteten und nur grobes und sehr wenig Essen zu sich nahmen, verloren ihre Sehkraft oder erlitten eine Austrocknung des Gehirns. Solch ein Vorgehen stellt eine Vernachlässigung der gerechtfertigten Ansprüche des *Nafs* und eine Aufbürdung einer nicht ertragbaren Last dar. Daher ist es nicht zulässig.

Manchmal spricht es sich über einen *'Aabid* herum, dass er ununterbrochen faste. Wenn dieser davon erfährt, beendet er es in Folge dessen nicht oder tut dies nur insgeheim, um (nur Allah kennt die Absicht!) sein Ansehen nicht zu verlieren. Somit handelt es sich um verborgene Heuchelei.

Wenn solch ein Mann aufrichtig sein und seine Tat verbergen wollte, so würde er sein Fasten in Anwesenheit derer, die davon wissen, dass er fastet, unterbrechen und später wieder beginnen zu fasten, ohne dass jemand davon erfährt.

Manche von ihnen erwähnen, wie viel sie gefastet haben, indem sie beispielsweise sagen: „Heute sind es genau zwanzig Jahre, seit denen ich ununterbrochen faste." Er wird dazu verleitet, zu glauben, er erwähne dies, um nachgeahmt zu werden. Doch Allah kennt die wahre Absicht.

Sufyan ath-Thauri sagte: „Manchmal führt ein Mensch insgeheim eine Tat aus, doch der Satan lässt ihn nicht in Ruhe, bis er darüber spricht und sie dadurch vom Register der insgeheim ausgeführten Taten in das der öffentlich ausgeführten Taten verschiebt."

Manch einer pflegt montags und donnerstags zu fasten. Und wenn solch ein Mensch zu einem Essen eingeladen wird, sagt er: „Heute, Donnerstag, ist mein Fastentag." Hätte er hingegen gesagt „Ich faste", so hätten die anderen auch denken können, dass er vielleicht einen anderen zwingenden Grund dafür hat.[252] So wie er es ausdrückt, wird ausgedrückt, dass er jeden Donnerstag fastet.

[252] Die Bedeutung wurde etwas abgeändert, da der Worlaut unklar bzw. nicht einleuchtend war. (Übers.)

Manche dieser Leute blicken auf Leute herab, da diese ihr Fasten brechen. Andere fasten zwar lang, sorgen sich jedoch nicht darum, mit welcher Art von Essen sie ihr fasten brechen oder fasten zwar, lassen dabei jedoch nicht davon ab zu lästern, sind gereizt und neugierig (auf das, was Leute tun und lassen). Der Satan flüstert ihnen ein, ihr Fasten werde diese Dinge wiedergutmachen. All dies sind Täuschungen.

Eine Darstellung dessen, wie er sie in Bezug auf die *Hajj* täuscht

Manchmal kommt es vor, dass ein Mensch seine Verpflichtung durch eine einzige *Hajj* bereits erfüllt hat, sie jedoch ohne die Einwilligung seiner Eltern erneut vollzieht. Und dies ist ein Fehler. Oder er vollzieht die *Hajj*, obwohl er jemandem Geld schuldet oder jemand Geld von ihm fordert oder er vollzieht sie, um sich zu amüsieren oder mittels Geldern aus unreiner Quelle. Viele Pilger mögen es, dass man sie besucht und als *Hajji* bezeichnet. Die meisten von ihnen vernachlässigen auf ihrer Pilgerfahrt die Verpflichtungen in Bezug auf Reinheit und das Gebet. Sie versammeln sich mit unreinen Herzen und innerer Unreinheit um die *Ka'ba* herum.[253] Der Satan täuscht sie, indem er ihre Gedanken lediglich auf die äußere Form der *Hajj* lenkt. Denn der eigentliche Zweck der *Hajj* ist die Annäherung mit dem Herzen, nicht (nur) mit dem Körper. Und dies kann nur durch die Aufrechterhaltung von Frömmigkeit verwirklicht werden.

Viele Leute gehen nach Mekka und denken dabei nur an die Anzahl der Pilgerfahrten, die sie bereits vollzogen haben. In diesem Sinne sagen sie: „Ich habe an diesem Platz bereits zwanzigmal gestanden."

Viele Leute halten sich sehr lange in Mekka auf und reinigen sich nicht einmal, weil ihre Gedanken höchstwahrscheinlich auf die Gefälligkeiten konzentriert sind, die sie von dieser oder jener Person erwarten. Es wäre möglich, das so eine Person sagt: „Ich bin nun seit zwanzig Jahren ein Nachbar (Allahs)."

Ich habe viele Menschen auf dem Wege nach Mekka gesehen, welche planten, die Pilgerfahrt zu vollziehen, und dennoch ihre Gefährten auf dem Weg anrempelten und sie auch schlugen, um an Wasser heranzukommen.

---

[253] Grundsätzlich kennt nur Allah das Innere des Menschen. (Übers.)

Ferner verleitete der Satan viele von jenen, die sich auf den Weg nach Mekka machten, dazu, ihre Gebete ausfallen zu lassen und zu betrügen, wenn sie etwas verkauften, weil sie glaubten, dass die *Hajj* all diese Dinge wiedergutmachen werde.

Manche hat er dahingehend getäuscht, dass sie Zeremonien erfanden, die nicht zur Hajj gehören. So sah ich viele, die ihre Kleidung phantasievoll gestalteten, indem sie beispielsweise eine Schulter entblößten und sich die ganze Zeit in der Sonne aufhielten, damit sich ihre Haut abschälte und ihre Köpfe anschwollen, wodurch sie das Ansehen der Menschen zu erlangen hofften.

Unter den Überlieferungen von Ibn Abbas, die sich nur in Bukhari befinden, gibt es eine, welche besagt, dass der Prophet ﷺ einst einen Mann sah, der die Ka'ba umrundete und dabei einen Halfter (oder etwas Ähnliches) trug, woraufhin er ﷺ diesen abgeschnitten habe. Und eine andere besagt, er ﷺ habe einen Mann gesehen, der eine andere Person führte, durch deren Nase ein Ring gesteckt worden war. Daraufhin habe er ﷺ den Führer angewiesen, die andere Person an der Hand zu führen.

Diese Überlieferung deutet darauf hin, dass religiöse Neueinführungen (Bid'a) verboten sind, auch wenn dabei die Absicht gehegt wird, eine fromme Tat zu begehen.

Manche hat er dazu verleitet, Gottvertrauen (Tawakkul) zu bekunden und daher die Reise anzutreten, ohne Vorsorge zu treffen. Sie behaupteten, dies sei *Tawakkul.* Doch dies ist ein schwerwiegender Fehler. Einst sagte ein Mann zu Ahmad ibn Hanbal: „Ich möchte die Reise nach Mekka antreten, indem ich mich (auf Allah) verlasse und keine Versorgung mitnehme." Da sagte Ahmad zu ihm: „Dann geh abgesondert von der Karawane los." Da erwiderte der Mann: „Nein, mit der Karawane." Daraufhin sagte Ahmad: „Dann richtet sich dein Vertrauen auf die Taschen anderer."

Möge Allah uns rechtleiten.

Eine Beschreibung dessen, wie er die Kämpfer täuscht

Der Satan verführte viele Menschen dazu, in den *Jihad* zu ziehen, jedoch mit der heuchlerischen und prahlerischen Absicht, als *Ghazi* (Kriegsveteran) bezeichnet zu werden. Manchmal wird auch das Ziel verfolgt, als Held bezeichnet zu werden. Oder man ist auf Beute aus. Doch „[...] Taten werden wahrlich gemäß den Absichten beurteilt." Folgende Überlieferung geht zurück auf Abu Musa ﷺ: „Ein Mann kam zum Propheten ﷺ und sagte: ‚O Gesandter Allahs, ein Mann kämpft aus Mut, der andere aus Patriotismus und ein anderer, damit er gesehen wird - wer von ihnen ist auf dem Wege Allahs?' Der Prophet ﷺ antwortete: ‚Derjenige, der kämpft, damit das Wort Allahs das Höchste sei, ist auf dem Wege Allahs.'" Diese Überlieferung befindet sich in beiden *Sahih*-Werken.

Es heißt Ibn Mas'ud ﷺ habe gesagt: „Gebt acht, wenn ihr sagt, Soundso starb als Märtyrer oder wurde umgebracht und starb als solcher (also Märtyrer). Denn es kommt vor, dass ein Mensch kämpft, um Beute zu ergattern oder Ansehen zu erlangen oder, um seinen Mut zur Schau zu stellen."

Des Weiteren existiert eine Überlieferung, die mittels einer Überliefererkette auf Abu Hurayra zurückgeht und besagt, der Prophet ﷺ habe Folgendes gesagt (sinngemäß): *„Der Erste der Menschen, über den am Tage der Auferstehung gerichtet wird, ist einer, der als Märtyrer starb; er wird (zu Allah) gebracht und Er läßt ihn wissen, welche Gnade Er ihm gewährte, und er erkennt sie. (Allah) wird ihn fragen: „Was hast du damit gemacht?" Er wird antworten: „Ich kämpfte um Deinetwillen, bis ich als Märtyrer fiel." (Allah) wird antworten: „Du lügst, vielmehr kämpftest du, damit du mutig genannt wurdest – was auch geschah." Dann wird befohlen, ihn auf seinem Gesicht fortzuziehen und ins Feuer zu werfen. [...]"*

Diese Überlieferung befindet sich ausschließlich bei *Muslim*.

Laut einem von Abu Hatim ar-Razi überlieferten Bericht, der auf einen Prophetengefährten zurückgeht, heißt es: „Ich hörte Abdullah ibn Sulayman Folgendes erzählen: ‚Wir befanden uns mit Abdullah ibn Mubarak auf byzantinischem Territorium und trafen auf den Feind. Als die zwei Armeen aufeinandertrafen, trat einer der Feinde hervor und forderte zum Einzelkampf heraus. Ein Mann auf unserer Seite trat hervor und kämpfte eine Zeit lang gegen ihn, woraufhin er ihn schließlich erstach. Das gleiche passierte mit einem weiteren

Gefährten und einem Dritten. Daraufhin forderte unser Sieger zum Einzelkampf heraus und die Herausforderung wurde von einem Mann angenommen, der unseren Sieger eine Zeit lang angriff und ihn dann niederschlug. Die Menschen – und ich war einer von ihnen – drängten sich um ihn herum. Wir stellten fest, dass unser Sieger sein Gesicht mit einem Ärmel verdeckt hatte. Da hob ich seinen Ärmel an einem Rand an und siehe da, es war Abdullah ibn Mubarak, der dann sagte: *Du, Abu Amr, gehörst also auch zu denen, die uns entehren.* Da sagte ich: *Schau dir diesen aufrichten Helden an, der da befürchtete, dass es seine Aufrichtigkeit zunichtemachen könnte, wenn er von den Menschen gesehen würde und ihr Lob erhalten würde und der sich daher versteckte!*"

Ibrahim ibn Adham pflegte zu kämpfen, doch wenn Beute verteilt wurde, nahm er nichts davon, auf dass seine Belohung im Paradies umso größer sein möge.

Der Satan täuscht den *Mujahid* zuweilen auch, wenn er Beute nimmt, indem er oftmals das nimmt, was ihm nicht zusteht. Vielleicht ist er so unkundig, dass er glaubt, die Güter der Ungläubigen dürften von jedem genommen werden oder dass er nicht weiß, dass die Unterschlagung von Beute eine Sünde darstellt.

[...] Es könnte auch sein, dass der Kämpfer das Verbot kennt, aber in Anbetracht der Menge an Beute nicht widerstehen kann. Es ist auch möglich, dass er denkt, die Tatsache, dass er im Jihaad mitgekämpft hat, werde diese Tat sühnen. Und hieran erkennen wir die Wichtigkeit von Glauben und Wissen. Es wurde berichtet, dass Hubayrah Ibn Al-Asch'Ath von Ubaidan Al-Ambari Folgendes überlieferte: „Als die Muslime Madain betraten und dabei waren, die Beute einzusammeln, kam ein Mann mit einem Kästchen und gab es dem Beamten, der für die Beute zuständig war. Die Anwesenden sagten: ‚Nie zuvor haben wir einen Gegenstand wie diesen gesehen. Alles, was wir besaßen, würde zusammengerechnet nicht so viel oder nicht einmal annähernd so viel wert sein wie dieses.' Der Mann wurde gefragt, ob er irgendetwas davon weggenommen hatte. Da sagte er: ‚Ihr könnt euch sicher sein, dass ich, wenn ich es nicht für Allah getan hätte, es niemals zu euch gebracht hätte.' Sie erkannten, dass es sich um einen bemerkenswerten Mann handelte und fragten ihn, wer er denn sei. Da erwiderte er: ‚Ich werde es euch nicht sagen, so dass ihr mich loben könntet, und ich werde euch auch nicht dazu motivieren, mich zu loben. Ich werde Allah lobpreisen und mich mit Seiner Belohnung zufrieden geben.' Wir entsandten einen Mann, auf dass er ihn verfolgte. Und als jener sich wieder unter seine Gefolgsleute begeben hatte, fragte der Verfolger, wer er denn sei und fand heraus, dass es sich um Amir Ibn Abdi Qais handelte."

Eine Beschreibung dessen, wie er viele Menschen täuscht, die aufgrund ihrer Tugendhaftigkeit Ansehen genießen

Von diesen gibt es zwei Arten, die Wissenden und die Unwissenden. Den Wissenden nähert sich Satan auf zwei Wegen. Der erste besteht darin, sich zur Schau zu stellen und dadurch Ruhm und Bewunderung für ihr Verhalten zu erlangen. Ahmad Ibn Abi'l Haawari überlieferte, er habe gehört, wie Abu Sulaiman sagte, dass er gehört habe, wie Abu Ja'far Al-Mansuur einst während seiner Freitagspredigt schluchzte. Er (Abu Sulaiman) sagte: „Ich wurde wütend und hatte vor, in dem Moment, wo er von der Kanzel herunterkam, aufzustehen und ihn hinsichtlich seines Verhaltens zu ermahnen. Doch ich wollte nicht aufstehen und einen Kalifen ermahnen, während die Leute da saßen und zu mir schauten, damit ich mich nicht der Sünde der Zurschaustellung schuldig machte und hingerichtet werden würde während ich eine Missetat beging. So blieb ich sitzen und schwieg."

Die zweite Methode besteht darin, dass man um seiner selbst willen zürnt (nicht für Allah). Daher sagte Umar Ibn Abdil Aziz: „Wäre ich nicht gerade zornig, so würde ich dich bestrafen." Damit meinte er: „Du hast mich verärgert, daher befürchte ich, dass die Strafe um Allahs Willen mit der Strafe um meinetwillen vermischt werden könnte. [...]

KAPITEL IX

Wie der Satan die Asketen (*Zaahiduun*) und die *'Aabiduun* täuscht

Es kommt vor, dass ein gewöhnlicher Mensch von der Geringschätzung des Diesseits im *Qur'aan* und in den Überlieferungen hört und zu der Meinung gelangt, dass das Heil darin liegt, auf sie zu verzichten, ohne jedoch zu wissen, worauf sich die Geringschätzung des Diesseits bezieht. So kann ihn der Satan täuschen, indem er sagt:

„Du kannst im Jenseits nicht errettet werden, wenn du nicht darauf (auf das Diesseits) verzichtest."

Daraufhin wird solch ein Mensch in überstürzter Weise in die Berge fortgehen, wo er dann fern von der Gemeinschaft, der Gesellschaft im Allgemeinen und dem Wissen ist. Er wird zu einem wilden Tier und bildet sich ein, dass dies die wahre Askese (*Zuhd*) sei. Wie könnte es auch anders sein, nachdem er gehört hat, wie ein Mann fortzog und ein anderer sich in den Bergen den Gottesdiensten widmete, obwohl er möglicherweise eine Familie hatte, die zugrunde ging oder eine Mutter, die aufgrund seines Gehens weinte. Vielleicht kannte er nicht einmal die Regeln des Gebetes oder hatte andere Menschen verletzt und dies nicht wiedergutgemacht. Der Satan kann solch einen Menschen nur erfolgreich in die Irre führen, weil er unwissend ist, was wiederum daran liegt, dass er sich mit dem, was er weiß, zufriedengibt. Hätte er das große Glück gehabt, sich mit einem *Faqih* mit Durchblick zu unterhalten, so hätte dieser *Faqih* ihm erklärt, dass das Diesseits an und für sich nicht verdammt bzw. nicht (gänzlich) missbilligt wird. Wie könnte auch etwas verdammt sein, das ein Geschenk Allahs ist und eine Institution darstellt, die notwendig ist, damit die menschliche Spezies fortbesteht. Hinzukommend stellt sie ein Mittel dar, das ihm (dem Menschen) dabei hilft, Wissen zu erwerben, indem sie ihm Essen, Trinken, Kleidung zur Verfügung stellt und daneben noch eine Gebetsstätte darstellt, in der er beten kann? Es wird gemissbilligt, dass man diese Dinge verbotenen Quellen entnimmt oder, statt dem Bedarf entsprechend, verschwenderisch mit ihnen umgeht oder nach Lust und Laune darüber verfügt, anstatt der Scharia entsprechend.

Solch ein *Faqih* hätte ihm auch erklärt, dass der einsame Rückzug in die Berge nicht erlaubt ist, weil der Prophet ﷺ es untersagte, die Nacht alleine zu verbringen und (der *Faqih* hätte ihm außerdem erklärt) dass das Wagnis, Gesellschaft und Gemeinschaft zu vernachlässigen, einen Verlust darstellt, keinen Gewinn, und dass die Ferne zum Wissen und zu den Gelehrten außerdem die Macht der Unwissenheit vergrößert. Des Weiteren hätte er ihm gezeigt, dass das Verlassen von Vater und Mutter in solch einem Fall respektlos ist; und respektloses Verhalten (gegenüber den Eltern) ist eine große Sünde.

Jene, von denen berichtet wurde, dass sie in die Berge hinausgingen, könnten sehr wahrscheinlich Leute gewesen sein, die weder Frau und Kinder noch Eltern hatten und zusammen mit anderen einen Platz aufsuchten, um sich dort Gottesdiensten zu widmen. Doch diejenigen, deren Umstände keine zulässige Rechtfertigung bieten und dies dennoch tun, befinden sich im Irrtum, wer auch immer sie sein mögen. Einer der Salaf sagte: „Wir sind hinausgegangen zu einem Berg, um Gottesdienste zu verrichten. Da kam Sufyan ath-Thauri und holte uns zurück."

Zu den Täuschungen, die er bei den Asketen anwendet, gehört, dass er sie vom Lernen ablenkt und sie sich stattdessen in Enthaltsamkeit üben. Dadurch tauschen sie das Schlechtere gegen das Bessere. Denn der Nutzen des Asketen geht nicht über seine eigene Türschwelle hinaus, wohingegen der Nutzen des Gelehrten darüber hinausgeht. Viele *'Aabiduun* konnten wieder auf den richtigen Weg zurückgebracht werden.

Ferner verleitet er sie dazu, zu glauben, dass Enthaltsamkeit (*Zuhd*) bedeutet, sich von erlaubten Dingen fernzuhalten. Daher beschränken sich einige von ihnen ausschließlich auf Gerstenbrot, andere essen keine Früchte, manche reduzieren ihr Essen so weit, dass ihr Körper austrocknet, fügen sich selbst Leid zu, indem sie Wolle tragen und auf kaltes Wasser verzichten.

Dies war nicht der Weg des Propheten ﷺ und auch nicht der seiner Gefährten. Sie hungerten zwar, wenn sie kein Essen finden konnten, aßen jedoch, wenn sie welches fanden. Der Prophet ﷺ aß Fleisch und mochte es. Auch Hühnchen aß er und mochte es. Er mochte auch Süßigkeiten und genoss den Geschmack von Wasser, wobei er stehendes (*stale*) Wasser bevorzugte, weil er meinte, dass fließendes Wasser dem Magen schadet und nicht durststillend ist.

Ein gewisser Mann sagte: „Ich kann keine Datteln und keine Mandelpaste essen, weil ich nicht ausreichend dafür danken kann.“ Daraufhin sagte al-Hasan: „Der Mann ist ein Dummkopf. Kann er denn für kaltes Wasser ausreichend dankbar sein?

Wenn Sufyan al-Thauri auf Reise ging, pflegte er als Versorgung gebratenes Fleisch, Mandeln und Honigpaste mitzunehmen.

Ein Mensch sollte wissen, dass sein *Nafs* wie sein Reittier ist, das er behutsam behandeln muss, damit es ihn zu seinem Ziel bringt. So sollte er besser das nehmen, was ihm nützt, Und er sollte vermeiden, was ihm schadet, wie zum Beispiel Übersättigung und die exzessive Befriedigung von Begierden. Denn dies schadet sowohl dem Körper als auch der Religion.

Außerdem unterscheiden sich Menschen hinsichtlich ihrer Beschaffenheit. Wenn daher ein Beduine Wolle trägt und sich auf das Trinken von Milch beschränkt, können wir ihn dafür nicht tadeln, da die Beschaffenheit seines Körpers dies ertragen kann. Entsprechend gilt, dass wir, wenn die Einwohner des *Schwarzen Landes*[254] Wolle tragen und ungesäuertes Brot essen, diese weder tadeln noch über sie sagen, sie hätten sich etwas aufgebürdet, weil dies ihre Sitte sei. Wenn der Körper jedoch verwöhnt und an Köstlichkeiten gewöhnt ist, verbieten wir seinem Besitzer, ihn einer Last auszusetzen, die ihm schaden wird.

Hat solch eine Person eine Tendenz zur Enthaltsamkeit und bevorzugt sie es, sich von begehrten Dingen fernzuhalten, um nicht in die verbotene Zone der Verschwendung zu geraten oder weil köstliches Essen dazu führt, dass man häufig isst und infolgedessen viel schläft und faul wird, dann sollte sie wissen, welche Art von Verzicht ihr Schaden bringen wird und worauf sie verzichten kann, ohne dass es ihr schaden zufügt. Sie sollte in dem Maße Nahrung zu sich nehmen, wie es ihr und ihrer Gesundheit gut bekömmlich ist, ohne sich selbst Schmerzen zuzufügen.

Manche Leute meinen, dass Brot allein genüge, um den Körper aufrechtzuerhalten. Selbst wenn es so wäre, würde die Beschränkung darauf schädlich sein, da die Säfte des Körpers sowohl Saures und Süßes als auch Warmes und Kaltes sowie auch Zusammenziehendes und Öffnendes brauchen. Durch Veranlagung tendiert die Natur (des Menschen) zu dem, was sie benötigt. So tendiert sie manchmal zum Sauren, ein anderes Mal hingegen zum Süßen. Und dafür gibt es Ursachen, wie zum

---

[254] Die fruchtbaren Ländereien des Irak.

Beispiel den Mangel an Phlegma, welches für ihre Aufrechterhaltung unverzichtbar ist. Dies führt dann dazu, dass ein Verlangen nach Milch entsteht. Oder es könnte ein Überschuss an gelber Galle bestehen, so dass sie (die Natur des Menschen) eine Tendenz zum Sauren aufweist. Jemand, der seine Natur davon abhält, ihrem natürlichen Verlangen nach dem, was sie braucht, zu folgen, schädigt sie (und damit sich selbst). Es sei denn, er hält sie von Übersättigung, Habgier oder anderen folgeschweren Dingen ab, die ansonsten zu ihrem Verderben führen würden.

Reine Abstinenz ist ein Fehler. Dies sollte man wissen und den Aussagen von Harith al-Muhasibi und Abu Talib al-Makki bezüglich der Minimierung von Essen und der Bekämpfung des *Nafs* durch Abstinenz keine Beachtung schenken. Es ist besser, dem Legislator (gemeint ist hier Muhammed [sas]) und seinen Gefährten zu folgen. Ibn Aqil pflegte zu sagen: „Wie merkwürdig ist es doch, dass fromme Leute das Verlangen in sich tragen, dass man ihnen folgt oder sie einem neumodischen Mönchsleben nachgehen [...],[255] sie ihre Verpflichtungen vernachlässigen, ihre Familien verlassen und sich in die Ecken von Moscheen zurückziehen. Warum können sie Allah nicht schariakonform und ordentlich dienen?"

Eine der Täuschungen, mit denen er sie befällt, besteht darin, ihnen zu suggerieren, Askese bedeute, sich mit einen Minimum an Essen und Kleidung zufriedenzugeben. Während sie sich einerseits damit zufriedengeben, trachten sie andererseits innerlich nach Führerschaft und streben nach Ehrung. Daher kann man sehen, wie sie darauf warten, Prinzen besuchen zu können und geehrt zu werden, wie es die Armen nicht werden. Wenn sie Leute treffen, stellen sie ein frommes Verhalten zur Schau und tun so, als hätten sie gerade eine Vision gehabt. Oft lehnen es solche Leute ab, Geld entgegenzunehmen, weil sie befürchten (nur Allah kennt die Absichten !!!), man könnte sagen, sie hätten ihre Haltung in Bezug auf Enthaltsamkeit geändert. Auf der anderen Seite jedoch stehen ihre Türen weit offen für weltlichen Aufstieg, wenn es darum geht, Besuche zu empfangen und die Hände geküsst zu bekommen. Weltlich ist dies deshalb, weil eine Vorrangstellung den Höhepunkt weltlicher Ambitionen darstellt.

Die Täuschung, mit welcher der Satan die *Aabidun* und *Zaahiduun* am häufigsten befällt, ist verborgene Heuchelei. Sichtbare Heuchelei, wie zum Beispiel das

[255] Das Zitat wurde seitens des Übersetzers gekürzt, da die Bedeutung des weggelassenen Teil nicht erfasst werden konnte. (Übers.)

Zurschaustellen von Abmagerung, Gesichtsblässe oder matten Haaren gehört nicht zu dieser Kategorie von Täuschung. Das gilt ebenso für vorgespieltes Beten und Spenden, denn solche Taten sind nicht verborgen. Wir meinen verborgene Heuchelei. Der Prophet ﷺ sagte (sinngemäß): „Wahrlich, Taten werden nach den Absichten beurteilt." Wenn mit einer Tat nicht das Wohlgefallen Allahs angestrebt wird, dann wird sie nicht akzeptiert. Malib ibn Dinar sagte: „Sag der Person, die nicht aufrichtig ist, sie soll sich nicht (umsonst) bemühen."

Wisse, dass ein Gläubiger bei seinen Taten nur an Allah denkt, doch ist er anfällig für die Verleitung zur verborgenen Heuchelei. Und dem zu entfliehen ist schwierig. Es existiert eine Überlieferung, die lückenlos auf Yasar zurückgeht, welcher zufolge er sagte: „Yusuf ibn Asbat sagte zu mir: ‚Lerne, richtiges Verhalten von falschem zu unterscheiden. Ich habe zwanzig Jahre gebraucht, um es zu lernen."

Laut einer Überlieferung, die lückenlos auf Ibrahim al-Hanzali zurückgeht, sagte dieser, er habe gehört, wie Baqiyyah ibn Walid sagte, er habe gehört, dass Ibrahim ibn Adham Folgendes erzählte: „Ich lernte die Wichtigkeit des Wissens von einem Mönch namens Sam'an, dessen Klause ich einst betrat. Ich fragte ihn, wie lange er sich schon in jener Klause befand. „Siebzig Jahre", sagte er. Da fragte ich: „Woraus besteht dein Essen?" Er antwortete: „Was bringt dich zu dieser Frage du Eingottgläubiger?" „Ich würde es gerne wissen", antwortete ich. Da sagte er: „Jede Nacht eine Kichererbse." Da fragte ich: „Welches Gefühl ist es, das dein Herz erregt, so dass diese Kichererbse dir genügt?" Er fragte mich, ob ich die Leute sähe, die sich vor ihm befanden. Ich bejahte. Da sagte er: „Sie besuchen mich jedes Jahr an einem bestimmten Tag, schmücken mein Haus, umrunden es und verehren mich auf diese Weise. Immer, wenn ich an meinen Gottesdiensten ermüde, erinnere ich mich selbst an diese Stunde. So kann ich die Mühen eines Jahres für den Ruhm einer Stunde ertragen. So ertrag du die Mühen einer Stunde für den Ruhm der Ewigkeit, o Eingottgläubiger.' Dies füllte mein Herz mit reichlich Wissen. Dann fragte er mich, ob er noch etwas hinzufügen solle. Da bat ich ihn, dies zu tun. Er sagte mir, ich solle von der Klause herabsteigen, was ich dann auch tat. Anschließend ließ er einen Behälter mit zwanzig Kürbiskernen zu mir herab. Nachdem die Leute gesehen hatten, was er zu mir herabgelassen hatte, wies er mich an, das Kloster zu betreten. Als ich es betrat, versammelten sich die Christen und sagten: ‚Eingottgläubiger, was hat der alte Mann zu dir herabgelassen?' ‚Etwas von seinem Essen', sagte ich. Da fragten sie: ‚Was wirst du damit machen? Wir haben größeres Anrecht darauf.

Nenn uns den Preis, den du forderst.' ‚Zwanzig Dinar', sagte ich. Hierauf gaben sie mir das Geld und ich ging zurück zu dem alten Mann. Daraufhin sagte dieser. ‚Du hast einen Fehler gemacht. Hättest du nach zwanzigtausend gefragt, hätten sie dir auch diese gegeben. Das ist der Ruhm von jemandem, den du nicht anbetest. Denke darüber nach, was für einen Wert die Herrlichkeit dessen, den du anbetest, haben muss, du Eingottgläubiger. Wende dich deinem Herrn zu!'"

Ich möchte anmerken, dass die (wahren) Gottesfreunde aus Angst vor Heuchelei ihre Taten verbargen und nach außen hin immer das Gegenteil präsentierten. Ibn Sirin pflegte tagsüber zu lachen und während der Nacht zu weinen. Ayyub al-Sakhtiyani pflegte ein Gewand mit einem etwas zu langen Herrenrock zu tragen. Wenn Ibn Adham krank war, musste stets Essen vor ihn gestellt werden, das für einen Gesunden gedacht war.

Abdullah ibn Mubarak überlieferte von Bakkar ibn Abdillah, dass Letzterer gehört habe, wie Wahb ibn Munabbih Folgendes erzählte: „Es gab da einen gewissen Mann, einen der Besten seiner Zeit, den die Leute zu besuchen und zu ehren pflegten. Eines Tages versammelten sie sich um ihn herum, woraufhin er sagte: ‚Wir gaben das Diesseits auf, indem wir auf Familie und Güter verzichteten, weil wir um unsere Frömmigkeit fürchteten. Doch ich befürchte, dass uns in diesem Zustand mehr Pietätslosigkeit befallen hat als sie einen Reichen in seinem Reichtum befällt. Ich bemerke, dass es uns gefällt, dass die Menschen uns Dienste erweisen und dass wir, wenn wir etwas kaufen, es aufgrund unseres frommen Verhaltens zu günstigeren Konditionen erhalten und dass wir, wenn man uns trifft, aufgrund unseres frommen Lebens gegrüßt werden und viel für uns getan wird.' Diese Rede wurde überall weitererzählt, bis sie den König erreichte. Sie versetzte den König in Erstaunen und so ritt er aus, um den Mann zu begrüßen und ihn zu sehen. Als der Mann ihn sah, sagte man ihm, dass dies der König war, der gekommen war, um ihn zu begrüßen. ‚Was hat er vor?', fragte der Mann. ‚Es geht um deine Rede', sagten sie. Da fragte er seinen Begleiter, ob er etwas zu essen habe, woraufhin man ihm sagte, dass es einige Früchte gab, mit denen er sein Fasten zu brechen pflegte. Er gab die Anweisung, dass sie auf einem Untersatz zu ihm gebracht und vor ihn hingestellt werden sollten. Hierauf begann er zu essen, obwohl er für gewöhnlich tagsüber fastete und nichts aß. Der König näherte sich ihm und grüßte ihn. Er antwortete mit leiser Stimme und aß weiter. Der König fragte, wo der Mann, von dem er gehört hatte, sich befand, woraufhin man ihm sagte, dass es jener sei. ‚Der Mann, der isst?', fragte der König.

‚Ja', sagten sie. ‚In ihm steckt nichts Gutes', sagte der König und kehrte um. Da sagte der Mann: ‚Das Lob gebührt Allah, Der dich mittels dieser Notlösung hat weggehen lassen.'"

Laut eines weiteren Berichtes sagte Wahb, dass der Mann, als der König näherkam, mundvolle Stücke vom Gemüse abbiss, sie in Öl dippte und sie auf gefräßige Art verzehrte. Daraufhin habe der König gesagt: „Wie bist du - wer auch immer du sein magst?" „Wie die anderen Menschen", habe der Mann gesagt. Da habe der König die Zügel seines Reittiers in die andere Richtung gezogen und Folgendes gesagt: „Es steckt nichts Gutes in ihm." Hierauf habe der Mann gesagt: „Das Lob gebührt Allah, Der ihn von mir wegschickte, während er Worte des Tadels über mich sprach."

Laut einer Überlieferung, die auf Ata zurückgeht, sagte dieser:

„Al-Walid ibn Abdilmalik hatte vor, Yazid ibn Marthad in ein Amt einzusetzen. Als Yazid davon hörte, zog er sich einen Pelz an, den er so trug, dass die Lederseite auf seinem Rücken lag und die Wollseite nach außen zeigte. In seine Hand nahm er ein Brot sowie etwas Reisbranntwein und brach mit Mantel, Hut und Schuhen auf. Während er über die Straße lief, aß er. Da berichtete man al-Walid, Yazid habe seinen Verstand verloren und informierte ihn über das, was jener tat. Hierauf ließ er ihn in Ruhe."

Es gibt Asketen (*Zaahiduun*), welche die Enthaltsamkeit sowohl äußerlich als auch innerlich praktizieren. Doch in dem Bewusstsein, dass seine Freunde oder seine Ehefrau mit Sicherheit über seinen Verzicht auf das Diesseits sprechen werden, fällt es solch einem Menschen leicht, dies zu ertragen, so wie es der Mönch empfand, über dessen Begegnung mit Ibrahim ibn Adham wir bereits berichtet haben. Wäre solch ein Mann hinsichtlich seiner Askese aufrichtig, so würde er mit seiner Familie so viel Essen zu sich nehmen, dass es genügt, um nicht als Heiliger angesehen zu werden und den Lobesreden über die eigene Person ein Ende zu setzen.

Dawud ibn Abi Hind fastete zwanzig Jahre lang, ohne dass seine Familie es mitbekam. Er pflegte sein Essen mitzunehmen und auf die Straßen zu gehen, um es zu verteilen. So dachten die Menschen auf der Straße, dass er bereits zu Hause gegessen hatte und seine Familie dachte, er habe auf der Straße gegessen. So waren die Menschen von früher.

Daneben gibt es Asketen, deren Unterhalt darin besteht, sich in eine Moschee oder eine Klause oder auf einen Berg zurückzuziehen und deren Vergnügen darin besteht, dass die Leute von ihrem zurückgezogenen Leben wissen. Solch ein Mensch wird möglicherweise als Rechtfertigung für seinen Rückzug anführen, dass er befürchtet, etwas sehen zu können, was er verabscheut, wenn er herauskäme. Doch hat er verschiedene Ziele in Sicht. Dazu gehören Hochmut und die Verachtung anderer Leute. Dabei befürchtet er, sie könnten ihm nicht genug Beachtung schenken. Außerdem ist er auf die Wahrung seines Ansehens und auf Vorrangstellung aus, welche eine Minderung erfahren würden, wenn er sich unter die Menschen begeben würde. [...] Manchmal ist es sogar so, dass er (durch den Rückzug) beabsichtigt, seine Mängel und Fehler sowie sein allgemeines Unwissen zu verstecken, auf dass sie unerkannt bleiben. Außerdem wünscht er sich, besucht zu werden und keine Besuche abstatten zu müssen. Des Weiteren genießt er es, wenn er von Prinzen besucht wird und Leute vom allgemeinen Volk sich vor seiner Tür versammeln und seine Hand küssen. Infolgedessen vernachlässigt er das Besuchen von Kranken und die Teilnahme an Beerdigungen. Dazu sagen seine Freunde: „Entschuldigt den Shaykh, denn so ist der Brauch." (Er wäre besser nicht einem Brauch gefolgt, welcher der Scharia widerspricht.) Wenn eine Person wie diese etwas zu essen braucht und niemanden bei sich hat, der es für sie kauft, so erduldet sie den Hunger, um nicht selbst gehen und es kaufen zu müssen, was ja dazu führen könnte, dass sie ihr Ansehen verliert, weil sie unter den Menschen umherläuft. Doch der Prophet ﷺ pflegte hinaus auf die Straßen zu gehen, zu kaufen, was er brauchte und es selbst zu tragen. Abu Bakr رضي الله عنه pflegte Kleidung auf seiner Schulter zu transportieren und Handel damit zu betreiben. Laut einer Überlieferung, die auf Muhammed ibn Qasim zurückgeht, berichtete dieser, dass Abdullah ibn Hanzalah überlieferte, wie man Abdullah ibn Salam sah, als er ein Bündel Brennholz auf seinem Kopf trug. Da sagten einige Leute zu ihm: „Was führt dich dazu, dies zu tun, obwohl Allah dich reich gemacht hat?" Er erwiderte: „Ich wollte dadurch dem Hochmut den Weg versperren. Denn ich hörte den Propheten ﷺ sagen (sinngemäß): ‚Derjenige, in dem sich Hochmut (*Kibr*) im Gewicht eines Atoms (*Dharra*) befindet, wird nicht ins Paradies eingehen. [...]'"

Ich möchte anmerken, dass die Gewohnheit, hinauszugehen, um etwas Nötiges zu kaufen und andere Arten der „Opferung von Ansehen" unter den *Salaf* ganz üblich waren. Doch die Gewohnheiten haben sich geändert, so wie es auch die Lebensumstände und der Kleidungsstil getan haben. Ich würde einem Gelehrten unserer Zeit nicht empfehlen, hinauszugehen, um zu kaufen, was er sich wünscht, weil solch ein Verhalten in den Augen der Unwissenden das Licht der Gelehrsamkeit verdunkeln würde. In solch einem Zusammenhang würde es nicht in Heuchelei münden, wenn man ihre Empfindungen mitbeachtet. Und das Treffen solcher Maßnahmen, die Respekt herbeiführen, gilt nicht als verboten. Nicht jede Vorgehensweise, mittels derer die *Salaf* es umgingen, die Empfindungen der Menschen (ihnen gegenüber) zu verändern, kann heute angewandt werden. Al-Auza'i sagte: „Wir pflegen zu lachen und zu spaßen. Doch wenn wir bemerken, dass die Leute unserem Beispiel folgen, dann denke ich, dass es nicht angemessen für uns ist, dies zu tun. Es wird berichtet, wie die Freunde von Ibrahim ibn Adham sich eines Tages spaßig amüsierten. Da kam ein Mann an die Tür und gebot ihnen, leise zu sein und sich würdevoll zu verhalten. Da sagten sie zu ihm: „Du willst uns beibringen zu heucheln." Da erwiderte er: „Ich möchte nicht, dass euer Verhalten zum Ungehorsam (anderer Menschen)gegenüber Allah führt."

Ich möchte anmerken, dass dieser Mann darüber besorgt war, was die Unwissenden sagen würden, wie zum Beispiel: „Schaut euch an, was diese Asketen (Zaahiduun) tun!" Denn das Volk kann solch ein Verhalten seitens praktizierender Asketen nicht ertragen.

Unter diesen Leuten gibt es solche, die, wenn man einen von ihnen darum bitten würde, samtene Kleidung zu tragen, er dies aus Furcht, seine Achtung zu verlieren, ablehnen würde. Außerdem würde er lieber sterben als beim Essen gesehen zu werden. Er würde sich zurückhalten, um nicht zu lächeln, geschweige denn zu lachen. Der Satan suggeriert ihm, dass dies der Verbesserung seines Charakters diene. Doch in Wirklichkeit handelt es sich um ein Mittel, um sein Ansehen zu wahren und somit um Heuchelei. In diesem Sinne ist es auch wahrscheinlich, dass man ihn dabei beobachten kann, wie er seinen Kopf gebeugt hält und Anzeichen von Kummer zur Schau stellt. Kein Mensch weiß, wie er aussieht, wenn er alleine ist.

Die Menschen früherer Zeiten pflegten alles zu unterlassen, was die Aufmerksamkeit auf sie hätte lenken können und von jedem Ort zu fliehen, an dem man hätte auf sie zeigen können.

Laut einer auf Abdullah ibn Khafif zurückgehenden Überlieferung erzählte Yusuf ibn Asbat: „Ich machte mich von Manbij ausgehend zu Fuß auf den Weg und erreichte Missisah (Mopusuestia) mit meiner Tasche um den Hals. Da erhob sich ein

Mann von seinem Verkaufsstand und grüßte mich und daraufhin ein weiterer. So legte ich meine Tasche ab und betrat die Moschee, in welcher ich zwei *Rak'a* betete. Da versammelten sich Leute um mich herum und ein Mann starrte in mein Gesicht. Da sagte ich zu mir selbst: ‚Wie lange wirst du das noch aushalten?' So nahm ich meine Tasche und kehrte schweißtriefend und müde nach Manbij zurück. Und zwei Jahre lang kehrte mein Herz nicht zu mir zurück.

Manche Asketen tragen zerfetzte Kleidung und flicken sie nicht. Ferner richten sie weder ihren Turban, noch kämmen sie sich den Bart. All dies dient dem Zweck, dass die Leute sehen, dass sie von weltlichen Angelegenheiten nichts verstehen. Als Dawud at-Tai gefragt wurde, warum er seinen Bart nicht kämmte, erwiderte er: „Es gibt andere Dinge, an die ich denken muss." Dies ist eine Form der Heuchelei. Wenn der Mensch es mit seiner Vernachlässigung von Äußerlichkeiten ernst meint, dann sollte er wissen, dass er vom Weg abgekommen ist. Dies entspricht nämlich nicht der Vorgehensweise des Propheten ﷺ und seiner Gefährten. Er ﷺ pflegte sein Haar zu kämmen, in den Spiegel zu schauen, Salben und Duft zu verwenden, obwohl er ﷺ mehr mit dem Jenseits beschäftigt war als andere Geschöpfe. Abu Bakr ؓ und Umar ؓ pflegten ihre Haare mit Henna und *Phyllirea* zu färben. Und dennoch waren sie die Gewissenhaftesten und Enthaltsamsten unter den Prophetengefährten. Jemandem, der einen Rang beanspruchen will, der die *Sunna* und die Praxis der *Imame* überbieten soll, sollte man keine Beachtung schenken.

Einige Asketen praktizieren anhaltendes Schweigen und isolieren sich von ihren Familien, welche sie durch ihr unfreundliches Verhalten und ihre übermäßige Verdrießlichkeit verärgern und dabei folgende Aussage des Propheten ﷺ vergessen: *„[...] deine Familie (Ahl) hat ein Recht [...]"*

Der Prophet ﷺ war jemand, der Spaß verstand, mit Kindern spielte und mit seinen Frauen sprach. Er lief mit A'ischah um die Wette und tat noch andere liebenswürdige Dinge. Jener *'Aabid*, der durch seine Unfreundlichkeit und Isolation seine Frau zu einer Witwe und seine Kinder zu Waisenkindern macht, weil er denkt, dass ein anderes Verhalten ihn vom Jenseits ablenken würde, ist so unkundig, dass er nicht weiß, dass ein freundlicher Umgang mit seiner Familie ihm im Jenseits zum Vorteil gereichen wird. [...] Asketen wie diese vernachlässigen oft ihre ehelichen Aufgaben und missachten somit eine Verpflichtung zugunsten einer ordnungswidrigen, freiwilligen Tat.

Einige Asketen sind glücklich über die Art wie sie leben und wenn ihnen jemand sagen würde, dass sie die Säulen der Erden seien, würden sie dies für wahr halten.

Manche von ihnen halten Ausschau danach, dass zu ihren Ehren Wunder geschehen. So glaubt manch einer von ihnen, dass er, wenn er zu einem Gewässer käme, darauf laufen könne. Wenn es vorkommt, dass er (Allah) um etwas bittet und dies nicht erfüllt wird, so ist er empört, als wäre er ein Tagelöhner, der den Lohn für seine Arbeit fordert. Wäre er intelligent genug, so hätte er gewusst, dass er leibeigener Diener ist, der keinen Dank für seine Arbeit verdient.[256] Hätte er über die göttliche Rechtleitung nachgedacht, die ihm ermöglichte, die (gottesdienstlichen) Taten zu verrichten, so hätte er gesehen, dass es ihm obliegt, Dankbarkeit zu zeigen und er hätte Angst gehabt, dies nicht genügend tun zu können. Diese Furcht vor der Unzulänglichkeit (des Dankes) hätte ihn sicherlich davon abgehalten, über seine Mühen nachzudenken. Dementsprechend sagte Rabi'ah: „Ich bitte Allah um Vergebung aufgrund des Mangels an Wahrhaftigkeit in dem, was ich sage." Einst wurde sie gefragt, ob sie je eine Tat verrichtet habe, von der sie glaubte, dass sie von ihr angenommen werden würde. Da antwortete sie: „Wenn es eine (Tat) gibt, dann ist es meine Furcht vor der Ablehnung (meiner Taten)."

Eine der Täuschungen, die der Satan bei den Asketen anwendet, denen er sich mittels ihrer Unwissenheit nähert, ist ihr Handeln gemäß ihren eigenen Vorstellungen, ohne zu beachten, was die *Fuqaha* sagen.

Ibn Aqil sagte: „Abu Ishaq al-Kharraz war ein Gottesfreund (*Waliyy*) und der erste Mensch, der mich das Buch Allahs lehrte. Er pflegte im Monat Ramadan das Sprechen zu unterlassen, wobei er, wenn eine Situation das Sprechen erforderte, mit dem Rezitieren von Ayaat aus dem Qur´aan zu antworten pflegte (selbst, wenn die Frage nichts damit zu tun hatte). Sequenzen aus dem Qur'aan rezitierte, wenn die Situation es erforderte, das etwas gesprochen wurde. So sagte er, um Besucher bei

---

[256] Damit ist wahrscheinlich gemeint, dass er für seine Arbeit nichts fordern kann, weil er ein Diener Allahs ist, Der ihn erschuf und er zum Gehorsam gegenüber Allah verpflichtet ist. Doch ist es tatsächlich so, dass Allah asch-Schakuur ist, der als Dank (*Schukr*) Seine Diener für ihre Taten belohnt. Und Allah weiß es am besten. (Übers.)

sich eintreten zu lassen: „*[...] Tretet zu ihnen durch das Tor ein! [...]*"[257] Und am Abend des Fastentages sagte er zu einem Sohn: „*[...] an Grünzeug, Gurken [...]*"[258]

Ich sagte zu ihm: ‚Du glaubst, dass es sich hierbei um eine fromme Tat handelt, wobei es jedoch eine Sünde darstellt.'

Dies kränkte ihn. Da fuhr ich fort und sagte: ‚Dieser edle Qur'aan wurde herabgesandt, um die Anweisungen der Scharia zu verkünden und sollte nicht für weltliche Zwecke[259] verwendet werden. Dann könntest du ja auch deine Seife in Seiten des Qur'aan einwickeln oder dir ein Kopfkissen daraus machen.' Er unterbrach mich und wollte meine Argumente nicht hören.'"

Meine Anmerkung: Manchmal hört ein Asket etwas von den unwissenden Leuten des Volkes und äußert dazu eine rechtliche Meinung. Abu Hakim Ibrahim ibn Dinar erzählte mir, wie ihn einst ein Mann nach einer Meinung bezüglich der folgenden Frage bat: „Wenn eine Frau nach einer dreimal erfolgten Scheidung einen Jungen gebärt, kann sie dann schariagemäß von ihrem (ehemaligen) Ehemann wieder zur Frau genommen werden?" Er (Ibn Dinar) sagte: „Ich sagte ‚Nein'." Bei mir befand sich Scharif al-Dhhali, ein für seine Enthaltsamkeit bekannter und seitens des Volkes hoch angesehener Mann. Er sagte zu mir: „Im Gegenteil, sie kann wieder zurückgenommen werden." Da erwiderte ich: „Niemand hatte zuvor solch eine Meinung." Da sagte er: „Ich versichere dir, dass ich diese *Fatwa* von hier bis nach Basra (überall) erteilt habe."

So seht, welch großen Einfluss die Unwissenheit auf diejenigen hat, die an ihr leiden und wie zusätzlich - aus Furcht des Asketen, er könnte als Unwissender betrachtet werden - das Bemühen zur Aufrechterhaltung der eigenen Würde hinzukommt.

Die Menschen früherer Zeit missbilligten es, dass ein Asket (Zaahid) eine Fatwa erteilte, auch wenn er viel Wissen besaß. Der Grund dafür war, dass er nicht alle Qualifikationen besaß, die er dafür brauchte. Was hätten sie dann wohl gesagt, wenn

---

[257] Sure 5, Aayah 23.

[258] Sure 2, Aayah 61.

[259] Mit „weltliche Zwecke" sind Dinge wie das obige Beispiel des Mannes gemeint, der nur mit *Aayaat* zu antworten pflegte, also weltliche Zwecke, die dem Zweck des *Qur'aan*, nämlich eine Rechtleitung zu sein und die Menschen zu einem gottgefälligen Leben in allen Bereichen des diesseitigen Daseins zu führen, nicht entsprechen. (Übers.)

sie gesehen hätten, dass die *'Aabiduun* unserer Zeit falsche Meinungen äußern, die auf Einbildungen basieren? Laut einer Überlieferung, die auf Isma'il ibn Schabbah zurückgeht, sagte dieser: „Einst trat ich bei Ahmad ibn Hanbal ein, als gerade Ahmad ibn Harb aus Mekka eingetroffen war. Ahmad (ibn Hanbal) fragte mich: ‚Wer ist dieser Mann aus dem Chorasan, der eingetroffen ist?' Ich erzählte ihm von der Enthaltsamkeit und der Rechtschaffenheit dieses Mannes. Da sagte er: ‚Ein Mann, welcher praktiziert, was dieser zu tun pflegt, sollte sich nicht in rechtliche Meinungen einmischen.'"

Zu den Täuschungen, die Satan beiden Asketen anwendet, gehört ihre Abwertung und Schmähung der Gelehrten. Sie führen an, dass es Taten seien, auf die man sich konzentrieren muss, ohne zu wissen, dass Wissen eine Tat des Herzens darstellt. Wenn sie erkennen würden, auf welchem Rang die Gelehrten stehen, die sich die Scharia einprägen und dass sie (hinsichtlich des Wissens über die Anweisungen Allahs) die Stellvertreter der Propheten sind, so würden sie sich fühlen wie dumme Unmenschen neben ordentlichen Rednern oder wie Blinde neben Sehenden. Die Gelehrten sind die Wegweiser, denen die gesamte, restliche Menschheit hinterherläuft, wobei jeder Mensch, wenn er kompetent genug ist, alleine laufen kann. In beiden Sahih-Werken befindet sich eine Überlieferung von Sahl ibn Sa'd, der zufolge er erzählte, dass der Prophet ﷺ gesagt habe (sinngemäß): „Bei Allah, dass Allah jemanden durch dich rechtleitet, ist besser für dich als rote Kamele."

Zu ihren Kritiken an den Gelehrten gehört, dass diese sich gewisse Freiheiten zugestehen, wenn es um erlaubte Dinge geht, um dadurch Kraft für die Weiterführung ihrer Studien zu gewinnen. Und ähnlicherweise kritisieren sie diejenigen, die Vermögen ansammeln. Hätten sie die Bedeutung des Wortes „erlaubt" verstanden, wüssten sie, dass jemanden, der so etwas tut, keine Schuld trifft. Höchstens kann man sagen, dass diejenigen, die es nicht tun, besser sind als die, die es tun. Ist es angebracht, dass jemand, der die gesamte Nacht lang betet, jemanden tadelt, der das Pflichtgebet verrichtet und dann schlafengeht? Laut einer Überlieferung, die auf Muhammed ibn Ja'far al-Khaulani zurückgeht, sagte dieser, dass ihm Folgende von Abu Abdillah al-Khawwas, einem Gefährten von Khatim al-Asamm, erzählt worden war: „Wir betraten *Rayy* gemeinsam mit Khatim al-Balkhi, der von dreihundertundzwanzig Anhängern begleitet wurde und sich auf dem Weg zur *Hajj* befand. Sie alle trugen Wollkleidung sowie Kittel aus demselben Material. Nicht einer von ihnen hatte eine Tasche oder Essen dabei. Wir hielten am Hause eines religiösen Händlers, der uns bewirtete. Am nächsten Morgen sagte er zu Khatim: ‚Abu Abdirrahman, brauchst du etwas? Denn ich werde einen unserer *Fuqaha* besuchen, der krank ist.' Da sagte Khatim: ‚Wenn sich ein kranker *Faqih* unter euch befindet, so ist es höchst verdienstvoll, wenn man ihn besucht. Einen Faqih anzuschauen, ist sogar eine fromme Tat. Ich werde mit dir kommen.' Bei dem kranken Mann handelte es sich um Muhammed ibn Muqatil, den *Qadi* von Rayy. Der Kaufmann bat ihn mitzukommen. Später kamen sie zur Tür des kranken Mannes, an der sich ein Türsteher befand. Khatim begann nachzudenken und sagte schließlich: ‚O Herr, sieht so das Haus eines Gelehrten aus!?' Ein wenig später wurde ihnen der Eintritt gewährt, woraufhin sie feststellten, dass es sich um eine weitläufige Villa mit vornehmen Möbeln, Wandbehängen, Teppichen und Gardinen handelte. Khatim dachte nach und schaute gespannt, bis sie in das Zimmer eintraten, in dem sich Muhammed ibn Muqatil befand. Sie sahen ihn dort auf einer bequemen, schönen Couch liegen. An seiner Kopfseite befand sich eine Fliegenklatsche und es standen Menschen dort. Der Kaufmann aus *Rayy* nahm Platz, doch Khatim blieb stehen. Muhammed ibn Muqatil bat ihn mit einer Geste, dass er sich setzen möge. Da sagte Khatim: ‚Ich werde mich nicht setzen.' Ibn Muqatil fragte ihn, ob er etwas wünschte. ‚Ja', sagte er. ‚Was ist es', fragte Ibn Muqatil. Da sagte er: ‚Ich möchte dir eine Frage stellen.' ‚Frage mich!', sagte er daraufhin. Khatim forderte ihn auf: ‚Erhebe dich und nimm Platz, damit ich dich darüber befragen kann.' Khatim wies seine Bediensteten an, ihn zu stützen. Dann fragte Khatim: ‚Wie hast du dein Wissen erworben?' Hierauf antwortete er: ‚Durch die Unterrichte vertrauenswürdiger Personen, die es wiederum von anderen vertrauenswürdigen Personen übernommen hatten, welche es von den Gründern dieser Wissenschaft übernommen hatten.' Daraufhin fragte Khatim: ‚Von wem haben Letztere es erworben?' ‚Von den Tabi'un', antwortete er. ‚Und von wem hatten es die Tabi'un?', fragte Khatim. ‚Von den Gefährten des Propheten', antwortete er. ‚Und woher hat der Prophet ﷺ es erworben?' Da antwortete Muqatil: ‚Von Djibril, welcher es wiederum von Allah erhalten hatte.' Daraufhin sagte Khatim: ‚Hast du in dem, was Djibril von Allah an den Propheten, der Prophet an die Gefährten, die Gefährten an die *Tabi'un*, die *Tab'iun* an die Gründer der Wissenschaft, die Gründer an die vertrauenswürdigen Personen und die vertrauenswürdigen Personen an dich weitergegeben haben etwas davon gehört, dass, je vornehmer das Haus eines Menschen und je sanfter sein Bettzeug und je stattlicher seine Ausstattung im Diesseits sind, sein Rang bei Allah desto höher sein wird?' ‚Nein', sagte er. Hierauf fragte Khatim: ‚Was war es dann, was du gehört hast?' Er erwiderte: ‚Ich hörte, dass der Mensch, der weltlichen

Dingen gegenüber abgeneigt ist und seine Gefühlswelt aufs Jenseits richtet, die Armen liebt und sich auf das Leben im Jenseits vorbereitet, von höherem Rang ist und Allah näher steht.' Daraufhin sagte Khatim: ‚Und wen hast *du* dir zum Vorbild genommen?' Den Propheten, seine Gefährten, die *Tab'iun* und die Rechtschaffenen, welche ihren Fußstapfen folgten oder den Pharao und Nimrod? (Letztere waren die Ersten, die mit Gips und Ziegelsteinen bauten.) O ihr Gelehrten des Unheils, die unwissenden Menschen, die dem Diesseits leidenschaftlich verbunden sind, werden sagen: *Dieser Gelehrte lebt auf diese Art und Weise; sollte ich nicht auch das gleiche tun?*' Khatim verließ ihn und die Krankheit, an der Muhammed ibn Muqatil litt, verschlimmerte sich. Die Menschen von Rayy hörten, was zwischen Khatim und Muqatil vorgefallen war und erzählten Khatim, dass der in Qazwin befindliche (Gelehrte namens) Muhammed ibn Ubayd al-Tanafisi noch luxuriöser lebte als Ibn Muqatil. So ging Khatim zu ihm, betrat sein Haus und fand eine Anzahl von Leuten vor, denen dieser gerade eine Rede hielt. Khatim sagte zu ihm: ‚Möge Allah sich deiner erbarmen, ich bin ein Fremder, der zu dir gekommen ist, um von dir die Grundlagen seiner Religion sowie einführendes Wissen über das Gebet zu erlernen. Wie muss ich mich für das Gebet waschen?' Muhammed ibn Ubayd sagte: ‚Gewiss doch (werde ich dich lehren)! Bediensteter, bringe mir ein Gefäß mit Wasser!' Hierauf wurde es herbeigebracht. Muhammed ibn Ubayd hockte sich hin und führte die rituelle Waschung dreimal durch. Daraufhin sagte er: ‚So musst du dich waschen.' Da sagte Khatim: ‚Warte bitte, bis ich die Waschung in deiner Gegenwart ausgeführt habe, damit ich mir sicher sein kann, dass ich es richtig tue.' So stand al-Tanafisi auf, Khatim hockte sich an seiner Stelle hin und begann sich zu waschen. Er wusch sein Gesicht dreimal, doch als sein Arm an der Reihe war, wusch er diesen viermal. Da sagte al-Tanafisi: ‚Du warst zu verschwenderisch.' ‚Wobei?', fragte Khatim. Jener erwiderte: ‚Darin, dass du deinen Arm viermal gewaschen hast.' Daraufhin sagte Khatim: ‚*SubhanAllah*! Ich war durch eine Handvoll Wasser schon verschwenderisch und du warst bei all dem, was ich hier sehe, nicht verschwenderisch?' Al-Tanafisi verstand, dass Khatim beabsichtigte, ihn zu tadeln und ging in sein Haus, woraufhin er vierzig Tage lang nicht in der Öffentlichkeit erschien.

Khatim reiste ab in den *Hijaz*. Als er in Madinah ankam, wollte er mit den Gelehrten der Stadt diskutieren.Beim Betreten der Stadt fragte er: ‚O Leute, welche Stadt ist dies?' Sie sagten: ‚Die Stadt des Propheten Allahs.' ‚Wo finde ich den Palast des Propheten, so dass ich dorthin gehen und dort einige Rak'ah beten kann', sagte er.

Da antworteten sie: ‚Der Prophet Allahs hat keinen Palast, er hatte lediglich eine niedrige Behausung.' Daraufhin fragte er: ‚Wo sind dann die Paläste seiner Familie, seiner Gefährten und seiner Ehefrauen?' Sie erwiderten: ‚Sie hatten keine Paläste, sondern nur niedrige Behausungen.' ‚Dann', sagte er, ‚muss das wohl die Stadt des Pharao sein.' Sie beschimpften ihn (sagte der Überlieferer) und brachten ihn zum Gouverneur. Da fragte ihn der Gouverneur, warum er das gesagt hatte. Er sprach: ‚Vorgesetzter, bitte übereile es nicht mit mir. Ich bin ein Fremder und als ich die Stadt betrat, fragte ich, um welche Stadt es sich hier handelt. Sie sagten mir, es sei die Stadt des Propheten Allahs. Dann fragte ich nach dem Palast des Propheten Allahs und dem seiner Gefährten. Sie erwiderten, dass jene nur niedrige Behausungen besaßen. Und ich hörte, dass Allah sagte (in ung. Bed.): *„In Allahs Gesandten hattet ihr wahrlich ein schönes Vorbild [...]"*

An dieser Stelle möchte ich Folgendes anmerken: Dieser unwissende Asket, der sich mit seinem Wissen begnügt und Freiwilliges für verpflichtend hält, fügt den Gelehrten Leid zu. Denn das, was er missbilligt, ist erlaubt und wenn etwas erlaubt ist, bedeutet dies, dass es die Zustimmung der Scharia hat. Die Scharia würde nicht eine Sache billigen und dann dagegen etwas einwenden. Solch eine Unwissenheit ist beschämend. Hätte Khatim Folgendes zu ihnen gesagt, wäre es angemessener gewesen: „Wäre es nicht besser, wenn ihr euren Lebensstil etwas mäßigt, so dass ihr den anderen ein Vorbild seid?" Was hätte dieser Mann außerdem gesagt, wenn er gehört hätte, dass Abdurrahman ibn Auf, Al-Zubayr ibn Awwam, Abdullah ibn Mas'ud und viele andere Prophetengefährten große Vermögen hinterließen? Tamim al-Dari gab eintausend Dirham für einen Mantel aus, in dem er Nachtwache zu halten bzw. nachts zu beten pflegte.

Es ist die Aufgabe des Asketen, von den Gelehrten zu lernen. Und wenn er nicht gelernt hat, sollte er besser schweigen.

Laut einer auf Malik ibn Dinar zurückführenden Überlieferung sagte dieser: „Der Satan spielt mit den Rezitatoren wie Jungen mit Nüssen." Die gleiche Überlieferung wird auch Habib al-Farisi zugeordnet.

Mit „Rezitatoren", so möchte ich anmerken, sind in diesem Zusammenhang die Asketen gemeint. Es ist ein alter und wohlbekannter Name, der für sie verwendet wird. Die Rechtleitung zur Wahrheit kommt von Allah und zu ihm ist die Rückkehr.

KAPITEL X

Wie der Satan die Sufis täuscht

Die Sufis gehören zu der Gruppe der Asketen und wir haben ihnen ein eigenes Kapitel gewidmet, obwohl wir bereits beschrieben haben, wie der Satan die Asketen verwirrt; denn die Sufis unterscheiden sich von anderen Asketen durch gewisse Eigenschaften und Zustände und besitzen gewisse Merkmale.

Der Sufismus ist ein System, das mit allgemeiner Enthaltsamkeit begann, dessen Anhänger später jedoch Musik und Tanz für erlaubt erklärten. Die Sympathie derjenigen in der großen Masse der Menschen, die nach dem Jenseits streben, haben sie aufgrund der Enthaltsamkeit, die sie zur Schau stellen, gewonnen. Und diejenigen, die nach dem Diesseits trachten, sympathisieren mit ihnen, weil sie sehen, welche Bequemlichkeit und welches Vergnügen diese Leute genießen. Um die Täuschungen, welche der Satan in ihr System eingeschleust hat, zu beseitigen, ist es notwendig, das System samt seiner Teilgebiete zu enthüllen.

Zur Zeit des Propheten ﷺ bezeichneten sich die Menschen mit Titeln, die von *Islam* und *Iman* abgeleitet sind und nannten sich somit *Mu'min* und *Muslim*. Später begann man, die Titel Asket (*Zaahid*) und *'Aabid* zu verwenden. Und es kamen Leute auf, die sich der Askese und der intensiven Beschäftigung mit Gottesdiensten hingaben, dem Diesseits den Rücken kehrten und sich dem rituellen Gottesdienst widmeten. Dabei befolgten sie ein ihnen eigenes System und orientierten sich an einer bestimmten Art von Charakter. Sie glaubten, dass der erste Mann, der sich, um Allah anzubeten, in Sein Heiliges Haus (*Ka'ba*) zurückzog, ein Mann namens Sufah gewesen sei, der mit richtigem Namen al-Ghauth ibn Murr geheißen habe. Sie bezeichneten sich seinem Namen entsprechend als Sufis, da sie ihm in Bezug auf das Zurückziehen, um Allah anzubeten, ähnelten.

Muhammed ibn Nasir überlieferte mir von Abu Ishaq Ibrahim ibn Sa'id al-Habbal, dass die folgende Aussage von Abu Muhammed Abu al-Ghani ibn Sa'id al-Hafiz stamme. Er habe gesagt: „Ich fragte Walid ibn al-Qasim, wovon die Sufis ihren Namen abgeleitet haben. Er erwiderte: ‚In der Zeit des Heidentums gab es gewisse Leute, die sich als Sufah bezeichneten. Sie sonderten sich ab, um Allah anzubeten und lebten in der Ka'ba. Diejenigen,welche sie imitieren, sind die Sufis.'"

Weitersagte Abdu'l Ghani: „Die als *Sufah* bekannten Leute waren die Kinder von al-Ghauth ibn Murr, dem Neffen von Tamim ibn Murr."

[...]

Al-Zubayr fügte hinzu: „Abu Ubaydah behauptete, dass die Bezeichnung *Sufah* oder *Sufan* für jeden verwendet wurde, der für irgendeine Aufgabe verantwortlich war, die mit dem Haus (*Ka'ba*) zu tun hatte, jedoch diesbezüglich nicht zu den obersten Beamten gehörte oder für jemanden, der einen Teil des rituellen Ablaufs beaufsichtigte."

Des Weiteren sagte Zubayr: „Abu'l Hasan überlieferte mir von Hischam ibn Muhammed ibn al-Sa'ib al-Kalbi, dass Letzerem zufolge al-Ghauth ibn al-Muarr als *Sufah* bezeichnet wurde, weil seine Mutter, nachdem sie miterlebt hatte, wie all ihre Kinder verstorben waren, gelobt habe, dass sie, wenn er (al-Gauth) überleben würde, sie ein Stück an sein Haupt binden und ihn dem Dienste der Ka'ba widmen werde. Das tat sie auch und infolgedessen wurden er und seine Nachkommen als Sufah bezeichnet."

Des Weiteren führe al-Zubayr an, dass Ibrahim ibn al-Mundhiri von Abdul 'Aziz ibn Imran überlieferte, dass Letzterem von Aqqal ibn Schabbah erzählt worden sei, die Mutter von Tamim ibn Murr habe, nachdem sie eine Anzahl von Mädchen auf die Welt gebracht hatte, geschworen, dass sie, wenn sie einen Jungen gebären würde, ihn dem Dienste der Ka'ba widmen werde. Später habe sie al-Ghauth ibn Murr geboren. Und als sie ihn dem Haus (Ka'ba) widmete, habe er die Hitze gespürt. Einst sei sie an ihm vorbeigekommen, als er hingefallen war und sich in einem Kollapszustand befand und habe gesagt: „Mein Sohn ist nicht besser als ein Stück Wolle (*Suff*). Daher habe sie ihn *Sufah* genannt. Sufah war dafür verantwortlich, die Pilger von 'Arafah nach Mina und von Mina nach Makka zu führen. Dieses Recht verblieb bei den Nachkommen Sufahs, bis Udwan es übernahm, der es wiederum behielt, bis die Quraysch es übernahmen.

Einige Leute, so möchte ich anmerken, vertreten die Meinung, dass der Sufismus auf die „Gefährten von Suffah[260] (*Ashabu's Suffah*)" zurückführbar sei. Der Grund für diese Meinung war, dass sie feststellten, dass die „Gefährten von Suffah" in Bezug

[260] Suffah: Dabei handelt es sich um eine Bank (oder etwas Ähnliches) in der Moschee des Propheten, wo sich arme Leute aufhielten, die der Prophet ﷺ den *Qur'aan* lehrte. (Übers.)

auf ihre Hingabe zu Allah und ihr Leben in Armut mit dem, wie wir Sufah beschrieben haben, übereinstimmten. Bei diesen Leuten handelte es sich nämlich um arme Leute, die weder Familie, noch Eigentum besaßen und zum Propheten kamen. Daher wurde für sie in der Moschee des Propheten ﷺ eine Bank (*Suffah*) errichtet. Deswegen wurden sie als „Gefährten der Suffah" bezeichnet.

In einer auf al-Hasan zurückgehenden Überlieferung heißt es, dieser habe gesagt: „Für die schwachen Muslime wurde eine Bank gebaut und die anderen Muslime brachten ihnen jegliche Spenden, zu denen sie in der Lage waren. Der Prophet ﷺ pflegte zu ihnen zu kommen und zu sagen: ‚As-Salamu 'Alaykum, o *Ashabu's Suffah*!' Daraufhin pflegten sie wie folgt zu antworten: ‚Wa alaykum as-Salam, o Prophet Allahs!' Außerdem pflegte er zu fragen, wie es ihnen ging, woraufhin sie erwiderten: ‚Gut, o Prophet Allahs.'"

Nu'aim ibn al-Mu'jammir überlieferte von seinem Vater und dieser wiederum von Abu Dharr, dass Letzterer gesagt habe: „Ich war einer der Gefährten von Suffah. Und wenn der Abend eintrat, pflegten wir uns vor der Tür des Propheten zu zeigen, der jeden von uns anwies, mit einer Person (zum Essen) mitzugehen, bis nur noch zehn oder weniger von den Gefährten der Suffah übrigblieben. Hierauf gab uns der Prophet ﷺ von seinem eigenen Abendbrot, und wenn wir gegessen hatten, gebot er uns zu gehen und in der Moschee zu schlafen."

Ich möchte anmerken, dass diese Leute sich notgedrungen stetig in der Moschee aufhielten und notgedrungen von Spenden lebten. Als Allah den Muslimen den Sieg bescherte, konnten sie darauf verzichten und gingen weg.

Außerdem ist die Ableitung des Wortes „Sufi" von „Suffah" nicht richtig; denn dann hätte es „Suffi" heißen müssen.

Es gibt eine Meinung, dass der Name von „*Sufanah*" abgeleitet worden sei. Es handelt sich dabei um ein weiches und stämmiges Gemüse. Demzufolge seien die Leute danach benannt, weil sie sich mit den Kräutern auf den Feldern zufriedengaben. Auch das ist falsch, weil es dann „*Sufani*" hätte heißen müssen.

Andere leiten es von den *Sufah* des Nackens ab. Es ist die Bezeichnung für Haare, die im Nacken wachsen. Die Idee dahinter ist, dass der Sufi den Geschöpfen den Rücken kehrt und sich Allah zuwendet.

Andere wiederum leiten es vom Wort „Suff (Wolle)“ ab. Das ist akzeptabel, doch die erste Ableitung ist die richtige.

Gebräuchlich wurde der Name vor 200 n.H. Und als die ersten Leute ihn proklamierten, sprachen sie darüber und brachten auf verschiedenste Art zum Ausdruck, wie wichtig er doch sei. Dabei lautet die Kernaussage, der Sufismus bestehe aus der Disziplinierung des *Nafs* und dem Widerstand gegen die natürlichen Neigungen, indem man diese von schlechten Verhaltensweisen fernhält und sie zu Tugenden, wie zum Beispiel Enthaltsamkeit, Güte, Geduld, Aufrichtigkeit, Wahrhaftigkeit etc., entwickelt, um somit im Diesseits (von Allah) gelobt und im Jenseits belohnt zu werden.

Laut einer Überlieferung, die auf al-Tusi zurückgeht, sagte dieser, er habe gehört, wie Abu Bakr ibn al-Muthaqif Folgendes sagte: „Ich befragte Junayd ibn Muhammed über den Sufismus. Er sagte: ‚Es ist das Verlassen aller schlechten Eigenschaften und das Annehmen aller guten Eigenschaften.‘“

In einer auf Abdulwaahid ibn Bakr zurückgehenden Überlieferung heißt es, dieser habe gesagt, er habe Muhammed ibn Khafif sagen hören, dass Ruwaym Folgendes gesagt habe: „Alle Menschen achten auf die äußere Erscheinung, mit Ausnahme dieser Sekte, die auf innere Wahrheiten achten. Alle Menschen fordern von sich, die äußeren Aspekte der Scharia einzuhalten, doch diese Leute verlangen sich die Essenz der Reinheit und anhaltende Wahrhaftigkeit ab.“

Ich möchte dazu anmerken, dass die Sufis zu Beginn tatsächlich dementsprechend handelten. Doch der Satan verleitete sie auf unterschiedliche Art und Weise und noch mehr verleitete er ihre Nachfolger. Mit jedem Jahrhundert, das verging, wurde er noch zuversichtlicher in Bezug auf das folgende Jahrhundert. Und so verführte er sie immer mehr, bis er die späteren Generationen vollständig unter Kontrolle hatte.

Er begann, sie dadurch in die Irre zu führen, dass er sie vom Wissen ablenkte, indem er ihnen einflüsterte, dass das Ziel, auf das man sich konzentieren muss, die Taten sind. Als er das Licht des Wissens, das sie einst besaßen, gelöscht hatte, taumelten sie in der Dunkelheit herum. Einige verleitete er dazu, zu glauben, dass das Ziel ihres Systems darin bestehe, gänzlich auf das Diesseits zu verzichten. Infolgedessen verzichteten sie auf Dinge, die für ihre Körper von Nutzen waren. Vermögen verglichen sie mit Skorpionen und vergaßen dabei, dass es für nützliche Zwecke bestimmt war. Sie bürdeten sich alle erdenklichen Arten von Bußleistungen auf, so dass manche von ihnen sich niemals hinlegten. Das Ziel dieser Leute war wirklich gut, doch sie sind vom Weg abgekommen. Aufgrund eines Mangels an Wissen pflegten manche von ihnen erfundene Ahaadith, die sie in die Hände bekommen hatten, zur Grundlage für ihre Handlungen zu nehmen, ohne zu wissen, dass es sich um Erfindungen/Fälschungen handelte.

Danach kamen Leute und hielten ihnen Vorträge über Hunger, Armut, Eingebungen und Zeichen und verfassten Werke über diese Themen, so wie es zum Beispiel Harith al-Muhasibi tat.

Andere kamen auf und systematisierten den Sufismus und versahen ihn mit gewissen, spezifischen Charakteristiken, wie zum Beispiel einem geflickten Umhang, Musik, erotischen Ideen, Tanzen und Händeklatschen. Ferner zeichneten sie sich durch übertriebene Sauberkeit und Reinheit aus.

Dann ging die Entwicklung noch weiter, so dass ihre Shaykhs ständig neue Dinge erfanden und über ihre Phantasievorstellungen sprachen.

So wuchs die Kluft zwischen ihnen und den Gelehrten weiter. Ja, sie begannen, ihre eigene Lehre als die vollkommenste Art des Wissens zu betrachten und bezeichneten sie als „das innere Wissen", wohingegen sie das Wissen über die Scharia als das „Wissen über das Äußere bzw. das oberflächliche Wissen" bezeichneten.

Manche von ihnen führte der Hunger zu trügerischen Einbildungen, so dass sie verkündeten, sie seien in Allah verliebt und umschwärmten Ihn. Sie stellten sich Ihn als eine wunderschöne Person vor, die sie umschwärmten. Bei diesen handelte es sich um Personen, die sich irgendwo zwischen *Bid'a* und *Kufr* befanden. Später verzweigten sich ihre Wege und ihr Glaube verdarb (noch mehr).

Manche von ihnen übernahmen die Lehre der Reinkarnation, andere die des Pantheismus. Und der Satan fuhr fort, sie mit verschiedenen Irrlehren zu umspannen, so dass sie irgendwann sogar eigene Gesetze aufstellten. Es erschien ein Mann namens Abu 'Abdirrahmaan al-Sulami, der für sie ein *Sunan*-Buch verfasste und für sie das Buch *Die Essenzen der Interpretation* zusammentrug, in dem er die ungewöhnliche Methode erwähnt, mittels derer sie den *Qur'aan* gemäß ihren Phantasien interpretieren, ohne sich dabei auf irgendwelche (schariagemäßen) wissenschaftlichen Prinzipien zu stützen. Sie passten ihn einfach nur ihren Lehren an. Es ist wahrlich seltsam, dass sie in Sachen Essen derart übermäßig gewissenhaft handeln, sich bezüglich des *Qur'aan* jedoch solche Freiheiten einräumen.

Das Folgende überlieferte uns Abu Mansur 'Abdirrahmaan al-Qazzaz von Abu Bakr al-Khatib. Dabei sagte Letzterer[261], Muhammed ibn Yusuf al-Qattaan habe ihm erzählt, Abu 'Abdirrahmaan al-Sulami sei nicht vertrauenswürdig gewesen und habe nur ein wenig (d.h. einige *Ahaadith*) von al-Asamm gehört. Doch als al-Hakam Abu 'Abdillah verstarb, habe er, sich auf al-Asamm berufend, die Biographie von Yahya ibn Mu'in und viele andere Dinge gelehrt. Er hatte auch die Angewohnheit, *Ahaadith* für die Sufis zu erfinden.

Des Weiteren verfasste Abu Nasr al-Sarraj ein Buch, dass er *al-Luma fi't Tasawwuf*[262] nannte. Dort führt er falsche Glaubenslehren und scheußliche Aussagen an. Von diesen möchten wir, so Allah will, gleich einige Beispiele anführen. Abu Talib al-Makki verfasste für sie das *Quutu'l Quluub*[263], in dem er erfundene *Ahaadith* anführte und Formen von ununterbrochenem Fasten anführt, die sich über Tage und Nächte erstrecken und von keiner Überlieferung gestützt werden. Hinzu kommen noch andere Erfindungen und fehlerhafte Lehren. Er verwendet häufig folgende, sinnlose Phrase: „Einer derjenigen, dem Offenbarungen beschert wurden, sagte..." Dabei erzählt er, sich auf Sufis berufend, dass Allah sich in dieser Welt Seinen *Auliya* zeige.

Abu Mansuur al-Qazzaz überlieferte mir von Abu Bakr al-Khaatib, dass Abu Tahir Muhammed ibn 'Ali al-Allaf gesagt habe: „Abu Talib kam nach Basra, nachdem Abu'l Hasan ibn Salim verstorben war und bekundete, dass er einer seiner Anhänger sei. Dann ging er nach Bagdad, wo sich die Leute um den Raum, in dem er predigte, herumscharten. Seine Reden waren verworren. Man erinnert sich, dass er Folgendes gesagt haben soll: ‚Es gibt nichts Schädlicheres für die Schöpfung als den Schöpfer.' Er wurde der Häresie beschuldigt und gemieden, woraufhin er nie wieder in der Öffentlichkeit sprach."

---

[261] Die Passage befindet sich in Kitab Baghdad, Band II, S.248. Al-Sulamis Name war Muhammed ibn al-Hasan.

[262] Bearbeitet von R.A. Nicholson.

[263] Gedruckt in Kairo (1310) und noch andere Male.

Al-Khatib fügte hinzu: „Abu Talib al-Makki verfasste in der Sprache der Sufis ein Buch, das er als *Quutu'l Quluub* bezeichnete. Darin führte er viele zu missbilligende Dinge und Abscheuliches über die Eigenschaften (Allahs) an."

Dann, so möchte ich anmerken, kam Abu Nu'aym al-Isfahani, der für sie ein Buch namens *Das Ornament*[264] verfasste, in dem er viele schändliche Dinge anführt, die zum Sufismus gehören. Und er schämt sich nicht einmal, Abu Bakr, Umar, Uthman, Ali und andere große Prophetengefährten, über die er Erstaunliches erzählt, zu den Sufis zu zählen. Ebenfalls zu ihnen zählt er al-Qadi Schurayh, Hasan al-Basri, Sufyan al-Thauri und Ahmad ibn Hanbal. Ähnlicherweise erwähnt al-Sulami in seinem *Tabaqaatu's Suufiyya* Fudayl, Ibrahim ibn Adham und Ma'ruuf al-Karkhi, die er zu den Sufis zählt, indem er darauf hinweist, dass sie Asketen waren.

Der Sufismus ist ein wohlbekanntes System, das über die Enthaltsamkeit (*Zuhd*) hinausgeht. Der Unterschied zwischen beiden zeigt sich anhand der Tatsache, dass niemand je das Leben in Enthaltsamkeit kritisierte, wohingegen der Sufismus, wie wir es gleich darlegen werden, kritisiert wurde. 'Abdulkariim ibn Hawazin al-Quschayri verfasste für sie eine Abhandlung namens *ar-Risala*. Dort führt er erstaunliche Berichte über (sufistische Fachbegriffe wie) *Erlöschung, Persistenz, Kontraktion, Expansion, Zeit, Status, Emotion, Existenz, Kombination, Separation, Ernsthaftigkeit, Rausch, Geschmack, Getränk bzw. Wein, Auslöschung, Bestätigung, Offenbarung, Konversation, Enthüllung, Wahrnehmung, Aufkommen, Aufblinken, Gestaltung, Befähigung, Scharia, Essenz etc.* an, bei denen es sich um eingebildete Illusionen mit noch erstaunlicheren Kommentierungen handelt.

Hierauf erschien Muhammed ibn Tahir al-Maqdisi, der für sie *Die Quintessenz des Sufismus* verfasste. Darin erwähnte er Dinge, welche zu erwähnen ein vernünftiger Mensch sich schämen würde. Wir werden solche Beispiele, so Allah will, an entsprechender und passender Stelle erwähnen.

Unser Shaykh Abu'l Fadl ibn Nasir al-Hafidh pflegte zu sagen: „Ibn Tahir vertrat die Doktrin des Alles-Für-Erlaubt-Haltens (Ibaahiyya) und schrieb ein Buch, dass sich mit der Legitimität des Betrachtens bartloser Jünglinge beschäftigt und in welches er eine Geschichte von Yahya ibn Mu'in integrierte, derzufolge dieser gesagt haben soll: ‚Ich habe in Ägypten ein schönes Mädchen gesehen; möge Allah ihr Güte erweisen!'

---

[264] Gedruckt in Kairo (1351). Der Autor verstarb im Jahre 430 n.H..

Da sagten die Leute zu ihm: ‚Wie, du sprichst Segenswünsche für sie aus?' Da sagte er: ‚Möge Allah ihr und jedem schönen Menschen Güte erweisen!'"

Unser Shaykh Ibn Nasir fügte noch hinzu: „Ibn Tahir (also seine Aussage) kann nicht als Beweis betrachtet werden."

Dann erschien Abu Hamid al-Ghazzali, der für sie das Werk *Ihya* verfasste, in dem er sich an ihrem System orientierte, und füllte es mit erfundenen Überlieferungen aus, wobei er nicht wusste, dass es sich um Fälschungen bzw. Erfindungen handelte. Er sprach auch über Enthüllung und überschritt die Regeln des *Fiqh*. Er meinte, dass mit den Sternen, der Sonne und dem Mond, die von Ibrahim ﷺ gesehen worden waren, Lichter gemeint seien, die Allah (vor der Schöpfung) verbergen wollte und nicht die Objekte, die man kennt. Es handelt sich dabei um einen Kommentar nach Art der Esoteriker (*Batiniyya*). In seinem Werk namens *Klare Darlegung der Stadien* behauptet er, dass die Sufis im Wachzustand die Engel und die Seelen der Propheten sehen, ihre Stimmen hören und Wissen von ihnen erwerben würden. Und ihr „Stadium" steige, angefangen von verschiedenartigen Visionen, auf bis hin zu Stufen, die zu großartig sind, um in Worte gefasst zu werden.

Ich möchte anmerken, dass der Grund dafür, dass diese Leute zum Verfassen solcher Dinge verleitet wurden, einerseits ihr Unwissen über die Gebote, über den Islam und über die *Ahaadith* war und andererseits die Tatsache, dass sie sich zu einigen Teilen des von ihnen gutgeheißenen Systems hingezogen fühlten. Der Grund für ihre Gutheißung war auf der einen Seite ihre Befürwortung der verdienstvollen Askese (*Zuhd*) und auf der anderen Seite ihre Überzeugung davon, dass kein Zustand mit dem dieser Leute vergleichbar und keine Sprache wirkungsvoller sei als die ihrige. Hinzu kommt, dass die Biographien der Menschen früherer Zeiten (laut Meinung des Autors) eine gewisse Rauheit aufweisen. Außerdem genießen diese Leute im Volk sehr hohes Ansehen, weil ihr System nach außen hin für Sauberkeit und Hingabe steht sowie Ruhe und Musik beinhaltet, was den Leuten natürlich gefällt. Hinzu kommt, dass die ursprünglichen Sufis von Königen und Prinzen fernzubleiben pflegten, was die Leute ebenfalls freundlich stimmte.

Doch der Großteil der Werke, die von ihnen und für sie verfasst wurden, basiert auf keinerlei rechtfertigendem Beweis. Es handelt sich um schiere Phantasien, die einer vom anderen lernte, bis sie diese schließlich zusammentrugen und sie als „Wissen vom Inneren" bezeichneten. Laut einer Überlieferung, die auf Abu Ya'quub Ishaq ibn Hayyah zurückgeht, sagte dieser: „Ich hörte, dass Ahmad ibn Hanbal in Bezug auf „Eingebungen" und „Visionen" sagte, dass weder die Prophetengefährten noch die Tabi'un darüber sprachen. Zu Beginn dieses Buches verzeichneten wir eine ähnliche Überlieferung, die auf Dhu'l Nun zurückgeht und eine weitere, die bis zu Ahmad ibn Hanbal zurückgeht, in welchen es heißt, dass er, als er die von Harith al-Muhasibi geäußerten Worte hörte, einem von dessen Anhängern sagte, dass er der Meinung war, es wäre besser, nicht mit ihm zu verkehren. Eine weitere (Überlieferung) dieser Art geht zurück auf Sa'id ibn Amr al-Barda'i, welcher gesagt haben soll: „Ich hielt mich gerade in der Gegenwart von Abu Zur'ah auf, als er äußerst erzürnt über al-Harith al-Muhasibi und dessen Bücher war und den Fragenden vor ihnen warnte. ‚Diese Bücher', sagte er, ‚stellen religiöse Neueinführungen (*Bid'a*) dar und führen in die Irre. Folgt den Überlieferungen (bezüglich der *Sunna* des Propheten [sas] und dem Verständnis der Prophetengefährten). Dort werdet ihr finden, was euch genügt, um auf diese Bücher zu verzichten.' Man sagte ihm, dass diese Bücher Ermahnungen enthielten. Da erwiderte er: ‚Wer sich vom Buche Allahs nicht ermahnen lässt, der wird in diesen Büchern keine Ermahnung finden. Habt ihr je gehört, dass Malik ibn Anas, Sufyan al-Thauri, al-Auza'i und all die früheren großen Gelehrten solch Werke über „Visionen" und „Eingebungen" und Ähnliches verfassten? Doch diese hier, das sind Leute, die den Leuten des Wissens widersprechen, indem sie uns mal von Harith al-Muhasibi zitieren, mal von 'Abdurrahiim al-Dabili und ein anderes Mal von Khatim al-Asamm und dann von Schaqiq.' Er fuhr fort und sagte: ‚Wie bereit die Leute doch sind, Neues in die Religion einzuführen!'"

Muhammed ibn 'Abdi Baaqi überlieferte uns von Muhammed Rizqullah ibn 'Abdi'l Wahhaab al-Tamimi und dieser wiederum von 'Abdurrahiim al-Sulami einen Bericht, dem zufolge er sagte: „Die erste Person, die in unserer Stadt über die Reihenfolge der „Stufen" und die „Stufen der Gottesfreundschaft" sprach war Dhu'l Nun al-Misri. Seine Aussagen wurden von 'Abdullah ibn 'Abdilhakam, der in Ägypten ein einflussreicher Mann war und dem malikitischen *Madhhab* folgte, missbilligt. Infolgedessen mieden ihn die Gelehrten Ägyptens, nachdem sich herumgesprochen hatte, dass er eine Wissenschaft erfunden hatte, über welche die Menschen (Gelehrten) früherer Zeiten nicht gesprochen hatten. Sie gingen so weit, dass sie ihn des Unglaubens beschuldigten."

Al-Sulami erzählt, dass Abu Sulayman al-Darani aus Damaskus vertrieben wurde, weil gesagt wurde, er habe behauptet, dass er die Engel sehe und sie zu ihm sprächen.

Einige Leute bezeugten, dass Ahmad ibn Abi'l Hawari die Meinung vertrat, die Gottesfreunde (Auliya) seien den Propheten überlegen und daraufhin von Damaskus nach Makkah habe fliehen müssen. Die Leute von Bistam missbilligten die Aussagen von Abu Yazid al-Bistami so sehr, dass man al-Husayn von ihm berichtete. Sie gingen so weit, dass sie behaupteten, dass sowohl er wie auch der Prophet auf einer Himmelsreise gewesen seien. Infolgedessen vertrieben sie Ibn Bistam. Er blieb für zwei Jahre in Makkah, kehrte daraufhin zurück nach Jurjan und verweilte dort bis zum Tode von al-Husayn ibn 'Isaa. Daraufhin kehrte er zurück nach Bistam.

Al-Sulami sagte: „Eine gewisse Person berichtete, Sahl ibn 'Abdillah al-Tustari habe bekundet, dass die Engel, die Jinn und die Teufel ihn besuchten und dass er mit ihnen zu sprechen pflegte. Dies stieß auf das Missfallen der Menschen, die so weit gingen, dass sie ihm böse Taten zuschrieben, woraufhin er nach Basra floh und später dort starb."

Er (Sulami) führte auch an, dass al-Harith al-Muhasibi über einige Themen, wie zum Beispiel die Eigenschaften (Allahs) sprach, welche die '*Aqida* betrafen. Al-Harith wurde von Ahmad ibn Hanbal verstoßen, woraufhin er sich versteckte, bis er starb.

Auch Abu Bakr al-Khalla führte in seinem Werk *Al-Sunna* an, dass Ahmad ibn Hanbal die Leute anwies, sich so sehr sie konnten vor al-Harith in Acht zu nehmen. „Harith", sagte er, „ist die Quelle der Unruhe." Damit bezog er sich auf die Konsequenzen der Tatsache, dass sie die *Aqida* Lehre von Jahm erlernte. „Einst verkehrten zwei Personen mit al-Harith, woraufhin er sie zu Jahms Lehre verführte. Er ist stets jene Instanz gewesen, auf die seitens der Metaphysiker zurückgegriffen wurde. Harith ist wie ein lauernder Löwe. Nehmt euch in Acht vor dem Tag, an dem er auf die Leute springen wird.

Die ersten Sufis pflegten zu gestehen, dass man sich auf den *Qur'aan* und die *Sunna* stützen muss, doch aufgrund ihrer Unwissenheit war der Satan in der Lage, sie in die Irre zu führen.[265]

Laut einer Überlieferung, die auf Ja'far al-Khuldi zurückführt, sagte dieser: „Ich hörte Junayd sagen, er habe gehört, wie Abu Sulayman al-Darani sagte: ‚Oft bin ich tagelang von einer Bemerkung, die von diesen Leuten (den Asketen) stammt, beeindruckt, doch nehme ich sie ohne zwei vertrauenswürdige Zeugen - nämlich das Buch (*Qur'aan*) und die *Sunna* - nicht an.'"

Laut einer Überlieferung, die auf Tayfur al-Bistami zurückgeht, sagte dieser Folgendes: ‚Ich hörte Musa ibn ‘Isaa sagen, dass sein Vater ihm erzählt habe, dass Abu Yazid Folgendes gesagt habe: ‚Wenn du einen Menschen siehst, der mit so wundersamen Kräften ausgestattet ist, dass er sich selbst in die Luft steigen lassen kann, dann lasse dich von ihm nicht täuschen, sondern schaue erst, inwiefern er das Gute gebietet und das Schlechte verbietet und die Gebote (Allahs) beachtet!"

Laut einer anderen Überlieferung hörte der Vater von Musa (ibn ‘Isaa) Abu Yazid al-Bistami Folgendes sagen: „Wer es vernachlässigt, den Qur'aan zu lesen, sich gemeinsam mit ihnen (den übrigen Muslimen) bei Gemeinschaftsgebeten zu demütigen, an Begräbnissen teilzunehmen und Kranke zu besuchen und dann bekundet, er sei ein Sufi, der ist ein Häretiker."

In einer Überlieferung, die auf ‘Abdulhamiid al-Hubli zurückgeht, wird berichtet, er habe Folgendes gesagt: „Ich hörte, wie Sari sagte: ‚Wer auch immer behauptet, *verborgenes Wissen* zu besitzen, welches einem offenkundigen Gebot widerspricht, begeht einen Fehler.'"

Von Junayd wird berichtet, er habe gesagt: „Diese unsere Lehre ist durch die Basisquellen, also das Buch (*Qur'aan*) und die Sunna, begrenzt." Und laut einer anderen Überlieferung sagte er: „Unsere Wissenschaft stützt sich auf das Buch (*Qur'aan*) und die Sunna. Niemand darf zum Vorbild genommen werden, wenn er

---

[265] Laut der Lehre des *Qur'aan* kann der Satan nur Einfluss auf Leute nehmen, die Allah nicht mit *Ikhlas* ergeben sind. Dass man Allah aufrichtig, ohne Ihm etwas beizugesellen dient, ist die erste Voraussetzung, um sich vor der Täuschung Satans zu schützen. Wissen ist sehr wichtig, um zu gewährleisten, dass man sich ordnungsgemäß an Allahs Buch und die *Sunna* Seines Gesandten hält und somit nicht den vielen Irrwegen folgt, die der Satan vorbereitet hat. (Übers.)

nicht den *Qur'aan* auswendiggelernt hat, Überlieferungen niederschrieb und *Fiqh* studiert hat." Des Weiteren sagte er: „Wir haben den Sufismus (*Tasawwuf*) nicht den Reden der Menschen entnommen, sondern dem Hunger, dem Verzicht aufs Jenseits und der Trennung von dem, was üblich und begehrt ist." Denn *Tasawwuf* hat seinen Namen von der Reinheit der Beziehung zu Allah, und seine Grundlage ist die Selbsterkenntnis im Diesseits. Diesbezüglich sagte Haritha: „Ich habe mich selbst im Diesseits erkannt, bin des Nachts wach geblieben und habe am Tage gedurstet."

Laut einer Überlieferung heißt es, Abu Bakr al-Schaqqaq habe Folgendes gesagt: „Wer die Gebote des Gebietens (von Gutem) und des Verbietens (von Schlechtem) in Bezug auf die äußeren Taten verletzt, der verwirkt sich die interne Kommunikation mit dem Herzen."

Al-Husayn an-Nuri sagte: „Halte dich gänzlich fern von jedem, der behauptet, er besitze in Bezug auf seine Beziehung zu Allah einen Rang, der ihn über die Grenzen des schariakonformen Wissens hinausträgt. Bezweifle den Glauben einer Person, welche du einen Zustand bekunden siehst, für den es keinen Beweis gibt und der durch keinen klaren religiösen Beweistext, den man kennt, bestätigt wird."

Von al-Jurari wird berichtet, er habe gesagt: „Unser gesamtes System kann in einem Satz zusammengefasst werden, nämlich, dass du dein Herz zur Aufmerksamkeit zwingst, während Wissen dein Äußeres steuert."

Von Abu Ja'far wird berichtet, er habe Folgendes gesagt: „Betrachte keinen Menschen als Menschen, wenn er seine Worte, Taten und Zustände nicht anhand des Buches (*Qur'aan*) und der *Sunna* abwiegt und wachsam seine Gedanken kontrolliert."

Wenn es sich hier um gesicherte Aussagen ihrer führenden Persönlichkeiten handelt, dann muss man sagen, dass einige von ihnen aufgrund ihres Mangels an Wissen Fehler begingen. Sollten diese Aussagen also authentischer Weise von ihnen stammen, dann richtet sich die Zurückweisung auf sie selbst. Denn es gibt keinen Platz für (falschen) Respekt vor Persönlichkeiten (außer dem Propheten), wenn es um die Wahrheit geht.

Sollten die Aussagen nicht von ihnen stammen, dann lasst uns ähnlichen Aussagen und ähnlichen Lehren gegenüber auf der Hut sein, von wem auch immer sie stammen.

Diejenigen betriffend, die eigentlich nicht zu diesen Leuten gehören und sie lediglich imitieren, so sind ihre Fehler zahlreich. Wir werden einige der Fehler, von denen wir erfahren haben, anführen. Allah weiß, dass wir diese Fehler enthüllen, weil wir die Reinheit der Scharia wahren möchten und die Sorge tragen, ihre Korrumpierung zu verhindern.[266] Wir beschäftigen uns hier nicht mit der Persönlichkeit des Sprechers, sondern erfüllen lediglich die Pflicht, welche uns durch das Wissen auferlegt wurde. Die Gelehrten haben sich schon immer gegenseitig ihre Fehler dargelegt, wobei sie damit die Absicht befolgten, die Wahrheit ans Licht zu bringen und nicht, das Fehlgehen der jeweiligen Person aufzuzeigen.

Der folgenden von einigen Unwissenden gestellten Frage braucht man keine Aufmerksamkeit zu schenken: „Wie kann solch ein Asket, der Glück bringt, angefechtet werden?" Denn der Gehorsam orientiert sich an den Anweisungen der Scharia und nicht an Individuen. Es kommt vor, dass ein Mann ein Gottesfreund ist, welcher das Paradies verdient, und doch Fehler begeht. Und sein Rang stellt kein Hindernis dafür dar, diese aufzudecken.

Man sollte wissen, dass jemand, der sich lediglich den einer Person entgegengebrachten Respekt, vor Augen hält, anstatt auf deren Taten und die aus ihnen zu ziehenden Schlussfolgerungen, einer Person gleicht, die sich eine von einem Christen ausgehende Wundertat betrachtet, ohne dessen Person zu analysieren und ihm infolgedessen Göttlichkeit zuschreibt. Hätte er nämlich dessen Person analysiert und gesehen, wie er mit (üppiger) Nahrung versorgt wird, hätte er ihm nicht zugeschrieben, was er nicht verdient hat.

Isma'il ibn Ahmad al-Samarqandi berichtete uns mittels einer Überliefererkette, die auf Yahya ibn Sa'id zurückgeht, dass Letzterer gesagt habe: „Ich fragte Schu'bah, Sufyan ibn Uyaynah und Malik ibn Anas, ob ein Mensch, der den *Qur'aan* nicht auswendig kann, in Bezug auf seine Überlieferungen als verdächtig gilt. Sie alle sagten: ‚Sein Fall ist klar.'"[267]

Imam Ahmad ibn Hanbal pflegte manchmal einen Menschen zunächst sehr zu loben und dann einige Fehler, die dieser begangen hatte, zu erwähnen. In diesem

[266] Solange Allah will, wird Er Seine Scharia schützen, auch wenn andere Menschen versuchen, sie zu „korrumpieren". Die Gelehrten sind „lediglich" ein Mittel zur Wahrung der Scharia. Der eigentliche Bewahrer ist Allah. (Übers.)

[267] D.h. „Selbstverständlich ist er verdächtig."

Sinne sagte er: „Er ist ein exzellenter Mann, wenn er nicht dieses oder jenes Manko hätte." Über Sari al-Saqati sagte er: „Er ist der Shaykh, der für seinen guten Geschmack in Bezug auf Essen bekannt ist." Ein wenig später wurde ihm erzählt, Sari habe gesagt, dass, nachdem Allah die Buchstaben erschaffen hat, der Buchstabe „*B*" sich niedergeworfen habe. Daraufhin sagte er: „Haltet die Leute von ihm fern!"

Aufzählung der falschen Lehren, die von einigen von ihnen überliefert werden

Abu ʿAbdillah al-Ramli erzählte, Abu Hamza habe gepflegt, in der Moschee von Tarsus zu predigen und gerne gehört wurde. Eines Tages sei während seiner Predigt ein Rabe auf dem Dach der Moschee gelandet. „Ich gehorche dir", habe Hamza daraufhin zweimal gerufen. Infolgedessen wurde er der Häresie beschuldigt und man ging davon aus, dass er an die *Huluul*[268]-Doktrin glaubte. Sein Pferd wurde an der Tür der Moschee als das „*Pferd des Häretikers*" per Versteigerung verkauft. Laut einer Überlieferung, die auf Abu Bakr al-Farghani zurückgeht, sagte dieser: „Man ging generell davon aus, dass Abu Hamza an die *Huluul*-Doktrin glaubte. Denn immer, wenn er ein Geräusch vernahm, pflegte er zu sagen: ‚Ich gehorche dir!' Abu Ali jedoch sagte, dass Abu Hamza das Geräusch lediglich für einen Aufruf Allahs gehalten habe, der dazu dienen sollte, ihn zur Andacht zu bewegen."

Abu Ali al-Rudhbari sagte, dass Abu Hamza gemeinhin für einen Anhänger des *Huluul*-Glaubens gehalten wurde, da er, wenn er ein Geräusch wie das Pfeifen des Windes oder das Rauschen des Meeres oder das Singen von Vögeln hörte, stets zweimal lautstark „*Ich gehorche Dir!*" gerufen habe. Dies sei der Grund für die Anschuldigung gewesen.

Al-Sarraj sagte: „Es wurde mir berichtet, dass Abu Hamza einst im Hause von Al-Harith al-Muhasibi eingetreten sei, als gerade ein Schaf ausblutete. Hierauf habe Abu Hamza gestöhnt und gesagt: ‚Zu Deinen Diensten, mein Herr!' Daraufhin sei Al-Harith al-Muhasibi zornig geworden, habe ein Messer ergriffen und gerufen: ‚Wenn du dich von deiner Tat nicht reumütig abwendest, werde ich dir deinen Hals durchschneiden.' Abu Hamza erwiderte: ‚Wenn du dem, was ich zu tun pflege, nicht anständig zuhören kannst, warum isst du dann Kleie gemischt mit Asche?'"

---

[268] *Huluul*-Doktrin: Die Irrlehre, welche besagt, dass Allah bestimmten Individuen innewohne. (Übers.)

Al-Sarraj fährt fort: „Einige Gelehrte missbilligten einige Phrasen, welche sie in dem von Abu Sa'id Ahmad ibn 'Isaa al-Kharraz verfassten *Buch der Mysterien* fanden und bewerteten sie als Unglauben (*Kufr*). Dazu gehörte beispielsweise folgende Aussage: „[....] ein Diener, der bezüglich der ihm erlaubten Dinge gehorsam war; dafür sollte Allah gepriesen werden und Allah *Seine* Seele opfern."

Ähnlicherweise wurde Abu'l Abbas Ahmad ibn Ata Unglauben und Atheismus nachgesagt. Sogar Junayd mit all seiner Gelehrsamkeit wurde mehrere Male festgenommen und zu einem Ungläubigen und Atheisten erklärt.

Des Weiteren behauptete al-Sarraj, es sei berichtet worden, dass Abu Bakrah Muhammed ibn Musa al-Farghani al-Wasiti gesagt habe: „Wer Allah erwähnt, der lügt, und wer ausharrt, ist dreist. Gib acht, dass du keinen Freund, Gesprächspartner oder Gefährten anschaust, wenn du (in ihnen ?) kein Mittel findest, um Allah anzuschauen." Da wurde er gefragt: „Soll ich nicht für sie beten?" Er sagte: „Bete für sie ohne Ernsthaftigkeit und messe dem Gebet in deinem Herzen keine Wichtigkeit bei."

Al-Sarraj fährt fort: „Mir wurde erzählt, dass eine Anzahl der Anhänger des Huluul-Glaubens die Meinung vertreten, dass Allah bestimmte Körper auserwählt habe, um in ihnen als Manifestation der Herrlichkeit zu verweilen und von ihnen den Aspekt der Menschlichkeit entfernt habe.[269] Manche von ihnen erhalten diese Meinung aufrecht, indem sie die Bewunderung hervorrufenden Hinweise auf die Macht Allahs betrachten. Manche von ihnen sagen: ‚Er weilt in den Dingen, die Bewunderung hervorrufen.'"

Er fährt fort: „Außerdem wurde mir berichtet, dass einige Syrer behaupten, sie würden im Diesseits (Allah) mit dem Herzen sehen, wie man es im Jenseits mit den Augen tun wird, und dass Ghulam al-Khalil bezeugt habe, gehört zu haben, wie Abu'l Husayn an-Nuri gesagt habe: ‚Ich bin verliebt in Allah und Er ist verliebt in mich.' Weiterhin habe an-Nuri gesagt: ‚Ich höre Allah sagen: >>*[...] Er liebt sie, und sie lieben Ihn [...]*<< Qadi Abu Ya'la sagte: ‚Das heißt, dass Allah laut Meinung der Anhänger des *Huluul*-Glaubens verliebt sein kann.'"

---

[269] Siehe Luma (Ed. Nichoson), S.448. Die vom Autor angeführten Zitate sind so gekürzt, dass sie nicht mehr verständlich sind.

Ich möchte anmerken, dass es sich hierbei in dreifacher Hinsicht um einen Fall von Unwissenheit handelt.

Erstens in Bezug auf die Bezeichnung: Denn „verliebt sein“ wird laut den Spezialisten auf dem Gebiet der Sprache nur für Personen verwendet, die verheiratbar sind. Zweitens erfährt man von den Eigenschaften Allahs durch Offenbarung (an einen Propheten). Davon ausgehend wissen wir, dass Allah liebt (al-Waduud), doch dürfen wir nicht sagen, Er sei verliebt. Außerdem verliebt man sich nicht in Ihn, sondern man liebt Ihn. So wie man sagt, dass Er weiß, anstatt zu sagen, Er denke. Drittens, woher nimmt sich der Mensch das Recht zu sagen, dass Allah ihn tatsächlich liebt?[270] Dies ist eine Behauptung ohne Beweis. Der Prophet ﷺ soll gesagt haben: „Ein Mensch, der sagt, er sei im Paradies (bzw. werde dort eintreten), ist in Wirklichkeit in der Hölle (bzw. wird dort eintreten).“[271]

Es wird berichtet, dass Abu ‘Abdirrahmaan sagte, es werde überliefert, dass Amr al-Makki gesagt habe: „Ich schlenderte mit Husayn ibn Mansur durch einige Straßen Mekkas, während ich den *Qur’aan* rezitierte. Als er meine Rezitation hörte, sagte er: „Ich selbst könnte auch so etwas verfassen.“ Daraufhin wandte ich mich von ihm ab.

Es wird berichtet, dass Muhammed Ibn Yahya Al-Razi gesagt habe: „Ich hörte, wie Amr Ibn Uthmaan Al-Halladsch verfluchte und dabei sagte: ‚Wäre ich dazu in der Lage, würde ich ihn mit eigenen Händen töten.‘ Da sagte ich: ‚Womit hat er den Sheikh verärgert?‘ Er erwiderte: ‚Ich rezitierte eine Passage aus Allahs Buch, woraufhin er sagte: *Ich könnte etwas Ähnliches sagen oder komponieren und dann verkünden.*‘“

Abu Qasim Al-Razi überlieferte, dass Abu Bakr Ibn Mimschad berichtete: „Bei uns in Dinarwar gab es einen Mann, der einen Sack besaß, von dem er sich weder am Tage noch in der Nacht trennte. Als man schaute, was sich in dem Sack befand, entdeckte man darin einen Brief von Al-Halladsch, der von *Ar-Rahmaan Ar-Rahiim* (ungef. Bedeutung: „dem Allerbarmer, dem Barmherzigen“) an die Person Soundso

---

[270] Allah liebt diejenigen, die folgende, im *Qur’aan* genannte, Bedingung erfüllen: „Sag: Wenn ihr Allah liebt, dann folgt mir. So liebt euch Allah und vergibt euch eure Sünden. Allah ist Allvergebend und Barmherzig.“

[271] Es finden sich keinerlei Angaben zum Überlieferer oder zur Quelle dieser Aussage. Daher können wir nicht wissen, ob es sich um eine authentische Überlieferung vom Propheten ﷺ handelt, wir wissen auch nicht, ob der Sinn genau getroffen wurde. (Übers.)

gerichtet war. Hierauf wurde dieser nach Bagdad gesendet, woraufhin Halladsch herbeibestellt wurde und man ihm diesen zeigte. Er gestand, dass es sich um seine Schrift handelte und er den Brief verfasst hatte. Man sagte zu ihm: „Du pflegtest, das Prophetentum zu beanspruchen und nun erhebst du Anspruch auf Göttlichkeit." Daraufhin sagte er: „Ich beanspruche keine Göttlichkeit; vielmehr stellt dies bei uns die Essenz des mystischen Stadiums dar.[272] Ist der Schreiber denn jemand anderes als Allah, während die Hand nur ein Instrument ist?" Man fragte ihn, ob er noch irgendwelche Gefährten habe. Da sagte er: „Ja, Ibn Ata, Abu Muhammed al-Jurayri und Abu Bakr al-Schibli. Der Zweite und der Dritte verstecken sich. Wenn also jemand da ist, dann ist es Ibn Ata." Al-Jurayri wurde aufgefunden und befragt. Dazu sagte er: „Ein Mensch, der so etwas sagt, ist ein Ungläubiger und sollte hingerichtet werden." Auch Schibli wurde befragt und sagte: „Jemand, der so etwas sagt, sollte gestoppt werden." Auch Ibn Ata wurde bezüglich der Erklärung al-Hallajs befragt und schloss sich der Meinung an. Dies führte zu seiner Hinrichtung.

Laut einer Überlieferung, die auf Ibn Bakuyah zurückgeht, sagte dieser, er habe Isa ibn Bardal Folgendes erzählen hören: [Es folgt im Original ein Gedicht, welches hier aufgrund einer Kürzung nicht angeführt ist.]

Dazu sagte er: ‚Der Fluch Allahs sei auf seinem Autor.' 'Isaa ibn Furak sagte, dass die Verse von Husayn ibn Mansur stammten. Er fügte noch hinzu: ‚Wenn dies sein Glaube ist, dann ist er ein Ungläubiger. Doch es könnte sein, dass die Verse ihm fälschlicherweise zugeschrieben wurden.'"

Es gibt eine Überlieferung, die auf den Qadi Ali ibn al-Muhassin zurückgeht, der sie wiederum von Abu'l Qasim Isma'il ibn Muhammed ibn Zanji entgegengenommen hatte und dieser wiederum von seinem Vater. Sie besagt, dass die Tochter von al-Samarri, als sie vor den Hamid, den Minister, gebracht und über Hallaj befragt wurde, Folgendes gesagt habe: „Mein Vater brachte mich zu ihm und er sagte: ‚Ich verheirate dich mit meinem Sohn Sulayman, der in Nisabur wohnt. Wenn irgendeine seiner Taten dir missfällt, so faste für den Rest des Tages und steige, wenn er zu Ende geht, aufs Dach, stelle dich auf die Asche und breche damit und mit grobem Salz dein Fasten. Wende dich daraufhin in meine Richtung, erzähle mir, was dir missfällt, so werde ich dies hören und sehen.'" „Eines Nachts", sagte sie, „schlief ich auf dem Dach und spürte, dass er sich mir näherte, was dazu führte, dass ich

[272] Bezüglich des im Text vorkommenden Satzes, siehe in Massignons *Lexigue Technique.*

erschrocken aus dem Schlaf erwachte. Er sagte: ‚Ich bin nur gekommen, um dich zum Gebet zu wecken.' Nachdem wir heruntergegangen waren, sagte seine Tochter, dass ich mich vor ihm niederwerfen solle. Ich fragte, ob die Niederwerfung jemand anderem als Allah gewidmet werden dürfe.' Auf meine Frage antwortete er: ‚Ja, es gibt einen Gott im Himmel und einen Gott auf Erden.'"

Ich möchte anmerken, dass sich die Gelehrten jener Zeit darüber einig waren, dass es erlaubt war, al-Hallaj zu töten. Der Erste, der dazu seine Meinung äußerte, war der Qadi Abu Umar, und die anderen stimmten zu. Nur Abu'l Abbas Suraij äußerte sich nicht zu dem Thema; mit der Begründung, er wisse nicht, was al-Hallaj gesagt hatte. Ein Konsens ist ein unfehlbarer Beweis. Es existiert eine Überlieferung, die Abu Hurayra zugeordnet wird, der zufolge er vom Propheten überlieferte, dass diese Ummah sich niemals einstimmig auf einen Irrtum einigen werde. Eine Weitere geht auf Abu'l Qasim Yusuf ibn Ya'quub al-Nu'mani zurück, der zufolge er Folgendes sagte: „Ich hörte meinen Vater sagen, dass er gehört habe, wie Abu Bakr Muhammed ibn Dawud, der *Faqih* aus Isfahan, sagte: ‚Wenn das, was Allah Seinem Propheten offenbarte, die Wahrheit ist, dann ist das, was al-Hallaj sagt, falsch.' Er war vehement gegen ihn."

Einige Sufis stellen sich aus Unwissen und Gleichgültigkeit gegenüber dem Konsens der *Fuqaha* auf die Seite al-Hallajs. Laut einer Überlieferung, welche auf Muhammed ibn al-Husayn al-Nisaburi zurückgeführt wird, sagte dieser, er habe Ibrahim ibn Muhammed al-Nasrabadi sagen hören: „Wenn es nach den Propheten und den Gottesfreunden (*Auliya*) je einen Monotheisten gab, dann war es al-Hallaj." Ich möchte darauf hinweisen, dass die gleiche Meinung von den meisten Geschichtenerzählern und Sufis unserer Zeit vertreten wird, wobei es in allen Fällen am Unwissen über die Scharia und der fehlenden Vertrautheit mit den Überlieferungen liegt. Ich selbst verfasste ein Werk über das Leben al-Hallajs, in dem ich seine Tricks und Irrtümer sowie die Aussagen der Gelehrten über ihn dargelegt habe. Möge Allah uns helfen, die Unwissenden aus dem Weg zu schaffen.

Es gibt eine Überlieferung, die auf Hafiz Abu Nu'aym zurückgeht, nach welcher er sagte: „Ich hörte Umar al-Banna al-Baghdadi in Mekka erzählen, wie der Kalif, als gerade das Problem von Ghulam al-Khalil aktuell war und man die Sufis als Ungläubige betrachtete, diese einsperren ließ. Dabei wurde an-Nuri gemeinsam mit einigen anderen festgenommen. Sie wurden zum Kalifen gebracht, woraufhin dieser ihre Enthauptung anordnete. An-Nuri drang zum Scharfrichter (Henker) vor, damit er ihn (als erster) enthaupten sollte. ‚Warum so eilig?', fragte der Scharfrichter. Er antwortete: ‚Es ist mir lieber, dass meine Kameraden für diese kurze Zeit noch leben, als dass ich es tue.' Der Fall wurde vor den Kalifen gebracht, welcher ihn dem obersten Qadi Isma'il ibn Ishaq unterbreitete, welcher sie daraufhin freisprach."

Außerdem gibt es noch eine Überlieferung, die auf Abu'l Abbas Ahmad ibn Ata zurückgeht, der zufolge er sagte: „Ghulam al-Khalil pflegte in Bagdad dem Kalifen Beschwerden über die Sufis zu unterbreiten, indem er sagte: ‚Es befinden sich Ungläubige hier.' Hierauf wurden Abu'l Husayn an-Nuri, Abu Hamza al-Sufi, Abu Bakr al-Daqqaq und einige ihrer Gefährten festgenommen. Al-Junayd ibn Muhammed führte zu seiner Verteidigung an, dass er im *Fiqh* dem *Madhhab* Abu Thaurs folgte. Die anderen wurden vor den Kalifen gebracht, woraufhin er ihre Enthauptung anordnete. Abu'l Husayn an-Nuri war hastig darauf bedacht, der Erste zu sein (der enthauptet wurde). Der Scharfrichter fragte, warum er sich vor seine Gefährten drängelte und sich nicht fürchtete. Da sagte er: ‚Ich bevorzuge es, dass meine Gefährten diese kurze Zeit noch leben.' Da unterbreitete der Kalif ihren Fall dem Qadi, woraufhin sie freigesprochen wurden.

Einer der Gründe, der zu diesem Fall führte, war al-Nuris folgende Aussage: „Ich bin verliebt in Allah und Allah ist verliebt in mich." Dies wurde in einer gegen ihn gerichteten Zeugenaussage angeführt. Später drang er dann zum Scharfrichter vor, um getötet zu werden und assistierte somit bei seiner eigenen Hinrichtung. Auch das war ein Fehler.

Es existiert eine Überlieferung, die auf Ibn Bakuyah zurückgeht, der zufolge er sagte: „Ich hörte Abu Amr, einen Schüler von al-Raqqi, sagen, er habe gehört, wie ar-Raqqi sagte: ‚Wir besaßen einst ein Gasthaus. Da kam ein armer, in ein Paar Stofftücher gekleideter Mann, der Abu Sulayman hieß. Er bat um Bewirtung und so wies ich meinen Sohn an, ihn zum Haus zu bringen. Er blieb neun Tage bei uns und aß dabei alle drei Tage einmal. Ich bat ihn, noch einen (Tag) zu bleiben, doch er sagte: *Bewirtung gilt für drei Tage.* So bat ich ihn, etwas von sich hören zu lassen. Er blieb zwölf Jahre weg und kam dann zurück. Ich fragte, von wo er kam. Hierauf sagte er: >>Ich sah einen Shaykh namens Abu Schu'ayb al-Muqaffa. Er war krank und daher blieb ich ein Jahr bei ihm, um mich um ihn zu kümmern. Irgendwann wollte ich ihn nach dem Grund für die Krankheit des Shaykhs fragen. Noch bevor ich gefragt hatte, kam er mir zuvor und sagte: *Wozu nach etwas fragen, was dich nichts angeht?* So hielt ich mich zurück, bis drei Jahre vollendet waren. Als das Vierte begonnen hatte, sagte er: *Ich denke, du musst (d.h., du willst es unbedingt wissen).* Ich sagte: *Wenn du so freundliche wärest (es mir zu erzählen).* Daraufhin sagte er: *Während ich eines Nachts betete, erschien von der Nische her ein Licht. Ich sagte: >>Hinfort, du Verfluchter! Mein allmächtiger Herr hat es nicht nötig, Sich Seinen Geschöpfen zu zeigen.<< Dies sagte ich dreimal. Dann hörte ich von der Nische her eine Stimme: >>Abu Schu'ayb!<< Ich sagte: >>Zu Diensten!<<* Sie sagte: *>>Willst du, dass ich dich nun hinwegnehme, so dass wir dich für das belohnen, was bislang vergangen ist oder, dass ich dich mit Krankheit prüfe, wodurch wir dich in die höchsten Stufen erheben mögen?<< Ich entschied mich für die Prüfung, infolgedessen meine Augen, Füße und Hände abfielen.*

Hierauf kümmerte ich mich ganze zwölf Jahre um ihn. Eines Tages bat er mich darum, näher zu kommen, was ich auch tat. Ich hörte seine Körperteile zueinander sagen: *Kommt heraus!* Daraufhin erlebte er, wie sie alle herauskamen. Dafür sprach er Lobpreisungen aus und starb danach."

Ich möchte anmerken, dass diese Erzählung suggeriert, dass dieser Mann Allah gesehen habe und dafür bestraft worden sei, weil er es (zunächst) nicht glauben wollte.

Wir haben bereits erwähnt, dass manche behaupten, Allah könne im Diesseits gesehen werden. Abu'l Qasim 'Abdullah ibn Ahmad al-Balkhi führte in seinem Buch *Abhandlungen* an, dass gewisse Anthropomorphisten vermerkten, dass sie es für möglich hielten, dass Allah in dieser Welt mit Augen gesehen werden kann und dass sie den Gedanken, Er könne jemand sein, Der sie auf der Straße trifft, nicht ablehnen. Des Weiteren würden es einige für möglich halten, dass Er umarmt und berührt werden kann und man mit Ihm in Kontakt kommen könne. Sie behaupten, sie würden Ihn besuchen und Er besuche sie. Im Irak werden sie als Esoteriker (Batiniyyah) oder Anhänger von Halluzinationen oder Phantasien bezeichnet.

Ich möchte bemerken, dass dies mehr als abscheulich ist. Wir suchen Zuflucht bei Allah davor, von Ihm verstoßen zu werden.

KAPITEL XI

Wie der Satan die Sufis in Bezug auf die Reinigung täuscht

Wir haben bereits erwähnt, wie er die *'Aabiduun* in Sachen Reinigung täuscht, doch im Falle der Sufis überschreitet er alle Grenzen. Er hat ihre Einbildung, die zur Verwendung einer großen Menge an Wasser führt, so sehr gestärkt, dass man mir erzählte, dass sie, als Ibn Aqil ein Ordenshaus betrat, ihn für die kleine Menge an Wasser, die er verwendete, verspotteten. Sie wussten nicht, dass ein *Ratl* an Wasser zu einer ordnungsgemäßen Waschung führt. Uns wurde auch erzählt, dass Abu Hamid al-Shirazi einst einen *Faqir* fragte, wo er das Wasser für seine Waschung hernahm. Da antwortete dieser: „Vom Fluss, denn in Sachen Reinigung habe ich Einflüsterungen." Abu Hamid sagte: „Ich erinnere mich an die Zeit, als die Sufis den Satan verspotteten, nun verspottet der Satan sie."

Einige von ihnen laufen mit Sandalen auf den Gebetsmatten herum. Eigentlich schadet es nicht, doch ein Neuanfänger, der nach einem Vorbild sucht, könnte meinen, dass sei die Regel, wohingegen die Besten unter den Früheren dies nicht taten.

Man kann sich zu Recht über einen Menschen wundern, der in Sachen Vorkehrung so weit geht und sich als einen Reiniger des Äußeren bezeichnet, während sein Inneres mit Schmutz und Verdorbenheit vollgepackt ist. Allah ist unser Rechtleiter.

Wie der Satan die Sufis in Bezug auf das Gebet täuscht

Wir haben bereits erwähnt, wie der Satan die *'Aabdiuun* hinsichtlich des Gebetes täuscht. Die gleichen Täuschungen wendet er bei den Sufis an, jedoch in noch größerem Umfang.

Muhammed ibn Tahir al-Maqdisi führt an, dass zu den Praktiken, die allein sie ausführen und von denen ihr Name abgeleitet ist[273], ein Gebet gehört, dass aus zwei *Rak'ah* besteht und verrichtet wird, nachdem der geflickte Mantel angelegt und die *Tauba* ausgesprochen wurde. Die angebliche Grundlage dafür sei eine Überlieferung

[273] Das bezieht sich wahrscheinlich auf die Ableitung des Namens *Sufi* von einem Verb, das so viel ausdrückt wie „rein zu sein".

von Thumamah ibn Uthal, die besagt, dass der Prophet ﷺ ihn, als er Muslim geworden war, dazu angewiesen habe , sich zu waschen.[274]

Dazu möchte ich anmerken, dass eine unwissende Person, wenn sie sich in Dinge einmischt, die sie nichts angehen, großen Tadel verdient. Thumamah war ein Ungläubiger. Und wenn ein Ungläubiger Muslim wird, dann muss er sich laut Meinung einiger *Fuqaha*, zu denen auch Ahmad ibn Hanbal gehört, waschen. Doch kein Gelehrter war der Meinung, dass jemand, der Muslim wird, ein Gebet mit zwei *Rak'ah* verrichten muss. In der Überlieferung von Thumamah wird auch kein Gebet erwähnt, das einen Analogieschluss ermöglichen würde. Dies ist in der Tat nichts anderes als eine religiöse Neueinführung (*Bid'a*), die sie als Praktik bezeichnen. Außerdem ist die Erklärung, dass die Sufis Praktiken pflegen, mit denen sie allein dastehen, äußerst tadelnswert. Wenn diese Praktiken auf der Scharia basieren, dann sind sie für die anderen Muslime genauso gültig wie für sie, und die *Fuqaha* kennen sich am besten mit ihnen aus. Wie könnte es dann sein, dass die Sufis die Einzigen sein sollen, die sich daran halten? Wenn die Praktiken jedoch ihren eigenen Vorstellungen entsprechen, dann sind sie die Einzigen, die sie umsetzen, weil es ihre Erfindungen sind.

Eine Darstellung dessen, wie der Satan die Sufis in Bezug auf Behausungen täuscht

Was die Behausungen der Eremiten betrifft, so war es in der Tat so, dass einige der früheren *'Aabiduun* sie aufsuchten, um dort in Einsamkeit Gebete zu verrichten. Die Sufis jedoch irrten sich in sechserlei Hinsicht, auch wenn sie eine aufrichtige Absicht gehabt haben mögen:

1. Sie erfanden eine Art von Gebäude, obwohl das Gebäude des Islam die Moschee ist.

2. Sie erschafften einen Konkurrenten für die Moschee, indem sie die Größe der Gemeinschaft reduzierten.

[274] Laut Ibn Hischam (Ed. Wüstenfeld, S.997) tat er dies aus eigener Initiative.

3. Sie begreifen nicht, dass sie der Moschee so die Legitimität abstreiten.[275]

4. Sie imitieren die Christen, indem sie sich in den Klausen isolieren.

5. Sie praktizieren die Ehelosigkeit, obwohl sie noch jung sind und die meisten von ihnen einer Ehe bedürfen.

6. Sie lassen mittels Zeichen den Anschein entstehen, dass sie Asketen seien, was dazu führt, dass sie besucht werden und man glaubt, dass dies Glück bringe.

Wenn ihre Absicht jedoch nicht aufrichtig ist, dann handelt es sich bei dem, was sie erbauen, um Spielhäuser, Residenzen der Faulheit und Mittel, um Enthaltsamkeit zur Schau zu stellen.

Wir haben eine Reihe von modernen Sufis gesehen, die sich in den Klausen von den Anstrengungen zum Erwerb ihres Lebensunterhaltes ausruhen und sich mit Essen, Trinken, Musik und Tanz beschäftigen. Sie besorgen sich von jedem beliebigen Gauner weltliche Güter und haben keine Skrupel, Geschenke vom Steuereintreiber anzunehmen. Die meisten ihrer Klausen erbauten Tyrannen, welche diese mittels unrechtmäßig erworbener Gelder ausstatteten. Der Satan täuschte sie mit folgender Einflüsterung: „Was zu dir kommt, ist deine Versorgung (*Rizq*), so mache dir keine Sorgen um Mäßigung." Daher sind das ordentliche Funktionieren der Küche, Essen und eiskaltes Wasser ihre einzigen Sorgen. Wo sind der Hunger von Bischr oder die Enthaltsamkeit von Sari oder der Fleiß Junayds geblieben? Diese Leute verbringen ihre meiste Zeit mit amüsanten Gesprächen und dem Besuchen der großen Persönlichkeiten der Erde. Wenn einem von ihnen etwas Gutes widerfährt, dann steckt er seinen Kopf in sein Oberteil, wird melancholisch und sagt: „Mein Herz erzählt mir von meinem Herrn." Mir wurde berichtet, dass man einem Mann, der in der Klause den *Qur'aan* rezitierte, untersagt habe dies zu tun und dass einigen Leuten, die in einer von diesen (Klausen) *Ahaadith* lasen, gesagt worden sei, dass dies nicht der Ort dafür sei.

[275] Das heißt: Wenn es richtig wäre, Klausen zu bauen, dann müsste es falsch sein, Moscheen zu bauen.

Eine Beschreibung dessen, wie der Satan die Sufis in Bezug auf die Aufgabe von Eigentum täuscht

Der Satan täuschte die frühen Sufis, welche authentische Asketen waren, indem er ihnen das Übel vor Augen führte, das von Wohlstand ausgehen kann und sie vor seinen schädlichen Konsequenzen warnte. Infolgedessen gaben sie ihr Vermögen auf und „setzten sich auf den Teppich der Armut". Ihre Ziele waren dabei frommer Natur, auch wenn ihre Taten aufgrund unzulänglichen Wissens fehlerhaft waren.

Heutzutage muss sich der Satan diese Mühe nicht mehr machen. Denn sollte einer von ihnen einmal Geld besitzen, so verschwendet er es. Laut einer Überlieferung, die auf Muhammed ibn al-Husayn al-Salimi zurückgeführt wird, sagte dieser, er habe Abu Nasr at-Tusi sagen hören, er habe gehört, wie eine Reihe von Shaykhs aus Rayy erzählten, dass Abu ʻAbdillah al-Muqri von seinem Vater neben einigen Grundstücken und Häusern fünfzigtausend Dinar geerbt hatte. Er gab sie vollständig ab und spendete sie den Armen.

Es werden sehr viele solcher Geschichten erzählt. Ich könnte die Person, die auf diese Weise handelte, nicht tadeln, wenn sie einen ausreichenden Vorrat für ihre eigenen Bedürfnisse behalten hätte oder ein Handwerk beherrschen würde, mittels dessen sie (finanziell von anderen Menschen) unabhängig wäre, und ebenso wenig gäbe es etwas auszusetzen, wenn das Vermögen aus einer zweifelhaften Quelle gekommen wäre, infolgedessen sie es als Spende weggab.

Zu rügen ist der Fall eines Menschen, der sein gesamtes legitimes Eigentum weggibt, woraufhin er des Besitzes anderer Leute bedürftig wird und so seine Familie in die Armut gebracht hat. Dadurch macht er sich zu einer Person, die auf Spenden oder die *Zakah* seiner Freunde angewiesen ist oder er nimmt (Geld) von Personen an, die sich des Diebstahls schuldig gemacht haben oder diesbezüglich unter Verdacht stehen. Ich bin in der Tat nicht überrascht darüber, dass unwissende *ʻAabiduun* dies tun; was mich verwundert ist, dass Menschen mit Intelligenz und Wissen diese Verhaltensweise, die sowohl der Scharia als auch dem Verstand zuwiderläuft, empfohlen oder sogar befohlen haben.

Es gibt von al-Harith al-Muhasibi in Bezug auf dieses Thema eine lange Abhandlung, welche von Abu Hamid al-Ghazzali bestätigt und befürwortet wird. Meiner Meinung nach ist al-Harith eher zu entschuldigen als Abu Hamid al-

Ghazzali, da Letzterer im *Fiqh* qualifizierter war. Lediglich die Tatsache, dass er den Sufismus annahm, hat ihn dazu geführt, das von ihm angenommene System zu unterstützen.

Folgend ein Beispiel für die Ausführungen von al-Harith al-Muhasibi:

„O du, der sich in der Irre befindet, wenn du meinst, dass das Anhäufen legitimen Vermögens stattlicher und ehrenwerter sei als es abzulegen, so verschmähst du damit Muhammed ﷺ und die (anderen) Gesandten und behauptest, dass Muhammed ﷺ seiner *Ummah* schlechten Rat erteilt habe, als er, obwohl er (angeblich) wusste, dass dessen Anhäufung gut für sie sein würde, ihnen untersagte, es anzuhäufen. Und du behauptest, Allah sei Seinen Knechten gegenüber rücksichtslos gewesen, als Er ihnen verbot, Vermögen anzuhäufen, obwohl Er (wie ihr behauptet) wusste, dass dessen Anhäufung ihnen zum Guten gereichen würde. Es nützt dir nichts, die Besitztümer (einiger) der Prophetengefährten anzuführen. Ibn Auf wird sich am Tage der Auferstehung wünschen, er hätte nur so viel bekommen, dass es ihm dazu gereicht hätte, in dieser Welt zu überleben."

Des Weiteren sagte er: „Und mir wurde tatsächlich berichtet, dass einige der Prophetengefährten, nachdem Abdurrahmaan ibn Auf gestorben war, wegen des Grundbesitzes, den er hinterlassen hatte, um ihn bangten. Ka'b jedoch sagte: ‚[...] Warum macht ihr euch Sorgen um Abdurrahmaan, der auf tugendhafte Weise erwarb und auf tugendhafte Weise spendete?' Die Kunde über diesen Vorfall erreichte Abu Dharr, woraufhin er zorniger Weise herauskam und nach Ka'b suchte. Als er an dem Kiefer eines (toten) Kamels vorbeikam, ergriff er diesen und ging los, um nach Ka'b zu suchen. Ka'b wurde informiert, dass Abu Dharr nach ihm suchte. Daraufhin ergriff er die Flucht, ging zu Uthmaan und bat ihn dringlichst um Schutz. Er erzählte Uthmaan, was vorgefallen war. Abu Dharr folgte Ka'b, bis er ihn in der Wohnstätte Uthmans aufspürte. Als er eintrat, stand Ka'b auf und setzte sich hinter Uthman, weil er sich vor Abu Dharr fürchtete. Letzterer sagte zu ihm: ‚Fort mit dir, du Sohn einer Jüdin! Du meinst, es schade nicht, dass Abdurrahmaan ibn Auf Grundbesitz hinterlassen hat?! Eines Tages kam der Prophet ﷺ heraus und sagte (sinngemäß): *Am Tage der Auferstehung wird das Meiste das Geringste sein [...]*' Daraufhin sagte Ka'b: ‚O Abu Dharr, du verlangst nach dem Meisten, wohingegen ich nach dem Geringsten verlange.' Da sagte Abu Dharr: ‚Das war auch das, wonach der Prophet ﷺ strebte, wohingegen du, Sohn einer Jüdin, sagst, es schade nicht, dass Abdurrahmaan ibn Auf Grundbesitz hinterlassen hat. Du lügst, und wer auch immer das gleiche sagt, lügt ebenso.‘ Ka’b gab daraufhin kein einziges Wort mehr von sich, bis er gegangen war.“[276]

Des Weiteren sagte al-Harith: „Das bedeutet, dass dieser Abdurrahmaan aufgrund des Vermögens, dessen Erwerb auf ehrenhaftee Weise und mit dem Zweck erfolgte, ein gemäßigtes Leben zu führen und gute Taten zu vollbringen, trotz seiner hohen Stellung dennoch am Tage des Gerichts festgehalten werden wird. Er wird daran gehindert werden, mit den armen *Muhajiruun* ins Paradies zu laufen. Stattdessen wird er hinter ihnen her kriechen müssen. Die Gefährten des Propheten freuten sich, wenn sie arm waren, ihr hingegen hortet aus Furcht vor der Armut Vermögen und häuft es an. Dies bedeutet, dass man schlecht über Allah denkt und kein Vertrauen in Sein Versprechen hat. Außerdem häufst du das Vermögen vielleicht für die Bequemlichkeiten, die Eitelkeiten und Genüsse dieser Welt an. [...] Und du ärgerst dich über das, was du verpasst hast, ohne darüber besorgt zu sein, dass du Allahs Strafe nähergerückt bist. Denke darüber nach, ob du in deiner Zeit so viel legitimes Vermögen finden kannst wie es die Gefährten finden konnten? Wo ist das legitime Vermögen, das du anhäufen könntest? Indem ich mit dir diskutiere erteile ich dir guten Rat, auf dass du dich mit einem Minimum zufrieden geben mögest, statt Vermögen für einen guten Zweck anzuhäufen. Ein Gelehrter wurde nach seiner Meinung zu einer Person befragt, welche für wohltätige Zwecke Vermögen ansammelt. Er erwiderte, dass es noch wohltätiger sei, sich davon fernzuhalten. Außerdem wurde uns berichtet, dass einer der Besten unter den *Tabi'un* nach seiner Meinung zu zwei Menschen befragt wurde, von denen einer auf ehrenhaften (also legitimen) Wegen nach Vermögen strebte, es erwarb und daraufhin sowohl seinen Verwandten half als auch selbst davon profitierte, wohingegen sich der andere nicht um Vermögen kümmerte, weder danach strebte noch etwas spendete. Welcher war der Bessere? Er erwiderte, dass es einen riesigen Unterschied zwischen den beiden gab und dass derjenige, der Vermögen missachtete, dem anderen so weit voraus gewesen sei wie die Entfernung zwischen dem Osten und dem Westen.“

Das waren die Worte, die al-Harith al-Muhasibi verwendete. Zitiert wurden sie von Abu Hamid, welcher sie bestätigte und sie mittels der Überlieferung bekräftigte, die von Tha'labah[277] handelt, welchem Vermögen gegeben worden sei, woraufhin er sich

[276] Es ist keine Angabe zur Authentizität des Hadith vorhanden. (Übers.)

[277] Dieser hatte den Propheten ﷺ dringend darum gebeten, dafür zu beten, dass er vermögend werden möge; und als sein Vermögen zugenommen hatte, vernachlässigte er seine religiösen Verpflichtungen.

geweigert habe, die *Zakaah* zu zahlen. Abu Hamid fuhr fort, indem er sagte: „Wer sich die Umstände der Propheten und der Gottesfreunde sowie ihre Aussagen betrachtet, wird nicht daran zweifeln, dass das Nichtvorhandensein von Vermögen besser ist als dessen Vorhandensein, auch wenn es für gute Dinge eingesetzt wird. Das geringste Übel, das davon ausgeht, ist, dass seine Besitzer durch dessen Verwaltung vom Gedenken an Allah abgelenkt werden. Ein Neuling sollte sein Vermögen aufgeben, wobei er sich nur so viel zurücklegt, wie es absolut notwendig ist. Solange er noch einen Dirham besitzt, welcher seine Gedanken beschäftigt, wird er von Allah abgeschirmt sein.“

Ich denke, dass all dies sowohl der Scharia als auch dem Verstand widerspricht und eine Fehleinschätzung des Begriffes „Vermögen bzw. Reichtum“ darstellt.

Die Widerlegung der obigen Meinung

Wir beginnen mit der Vornehmheit von Vermögen. Allah hat seine Wichtigkeit betont und dessen Bewahrung befohlen, da Er es zur Unterstützung des Menschen erschaffen hat. Und etwas, das zu einer Hilfe für das edle Geschöpf Mensch gemacht wurde, ist selbst edel. Er sagte (in ungef. Bed.): *„Und gebt nicht den Toren euren Besitz, den Allah euch zum Unterhalt bestimmt hat [...]”* Dies stellt ein Verbot dar, jemandem Besitztum zu überlassen, der nicht urteilsfähig genug ist. Außerdem sagte Er (in ungef. Bed.): *„[...] Und wenn ihr dann an ihnen Besonnenheit feststellt, so händigt ihnen ihren Besitz aus. [...]”* Außerdem steht fest, dass der Prophet ﷺ die Verschwendung von Geld verbot. Er ﷺ sagte zu Sa’d (sinngemäß): *„Es ist besser, dass du deine Erben finanziell unabhängig hinterlässt als sie arm zu hinterlassen, so dass sie Leute anbetteln.“* Außerdem habe er ﷺ gesagt: „Kein Geld war mir so nützlich wie das von Abu Bakr.“ [278] Es gibt eine Überlieferung, die mittels einer vertrauenswürdigen Überliefererkette auf Amr ibn al-As zurückgeht, der zufolge er sagte:

[...]

Des Weiteren gibt es eine Überlieferung, die auf Aburrahmaan ibn Ka’b ibn Malik zurückgeführt wird und laut der Ubaydullah ibn Ka’b ibn Malik sagte: „Ich hörte, wie Ka’b ibn Malik die Geschichte seiner reumütigen Umkehr erzählte. Dabei

[278] Keine Angabe zur Authentizität der Aussage. (Übers.)

erzählte er, er habe gesagt: ‚O Prophet Allahs, im Zusammenhang mit meiner Umkehr (zum Islam) möchte ich unter anderem mein Vermögen ablegen und es Allah und Seinem Gesandten übergeben.‘

Da habe er ﷺ gesagt: ‚Es wird besser sein, wenn du einen Teil behältst.‘“[279]

Ich weise darauf hin, dass diese Ahaadith in den Sammlungen authentischer Überlieferungen aufgeführt sind. Und sie widersprechen dem Glauben der Sufis darin, dass die Zunahme von Vermögen ein Schirm (vor Gotteserkenntnis bzw. der Nähe zu Allah) sei und Bestrafung einbringe und dass dessen Ansparung dem Vertrauen auf Allah widerspreche. Es kann nicht geleugnet werden, dass es eine gefährliche Versuchung darstellt und dass viele Menschen sich aus Furcht davor davon fernhielten und auch nicht, dass es schwer ist, es auf legitime Weise anzuhäufen und dass das Herz selten sicher vor der Versuchung ist. Und es kommt auch selten vor, dass dessen Besitzer mit dem Gedanken ans Jenseits beschäftigt ist. Daher fürchtet man die Versuchung, welche davon ausgeht.

Was den Erwerb von Vermögen betrifft, so tut derjenige, der sich darauf beschränkt, ein Minimum aus legitimen Quellen zu erwirtschaften, einfach nur das, was er tun muss. Wenn ein Mensch danach strebt, es in Mengen anzuhäufen, dann muss seine Absicht mit in Betracht gezogen werden. Wenn es dabei lediglich um Prahlerei und Eitelkeit geht, stellt es ein schlechtes Ziel. Wenn es jedoch darum geht, seine Menschenwürde und die seiner Familie zu bewahren oder es für schwere Zeiten zurückzulegen, die ihn oder sie treffen könnten oder, um Freunden gegenüber großzügig zu sein, Arme zu bereichern und gute Taten zu verrichten, so wird er für sein Bemühen belohnt werden. Sein Ansammeln aus solch einer Absicht heraus wird besser sein als so manch eine fromme Tat. Die Absichten vieler Prophetengefährten (r.anhum) beim Anhäufen von Vermögen waren ordentlich, weil sie dabei gute Ziele im Sinn hatten. Daher waren sie darum besorgt und baten um dessen Zunahme. [...] Sa'd ibn Ubaydah pflegte in seinen Gebeten zu sagen: „O Allah, gib mir reichlich!“

Noch bemerkenswerter ist, dass Jakub ﷺ den Vorschlag seiner Söhne annahm, als sie sagten: „*[...] Wir werden Vorrat für unsere Angehörigen bringen, unseren Bruder behüten und das Maß (der Last) eines Kamels mehr haben. [...]*"[280] Daraufhin sandte

---

[279] Keine Angabe zur Authentizität vorhanden. (Übers.)

[280] Qur'aan (7/65).

er seinen Sohn Benjamin mit ihnen. Und auch Schu'ayb wollte einen Aufschlag auf das, was er bekommen sollte, indem er sagte: *„Wenn du sie aber auf zehn vollmachst, so steht es bei dir."*[281] Und nachdem Ayub ﷺ geheilt worden war, wurde er von einem Schwarm goldener Heuschrecken überstreut, woraufhin er sie in Mengen in seinem Gewand zusammentrug. Da fragte man ihn: „Bist du noch nicht zufrieden?" Er erwiderte: „Mein Herr, wer kann von deiner Güte schon genug kriegen?"[282] Dies ist eine Veranlagung, die dem Wesen des Menschen eingegeben wurde und sie ist absolut gut, wenn das, was damit bezweckt wird, gut ist.

Die Worte, die al-Muhasibi verwendete, zeigen seinen Mangel an Wissen bezüglich dessen, was er eigentlich hätte wissen müssen. Und seine Behauptungen, Allah habe Seinen Dienern verboten, Vermögen anzusammeln und der Prophet ﷺ habe Seiner Ummah dies ebenfalls verboten, sind absurd. Der Bericht über Ka'b und Abu Dharr, den er wiedergibt, ist eine absurde Erfindung unwissender Leute, zu deren Kategorie auch al-Muhasibi gehört, weil er nicht in der Lage war, zu erkennen, was es mit ihm (dem Bericht) auf sich hatte.

Etwas dieser Art wird tatsächlich überliefert, doch die Überliefererkette ist nicht vertrauenswürdig. Es existiert eine Überlieferung, die auf Malik ibn Abdillah al-Ziyadi zurückgeführt wird und besagt, Abu Dharr habe darum gebeten, Eintritt bei Uthman zu erhalten. Hierauf sei er hereingelassen worden und habe dabei einen Stab in seiner Hand getragen. Uthman habe gesagt: „O Ka'b, Abdurrahmaan ist gestorben und hat Vermögen hinterlassen. Was denkst du darüber?" Ka'b habe erwidert: „Daran ist nichts auszusetzen, wenn er die darauf anfallende *Zakah* gezahlt hat." Daraufhin habe Abu Dharr seinen Stab erhoben und Ka'b geschlagen. Er sagte: „Ich hörte den Propheten sagen: ‚Ich würde mir nicht wünschen, diesen Berg an Gold zu haben, um ihn zu spenden, auf dass er von mir angenommen wird. [...]' Uthman, ich bitte dich um Allahs Willen, hast du das auch gehört? [...]" „Ja", habe er daraufhin geantwortet.

Ich möchte darauf hinweisen, dass diese Überlieferung nicht vertrauenswürdig ist. Ibn Lahiah (der Überlieferer) hat einen geschädigten Ruf. Yahya sagte, dass dessen Überlieferungen nicht als Beweis verwendet werden dürfen. Eine historische Tatsache ist, dass Abu Dharr im Jahre 25 starb, wohingegen Abdurrahmaan im Jahre

---

281 D.h., wenn Musa zehn Jahre arbeiten würde anstatt acht. (in Bezug auf Qur'aan 28/27)

282 Die Geschichte wird erzählt in al-Kisais *Geschichten der Propheten* (Ed. Isenberg), Band I, S.189.

32 starb, also sieben Jahre später als Abu Dharr. Außerdem deuten die Aussagen, die in der Erzählung verwendet wurden, darauf hin, dass es sich um eine Erfindung handelt. Wie könnte es außerdem wahr sein, dass die Prophetengefährten gesagt haben sollen: „Wir bangen um Abdurrahmaan." Existiert nicht ein Konsens darüber, dass das Anhäufen von Vermögen aus legitimen Quellen erlaubt ist? Was sollten sie dann zu befürchten gehabt haben, wenn es erlaubt ist? Kann es sein, dass die Scharia eine Tat gestattet, welche dann jedoch Bestrafungen zur Folge hat? All dies stellt einen Mangel an Intelligenz und Wissen im Fiqh dar. Ist es außerdem möglich, dass Abu Dharr Abdurrahmaan unermesslich weit überlegen war? Außerdem stellt die Tatsache, dass er (al-Muhasibi) sich nur auf Abdurrahmaan konzentrierte, einen Beweis dafür dar, dass er das Leben der Gefährten nicht studiert hatte. Talha hinterließ nämlich 300 *Buhar*, von denen ein Einzelner 3 *Qintar*[283] entspricht. [...] Das Vermögen Zubayrs betrug 50.200.000 Dirhams. Ibn Mas'ud hinterließ 90.000 Dirhams. Die meisten Gefährten erwirtschafteten und hinterließen Vermögen, und keiner von ihnen kritisierte den anderen dafür.

Seine Behauptung, dass Abdurrahmaan am Tage der Auferstehung kriechen werde, zeigt, dass er die Überlieferung nicht kannte. Oder schlief er gerade und träumte dabei? Möge Allah uns vor der Behauptung bewahren, Abdurrahmaan ibn Auf werde am Tage der Auferstehung kriechen. Wer soll dann vorne gehen, wenn Abdurrahman kriechen soll, wo er doch einer der Zehn war, denen das Paradies versprochen wurde und er zu den Kämpfern von Badr gehörte, denen die Vergebung versprochen wurde und er außerdem ein Mitglied des Rates (*Schura*)[284] war? Hinzu kommt, dass die Überlieferung von Umarah ibn Zadhan erzählt wurde, von dem Bukhari sagte, dass seine Überlieferungen oft Verwechslungen aufweisen. Ahmad sagte, dass er unter Berufung auf Anas Geschichten erzählt habe, die nicht annehmbar seien. Abu Khatim al-Razi meinte, dass er (also seine Aussagen) nicht als Beweis verwendet werden dürfte und Daraqutni hielt ihn für schwach. Ibn al-Hasin überlieferte uns mittels einer ordentlichen Überliefererkette, die auf Umarah ibn Thabit und weiter bis auf Anas ibn Malik zurückgeht, dass Letzterer gesagt habe: „Eines Tages, als sich Aischa in ihrem Haus befand, hörte sie von Medina her ein Geräusch. Hierauf fragte sie, was das gewesen sei. Man sie sagte ihr, dass es sich um eine Karawane handelte, die Abdurrahman ibn Auf gehörte und gerade mit allen

[283] Eine große Summe, die auf unterschiedliche Art definiert wird.

[284] Gemeint ist die *Schura*, die von Umar ernannt wurde und einen Nachfolger wählen sollte.

möglichen Gütern beladen aus Syrien zurückkehrte. Sie bestand aus siebenhundert Tieren. Medina wurde durch das Geräusch erschüttert. Aischa sagte: ‚Ich hörte den Propheten sagen, dass er gesehen habe, wie Abdurrahmaan ibn Auf kriechend ins Paradies eintrat.' Abdurrahman ibn Auf erfuhr davon und sagte: ‚Wenn ich kann, dann werde ich es aufrecht betreten. So widmete er die Kamele samt ihren Satteln und ihren Ladungen dem Dienste Allahs.'"

Was seine (al-Muhasibis) Behauptung betrifft, der Verzicht auf Vermögen, welches auf legitime Weise erwirtschaftet wurde, sei besser sei als dessen Anhäufung, so ist diese nicht richtig. Wenn das Ziel bzw. die Absicht in Ordnung ist, dann ist dessen Anhäufung laut den Gelehrten sogar besser.

Die Überlieferung „Wer auch immer lamentiert...", welche er als eine Aussage des Propheten wiedergibt, ist absurd. Der Prophet ﷺ hat nie so etwas gesagt.

Nun zu seiner folgenden Aussage: „Denke darüber nach, ob du in deiner Zeit so viel legitimes Vermögen finden kannst wie es die Gefährten finden konnten." Diesbezüglich sollte man ihn fragen. „Worin liegt die Schwierigkeit, Vermögen auf legitime Art zu erwirtschaften?" Der Prophet ﷺ sagte: „Das Erlaubte (*Halal*) ist klar und das Verbotene (*Haram*) ist klar [...]" Denkt ihr etwa, er ﷺ meinte damit ein Quentchen (Gold oder Silber etc.), das seit seiner Gewinnung aus der Mine niemals in einer zweifelhaften geschäftlichen Transaktion verwendet wurde? Das (also solche Art von Hab und Gut zu erwerben) ist unwahrscheinlich und wird nicht von uns gefordert. Ja sogar, wenn ein Muslim einem Juden (der wahrscheinlich mit Zinsen handelt) etwas verkauft, ist das Geld, das er dadurch erwirbt, zweifelsfrei legitim. Dies lehren die Fuqaha und mich erstaunt das Schweigen Abu Hamids und noch vielmehr, dass er das, was er zitierte, noch bekräftigte. Wie kann er außerdem behaupten, dass das Nichtvorhandensein von Vermögen besser sei als dessen Vorhandensein, selbst, wenn es für gute Ziele eingesetzt wird. Vielmehr besteht der Konsens im Gegenteil dieser Behautpung.. Doch durch seine Annahme des Sufismus änderte Abu Hamid sein Urteil. Laut einer Überlieferung soll al-Marwazil gesagt haben: „Ich hörte, wie ein Mann zu Abu Abdillah sagte, er habe eine berufliche Qualifikation. Daraufhin sagte Abu Abdillah: ‚Begib dich fleißig zu den Märkten, so wirst du deinen Verwandten helfen und die Kranken besuchen.'"

Seine Aussage betreffend, ein Neuling solle sein Vermögen aufgeben, haben wir bereits erklärt, dass man es in Fällen aufgeben kann, in denen das Vermögen auf nicht legitime Weise erwirtschaftet wurde, es in dieser Hinsicht verdächtig ist oder dem Menschen eine geringe Menge ausreicht oder er in der Lage ist, seinen Unterhalt zu verdienen. Doch ansonsten gibt es keine Rechtfertigung für solch eine Tat. Was Tha'labah betrifft, so hat ihm sein Vermögen nicht geschadet, sondern sein Unwille, die *Zakah* zu zahlen.

Was die Propheten anbelangt, so besaß Ibrahim عليه السلام Felder und Güter, Schu'ayb und andere ebenso. Sa'id ibn al-Musayyab pflegte zu sagen: „Es steckt nichts Gutes in einem Menschen, wenn er kein Geld verdient, mit dem er seine Schulden bezahlen, seine Würde bewahren sowie seinen Verwandten helfen kann und das er nach seinem Tode seinen Verwandten vererben kann.“[285] Ibn al-Musayyib hinterließ vierhundert *Dinar*. Die von den Prophetengefährten hinterlassenen Summen haben wir bereits erwähnt. Sufyan al-Thauri hinterließ zweihundert (*Dinar*). Er pflegte zu sagen: „Geld ist in unserer Zeit eine Waffe. Die Menschen von früher lobten Reichtum stets und sparten ihn für schwierige Tage an und, um den Armen zu helfen. Wenn einer von ihnen dies nicht tat, dann nur, weil er es bevorzugte, sich selbst mit Gottesdiensten zu beschäftigen und sich von Ablenkungen zu befreien. Hätte unser Autor gesagt, es sei besser, wenn man es ab und zu in Maßen tue, wäre dies der Wahrheit nähergekommen. Doch mit seiner Beschreibung macht er sich schuldig.

Man sollte wissen, dass Armut eine Heimsuchung darstellt und derjenige, der sie geduldig erträgt, wird für seine Geduld belohnt werden. Das ist auch der Grund, warum die Armen fünfhundert Jahre vor den Reichen ins Paradies eintreten werden. Es ist die Belohnung für ihr geduldiges Ertragen von Heimsuchungen. Reichtum ist eine Gnade, für die man dankbar sein muss. Der Mensch ist reich, weil er sich abschuftet und Risiken eingeht, (in dieser Hinsicht) wie ein Mufti oder ein Mujahid, wohingegen der arme Mensch wie ein Asket ist.

In seinem Buch *Praktiken der Sufis* verfasste Abu Abdirrahmann al-Sulami ein Kapitel namens *Missbilligung eines armen Menschen, der noch etwas übriglässt.* Dort zitiert er eine Überlieferung, die besagt, dass einer der *Gefährten der Suffah* bei

[285] Leider ist keine Angabe zur Authentizität dieser Aussage vorhanden. Einige Prophetengefährten haben die genannten Eigenschaften nicht besessen und dennoch war „Gutes“ in ihnen. Gemeint sind wahrscheinlich Menschen, die es unterlassen zu arbeiten, obwohl es keinen Hinderungsgrund gibt. Und Allah weiß es am besten. (Übers.)

seinem Tode zwei Dinar hinterlassen habe und der Prophet ﷺ gesagt habe: „Zwei Feuer!“ [286]

Hierbei handelt es sich um die Argumentation einer Person, welche die Zusammenhänge nicht versteht. Der arme Mann in dieser Anekdote stieß andere arme Leute zur Seite, um an Spenden zu kommen, wobei er sein eigenes Vermögen einbehielt. Aus diesem Grund sagte der Prophet ﷺ: „Zwei Feuer!“[287] Hätte sich der Tadel auf das übliche Hinterlassen von Vermögen bezogen, dann hätte der Prophet ﷺ zu Sa'd nicht gesagt: *„Es ist besser, dass du deine Erben finanziell unabhängig hinterlässt, als sie arm zu hinterlassen, so dass sie Leute anbetteln.“* Außerdem hätte keiner der Prophetengefährten Vermögen hinterlassen. Umar ibn Khattab sagte: „Der Prophet ermahnte zum Spenden und so brachte ich die Hälfte meines Vermögens herbei. Da sagte der Prophet ﷺ: ‚Und was hast du für deine Familie gelassen?‘ Ich erwiderte: ‚Den gleichen Betrag.‘ Der Prophet äußerte dazu keine Kritik.“ Ibn Jarir at-Tabari sagte: „Diese Überlieferung deckt die Falschheit der Behauptung unwissender Sufis auf, die behaupten, ein Mensch dürfe heute nichts für den morgigen Tag horten und dass jemand, der dies tut, schlecht über seinen Herrn denke und sich nicht vollkommen auf Ihn verlasse.“ Des Weiteren sagte er (at-Tabari): „Wie auch die Aussage des Propheten ﷺ ‚Nehmt euch Schafe, denn sie sind ein Segen‘[288] beweist die falsche Behauptung gewisser Sufis, dass das Vertrauen auf Allah von niemandem aufrichtig sei, bis er weder des Morgens noch des Abends eine Münze oder andere Güter besitze. Erinnert euch, dass der Prophet ﷺ für seine Frauen Versorgung für ein Jahr als Vorrat anlegte.

Manche Leute gaben ihren legitimen Besitz weg und begannen, Dreck bzw. Müll aufzusammeln und zu betteln; denn die Bedürfnisse des Menschen nehmen kein Ende. Ein weiser Mensch trifft Vorkehrungen für die Zukunft. Diese Leute, die ihre Besitztümer bei Antritt ihrer sufistischen Lebensweise weggeben, gleichen einer

---

[286] Leider ist keine Quellenangabe vorhanden, so dass wir weder den Authentizitätsgrad kennen, noch den genauen Wortlaut. Ob hier wirklich „Feuer“ steht oder ein ähnliches Wort können wir nicht nachvollziehen. (Übers.)

[287] Leider ist keine Quellenangabe vorhanden, so dass wir weder den Authentizitätsgrad kennen, noch den genauen Wortlaut. Ob hier wirklich „Feuer“ steht oder ein ähnliches Wort können wir nicht nachvollziehen. (Übers.)

[288] Sinngemäße Übersetzung. Leider keine Quellenangabe vorhanden. Wir wissen nicht genau, was im arabischen Original die Entsprechung des von uns verwendeten Wortes *Segen* ist. Wir nehmen Zuflucht davor, dem Propheten etwas zuzuschreiben, was er nicht gesagt hat. (Übers.)

Person, die sich für die Reise nach Mekka mit Wasser ausstattet und es dann wegschüttet. Laut einer Überlieferung, die auf Jabir ibn Abdillah zurückgeht, sagte dieser: „Abu Husayn al-Sulami brachte ein wenig Gold aus seiner Mine[289], bezahlte Schulden damit und hatte einen Überschuss von der Größe eines Hühnereis. Er brachte es zum Propheten ﷺ und sagte: ‚O Prophet Allahs, verwende dies für einen Zweck, den Allah dir zeigt oder, den du für angemessen hältst. Er näherte sich dem Propheten von seiner Rechten, doch dieser wandte sich ab, dann von seiner Linken, doch wieder wandte er sich ab, dann von vorne, woraufhin der Prophet seinen Kopf senkte. Als der Mann beharrte, nahm der Prophet es aus dessen Hand und warf es auf ihn. Hätte es ihn getroffen, so hätte es ihn verletzt. Dann wandte sich der Prophet zu ihm und sagte (sinngemäß): ‚Manch einer von euch nimmt sein Geld und spendet es und daraufhin sitzt er und bettelt[290]die Leute an. Spenden sollten aus finanzieller Unabhängigkeit erfolgen. So beginne mit denen, denen du Unrecht antust (z.B. Frau, Vater etc.)'"[291]

Von dieser Begebenheit berichtete Abu Dawud in seinem *Sunan* als Überlieferung von Mahmud ibn Labid nach Jabir ibn Abdillah. Er sagte: „Wir befanden uns beim Propheten ﷺ, als ein Mann kam, der etwas wie ein goldenes Ei mit sich führte. Er sagte: ‚O Prophet Allahs, ich habe das hier aus einer Mine. Nimm, es ist für einen wohltätigen Zweck und ich besitze nichts anderes.' Der Prophet wandte sich von ihm ab. Dann näherte sich ihm der Mann von seiner rechten Seite und wiederholte sich. Doch der Prophet wandte sich erneut ab. Hierauf näherte sich ihm der Mann von seiner linken Seite, und wieder drehte der Prophet sich weg. Dann näherte er sich dem Propheten von hinten. Dieses Mal nahm es (das Goldei) der Prophet und warf es auf ihn. Hätte es ihn getroffen, so hätte es ihn getötet oder verletzt. Daraufhin sagte der Prophet: ‚Manch einer von euch bringt seinen Besitz und sagt *Das ist zum Spenden,* und daraufhin sitzt er und bettelt die Leute an. Die beste *Sadaqa* erfolgt aus finanzieller Unabhängigkeit.'"[292]

[...]

[289] Also aus der Mine der Banu Sulaym.

[290] Gemeint ist die *Schura*, die von Umar ernannt wurde und einen Nachfolger wählen sollte.

[291] Es ist leider keine Angabe zur Authentizität des Hadithes vorhanden. Die Bedeutung wurde nur sinngemäß übertragen. Für die exakte Bedeutung muss das arabische Original herangezogen werden. (Übers.)

[292] Sinngemäße Wiedergabe. Leider ist keine Angabe zur Authentizität vorhanden. (Übers.)

Folgendes habe ich aus dem Manuskript von Abu'l Wafa ibn Aqil kopiert. Er sagte: „Ibn Shadhan berichtet, dass eine Reihe von Sufis einst al-Schibli besuchten, welcher daraufhin jemanden zu einem reichen Mann schickte, um ihn um Geld zu bitten, was er (Schibli) für seine Gäste ausgeben wollte. Der Mann schickte den Boten mit folgender Antwort zurück: ‚Du, Abu Bakr, kennst *al-Haqq*[293], hast du Ihn gefragt?' Da wies al-Schibli den Boten an: ‚Gehe zurück zu ihm und sage: *Weltliche Güter sind minderwertig, so ersuche ich sie von Minderwertigen wie dir. Für Wahrhaftiges frage ich al-Haqq.*'" Ibn Aqil merkte dazu an: „Hätte ihm der Mann einhundert *Dinar* geschickt, um sich von solch verdorbenen Worten zu befreien, dann hätte sich al-Schibli von einer verdorbenen Quelle ernährt und seine Gäste mit dem gleichen bewirtet."

Manche von ihnen hatten marktfähige Güter, die sie jedoch weggaben, wobei sie sagten: „Ich werde mein Vertrauen in nichts anderes setzen als in Allah." Dass diese Leute glauben, „Gottvertrauen" bedeute, Mittel abzulegen und Vermögen wegzugeben, stellt einen Mangel an Intelligenz dar. Al-Qazzaz überlieferte uns von al-Khatib und dieser wiederum von Abu Nu'aym al-Hafiz, dass al-Khuldi in seinem Buch angeführt habe, er habe Junayd Folgendes sagen hören: „Gemeinsam mit einer Reihe von Kameraden klopfte ich an die Tür von Abu Ya'qub al-Zayyat. Da sagte dieser: ‚Habt ihr keine Beziehung zu Allah, die euch davon ablenken würde, zu mir zu kommen?' Ich antwortete: ‚Wenn unser Besuch bei dir einen Teil unserer Beziehung zu Ihm darstellt, warum sollten wir uns dann davon fernhalten?' Daraufhin stellte ich ihm eine Frage über „Gottvertrauen" (*Tawakkul*). Hierauf warf er einen *Dirham* weg, den er noch besaß und gab mir eine Antwort, die dem Thema „Gottvertrauen" vollkommen gerecht war. Dann sagte er: ‚Ich hatte mich vor Allah geschämt, dir zu antworten während sich noch etwas in meinem Besitz befand.'"

Mein Kommentar: Hätten diese Leute die Bedeutung von „Gottvertrauen" (*Tawakkul*) verstanden, nämlich, dass es das im Herzen befindliche Vertrauen auf Allah darstellt und nicht das Aufgeben von Vermögen jeglicher Art, dann hätten sie nicht in dieser Weise gesprochen. Doch sie verstehen nicht. Dabei pflegten die großen Prophetengefährten und die Tabi'un zu handeln und Vermögen anzuhäufen, ohne so etwas zu sagen. Es wurde berichtet, dass man Abu Bakr ﷺ gesagt habe, er müsse aufhören zu arbeiten, da er mit dem Kalifatsamt beschäftigt sei, woraufhin er Folgendes gesagt habe: „Wie soll ich dann für den Unterhalt meiner Familie

---

[293] Mit *Al-Haqq* ist Allah gemeint. (Übers.)

aufkommen?“ Solche Worte werden von den Sufis missbilligt, indem sie sagen, dass jemand, der so etwas sagt, sich nicht auf Allah verlasse.

Ähnlicherweise kritisieren sie jemanden, der sagt: „Diese Nahrung schadet mir.“ In Bezug auf dieses Thema überliefern sie eine Geschichte über Abu Talib al-Razi. Dieser sagte: „Ich befand michmit unseren Kameraden an einem Ort, an dem Quark bzw. Weißkäse (*Laban*) produziert wurde, den ich nicht essen mochte. Ich gab als Grund an, dass er mir schadet. Vierzig Jahre später, als ich gerade hinter dem *Maqam* betete, sagte ich in meinem Gebet: ‚O Allah, du weißt, dass ich dir nicht einmal einen Augenblick lang jemanden beigesellt habe.‘ Da hörte ich eine mysteriöse Stimme sagen: ‚Auch nicht am Tag des *Laban*?‘“

Allah, sage ich, weiß am besten, wie es mit der Authentizität dieser Geschichte aussieht. Man sollte jedoch wissen, dass eine Person, die sagt, dass ihr etwas schadet, damit nicht meint, dass diese Sache den Schaden aus eigener Kraft anrichten wird. Es bedeutet lediglich, dass sie ein Mittel darstellt, das schädigend wirkt. Es ist vergleichbar mit dem, was Ibrahim ﷺ sagte: *„Mein Herr! Gewiss, sie haben sehr viele von den Menschen in die Irre geführt. [...]”* Es wird authentisch überliefert, dass der Prophet ﷺ sagte (sinngemäß): *„Kein Geld bzw. Besitz hat mir so viel genützt wie das von Abu Bakr.“* Der von ihm verwendete Ausdruck *„hat mir [...] genützt“* entspricht der Aussage *„[...] schadet mir“*, die von der anderen Person verwendet wurde. [...] Es gibt keinen Zweifel daran, dass es keinen höheren Rang (für einen Menschen) gibt als den eines Propheten; und dieser schrieb Geld bzw. Vermögen einen Nutzen [...]. Skrupel davor zu haben, dem Weg des Propheten zu folgen, stellt einen Angriff auf die Scharia dar. Dem Geplapper solch einer Person in Bezug auf dieses Thema sollte man keine Aufmerksamkeit widmen.

Wir haben bereits erklärt, wie ursprüngliche Sufis ihr Vermögen aufgaben, weil es ihnen gleichgültig war und haben angemerkt, dass sie dies mit einer guten Absicht taten. Doch begingen sie damit, wie wir bereits sagten, einen Fehler, weil sie der Scharia und auch dem Verstand zuwiderhandelten. Die späteren Sufis waren auf weltlichen Wohlstand aus und auf das Anhäufen von Vermögen, aus welcher Quelle es auch stammen mag. Sie sind besorgt um Gemütlichkeit und die Befriedigung ihrer Wünsche. Obwohl sie zum Einkommenserwerb in der Lage wären, lehnen es einige von ihnen ab zu arbeiten. Sie setzen sich in eine Klause oder eine Moschee und verlassen sich auf die Spenden anderer Leute, wobei sie stetig darauf warten, dass jemand an die Tür klopft. Doch ist es wohlbekannt, dass es für wohlhabende

Menschen und solche, die in der Lage sind zu arbeiten, nicht erlaubt ist, Spenden anzunehmen.[294] Sie scheren sich nicht darum, wer sie ihnen schickt. Dabei könnte der Spender ein Tyrann oder ein Steuereintreiber sein, und dennoch weisen sie ihn nicht ab. Sie haben diesbezüglich ein eigenes Vokabular erfunden. Dabei nennen sie diesen Vorgang „Öffnung" bzw. „Gabe" und sagen: „Unsere Versorgung *(Rizq)* wird uns auf jeden Fall erreichen". Oder sie sagen: „Es ist von Allah. Daher werden wir es weder zurückschicken noch dafür danken." All dies ist Unwissen über die Scharia und läuft ihr zuwider. Außerdem stellt es das Gegenteil dessen dar, was die Frommen früherer Zeiten zu praktizieren pflegten. Denn der Prophet ﷺ sagte :

„Das Erlaubte ist deutlich (*bayyin*) und das Verbotene ist deutlich, dazwischen gibt es *Muschtabihaat*, die viele Menschen nicht kennen (bzw. die wenige Menschen kennen). Wer sich vor Zweifelhaftem hütet, hat sich seiner Religion und seiner Ehre (von Schaden/Übel) ferngehalten. (bzw. ... hat seine Religion und seine Ehre geschützt) [...]" (sinngemäße Übersetzung)

Abu Bakr as-Siddiq brachte sich selbst zum Erbrechen, als er etwas gegessen hatte, das zweifelhaft war. Ein frommer Mensch wird ein Geschenk, das von einem Tyrannen kommt oder von jemandem, dessen Vermögen aus zweifelhafter Quelle stammt, nicht annehmen. Viele Menschen früherer Zeiten nahmen aus Gewissenhaftigkeit und gesteigerter Genauigkeit nicht einmal Geschenke von Freunden an. Es wird berichtet, Abu Bakr al-Marwazi habe gesagt: „Ich nannte Abu Abdullah einen gewissen Hadithgelehrten, woraufhin er sagte: ‚Was für ein Mann wäre er, wenn er eine gewisse Eigenschaft besäße!' Ich fragte ihn: ‚War er nicht in Sachen *Sunna* ein Experte?' Er sagte: ‚Gewiss, ich habe Überlieferungen von ihm niedergeschrieben. Doch hatte er eine negative Eigenschaft. Er kümmerte sich nicht darum, von wem er etwas annahm.'"

Wir wurden informiert, dass ein gewisser Sufi einen tyrannischen Prinzen besuchte und dort gepredigt habe. Daraufhin habe ihm der Prinz etwas geschenkt, was er auch angenommen habe. Da habe der Prinz gesagt: „Wir alle sind Fischer, der Unterschied liegt nur in den Netzen."[295] Wie bitte steht es dann um den angeblichen Widerwillen dieser Leute gegen Weltliches?

[294] Keine Quellenangabe vorhanden. (Übers.)

[295] *Tischrede eines mesopotamischen Richters*, Band I, S.281.

Der Prophet ﷺ sagte: „Die obere Hand ist besser als die Untere.[...]" (Die „Obere" ist die „Gebende", so wie es die Gelehrten interpretieren, was richtig ist. Doch einige meinen, die „obere Hand" sei diejenige, die nimmt. Ibn Qutaybah merkte an, dass Letzteres seiner Ansicht nach die Meinung von Leuten sein muss, die das Betteln billigen.)

Die ursprünglichen Sufis pflegten die Quelle, aus denen das Vermögen stammte, zu untersuchen und ihre Nahrung zu überprüfen. Ahmad ibn Hanbal wurde nach al-Sari al-Saqati gefragt, woraufhin er sagte: „Das ist der Shaykh, der für sein hervorragendes Essen gelobt wird." Al-Sari sagte: „Ich begleitete ein Überfallkommando. Wir mieteten ein Haus und ich baute einen Ofen darin auf. Doch meine Gefährten hatten Skrupel davor, das in diesem Ofen gebackene Brot zu essen."[296]

Wenn jemand sieht, wie der neue Typus von Sufis in unserer Zeit sich nicht darum schert, woher er etwas nimmt, wird er recht erstaunt sein. Ich persönlich habe eine Klause betreten und nach deren Shaykh gefragt. Mir wurde gesagt, dass er weggegangen war, um einem Prinzen wegen des Ehrengewandes, das ihm übertragen worden war, zu gratulieren. Jener Prinz war ein berüchtigter Tyrann. Da sagte ich: „Ach, wie traurig! Ihr seid nicht damit einverstanden, einen Laden zu eröffnen, sondern verkauft auf den Straßen eure Waren, die ihr auf dem Kopf transportiert! Obwohl ihr euren Lebensunterhalt zu verdienen in der Lage seid, weigert ihr euch, es zu tun und verlasst euch auf Spenden und Geschenke. Doch ist das noch nicht genug, sondern ihr müsst auch noch zu den Tyrannen gehen, wo ihr nach Geschenken sucht, und ihr gratuliert ihnen für Kleidung, welche zu tragen sie kein Recht besitzen und für Magistratämter, mittels derer sie keine Gerechtigkeit walten lassen werden. Zweifelsohne schadet ihr dem Islam mehr als jeder andere.

Einige ihrer Meister sammeln einerseits Geld aus zweifelhaften Quellen und teilen es andererseits auch noch unter ihnen auf. Manche stellen Askese zur Schau, obwohl sie viel Geld besitzen und es gierig weiter anhäufen, so dass das, was sie zur Schau stellen, den Tatsachen widerspricht. Andere tun so, als seien sie arm, während sie dabei Vermögen anhäufen. Diese Leute machen es den Armen schwerer, indem sie Spenden entgegennehmen, auf die sie keinen Anspruch haben.

[296] Er erklärt nicht, was sie daran auszusetzen hatten.

Abu'l Hasan al-Bistami, Shaykh der Klause von Ibn Majyan, pflegte sowohl im Sommer als auch im Winter Wolle zu tragen und empfing Besuche von Leuten, die glaubten, dass diese ihnen Glück bringen würden. Als er starb, hinterließ er viertausend Dinar.

Dies, so möchte ich anmerken, ist mehr als schändlich. Es steht fest, dass der Prophet ﷺ, als einer der Gefährten von Suffah verstarb und zwei Dinar hinterließ, sagte: „Zwei Feuer!"[297]

[297] Was laut Autor der wirkliche Grund für diesen Tadel war, wurde weiter oben bereits erwähnt.